교감국역 송남잡지 06

An Encyclopedia of Songnam

지은이 조재삼(趙在三)은 1808년에 태어나서 1866년까지 생존하였다. 본관은 임천(林川)이고 호는 송남(松南)이며 자는 중기(仲璣)이다. 졸수재(拙修齋) 조성기(趙聖期)의 5대손이다. 저서로 『송남잡지』 외에도 유고 2권이 있다고 한다.

옮긴이 강민구(姜玟求)는 성균관대학교를 졸업(문학박사)하고 민족문화추진회 국역연수원을 졸업하였으며 연청(研靑) 오호영(吳虎泳) 선생을 사사하였다. 현재 경북대학교 교수이다. 논문으로 「영조대 문학론과 비평에 대한 연구」, 역서로 『국역 낙재선생문집』 외 다수가 있다.

교감국역校勘國譯 **송남잡지**松南雜識 **06**

1판 1쇄 인쇄 2008년 10월 5일
1판 1쇄 발행 2008년 10월 10일

지은이 / 조재삼
옮긴이 / 강민구
펴낸이 / 박성모
펴낸곳 / 소명출판
등록 / 제13-522호
주소 / 137-878 서울시 서초구 서초동 1621-18 (란빌딩 1층)
대표전화 / (02) 585-7840
팩시밀리 / (02) 585-7848
somyong@korea.com / www.somyong.co.kr

값 27,000원

ISBN 978-89-5626-325-0 94810
ISBN 978-89-5626-319-9 (전13권)

교감국역 송남잡지 06

松南雜識

조재삼 지음 | 강민구 옮김

일러두기

1. 저본(底本)

이 책은 1987년 동서문화원에서 영인 출판한 『송남잡지』를 저본으로 삼아 역주하되, 1986년 아세아문화사에서 영인 출판한 『송남잡지』와 규장각 소장본 『송남잡지』를 참고하였다.

2. 교감(校勘)

『송남잡지』의 모든 내용을 교감하였다.
인용 원문과 『송남잡지』의 내용을 대조하여 상호 출입을 모두 표시하였다. 인용 원문과 『송남잡지』 사이에 또 다른 전적이 개재되었을 경우, 즉 재인용의 경우에는 그들 간의 변형 과정과 양태를 제시하였다.
『송남잡지』에 인용되지 않은 부분이라도 원문의 이해를 위해 필요할 경우 전후를 제시하였다.
인용 원문을 왼쪽에 두고 『송남잡지』를 오른쪽에 두었으며, 화살표(→)로 변형된 것임을 표시하였다.

3. 역문(譯文)

역문은 쉬운 우리말로 옮기는 것을 원칙으로 하였다. 교감을 거친 번역이므로 원문과 차이가 있는 것이 많다. 그러한 경우 반드시 각주의 형식으로 교감기를 제시하였다.
시(詩)는 역문을 왼쪽에 두고 원문을 오른쪽에 배치하였다.

4. 주석(註釋)

주석은 내용이 간단하고 짧은 경우에는 간주(間註)로 처리하고, 내용이 긴 경우에는 각주로 처리하였다.
각주는 해당 항목을 제시하고 주석하였으며, 긴 항목은 앞뒤의 어구만 제시하고 중간에 …… 부호를 넣어 중략하였음을 표시하였다.

5. 맞춤법

맞춤법과 띄어쓰기는 한글맞춤법과 표준어규정을 따르는 것을 원칙으로 하였다. 단 필요한 경우 두음법칙 등을 적용하지 아니하고 원음을 그대로 제시하였다.

6. 부호

이 책에 사용한 부호는 다음과 같다.
( ) : 번역문과 음이 같은 한자를 묶는다.
[ ] : 번역문과 뜻은 같으나 음이 다른 한자를 묶는다.
“ ” : 대화 등의 인용문을 묶는다.
‘ ’ : “ ” 안의 재인용, 또는 강조 부분을 묶는다.
「 」 : 편명을 묶는다.
『 』 : 책명을 묶는다.
〈 〉 : 인용된 주석을 묶는다.

해제

『송남잡지(松南雜識)』는 조재삼(趙在三 : 1808~1866)이 1855년(哲宗 6년)에 저술한 백과전서적 성격의 유서(類書)이다. 조재삼은 재야의 사인(士人)으로 호가 송남(松南)이고 자는 중기(仲璣)이며 졸수재(拙修齋) 조성기(趙聖期)의 5대손이다.

현재 『송남잡지』는 세 가지 종류가 전해진다. 하나는 임기중(林基中) 교수가 편의상 '임씨본(林氏本)'으로 칭하는 것이고 하나는 규장각 소장본이고 나머지 하나는 청주에서 프린트본으로 발간된 것이다.

임씨본은 총 7책으로 비·파·귤·율·도·매·리(枇·杷·橘·栗·桃·梅·李)로 차례가 정해져 있다. 임기중 교수는 이 책만이 『임천조씨가보(林川趙氏家譜)』에서 "송남잡지 7권을 저술하여 세상에 행(行)하고 있다[著雜識七卷印行于世]"라고 한 기록에 부합되는 유일한 현존본이며 기타 두 종과 대조한 결과 임씨본이 초고본이라는 견해를 제시하였다. 즉 규장각본과 유인본(油印本)은 각각 임씨본을 필사하고 유인(油印)했다는 것이다. 그리고 그 근거로 후자의 두 책과 전자의 편차를 비교해 보면 권차(卷次)가 흐트러져 있는데, 제책(製冊) 후에도 보충이 계속되었다는 점을 제시하였다.

규장각본(奎章閣本)은 총 14권으로 되어 있는데, 비(枇)를 1·2로, 파(杷)를 11·12로, 귤(橘)을 3·4로, 률(栗)을 10·13으로, 도(桃)를 7·8로, 리(李)를 5·6으로 편차하였으니 이는 나무의 이름으로 편차를 정하는 방법이 일반적이지 않기 때문에 생긴 오류로 보인다.

청주의 유인본은 임형택(林熒澤) 교수가 조재삼의 방손(傍孫)인 조남식(趙南植) 옹으로부터 입수하여 아세아 문화사에서 1986년에 영인하였다. 이것은 해방 후 청주 지방에서 이광(李光 : 1887~1966)씨의 주선에 의해 상·중·하 세 책으로 약간부가 유인(油印)되었다고 한다.

유인본은 필경(筆耕)하여 유인(油印)한 것으로 임씨본과 큰 차이는 없다. 단 필경(筆耕)하는 과정에서 자구(字句)의 첨삭을 가하는 교정이 이루어졌을 가능성이 있다. 그러나 규장각본은 임씨본과 제책상(製冊上) 편차에서 차이를 보일 뿐만 아니라 항목의 구성에도 다소간의 차이를 보이고 있다. 규장각본은 임씨본에 있는 항목이 다수 누락되어 있다. 그런데 제책 후 누락된 내용은 원본을 보고 항목간의 빈 공간에 채워 넣은 것으로 보인다. 이는 마치 간주(間注)의 형식처럼 보이는데 사실은 누락된 항목의 보충에 불과하다. 그것의 글씨는 알아보기 어려울 정도로 조악한 것도 있다.

임씨본 역시 결락(缺落)된 글자가 어떤 이에 의하여 가필(加筆)된 흔적이 있다. 그런데 그것은 문맹자의 소위(所爲)로 보이는 바, 전혀 문리가 닿지 않는 글자뿐만 아니라 존재하지도 않는 글자를 그려 넣었기 때문이다.

『송남잡지』는 1,743장으로 이루어진 거질로 '백과전서적 유서'라고 할 만한데, 그 구성을 살펴보면 다음과 같다.

천문류(天文類) 70항목, 세시류(歲時類) 153항목, 지리류(地理類) 189항목, 국호류(國號類) 35항목, 역년류(歷年類), 외국류(外國類) 117항목, 인사류(人事類) 40항목, 가취류(嫁娶類) 75항목, 상제류(喪祭類) 139항목, 성명류(姓名類) 71항목, 과거류(科擧類) 41항목, 문방류(文房類) 85항목, 무비류(武備類) 114항목, 농정류(農政類) 64항목, 어렵류(漁獵類) 16항목, 실옥류(室屋類) 121항목, 의식류(衣食類) 244항목, 재보류(財寶類) 77항목, 집물류(什物類) 90항목, 음악류(音樂類) 94항목, 기술류(技術類) 151항목, 구기류(拘忌類) 80항목, 선불류(仙佛類) 117항목, 상이류(祥異類) 118항목, 계고류(稽古類) 407항목, 이기설(理氣說) 33항목, 인물류(人物類), 조시류(朝市類) 119항목, 방언류(方言類) 816항목, 화약류(花藥類) 180항목, 초목류(草木類) 179항목, 충수류(蟲獸類) 207항목, 어조류(魚鳥類) 187항목으로 상위 범주가 33류이고 하위 항목이 4432항이다.

위와 같이 『송남잡지』는 한문학 · 국문학 · 국어학 · 역사학 · 철학 · 민속학 · 종교학 · 천문학 · 지리학 · 농학 · 병학 · 건축학 · 동물학 · 식물학 · 한의학 · 복식사 · 음악사 · 과학사 · 외교사 · 제도사 등 다양한 분야의 지식을 담고 있다.

『송남잡지』의 '잡지(雜識)'라는 서명은 『성호사설(星湖僿說)』의 '사설(僿說)'이나 『반계수록(磻溪隨錄)』의 '수록(隨錄)'과 같은 의미이다. 이 책은 형식적 측면에서 유서의 전통적 양식을 충실히 계승하고 있을 뿐만 아니라 작가의 선명한 의식을 드러내고 있다.

조재삼은 『송남잡지』 자서에서 저작 동기와 저술 의식을 명확히 제시하고 있으니, 그는 추상물인 '태평(太平)'의 기록과 구체적 형상을 지니고 있는 '만물(萬物)'의 문자화를 자신의 책무로 자임하였다. 그 두 가지 중에서 조재삼의 주된 서술 의식은 전자에 맞춰져 있다. 즉 조재삼은 자서에서 "『송남잡지』는 태평(太平)의 기록으로 시작하여 태평(太平)의 기록으로 끝을 맺은 책"이라고 언명하고 있다. 과연 조재삼의 말대로 『송남잡지』의 첫 항목명은 '동방왈태평(東方曰太平)'이고 마지막 항목명은 '태평봉(太平鳳)'인데다가 '태평(太平)' 두 글자로 끝을 맺고 있다. 그런데 흥미로운 점은 조재삼의 강한 민족적 의식의 자각이다. 즉 '태평'은 우리나라의 태평에 다름 아니고 만물은 우리나라에 존재하는 만물에 다름 아니다. 조재삼은 우리나라를 '태평지역(太平之域)'이라고 명명하고 있으며, 우리나라가 천하에 존재하는 만물 가운데 절반을 보유하고 있다고 말하였다. 그러므로 『송남잡지』는 외우내환으로 나라가 병들어 가던 시기에 민족적 자존과 문화적 긍지를 고양하기 위한 의식의 소산이라고 할 수 있다. 그와 같이 선명한 의식이 백과전서적 형식 속에서 증명 분석되고 있다는 점이 기존의 유서와 다른 점이라고 할 수 있다.

그렇다면 『송남잡지』의 출현 동인은 무엇인가?

임형택(林熒澤) 교수는 『송남잡지』의 출현 동인으로, "새로운 지식에 대하여 경시하는 등 고루(固陋)와 고식(姑息)에 빠진 당대의 학풍을 반성하고 진작하려는 움직임"으로 파악하였다.

지금도 백과사전은 그것을 발행한 사회나 국가의 문화적 · 학술적 수준을 평가하는 하나의 척도가 될 수 있다. 『송남잡지』를 비록 '백과전서'라고 표현하고 있기는 하지만, 현대적 용어로 달리 대체할 만한 것이 없기 때문에 편의상 사용할 뿐이다. 현대적 의미의 백과사전은 중세의 유서들이 취하고 있는 분류 체계와는 전혀 다르기 때문이다. 즉 백과사전이 글자의 배열 순서에 입각해서 편찬된다면 유서는 작가의 가치관에 의해 차서(次序)가 정해진다. 그러므로 유서로서 『송남잡지』는 현재의 백과사전과 같이 다양한 정보를 제공하는 기능을 지니고 있는 동시에 당대인들의 가치관을 명확하게 볼 수 있는 유용한 자료라고 할 수 있다.

무엇보다 간과할 수 없는 점은 『송남잡지』가 문예미학적 특성을 갖추고 있다는 점이다. 이는 중국의 『운부군옥(韻府群玉)』·『사문류취(事文類聚)』 등이 문학 창작의 중요한 공구서(工具書)로 활용된 전통을 계승한 것이다. 그리고 또 하나의 중요한 사실은 『송남잡지』가 우리나라에서 발행된 『대동운부군옥(大東韻府群玉)』과 같은 운서류와 『지봉유설(芝峯類說)』·『성호사설(星湖僿說)』·『반계수록(磻溪隨錄)』과 같은 유서류의 전통을 충실히 계승하고 있다는 점이다. 조재삼은 중세의 막바지에서 유서라는 형식을 통하여 이전의 문화적 축적을 체계적으로 정리하려고 한 것이다.

참고문헌

임형택, 「송남잡지 해제」, 『松南雜識』, 아세아문화사, 1986.

임기중, 「송남잡지 해제」, 『松南雜識』, 동서문화원, 1987.

21. 기술류 技術類

22. 구기류 拘忌類

松南雜識 전체 차례

20. 음악류(音樂類)

노래와 춤
歌舞

『설부(說郛)』에서 "음강씨(陰康氏)[1]가 천하를 다스릴 때 각기병을 앓는 사람이 많기에 노래와 춤을 만들어 관절에 장애가 없도록 하였다"[2]라고 하였다.

『여씨춘추(呂氏春秋)』에서 "춤은 도당씨(陶唐氏)[3]로부터 시작되었고 노래는 갈천씨(葛天氏)[4]로부터 시작되었다"[5]라고 하였다.

---

1) 음강씨(陰康氏) : 중국 태고 때의 임금으로 갈천씨(葛天氏)의 다음, 무회씨(無懷氏)의 앞 시기에 즉위했다.

2) **孟頫引敎坊記曰**, **昔**陰康氏, **次葛天氏**, **元氣肇分**, **災沴未弭**, **民**多重膇之疾, **思所**以通利關節, **是始**制舞, **然則舞自康氏始也**.(『事物紀原, 卷二, 樂舞聲歌部十一, 舞』)
→**說郛曰**, 陰康氏**之王天下也**, **人**多重膇之疾, 制**歌**舞以通利關節.(『松南雜識』)
*『설부』에는 나오지 않는 내용임.

3) 도당씨(陶唐氏) : 중국 오제(五帝)의 한 사람인 요(堯)를 이르는 말이다. 처음에 당후(唐侯)에 봉해졌다가 나중에 천자가 되어 도(陶)에 도읍을 세운 데서 유래한다.

현금
玄琴

한유(韓愈)가 말하였다.

사광(師曠)이 거문고를 당겨 노래를 하였는데 한 번 연주하자 현학(玄鶴)이 와서 모이고 두 번 연주하자 줄을 짓고 세 번 연주하자 목을 빼고 울었다. 그 소리는 궁상(宮商)[6]에 맞았다.[7]

신라 역사에 보고(寶高)라는 사람이 지리산으로 들어가 거문고를 오십 년 동안 배우자 검은 학[玄鶴]이 와서 춤을 추었기에 마침내 '현학금(玄鶴琴)'이라고 이름을 지었다고 한다.

지봉 이수광이 "우리나라에서 지금 금(琴)을 현금(玄琴)이라고 하는 말이 이것이다"라고 하였다.[8]

생각건대, 거문고는 본래 신농씨(神農氏)가 다섯줄짜리로 만들었으니,

---

4) 갈천씨(葛天氏) : 중국 태고 때의 임금으로 주양씨(朱襄氏)의 다음, 음강씨(陰康氏)의 앞 시기에 즉위했다.

5) 昔葛天氏之樂, 三人摻牛尾投足以歌八闋, 一曰載民, 二曰玄鳥, 三曰遂草木, 四曰奮五穀, 五曰敬天常, 六曰達帝功, 七曰依地德, 八曰總萬物之極. 昔陶唐氏之始, 陰多滯伏而湛積, 水道壅塞, 不行其原, 民氣鬱閼而滯著, 筋骨瑟縮不達, 故作爲舞以宣導之.(『呂氏春秋, 卷五, 仲夏紀第五, 古樂』) → 舞自陶唐氏, 歌自葛天氏(『松南雜識』)

6) 궁상(宮商) : 오음(五音) 가운데 궁(宮)과 상(商)의 소리를 가리키는 말로, 음률을 이른다.

7) 韓子曰, **昔衛靈公之晉**, **於濮水之上宿**, **夜聞有新聲者**, **召師**涓, **撫瑟寫之**. **公遂之晉**, **晉平公觴之**, **靈公乃召師**涓, **坐師曠之傍**, **援琴鼓之**. **未終**, **師曠曰**, **不如淸徵**. **平公曰**, **願試聽之**. 師曠援琴, 一奏**有**玄鶴**二八**來集, 再奏而列, 三奏而延頸鳴, **舒翼而舞**, 音中宮商.(『藝文類聚, 卷四十一, 樂部一, 論樂』) → 韓子曰, 師曠援琴**歌之**, 一奏**而**玄鶴來集, 再奏而**成**列, 三奏而延頸鳴, 音中宮商.(『松南雜識』)

8) **新**羅**時有**寶高**者**, 入智異山, 學琴五十年, **有**玄鶴來舞, 遂名玄鶴琴, **亦曰玄琴**, **又按新羅時製玄琴七絃云**. 今方言謂琴爲玄琴是也.(『芝峯類說, 卷十八, 技藝部, 音樂』) → 羅**史**寶高, 入智異山, 學琴五十年, 玄鶴來舞, 遂名玄鶴琴, **芝峯**曰, 今方言謂琴爲玄琴是也.(『松南雜識』)

순(舜)이 연주했다는 오현금(五絃琴)이 이것이다.

주나라 때 문(文)과 무(武) 두 줄을 더하였으니, 당시(唐詩)에서 "차고 찬 일곱줄 위[冷冷七絃上]"[9]라고 한 말이 이것이다.

지금은 무(武)를 살벌한 소리라고 하여 없애니 실제로는 육현(六絃)이다. 진(晉)나라 손등(孫登)[10]은 일현금(一絃琴 : 외줄 거문고)이었고, 도연명(陶淵明)은 무현금(無絃琴 : 줄이 없는 거문고)이었다.

우리 선조 졸수공(拙修公 : 趙聖期)의 시에,

외줄 연주가 참으로 어렵기 때문이 아니니	一鼓諒非難
바른 소리를 사람들이 태만히 할까 걱정된다네	恐人慢正聲[11]

라고 하였다.

금조
琴操

운서(韻書)의 주석에서 "답답하고 근심스러워서 지은 것을 '조(操)'라고 하니, 재앙을 당해도 그 지조를 잃지 않음을 의미한다"[12]라고 하였다.

지금의 「장독저입서조(醬櫝底入鼠操)」는 본래 『공총자(孔叢子)』[13]에서

---

9) 당나라 유장경(劉長卿)의 「청탄금(聽彈琴)」.

10) 손등(孫登) : 진(晉)나라 때의 은자. 자는 공화(公和). 산에 혼자 살면서 여름이면 풀을 엮어서 옷을 만들고, 겨울이면 머리카락을 덮었다고 한다. 『주역』 읽기를 좋아하고, 외줄 거문고를 연주했다. 화를 내지 않는 성품을 지녔는데, 사람들은 그가 화를 내는지 알아보기 위해 일부러 물에 빠뜨렸는데도, 나와서는 크게 웃었다고 한다.

11) 「술회기림덕함(述懷寄林德涵)」.

12) 凡閉塞憂愁而作**者**, **名其曲**曰操, 言遇災害不失其操也.(『韻府羣玉, 琴十操』) → 閉塞憂愁而作曰操, 言遇災害不失其操也.(『松南雜識』)

13) 공총자(孔叢子) : 한(漢)나라 공부(孔鮒)가 지은 책으로 총 3권. 유가류(儒家類).

이른바 "공자가 쥐를 막 잡으려는 고양이 소리에서 느낀 것"[14]이다.

「남한산성도적입조(南漢山城盜賊入操)」는 바로 양촌(陽村) 권근(權近)[15]의 가락이니, 구자왕(龜玆王)이 바람소리와 물소리를 듣고 이량조(伊凉操)[16]를 지은 것과 같다.

양금
洋琴

두보의 시에 "은갑(銀甲)[17]은 쟁(箏)을 탈 때 쓴다[銀甲彈箏用]"[18]라고 하였는데, 그 주석에서 "대나무 조각으로 문지른다. 혹은 골조(骨爪)나 은갑을 사용하니 알쟁(軋箏)[19]이라고 한다"라고 하였다. 또 "공(筑)은 거문고와 비슷한데 대나무로 만든다. 큰 머리에 열두 줄, 혹은 다섯 줄을 매고 대나무로 친다"[20]라고 하니, 지금의 양금(洋琴)과 비슷하다.

---

14) **夫子曰, 然, 女言是也, 吾有之. 向見**猫方取鼠, **欲其得之, 故爲之音也**.(『孔叢子, 卷上, 記義, 第三』) → 孔子**感**猫方取鼠**之聲**也.(『松南雜識』)
 * 공자가 거문고 타는 소리가 유침(幽沈)한 것을 의아하게 여긴 민자건(閔子騫)의 물음에 공자가 쥐를 잡아먹으려는 고양이 소리를 듣고 연주한 것이라고 대답을 했다.

15) 권근(權近) : 고려 말에서 조선 초의 문신 · 학자(1352~1409). 초명은 진(晉). 자는 가원(可遠) · 사숙(思叔). 호는 양촌(陽村). 성리학자이면서 문장에도 뛰어났으며, 왕명으로 하륜 등과 함께 『동국사략』을 편찬했다. 저서에 『양촌집』 · 『오경천견록(五經淺見錄)』 등이 있다.

16) 이량조(伊凉操) : 이주곡(伊州曲)과 양주곡(凉州曲)을 말한다. 천보(天寶) 연간의 악곡은 변방 지역의 이름으로 명칭을 부쳤다.

17) 은갑(銀甲) : 은으로 만든 가짜 손톱. 손가락에 끼우고 쟁이나 비파 등의 현악기를 연주할 때 사용한다.

18) 「배정광문유하장군산림 십수(陪鄭廣文遊何將軍山林 十首)」.

19) 알쟁(軋箏) : 쟁(箏)의 일종

20) 似琴, 以竹爲之, 大頭安絃十二或五絃, 竹擊之.(『韻府羣玉, 筑』) → **筑**, 似琴, 以竹爲之, 大頭安絃十二或五絃, 竹擊之.(『松南雜識』)

가야금
伽倻琴

신라 때 대가야국(大伽倻國)의 왕 가실(嘉悉)이 당나라의 악부(樂府)의 쟁(箏)을 본떠 십이현금(十二絃琴)을 만들고 '가야금'이라고 이름을 붙였다. 그것이 완성되자 검은 학이 뜰에서 춤을 추었다. 민간에서는 고운(孤雲) 최치원(崔致遠)이 만들었다고 하나 틀린 말이다.

추쟁
搊箏

『신당서(新唐書)』에서 "다섯 줄로 비파같이 생겼지만 그보다는 작다. 옛날에는 나무로 퉁기다가 악공(樂工) 배신부(裴神符)가 처음으로 손으로 퉁겼다. 후대의 사람들은 익혀서 비파를 퉁겼다"[21]라고 하였다. 또 "서량기(西涼伎[22]) · 고려기(高麗伎[23])에 추쟁(搊箏)에 있다"[24]라고 하였는데, 그 주석에서 "搊의 음은 추이니 손으로 퉁긴다"라고 하였다.

---

21) 五絃如琵琶而小, **北國所出**, 舊以木撥彈, 樂工裴神符, 初以手彈, **太宗悅甚**, 後人習爲搊琵琶.(『唐書, 卷二十一, 志第十一, 禮樂志』) → 五絃如琵琶而小, 舊以木撥彈, 樂工裴神符, 初以手彈, 後人習爲搊琵琶.(『松南雜識』)

22) 서량기(西涼伎) : 수(隋)나라 때 구부악(九部樂)의 하나. 서량주(西涼州)의 악곡을 채용했다.

23) 고려기(高麗伎) : 수(隋)나라 때 구부악(九部樂)의 하나. 고려(高麗)의 악곡(樂曲)을 채용하였고, 열 네 종류의 악기를 열 여덟 사람이 연주했다.

24) 西涼伎 …… 高麗伎, 有彈箏搊箏.(『唐書, 卷二十一, 志第十一, 禮樂志』) → 西涼伎, 高麗伎, 有彈箏搊箏.(『松南雜識』)

호박사
琥珀詞

『원지(元志)』에서 말하였다.

'호박사(琥珀詞)'는 바로 '화불사(火不思)'[25]이다. 궁중 음악의 일부(一部)[26]에 비파(琵琶)와 공후(箜篌), 두 개의 화불사(火不思)가 있다. 그 구조는 비파와 비슷한데 머리가 곧고 작은 홈이 있으며 배는 병의 반쪽 모양으로 둥글다. 가죽으로 면을 만들고 네 개의 현을 가죽에 이어 붙이는데 안족(雁足)이 똑같이 하나씩 있다.

지금 산서(山西)·섬서(陝西)와 중주(中州)[27]에서 호박사(琥珀詞)를 연주하니 그 제도(制度)가 비슷하다.[28]

감
韇

『자휘보(字彙補)』에서 "韇의 음은 '궐'이니 악기의 이름이다"라고 하였다.
오경(吳競)의 『악부해제(樂府解題)』에서 말하였다.

---

25) 화불사(火不思) : 돌궐어(突厥語) qobuz의 음역으로 현악기의 일종. 원나라 때 중국에 유입되었음.

26) 일부(一部) : 악기의 일 조(組)를 지칭함.

27) 중주(中州) : 옛날의 예주(豫州)로 구주(九州)의 가운데에 위치하였음. 지금의 하남성(河南省) 일대.

28) **又琥珀詞樂器**, 卽火不思, 元志, 天樂一部, 有琵琶箜篌二, **和必斯二**, **和必斯**, 制似琵琶, 直頭, 有小槽, 圓腹如半甁, 以皮爲面, 四絃皮絣, 同一孤柱. 今山陝中州, 彈琥珀詞, 其制似之.(『康熙字典, 珀』) → 元志**云**, 卽火不思**也**, 天樂一部, 有琵琶箜篌二, **火不思**, **其**制似琵琶, 直頭, 有小槽, 圓腹如半甁, 以皮爲面, 四絃皮絣, 同一孤柱, 今山陝中州, 彈琥珀詞, 其制似之.(『松南雜識』)

한(漢)나라 무제(武帝)가 남월(南粵)을 멸망시키고 태을(太乙)과 후토(后土)에 제사지낼 때 악공(樂工) 후휘(侯暉)로 하여금 거문고에 근거해 감(竷)을 만들게 하였다. 악공의 성이 후(侯)였기에 감후(坎侯)라고 하였는데 후대에는 와전되어 감(坎)을 공(空)이라고 하였다.29)

필률
觱篥

『편해(篇海)』에서 말하였다.

대나무로 대롱을 만들고 갈대로 머리를 만드니 모양이 호가(胡笳)와 같은데 구멍이 아홉 개다. 음률의 규칙으로 삼은 것은 각(角) 음뿐인데, 그 소리는 슬프다. '율(篥)'은 일명 비율(悲篥), 가관(笳管)이라고 한다.30)

구리 구슬로 북을 치다
銅丸擿鼓

『한서(漢書)』에서 말하였다.

---

29) **又**字彙補, 樂器名. 吳兢樂府解題云, 漢武帝滅南粵, 祠太乙后土, 令樂人侯暉, 依琴造竷, 以工人姓侯故, 名坎侯, 後語譌, 以坎爲空.(『康熙字典, 竷』) → 字彙補**曰**, **竷音闕**, **乃**樂器名. 吳兢樂府解題云, 漢武帝滅南粵, 祠太乙后土, 令樂人侯暉, 依琴造竷, 以工人姓侯, 故名坎侯, 後語譌以坎爲空.(『松南雜識』)

30) 篇海, 以竹爲管, 以蘆爲首, 狀類胡笳而九竅. 所法者, 角音而已, 其聲悲, 篥一名悲篥, 一名笳管, **亦作栗**.(『康熙字典, 篥』) → 篇海曰, 以竹爲管, 以蘆爲首, 狀類胡笳而九竅. 所法者, 角音而已, 其聲悲. 篥一名悲篥, 一名笳管.(『松南雜識』)

원제(元帝)가 비고(鞞鼓)[31]를 궁전 아래에 설치하고 천자가 직접 난간에 임하여 구리 구슬을 아래로 던져 북을 치니 그 소리가 엄고(嚴鼓)[32]의 박자에 맞았다. 산양왕(山陽王) 유강(劉康)도 그 북을 잘 쳤다. 사단(史丹)[33]이 "만약 악기 연주 잘하는 사람을 뽑는다면 진혜(陳惠)와 이미(李微)[34]가 광형(匡衡)[35]보다 훌륭하니 재상을 시킬만할 것입니다"라고 하였다.[36]

격구
擊甌

『설문해자(說文解字)』에서 "瓦(와)는 질그릇이니 술이나 음료[漿]를 담는다. 진나라 사람들은 그것을 두드려 노래에 박자를 맞춘다"[37]라고 하였다.

『이아(爾雅)』의 소(疏)에서 "부(缶)는 질항아리이니 물을 담으며 지금의 격구(擊甌)와 같다"[38]라고 하였다.

---

31) 비고(鞞鼓) : 기병이 말을 탄 채 치는 북.

32) 엄고(嚴鼓) : 임금이 정전(正殿)에 나갈 때나 거둥할 때에, 백관(百官)과 시위(侍衛) 군사에게 준비를 서두르도록 큰북을 세 번 치던 일. 또는 그 북.

33) 사단(史丹) : 한나라의 문신. 자는 군중(君仲). 노국(魯國) 출신.

34) 진혜(陳惠)와 이미(李微)는 한나라 때의 음악에 능했던 인물들임.

35) 광형(匡衡) : 한(漢)나라 때의 승상(丞相)으로 자는 치규(稚圭)이다.

36) 元帝**被疾**, **不親政事**, **留好音樂**, **或**置**鼙**鼓殿下. **天子**自臨軒檻**上**, 隤銅丸, 以擿鼓, **聲**中嚴鼓之節. **宮及左右習知音者**, **莫能爲**, **而定陶王亦能之**, **上數稱其材**. 丹**進**曰, **凡所謂材者**, **敏而好學**, **溫故知新**, **皇太子是也**. 若**廼**器人於絲竹鼓**鼙**之間, 則是陳惠李微, 高於匡衡, 可相國也.(『前漢書, 卷八十二, 王商史丹傅喜傳第五十二』) → 元帝, 置**鞞**鼓**於**殿下, 自臨軒檻, 潰銅丸以擿鼓, 中嚴鼓之節. **山陽王康**, **亦能之**. **史**丹曰, 若器人於絲竹鼓**鞞**之間, 則是陳**一忠**李微, 高於匡衡, 相國可也.(『松南雜識』)

37) 瓦器, 所以盛酒漿, 秦人鼓之以節謌.(『說文解字, 缶』) → 瓦器, 所以盛酒漿, 秦人鼓之以節樂.(『松南雜識』)

38) **缶是**瓦**器**, **可以節樂**, 如今擊甌, **又可以**盛水**盛酒**, **卽**今**之**瓦盆**也**.(『爾雅注疏, 卷四, 釋宮』) → 瓦盆, 盛水, 如今擊甌.(『松南雜識』)

순거

筍簴

『주례(周禮)』에서 "재인(梓人)은 털 짧은 짐승, 깃 있는 짐승, 비늘 있는 짐승으로 순거(筍簴)를 만든다"[39]라고 하였는데, 그 주석에서 "순거는 북을 매다는 틀로 횡목(橫木)을 '순(筍)'이라고 하고 그 기둥을 '거(簴)'라고 하니 '거(簴)'는 '거(擧 : 듦)'이다"라고 하였다. 『광운(廣韻)』에서 "본래는 '거(虡)'로 썼다. 천상(天上)의 신수(神獸)로, 사슴의 머리에 용의 몸이다. 종을 매다는 나무에 그것을 새기고 수식하여 만드는 까닭에 거(虡)라고 한다"라고 하였다.[40]

박탄

拍彈[41]

『당서(唐書)』에서 "배우 이가급(李可及)은 새로운 소리를 잘 내서 직접 곡조를 만들었는데, 소년들이 다투어 그를 흠모하며 '박탄(拍彈)'이라고 불렀다"[42]라고 하였다.

---

39) 梓人**爲筍簴**, **天下之大獸五**, **脂者膏者臝者羽者鱗者**, **宗廟之事**, **脂者膏者**, **以爲牲**, 臝者羽者鱗者, 以爲筍簴.(『周禮注疏, 卷四十一, 冬官, 考工記下』)→梓人, 臝者羽者鱗者, 以爲筍簴.(『松南雜識』)

40) 周禮, **冬官考工記**, 梓人, **爲筍簴**, **又**臝者羽者鱗者, 以爲筍簴. **釋名**, **所以**懸鼓**者**, 橫曰簨, 縱曰虡, **虡**擧也. 廣韻, 本作虡, 天上神獸, 鹿頭龍身, 懸鐘之木, 刻飾爲之, 因名曰虡(『康熙字典, 簴』)→周禮, 梓人, 臝者羽者鱗者, 以爲筍簴. 註, 懸鼓, 橫曰簨, 縱曰虡, 擧也. 廣韻, 本作虡, 天上神獸, 鹿頭龍身, 懸鐘之木, 刻飾爲之, 因名曰虡(『松南雜識』)

41) 박탄(拍彈) : 중당(中唐) 이후에 생겨난 일종의 유행가곡(流行歌曲)으로 연창(演唱)할 때, 표정이나 동작을 곁들인다.

42) **時帝薄於德**, **昵寵**優人李**可**及, **可及者**, 能新聲, 自度曲, **辭調悽折**, **京師媮薄**少年爭慕之, **號爲**拍彈(『唐書, 卷一百八十一, 列傳第一百六, 陳三李曹劉』)→唐書, **曹確傳**, 優人李可及, 能新聲, 自度曲, 少年爭慕之, **號爲**拍彈.(『康熙字典, 拍』)→優人李及, 能新聲, 自度曲, 少年爭慕之, 謂拍彈.(『松南雜識』)

어양참
漁陽摻[43]

『담원(談苑)』[44]에서 말하였다.

한(漢)나라 예형(禰衡)이 어양참과(漁陽摻撾)를 지어 북을 치며 노래하였다.

변경의 성 늦게 여니[45] 어양참 부르고	邊城晏開漁陽摻
누런 먼지 뿌여니 한낮에도 어둡네[46]	黃塵蕭蕭白日暗

그 주석에 "과(撾)는 북을 치는 막대"라고 하였다.

황제염
黃帝鹽

『강희자전(康熙字典)』에서 말하였다.

가시(歌詩)의 '염(鹽)'이라고 하는 것은 음(吟)·행(行)·곡(曲)·인(引)과 같은 류이다. 고악부(古樂府)에 석석염(昔昔鹽)[47]·신작염(神雀鹽)[48]·황

43) 어양참(漁陽摻) : 어양참과(漁陽摻撾). 곡조명.
44) 담원(談苑) : 송나라 황감(黃鑑)이 지은 책. 총 15권이다.
45) 세상이 불안함을 비유한 말.
46) 談苑, 禰衡作漁陽摻撾, 鼓歌曰, 邊城晏開漁陽摻, 黃塵蕭蕭白日暗.(『古今事文類聚前集, 卷七, 詩話, 禰衡擊鼓』) → 談苑**曰**, **漢**禰衡作漁陽摻撾, 鼓歌曰, 邊城晏開漁陽摻, 黃塵蕭蕭白日暗.(『松南雜識』)
47) 석석염(昔昔鹽) : 악부(樂府) 곡사명(曲辭名)이다. '석석(昔昔)'은 곧 '석석(夕夕)'이며, '염(鹽)'은 곧 '인(引)'과 같다.
48) 신작염(神雀鹽) : 악부 곡사명이다. 신작(神雀)은 봉황을 말한다.

제염(黃帝鹽)[49]이 있는데, 염(鹽)은 모두 '염(艶)'으로 읽으니 「구궁보(九宮譜)」의 이른바 만사(慢詞)[50]와 같다.[51]

또 『당서(唐書)』에서 "백구(白鳩)는 불무곡(拂舞曲)이다"[52]라고 하였다. "궁현(宮縣)[53]이 비(鞞)·불(拂)과 조화를 이룬다"라고 하였는데 그 주석에서 "비(鞞)·불(拂)은 모두 춤의 이름이다"라고 하였다.[54]

기고
夔鼓

『산해경(山海經)』에서 "기(夔)라는 짐승이 있으니 이 놈의 가죽으로 북을 만들고 뇌수(雷獸)[55]의 뼈로 두드리면 그 소리가 오백 리까지 들린다"[56]라고 하였다.

---

49) 황제염(黃帝鹽) : 악부 곡사명이다.

50) 만사(慢詞) : 100자 전후 또는 그 이상의 자수(字數)로 된 장편사(長篇詞)를 말한다. 당대(唐代)의 궁중음악이나 민간음악의 가사 중 비교적 긴 작품에서 전화(轉化)·발달한 것으로 추측된다. 사사(詞史)에서 이것을 독자적인 양식으로 확립한 사람은 북송(北宋)의 유영(柳永)이다. 만사의 '만(慢)'은 완만(緩慢)의 뜻이며, 느린 리듬과 간격을 둔 압운형식(押韻形式)에 의하여 굴절된 심정을 술회한 것이 그 특색이다.

51) **凡**歌詩謂之鹽者, 謂如吟行曲引之類也. 古樂府有昔昔鹽, 神雀鹽, 黃帝鹽**諸名**, **並**讀作**豔**, **按鹽卽古曲前之豔**, **但歌此曲**, **不定爲曲前曲中**, **直**如九宮譜之所謂慢詞**也**.(『康熙字典, 鹽』) → 字典曰, 歌詩謂之鹽者, 謂如吟行曲引之類也. 古樂府, 有昔昔鹽, 神雀鹽, 黃帝鹽, **皆**讀作**艶**, 如九宮譜之所謂慢詞.(『松南雜識』)

52) 白鳩, **吳朝**拂舞曲也.(『舊唐書, 卷二十九, 志第九, 音樂二』) → 白鳩, 拂舞曲也.(『松南雜識』)

53) 궁현(宮縣) : 고대에 천자가 악기를 달아 매는 제도, 그 모양이 궁실(宮室)과 비슷하다. '縣'은 '懸'과 통한다.

54) 唐書**禮樂志**, 白鳩, **吳**拂舞曲也. **通鑑辨誤**, **王僧虔奏大明中**, **卽**以宮**懸**, 合和鞞拂. **按**鞞拂, 皆舞名.(『康熙字典, 拂』) → 唐書**曰**, 白鳩, 拂舞曲也. 以宮**縣**, 合和鞞拂, **註**, 鞞拂, 皆舞名**也**.(『松南雜識』)

55) 뇌수(雷獸) : 우레 같은 소리를 내는 괴수, 혹은 우레의 신이라고도 함.

56) **其名**曰夔, **黃帝得之**, 以其皮爲鼓, 橛以雷獸之**骨**, 聲聞五百里, **以威天下**.(『山海經, 卷

황제(皇帝)가 탁록(涿鹿)에서 전투할 때 연주했던 고곡(鼓曲) 중의 「영기후(靈夔吼)」가 그것이다.

골랑요로
骨浪猺狫

『강희자전(康熙字典)』에서 말하였다.

> 『계만총소(溪蠻叢笑)』[57]에서 "골랑(骨浪)은 요로(猺狫)이다. 춤출 때 쓰는 가래(舞杴)가 있으니 자루가 긴 나무 가래를 가지고 발을 구르며 춤을 추는데 역시 가락과 박자가 있다"라고 하였다.[58]

그 주석에서 "杴의 음은 험이니 가래의 종류이다"라고 하였다.

또 『주례(周禮)』에 '불무(帗舞)'[59]라는 말이 있는데, 그 주석에서 "오색 비단을 찢어 만든다. 지금[60]의 영성(靈星)[61]의 무자(舞子)[62]가 잡은 물건이 이것이다"라고 하였다.[63]

十四, 大荒東經』)→山海經, **有獸名**夔, 以其皮爲鼓, 橛以雷獸之**管**, 聲聞五百里.(『康熙字典, 橛』)→山海經曰, **有獸名**夔, 以其皮爲鼓, 橛以雷獸之**管**, 聲聞五百里.(『松南雜識』)

57) 계만총소(溪蠻叢笑) : 송나라 주보(朱輔)가 편찬한 책.

58) 猺獠, 睡不以牀, 冬不覆被, 用三義木支闊板旁燃火炙背板焦, 則易蓋以板之易得也, 以輾轉之意, 名骨浪.(『溪蠻叢笑, 骨浪』)

醉後以長柄木杴跳舞, 亦有音節也.(『溪蠻叢笑, 舞杴』)→溪蠻藂笑, 骨浪猺狫, **有**舞杴, 以長柄木杴跳舞, 亦有音節.(『康熙字典, 杴』)→溪蠻藂笑**曰**, 骨浪猺狫, **有**舞杴, 以長柄木杴跳舞, 亦有音節.(『松南雜識』)

59) **凡舞有**帗舞.(『周禮注疏, 卷二十三, 春官, 宗伯下』)→帗舞.(『松南雜識』)

60) 지금 : 정현(鄭玄)의 주석이므로 한(漢)나라 때를 이름.

61) 영성(靈星) : 별이름. 천전성(天田星)·용성(龍星)이라고도 한다. 농사를 주관한다. 고대에 임진일(壬辰日)에 동남쪽에 제사를 지냈다.

62) 무자(舞子) : 춤추는 사람.

63) 周禮**春官**, **凡舞有**帗舞, 註, 帗析五采繒, 今靈星舞子持之是也.(『康熙字典, 帗』)→周禮, 帗舞, 註, 帗析五采繒, 今靈星舞子持之是也.(『松南雜識』)

이·응
哩凝

『정자통(正字通)』에서 "哩의 음은 '리'이니 타라니어(陀羅尼語)[64]에서 나왔다. 여음(餘音)을 말한다. 원나라 사곡(詞曲)에서 조어(助語)로 차용되었다"라고 하였다.[65]

또 사조(謝朓)[66]의 「고취곡(鼓吹曲)」에서 "호가 소리 유장한데 날듯이 거마가 달리네[凝笳翼高蓋]"라고 하였는데, 그 주석에서 "느린 소리로 끌어당기는 가락을 '응(凝)'이라고 한다"[67]라고 하였다.

해금
奚琴

본래 해(奚)는 오랑캐의 악기이니 당나라 때 처음 중국에 전래되었다. 대개 필률(觱栗)의 종류인데 어떤 사람은 혜강(嵇康)[68]이 만들었다고 하지만 틀린 말이다.

또 '완금(阮琴)'은 본래 완함(阮咸)[69]이 제작하였으니 구리로 만들었다. 뒤에 그 제도에 따라 나무로 만들고 '완함(阮咸)'이라고 명명하였다.[70]

---

64) 타라니어(陀羅尼語) : 다라니는 석가의 가르침의 정요(精要)로서, 신비적 힘을 가진 것으로 믿어지는 주문(呪文)을 말하는데, 이는 대부분 산스크리트어로 지어진다.

65) **玉篇**, **力忌切**, 音吏, 出陀羅尼. 正字通, 語餘聲. **又正字通**, **音里**, 元人詞曲, 借爲助語.(『康熙字典, 哩』) → 正字通曰, 哩音吏, 出陀羅尼, 語餘聲. 元人詞曲, 借爲助語.(『松南雜識』)

66) 사조(謝朓) : 남북조 시대 남제(南齊)의 시인(464~499). 자는 현휘(玄暉). 언어의 음률미를 추구한 영명체(永明體) 시를 개척했다. 문집에 『사선성집(謝宣城集)』이 있다.

67) 徐引聲, 謂之凝.(『文選注, 卷二十八, 樂府下, 樂府十七首, 鼓吹曲, 謝玄暉』의 주석) → 徐聲引**調**, 謂之凝.(『松南雜識』)

68) 혜강(嵇康) : 중국 삼국 시대 위(魏)나라의 문인(223~262). 자는 숙야(叔夜). 죽림칠현의 한 사람으로, 작품에 한시 「유분시(幽憤詩)」, 산문 「금부(琴賦)」 등이 있다.

69) 완함(阮咸) : 위진(魏晉) 때의 비파 연주가. 자는 중용(仲容). 죽림칠현의 한 사람으로, 완함이라는 비파는 그의 이름에서 유래한다.

당(唐)나라 원행충(元行沖)[71]의 월금(月琴)이 그것이니 하약필(賀若弼)[72]이 만든 거문고를 하약(賀若)이라 하는 것과 같다.

가얏고 슬
伽倻鼓瑟

『아희원람(兒戱原覽)』에서 "포희씨(包犧氏)[73]가 슬(瑟)을 만드니 본래는 오십 현이었다"[74]라고 하였다.

이상은(李商隱)[75]의 시에서, "무단(無端)한 금슬(錦瑟)[76] 쉰 줄[錦瑟無端五十絃]"[77]이라고 하였다.

『풍속통(風俗通)』에서 "태제(太帝)[78]가 소녀(素女)[79]에게 연주하게 하였는데, 슬퍼서 쪼개어 이십오 현으로 만들었다"[80]라고 하였다. 전기(錢

70) 阮琴, 本阮咸所製, **備五音**, **可彈琴操**, **蜀人蒯朗**, **於古墓中**, **得此器**, 以銅爲之, **後**依**其**製, 以**木爲之**, **因**名阮咸, **又名月琴**.(『格致鏡原, 卷四十六, 樂器類, 阮咸』) → 阮琴, 本阮咸所製, 以銅爲之, 依製以**本**, 名阮咸.(『松南雜識』)

71) 『松南雜識』에는 '元冲'으로 오기되어 있음.

72) 하약필(賀若弼) : 수나라 출신. 자는 보백(輔伯). 문재(文才)가 있었으며 무예에도 뛰어났다. 문제(文帝) 때 오주총관(吳州總管)이 되었다.

73) 포희씨(包犧氏) : 삼황(三皇) 중 하나인 복희씨(伏義氏)를 말한다.

74) **瑟**, 庖**義**作, 本五十絃, **後破爲二十五絃**.(『兒戱原覽, 創始』) → 包**犧氏**作**瑟**, 本五十絃.(『松南雜識』)

75) 이상은(李商隱) : 당나라의 시인(812~858). 자는 의산(義山). 호는 옥계생(玉谿生). 굴절이 많은 화려한 서정시를 썼다. 시집에 『이의산시집(李義山詩集)』이 있다.

76) 금슬(錦瑟) : 금슬에 대해서는 설이 분분하다. 비단 같은 문양이 그려진 슬(瑟)이라고 하기도 하고 영호초(令狐楚)의 첩이라고 하기도 하고 귀인(貴人)의 애첩(愛妾)이라고 하기도 한다.

77) 「금슬(錦瑟)」.

78) 태제(太帝) : 복희씨(伏羲氏)의 다른 이름. 삼황오제의 으뜸이라는 뜻임.

79) 소녀(素女) : 전설상 고대의 신녀(神女)로 황제와 동 시대이다. 현악기와 노래에 능했다고 한다.

80) **黃帝書**, **泰**帝使素女**鼓瑟**而悲, **帝禁不**止, **故**破**其瑟**, 爲二十五絃.(『風俗通義, 卷六, 聲音, 瑟』) → **太**帝使素女, **彈**而悲**之**, 破爲二十五絃.(『松南雜識』)

起)[81]의 "달밤에 스물다섯 줄을 퉁기네"[82]가 이것이다.

『집운(集韻)』에는 "진(秦)나라 사람들은 의리가 없어 부자(父子)가 슬(瑟)을 두고 싸우다가 반씩 나누었기에 '쟁(箏)'[83]이라는 이름이 붙었다"[84]라고 하였다. 또 몽염(蒙恬)[85]이 만들었다고도 한다.[86]

지금은 '가얏고 슬(伽倻鼓瑟)'이라고 훈석한다. 어떤 이는 고운(孤雲) 최치원(崔致遠)이 가야산(伽倻山)에 들어가서 그것을 만들었다고 한다.

비파
琵琶

『당서(唐書), 악지(樂志)』에서 말하였다.

손을 앞으로 내미는 것을 '비(琵)'라고 하고 뒤로 끌어당기는 것을 '파(琶)'라고 한다. 고구려에서는 뱀가죽으로 비파 바탕(槽)[87]을 만들고 가래나무로 면(面)을 만들고 상아로 채(捍撥)를 만든다. 본래는 오랑캐가 말 위에서 연주하던 것이기에 '호금(胡琴)'이라고 한다.[88]

---

81) 전기(錢起) : 당나라 때의 시인. 자는 중문(仲文). '대력십재자(大曆十才子)'의 필두로 칭송받았으며 오언율시에 뛰어났다.
 *『松南雜識』에는 적선(謫仙), 즉 이백(李白)으로 오기되어 있다.

82) 二十五絃彈夜月.(『錢仲文集, 卷九, 歸雁』)

83) 다툰다는 의미의 글자인 '爭'에서 '箏'이라는 악기 이름이 유래했다는 의미.

84) 秦人薄義, 父子爭瑟而分之, **因以**爲名.(『集韻, 卷四, 箏』) → 秦人薄義, 父子爭瑟而分之, 名爲**箏**.(『松南雜識』)

85) 몽염(蒙恬) : 진(秦)나라의 장군. 전국 시대 말기 진나라가 제(齊)나라를 멸망시킬 때 큰 공을 세웠다. 흉노(匈奴) 정벌 때 활약이 컸으며, 만리장성을 완성했다. 북쪽 변경을 경비하는 총사령관으로서, 상군(上郡 : 陝西省 膚施縣)에 주둔했다. 시황제(始皇帝)가 죽자, 환관 조고(趙高)와 승상(丞相) 이사(李斯)의 흉계로 투옥된 후, 자살했다.

86) **風俗通**, **箏**, 蒙恬所造. 集韻, 秦俗薄**惡**, **有**父子爭瑟**者**, **各入其半**, **當時**名爲箏.(『康熙字典, 箏』) → 集韻, 秦人薄**義**, 父子爭瑟**而分之**, 名爲箏, **又云**, 蒙恬所造.(『松南雜識』)

87) 조(槽) : 현악기 · 비파의 줄을 매는 몸체.

오손(烏孫)[89]의 공주가 시집갈 때에 연주하여 심정을 위로하였고 왕소군(王昭君)[90]이 말 위에서 그것을 연주하여 한(恨)을 붙였기에 혹자는 왕소군이 만들었다고 하지만 틀린 말이다.

소식(蘇軾)의 시에서 "신명나게 전관과 호삭이 울린다"[91]라고 하였는데, 그 주석에서 "비파곡(琵琶曲)에 '전관(轉關)'·'육요(六幺)'·'확삭(濩索)'이라는 이름이 있다"[92]라고 하였다.

소식(蘇軾)의 시에서,

새로운 곡조는 옥연쇄[93]를 번안했으니	新曲飜從玉連鎖
옛노래는 끝나고 울륜포를 아끼네	舊聲終愛鬱輪袍[94]

라고 하였는데, 그 주석에서 "울륜포(鬱輪袍)는 왕유(王維)가 지은 비파곡명이다"라고 하였다.

「증침박사가(贈沈博士歌)」[95]에서,

---

88) **琵琶樂器**, **胡人馬上所鼓**, 推手曰琵, 琶手曰琶, **西舍利**, **獻其國樂龍首琵琶**. 高麗, 以蛇皮爲槽, 楸木爲面, 象牙爲捍撥. **唐樂志**, **睿宗琵琶曰玉環**.(『韻府羣玉, 琵琶』) → **唐樂志曰**, 推手曰琵, 却手曰琶, 高麗, 以蛇皮爲槽, 楸木爲面, 象牙爲捍撥, **本胡人馬上所鼓故**, **謂胡琴也**.(『松南雜識』)

89) 오손(烏孫) : 한(漢)나라 때부터 남북조 시대에, 천산북로(天山北路)의 주변에 살던 터키 계열의 유목 민족. 한나라와 우호 관계를 유지하였으나, 5세기 후반에 선비(鮮卑)와 유연(柔然) 등에 압박을 받아 망했다.

90) 왕소군(王昭君) : 전한(前漢) 원제(元帝)의 후궁. 이름은 장(嬙). 소군은 자(字). 기원전 33년 흉노와의 화친 정책으로 흉노의 호한야선우(呼韓邪單于)와 정략결혼을 하였으나 자살했다. 후세의 많은 문학 작품에 애화(哀話)로 윤색되었다.

91) 轉關濩索動有神.(「고전두곡(古纏頭曲)」)

92) **堯卿樂譜**, 琶琶曲, 有轉關·六幺·濩索·**梁**州, **皆其名也**.(『東坡詩集註, 卷三十二, 樂府, 古纏頭曲』의 주석) → 琵琶曲, 有轉關六幺濩索**之**名.(『松南雜識』)

93) 옥연쇄(玉連鎖) : 곡조의 이름.

94) 「송숙달가청비파(宋叔達家聽琵琶)」.

95) 송나라 구양수(歐陽修)가 지은 고시(古詩) 23수 중 하나.
*『松南雜識』에는 '歐陽沈傳'으로 되어 있으니, 「歐陽修贈沈博士歌」를 착각한 듯함.

두빈[96]의 비파는 가죽으로 현을 만들었는데	杜彬琵琶皮作絃
두빈이 죽은 뒤로 세상에서 사라지고	自從彬死世莫傳
옥련쇄 소리는 황천으로 들어갔다	玉連瑣聲入黃泉[97]

라고 한 말이 이것이다.

생우
笙竽

『설문해자(說文解字)』에서 "여와씨(女媧氏)가 십삼황(十三簧)을 만들었는데 봉황의 몸을 형상하였다. 정월(正月)의 음(音)이다. 만물이 처음으로 생기기 때문에 '생(笙)'이라고 한다. 큰 것을 '소(巢)'라고 하고 작은 것을 '화(和)'라고 한다"라고 하였다.[98] 우리나라에서는 '총종(葱種)'이라고 한다.

'우(竽)'는 『설문해자(說文解字)』에서 "관악기(管樂器)이니 삼십육황(三十六簧)이다"[99]라고 하였다. 『한비자(韓非子)』에서 "제나라 선왕(宣王) 때 남곽선생(南郭先生)의 남우(濫竽)"[100]라고 하였다. 『영남록(嶺南錄)』에서 "교

96) 두빈(杜彬) : 구양수(歐陽脩)가 영양(永陽)에 귀향을 갔을 때 그 고을의 관리로 있던 인물로, 비파를 매우 잘 탔다고 한다.

97) 『宋詩鈔, 卷十一, 歐陽文忠詩鈔上, 贈沈博士歌』.

98) 『설문해자』의 '笙'과 '簧'에 대한 설명이 『松南雜識』에 착종 인용되었다. 우선 『松南雜識』 원문대로 번역하였으나 인용된 원문을 번역하면 다음과 같다.
* 생(笙). 십삼황(十三簧)이니 봉황의 몸을 형상했다. 생(笙)은 정월의 음이다. 만물이 나는 까닭에 생(笙)이라고 한다. 큰 것을 소(巢)라고 하고 작은 것을 화(和)라고 한다[笙. 十三簧, 象鳳之身也, 笙, 正月之音. 物生, 故謂之笙. 大者, 謂之巢, 小者, 謂之和].(『說文解字, 笙』)
* 황(簧). 옛날에 여와가 황(簧)을 만들었다.[簧. 古者, 女媧作簧.](『說文解字, 簧』) → 女媧**氏**, 作十三簧, 象鳳之身也. 正月之音. 物始生, 故謂之笙. 大者, 謂之巢, 小者, 謂之和.(『松南雜識』)

99) 管三十六簧也.(『說文解字, 竽』)

100) 齊宣王, 使人吹竽, 必三百人, 南郭處士, 請爲王吹竽, 宣王說之, 廩食以數百人, 宣

지(交趾)에서는 자루 없는 박으로 생(笙)을 만든다"라고 하였다.

공후
箜篌

『한악보(漢樂譜)』에서 "무제(武帝)가 후조(侯調)[101]를 시켜 만들게 하였다"라고 하였다. 공(空)나라의 후(侯)가 만들었기에 그런 이름이 붙었다는 설도 있다.

조선(朝鮮)의 진졸(津卒) 곽자고(霍子高)가 머리를 풀어 헤치고 술병을 들고 강을 건너는 미친 사내[102]를 보았다. 미친 사내의 아내가 좇아갔으나 채 미치지 못하였고 남편은 빠져 죽었다. 그러자 그 아내가 공후를 연주하고는 빠져 죽었다. 곽자고가 인(引)[103]을 지으니 그의 아내 여옥(麗玉)이 그 곡을 연주하였다고 한다.

님이여 물을 건너지 마소	公無渡河
님은 기어이 물을 건너시네	公竟渡河
물에 빠져서 죽으시니	墮河而死
내 님을 어찌하나	將柰公何

王死, 湣王立, 好一一聽之, 處士逃.(『韓非子, 卷九, 內儲說上, 七術, 第三十』) → 齊宣王時, 南郭先生濫竽也.(『松南雜識』)

* 제선왕이 사람을 시켜 우(竽)를 연주하게 하였는데 언제나 300명이 합주하도록 했다. 남곽처사가 왕을 위하여 우를 연주하겠다라고 했다. 선왕은 그의 연주를 좋아하여 수백명의 녹봉으로 그들을 대우했다. 선왕이 죽고 민왕이 즉위하여 하였는데 그는 독주(獨奏)를 좋아했다. 그래서 실력도 없으면서 300인에 섞여 있던 남곽처사는 달아났다. 이로부터 '남우(濫竽)'라는 고사가 생겨났으니 "무능한 사람이 재능 있는 척하는 것이나 또는 실력이 없는 사람이 어떤 지위에 붙어 있는 일을 이르는 말"을 의미한다.

101) 후조(侯調) : 한(漢)나라 무제(武帝) 때의 악공(樂工).

102) 『松南雜識』에는 '狂夫'가 '征夫'로 오기되어 있음.

103) 인(引) : 악부시(樂府詩)의 한 갈래.

이 노래는 마침내 중국의 악부(樂府)에 들어갔다.

순우 · 방향
錞釪方響

『주례(周禮)』에서 "순우(錞于)는 모양이 종 같으며 북과 화음을 이룬다"[104]라고 하였다. 『직관기(職官記)』[105]에서 "촉(蜀)나라에서 얻어 왔는데 그 이름을 아무도 알지 못하였다. 그런데 곡사징(斛斯徵)[106]이 '순우(錞釪)'라고 말하였다"라고 하였다. 『주례(周禮)』에서 "망통(芒筒)[107]으로 진동시키니 소리가 극도로 청명하다"라고 하였다.[108]

『황명록(皇明錄)』[109]에서 말하였다.

호부(胡部)[110]에는 방향(方響)이 없어서 곧은 판자를 사용하였는데 소리가 여러 곡조에 맞지 않았고, 오직 태종(太宗)[111]의 내고(內庫)[112]

---

104) **以金**錞和鼓.(『周禮注疏, 卷十二, 地官司徒, 第二』) → 錞**于形似鐘**, **以**和鼓.(『松南雜識』)

105) 직관기(職官記) : 진(晉)의 장연(張績)이 편찬한 책.

106) 곡사징(斛斯徵) : 북주(北周) 사람. 자는 사량(士亮). 하남(河南) 낙양(洛陽) 출신. 박식하였고 특히 삼례(三禮)와 음률(音律)에 조예가 깊었다.
*『松南雜識』에는 '斛斯微'로 오기되어 있음.

107) 망통(芒筒) : 고대 악기의 이름.

108) 形如鐘, 以和鼓, **字作釪**, **亦作于**, 有自蜀得此, 莫識. 斛斯微曰, **此**錞**于**也, **周禮注**. 芒筒振之, 聲極淸, **衆乃嘆服**, **職官分記**.(『韻府羣玉, 錞于』) → **周禮云**, **錞于**, 形似鐘, 以和鼓. **職官記曰**, 有自蜀得此, 莫識. 斛斯微曰, 錞**釪**也. **禮云**, 芒筒振之, 聲極淸明. (『松南雜識』)

109) 황명록(皇明錄) : 명황잡록(明皇雜錄). 당나라 정처회(鄭處誨)가 지은 책으로 개원(開元) · 천보(天寶) 연간의 일문(逸文)을 기록했다. 총 2권, 보유(補遺) 1권이다.

110) 호부(胡部) : 당나라 때 호악(胡樂)을 관장하던 기구. 호악(胡樂)은 서량(西涼) 일대에서 전래된 음악으로 서량악(西涼樂)의 특성을 내포하고 있다.

111) 태종(太宗) : 당나라의 제2대 황제(598~649). 성은 이(李). 이름은 세민(世民). 삼성육부(三省六府)와 조용조(租庸調) 등의 제도를 정비하였고, 외정(外征)을 행하여 나라의 기초를 쌓았다. 재위 기간은 629~649년.

에 있는 한 조각 쇠만이 스무 여덟 곡조에 맞았다. 염교(廉郊)[113]가 비파를 연주하자 못 안에서 방향 한 조각이 튀어 나오니 동류(同類)의 물건끼리 서로 감응한 것이다.[114]

지금은 없는 악기이다.

초루화각
譙樓畵角

지봉(芝峯) 이수광(李睟光)이 말하였다.

조식(曹植)[115]이 「삼롱(三弄)」을 지었는데, 그 초롱(初弄)은,

임금 되기 어렵고	爲君難
신하되기 어려우니	爲臣難
어렵고도 어려워라	難又難

이다. 재롱(再弄)은,

나라 세우기 어렵고	創業難

112) 내고(內庫) : 황궁(皇宮)의 부고(府庫)를 가리킴.

113) 염교(廉郊) : 당나라 무종(武宗) 때의 악공(樂工).

114) **樂器名**, 廉郊, 彈琵琶, 池內躍出方響一片, 物類相感爾, **詳鐵**. 胡部, 無方響, 以直板, 聲不應諸調, 惟太宗內庫片鐵, **方響**應二十八調, **明皇雜錄**.(『韻府羣玉, 方響』) → **皇明錄曰**, 胡部, 無方響, 以直板, 聲不應諸調, 惟太宗內庫片鐵, 應二十八調, **又**廉郊, 彈琵琶, 池內躍出方響一片, 物類相感爾.(『松南雜識』)

115) 조식(曹植) : 중국 삼국 시대 위(魏)나라의 시인(192~232). 자는 자건(子建). 위나라 무제(武帝) 조조(曹操)의 아들. 「칠보시(七步詩)」의 고사로 유명하다. 시문집에 『조자건집(曹子建集)』이 있다.

지키기 어려우니 守成難
어렵고도 어려워라 難又難

이다. 삼롱(三弄)은,

집안 일으키기 어렵고 起家難
보존하기 어려우니 保家難
어렵고도 어려워라 難又難

이다. 지금 각음(角音)의 '오오(烏烏)'는 모두 난(難)의 끄는 소리라고 한다.[116)]

마치 금조(琴操)의 봉굉(鳳薨)과 같다.

태평소
太平簫

지봉 이수광이 "또한 나나하는 소리를 내는데 나(難)와 음이 서로 가깝다"[117)]라고 하였다.

116) **譙樓畫角之曲**, **有**三弄**相傳**, 曹子建作, 其初弄曰, 爲君難, 爲臣難, 難又難. 再弄曰, 創業難, 守成難, 難又難. 三弄曰起家難, 保家難, 難又難. 今角音**之**烏烏者, 皆難字曳聲云.(『芝峯類說, 卷十八, 技藝部, 音樂』) → 曹子建作三弄, 其初弄曰, 爲君難, 爲臣難, 難又難. 再弄曰, 創業難, 守成難, 難又難. 三弄曰, 起家難, 保家難, 難又難. 今角音烏烏者, 皆難字曳聲云.(『松南雜識』)

117) **我國大平簫**, 亦**作**羅羅之聲, **羅**與難音相近.(『芝峯類說, 卷十八, 技藝部, 音樂』) → 亦羅羅之聲, 與難音相近.(『松南雜識』)

적
笛

『악보(樂譜)』에서 "한나라 무제 때에 구중(丘仲)이 만들었는데 길이는 네 치이다. 네 개의 구멍이 있는데 경방(京房)[118]이 구멍 한 개를 더 뚫으니 이것이 상성(商聲)에 해당한다"[119]라고 하였다.

우리나라에서 '피리(觱)'라고 하는 것은 또한 '필률(觱栗)'의 종류인 듯하다.

호가
胡笳

운서(韻書)에서 "오랑캐들은 갈대 잎을 말아 분다"[120]라고 하였으니, 지금 목동이 풀잎을 부는 것을 '초음(草音)'이라고 하는 말이 그것이다.

『심료집(沈遼集)』에서 말하였다.

> 대호가(大胡笳)는 십팔박(十八拍)[121]이니, 세상에서는 '심가성(沈家聲)'이라고 한다. 소호가(小胡笳)는 십구박(十九拍)이니, 마지막 박(拍)은 계성(契聲)인데 축가성(祝家聲)이라고 하였다. 또 채옹(蔡邕)[122]의 딸 채담(蔡琰)이 십팔박(十八拍)의 거문고곡을 만들었다.[123]

---

118) 경방(京房) : 전한(前漢)의 사상가. 자는 군명(君明). 역학(易學)에 밝아 원제(元帝)의 총애를 받았다. 저서에 『경씨역전』이 있다.

119) 漢武時, 丘仲作**笛**, 長**尺**四寸, **舊**四孔, 京房, 加一孔, 是商聲.(『韻府羣玉, 笛』) → **樂譜曰**, 漢武**帝**時, 丘仲作**之**, 長四寸, **有**四孔, 京房, 加一孔, 是商聲.(『松南雜識』)

120) 胡人捲蘆葉吹之.(『韻府羣玉, 笳』)

121) 박(拍) : 악곡(樂曲)의 편장(篇章) 단위, 수(首)와 같다.

122) 채옹(蔡邕) : 후한 때의 문인 · 서예가(133~192). 자는 백개(伯喈). 시문에 능하며, 수학 · 천문 · 서도 · 음악 등에도 뛰어났다. 영자팔법(永字八法)을 고안했다. 저서에 『채중랑집(蔡中郎集)』 · 『독단(獨斷)』 등이 있다.

123) 大胡笳, 十八拍, 世號沈家聲. 小胡笳, 十九拍, 末拍爲契聲, 號祝家聲. **沈遼集**. 蔡

마상가
馬上笳

운서(韻書)의 '고(篍)'의 주석에서 "부는[吹] 채찍이다. 채찍에 구멍을 만들어 말 위에서 분다"124)라고 하였다.

지금 '취타(吹打)'는 가(笳)를 불고(吹) 북을 친다(打)는 의미이다.

횡적
橫笛

『진서(晉書), 악지(樂志)』에서 말하였다.

호각(胡角)은 호가(胡笳)와 어울린다. 횡적(橫笛)에는 쌍각(雙角)125)이라는 것이 있으니 장건(張騫)126)이 서역(西域)에 들어갔다가 그 연주법을 전수받았는데 오직 마가도륵(摩訶兜勒) 한 곡만을 터득했을 뿐이다. 이연년(李延年)이 호곡(胡曲)을 근거로 새로운 소리 이십 해(二十解)를 만들었고, 무곡(武曲)을 만들었다.127)

邕女琰, **陷羌胡**, 爲**胡笳**十八拍琴曲, **白帖**.(『韻府羣玉, 胡笳』) → **沈遼集云**, 大胡笳, 十八拍, 世號沈家聲. 小胡笳, 十九拍, 末拍爲契聲, 號祝家聲. **又**蔡邕女琰, 爲十八拍琴曲.(『松南雜識』)

124) 吹鞭也, 鞭上作吼, 馬上吹之.(『韻府羣玉, 篍』) → 吹鞭也, 鞭上作吼, 馬上吹之.(『松南雜識』)

125) 쌍각(雙角) : 당대(唐代) 교방속악(敎坊俗樂)의 곡조(曲調)인 이십팔조(二十八調) 중의 하나.

126) 장건(張騫) : 전한(前漢) 때의 외교가(?~B.C. 114). 자는 자문(子文). 인도 통로를 개척하고, 서역 정보를 가져와 동서의 교통과 문화 교류의 길을 열었다.

127) 胡角**者**, **本**以應胡笳**之聲**, **後漸用之**. 橫吹有雙角, **卽胡樂也**, 張**博望入**西域, 傳其法**於西京**, 惟得摩訶兜勒一曲. 李延年因**胡曲**, **更**造新聲二十八解, **乘輿以爲武樂**.(『晉書, 卷二十三, 志, 第十三, 樂, 下』) → 胡角, 以應胡笳, 橫吹有雙角者, **是也**. 張**博望**, 入西域, 傳其法**於西京**, 惟得摩訶兜勒一曲, 李延年, 因造新聲二十八解, 以爲武曲, **晉樂志**.(『韻府羣玉, 摩訶兜勒』) → 晉樂志**曰**, 胡角, 以應胡笳, 橫吹有雙角者, 張

지금의 호적(胡笛)으로, 본래는 강(羌)[128]에서 나왔다. 그래서 '강적(羌笛)'이라고 한다.

격양
擊壤

『풍토기(風土記)』[129]에서 말하였다.

격양(擊壤)은 나무로 만드는데 모양은 신[履] 같이 생겼다. 납절(臘節)[130]에 아이들이 패를 나누어 두드린다. 먼저 양(壤)[131]하나를 비스듬하게 기우려 세운 뒤에 멀리서 손 안의 양(壤)을 던져서 맞추면 소리가 난다.[132]

수부
水缶

『주역(周易)』에서 "질장구를 두드리며 노래한다"[133]라고 하였고 『예

籥入西域, 傳其法, 惟得摩訶兜勒一曲. 李延年, 因造新聲二十解, 以爲武曲.(『松南雜識』)

128) 강(羌) : 중국의 이민족인 오호(五胡) 가운데, 중국 서방의 변두리에 흩어져 있던 티베트 계통의 유목 민족. 전국 시대(戰國時代)부터 중국의 서변에 웅거하기 시작하였으며, 후진(後秦)을 세웠다.

129) 풍토기(風土記) : 진(晉)나라 주처(周處)가 편찬한 책으로 일실되어 전하지 않는다.

130) 납절(臘節) : 매년 동지(冬至) 후 세 번째 미일(未日)로 납향제(臘享祭)를 지내는 날.

131) 양(壤) : 고대의 놀이 기구.

132) 風**土**記**云**, 擊壤者, 以木爲之, **長三四寸**, **其**形如履, 臘節, **僮**少**以爲戱**, 分部**以**擿**博**也. **將戱**, 先側一壤**於地**, 遙**於三四十步**, 以手中壤擿之, 中者爲上.(『韻府羣玉, 擊壤』) →風土記**曰**, 擊壤者, 以木爲之, 形如履, 臘節, **童**少分部擿**塼**也. 先側一壤, 遙以手中壤擿之, 中者爲**聲**.(『松南雜識』)

133) **九三**, 日**昃之離**, **不**鼓缶而歌, **則大耋之嗟**, **凶**.(『周易, 上經, 離』)→鼓缶而歌.(『松

기(禮記)』에서 "이기씨(伊耆氏)[134]가 질북채로 질장구를 쳤다"[135]라고 하였다. 진(秦)나라 역사에서 "질항아리를 치고 질장구를 두드린다"[136]라고 하였으니, 지금 촌마을에서 풍년에 물장구(水缶)를 치는 것은 유래가 오래된 듯하다. 우리나라에서는 '부(缶)'를 '장고(長鼓)'라고 훈석한다.

법고
法鼓[137]

『갈고록(羯鼓錄)』[138]에서 말하였다.

화노(花奴 = 李璡)[139]가 갈고(羯鼓)[140]를 두드리는데 아광모(砑光帽)[141] 위 동곳에 올린 꽃이 떨어지지 않았다. 송경(宋璟)[142]이 "갈고를 칠 때 머리는 푸른 산봉우리같이 하고 손은 소나기방울같이 한다"라고 하였다.[143]

南雜識』)

134) 이기씨(伊耆氏) : 신농씨(神農氏).

135) 土鼓蕢桴**葦籥**, 伊耆氏**之樂也**.(『禮記注疏, 卷三十一, 明堂位』) → 伊耆氏, 蕢桴而土鼓.(『松南雜識』)

136) 擊甕叩缶.(『史記, 八十七, 李斯列傳, 第二十七』)

137) 법고(法鼓) : 절에서 예불할 때나 의식을 거행할 때에 치는 북과 부처 앞에서 치는, 쇠가죽으로 만든 조그마한 북 등 크기와 모양이 다양함.

138) 갈고록(羯鼓錄) : 당나라 남탁(南卓)이 편찬한 책. 총 1권. 『신당서(新唐書), 예문지(藝文志)』에는 이 책을 악류(樂類)로 구분하고 있다.

139) 화노(花奴) : 당나라 현종(玄宗) 때 회남왕(淮南王) 이진(李璡)의 아명(兒名). 갈고(羯鼓)를 잘 쳤다.

140) 갈고(羯鼓) : 아악기의 하나. 크기와 모양이 장구와 비슷하나, 양면을 말가죽으로 메워 대(臺) 위에 올려놓고 두 개의 채로 친다. 소리를 조절하는 축수가 양쪽에 있다. ≒ 양장고.

141) 아광모(砑光帽) : 아광(砑光) 처리한 비단으로 만든 모자로 춤출 때 쓴다. 아광이란 광석(光石)으로 종이나 피혁, 포백(布帛) 등을 마찰시켜 광택이 나도록 만드는 것. *『松南雜識』에는 '呀硝帽'로 오기되어 있음.

142) 송경(宋璟) : 당나라 현종 때의 재상(663~737). 성격이 강직하였고 법도를 잘 지켰다고 한다.

지금 수륙재(水陸齋)[144] 올리는 중이 오색의 종이꽃을 쓰고 머리를 흔들며 빠르게 두드리는 법고(法鼓)가 이것이다.

용독 · 가판

舂牘歌板

『주례(周禮)』에서 "생사(笙師)가 용(舂) · 독(牘) · 아(雅) · 악(樂)을 가르친다"[145]라고 하였다. 그 주석에서 "독(牘)은 악기인데 대나무로 땅을 찧는 것이다. 두 손으로 땅을 다져서 소리가 나게 한다. 응(應)과 아(雅)도 악기이다"라고 하였다.[146]

소식(蘇軾)의 시에서 "장삿배의 수등(水燈)이 낮았다 높았다 박자 맞춰 가판(歌板)[147]을 따른다[低昻赴節隨歌板][148]라고 하였으니, 가판은 바로 향판(響板)이다. 지금 노래할 때 북치듯이 판을 같이 친다.

---

143) 羯鼓錄, 花奴擊羯鼓, **戴砑絹**帽簪花不墜, 宋璟曰, 頭如青山峰, 手如急雨點.(『佩文韻府, 頭如峰』) → 羯鼓錄**曰**, 花奴擊羯鼓, **呀硝**帽**上**簪花不墜, 宋璟曰, 頭如青山峰, 手如急雨點.(『松南雜識』)

144) 수륙재(水陸齋) : 물과 육지의 홀로 떠도는 귀신들과 아귀(餓鬼)에게 공양하는 재. ≒ 수륙굿, 수륙회.

145) 笙師掌教**歈竽笙塤篪簫篪管**舂牘應雅.(『周禮注疏, 卷二十四, 春官宗伯下』) → 笙師, 掌教舂牘應雅.(『松南雜識』)

146) 용(舂) · 독(牘) · 응(應) · 아(雅) : 모두 악기의 이름으로 빈객이 취하여 나갈 때 연주한다. 독(牘)은 대나무로 만드는데 긴 것의 길이는 일곱 자이고 짧은 것의 길이는 한두 자이며 양 끝에 두 개의 구멍이 있다. 빈객이 취하여 예를 더럽힐[瀆] 우려가 있기에 독(牘)이라고 명명했다. 응(應)도 대나무로 만드는데 길이는 여섯 자 다섯 치이다. 그 속에 추(椎)가 있다. 빈객이 귀가할 때 예에 응하지 않을 우려가 있기에 응(應)이라고 명명했다. 아(雅)는 칠통(漆筒)같이 생겼으며 길이는 다섯 자 여섯 치이다. 두 개의 양가죽으로 끌며 두 개의 매듭이 있다. 빈객이 아정(雅正)하기를 원하기에 그렇게 명명했다.

147) 가판(歌板) : 악기, 박판(拍板). 노래할 때 박자를 치는데 사용한다.

148) 「중추견월화자유(中秋見月和子由)」.

박판
拍板

『조비연외전(趙飛燕外傳)』[149]에서 "조후(趙后)가 「귀풍송원곡(歸風送遠曲)」[150]을 부르자 황제가 문서(文犀)[151] 비녀로 옥구(玉甌)[152]를 쳐서 박자를 맞추었다"[153]라고 하였다.

『운부군옥(韻府群玉)』에서 말하였다.

> 진(晉)나라와 위(魏)나라 교체기에 송섬(宋纖)[154]이라는 사람이 박자를 잘 쳐서 박판(拍板) 대신 사용한 것이 그 시초이다. 옛날에는 아홉 개의 판을 사용하였다. 한유(韓愈)가 박판의 용도를 묻자 우승유(牛僧孺)가 "악구(樂句)"라고 대답하였다.[155] 『청파잡지(清波雜志)』[156]에서 "딱따구리의 혀는 박판(拍板)의 끈을 꿸 수 있다"라고 하였다.[157]

『악부(樂府)』에서 "위청(韋青)의 가희(歌姬) 장홍홍(張弘弘)이 악공(樂工)의 새로운 곡조를 숨어서 듣고 그 박자를 기억하였다"라고 한 말이 이것이다.

---

149) 조비연외전(趙飛燕外傳) : 한(漢)나라 영현(伶玄)이 편찬한 책. 총 1권.

150) 凉風起兮, 天隕霜, 懷君子兮, 渺難望, 感予心兮, 多慨慷.(「귀풍송원곡(歸風送遠曲)」)

151) 문서(文犀) : 무늬가 있는 무소 뿔.

152) 옥구(玉甌) : 옥으로 만든 사발 모양의 타악기.

153) 后歌**舞**歸風送遠之曲, 帝以文犀簪, 擊玉甌.(『趙飛燕外傳』) → 后歌歸風送遠之曲, 帝以文犀簪, 擊玉甌, **節之**.(『松南雜識』)

154) 송섬(宋纖) : 진(晉)나라 사람. 돈황(燉煌) 효곡(效穀) 출신. 주천(泉南) 남산에서 은거하였으며 그를 따르는 제자가 300여 명이었음.

155) 韓愈・皇甫湜, 一代龍門, 牛僧孺, 以所業謁之, 其首篇曰說樂, 韓始見題卽掩卷問曰, 且以拍板爲什麽. 僧孺曰, 樂句. 二公, 大稱賞.(『說郛, 卷三十五上, 摭言』 → 韓愈目爲樂句.(『松南雜識』)

156) 청파잡지(淸波雜志) : 송나라 주휘(周煇)가 편찬한 책. 총 12권. 별지(別志).

157) 晉魏之代, 有宋纖善擊節, 以拍板代之, 此其始也, 古用九板. 韓文公, 目爲樂句, **詳句**. 啄木鳥舌, 可**引作**穿繩.(『韻府羣玉, 拍』) → 晉魏之代, 有宋纖善擊節, 以拍板代之, 此其始也, 古用九板. 韓文公, 目爲樂句, **雜志曰**, 啄木鳥舌, 可穿**板**繩.(『松南雜識』)

진으로 치고 갈로 그침
鎮擊藒止

운서(韻書)의 '진(鎮)'의 주석에서 "악기이니 축(柷)을 치고 어(敔)를 두드리는 것이다"라고 하였다.

'갈(藒)'은 주석에서 "나무호랑이니 음악을 그치게 하는 악기로 어(敔)라고도 한다"라고 하였다.

'포(枹)'는 주석에서 "북채이다. 전단(田單)[158]이 북채를 잡고 북을 쳤다"라고 하였다.

또 '어양참과(漁陽摻撾)'[159]의 주석에서 "과(撾)는 북을 치는 막대이니 지금의 북채(鼓策)이다. '참(摻)'은 북을 치는 법이니 지금의 장단(長短)이다"라고 하였다.

『담원(談苑)』에서 말하였다.

한(漢)나라 예형(禰衡)이 노래하기를,

변경의 성 늦게 여니 어양참 부르고	邊城晏開漁陽摻
누런 먼지 뿌여니 한낮에도 어둡네	黃塵蕭蕭白日暗

라고 하였으니, 소식(蘇軾)의 시에서 "빠른 박자 북소리 누가 치는 어양참과(漁陽摻撾)인가"[160]가 이것이다.[161]

158) 전단(田單) : 전국 시대 제나라의 책사(策士).

159) 어양참과(漁陽參撾) : 곡조명.

160) 「興龍節侍宴前一日微雪, 與子由同訪王定國, 小飮清虛堂, 定國出數詩, 皆佳, 而五言尤奇, 子由又言, 昔與孫巨源同過定國, 感念存沒, 悲歎久之, 夜歸稍醒, 各賦一篇, 明日朝中以示定國也」.

161) 談苑, 禰衡**作漁陽摻撾**, **鼓**歌曰, 邊城晏開漁陽摻, 黃塵蕭蕭白日暗. **東**坡詩**云**, 疊鼓誰摻漁陽撾.(『古今事文類聚前集, 卷七, 詩話, 禰衡擊鼓』)→談苑, 禰衡歌曰, 邊城晏開漁陽摻, 黃塵蕭蕭白日暗. 坡詩, 疊鼓誰摻漁陽撾, **是也**.(『松南雜識』)

『예기(禮記)』에서 "상(相)으로 마지막 악장(樂章)을 조절한다"[162]라고 하였는데, 그 주석에서 "상(相)은 부(拊)[163]이다. 다른 악기를 조절하는 역할을 하며 가죽으로 표면을 만들고 속은 쭉정이(糠)로 채운다. '강(糠)'을 '상(相)'이라고 하기 때문에 그런 이름이 붙었다"[164]라고 하였다.

지금 상(相)은 없어지고 북[鼓] 아니면 질장구[缶]를 사용한다.

장고곡

杖鼓曲

지봉(芝峯) 이수광(李睟光)이 말하였다.

시견오(施肩吾)[165]의 시에서,

미치광이 초나라 나그네의 노래는 설[166]이 되고	顚狂楚客歌成雪
아리따운 오나라 아가씨의 웃음은 염[167]이로세	嫵媚吳娘笑是鹽[168]

라고 하였다.

『몽계필담(夢溪筆談)』에서 "당나라의 장고는 양면에 모두 채를 사용하

162) 治亂以相.(『禮記注疏, 卷三十八, 樂記』)

163) 부(拊) : 타악기의 일종.

164) 相卽拊也, **亦以**節樂**拊**者, 以韋爲表, 裝之以糠, 糠一名相, 因以名焉.(『禮記注疏, 卷三十八, 樂記』의 주석) → 相卽拊也, 節樂者, 以韋爲表, **裡**裝之以糠, 糠**亦**名相, 因以名焉.(『松南雜識』)

165) 시견오(施肩吾) : 당나라 때의 시인.

166) 설(雪) : 고대 악곡 「양춘백설(陽春白雪)」을 이름. 또 고아(古雅)한 곡조(曲調)나 가성(歌聲)을 범칭함.

167) 염(鹽) : 고대의 악곡명.

168) 嫵媚吳娘**笑**是鹽.(『夢溪筆談, 卷五, 樂律, 杖鼓』) → 嫵媚吳娘舞是鹽.(『芝峯類說』) → 嫵媚吳娘舞是鹽.(『松南雜識』)

였는데 지금의 장고는 한 면은 손으로 두드린다. 또 당곡(唐曲)으로 돌궐염(突闕鹽)·아작염(阿鵲鹽)·석석염(昔昔鹽)이 있다"[169]라고 하였다.[170]

경주옥적
慶州玉笛

『경주읍지(慶州邑誌)』에서 말하였다.

동해의 용왕이 바친 것으로 대개 신라 때의 보물이다. 신문왕(神文王)[171] 때에 해일(海溢)이 큰 우환거리였다. 동해 가운데 있는 조그만 산에 대나무 한 그루가 있었는데, 낮에는 나뉘어 두 그루가 되었다가 밤이면 합하여 한 그루가 되었다. 한 그루는 색이 푸르고 숫마디에 숫컷의 소리가 났다. 한 그루는 색이 누렇고 암마디에 암컷의 소리가 났다. 그것으로 피리를 만들어 부니 해일이 멎었기에 '만파식적(萬波息笛)'이라고 불렀다. 대대로 그것을 부는 사람이 있었는데 어떤 이가 꺼내서 죽령(竹嶺)을 지나가자 소리가 나지 않았다. 또 덧붙여 '만만

---

169) 唐之杖皷, **本謂之兩杖皷**, 兩頭皆用杖, 今**之**杖皷, 一頭以手拊之,…… **唐**曲, 有突厥鹽·阿鵲鹽. **施肩吾詩云**, **顚狂楚客歌成雪**, **嫵媚吳娘笑是鹽**, **盖當時語也**.(『夢溪筆談, 卷五, 樂律一』)→唐之杖鼓, 兩頭皆用杖, 今杖鼓, 一頭以手拊之, **又杖鼓**曲**名**, 有突厥塩·阿鵲塩·**昔昔塩**.(『松南雜識』)

170) 唐之杖皷, 本謂之兩杖皷, 兩頭皆用杖, 今之杖皷, 一頭以手拊之, …… 乃杖皷曲也. 唐曲, 有突厥鹽·阿鵲鹽. 施肩吾詩云, 顚狂楚客歌成雪, 嫵媚吳娘笑是鹽, 盖當時語也.(『夢溪筆談, 卷五, 樂律一』)→施肩吾詩曰, 顚狂楚客歌成雪, 嫵媚吳娘舞是鹽, 筆談云, 唐之杖鼓, 兩頭皆用杖, 今之杖鼓, 一頭以手拊之, 又杖鼓曲名, 有突闕鹽, 阿鵲鹽, 昔昔鹽.(『芝峯類說, 卷十二, 文章部五, 唐詩』)→施肩吾詩云, 顚狂楚客歌成雪, 嫵媚吳娘舞是塩, 筆談云, 唐之杖鼓, 兩頭皆用杖, 今杖鼓, 一頭以手拊之, 又杖鼓曲名, 有突厥塩, 阿鵲塩, 昔昔塩.(『松南雜識』)

171) 신문왕(神文王) : 신라 제31대 왕(?~692). 성은 김(金). 이름은 정명(政明)·명지(明之). 자는 일초(日怊). 국학을 세워 학문을 장려하고, 관제를 다시 정비하여 신라의 황금 시대를 이룩했다. 재위 기간은 681~691년이다.

파파식적(萬萬波波息笛)'이라고 이름하였다.

임진왜란 때 마침내 숫피리를 잃어 버렸다가 임진왜란 뒤에 땅을 넓혀 관아를 지으려고 정지를 하는데 이것이 홀연히 도끼에 잘못 찍혀 나왔다. 전체가 푸릇푸릇 생기가 있었지만 손상된 곳은 죽은 형상이었기에 은으로 때웠다. 그 암피리는 이리저리 돌아다니다가 이인석(李寅奭)의 집에 있게 되었는데 불어도 소리가 나지 않다가 임인년에 동래접빈관(東萊接賓官)이 되어 경주(慶州)를 지나가니 다시 완전해졌다. 피리 부는 사람에게 불어보게 하니 맑고 밝은 소리가 나서 마침내 한 쌍의 옥적(玉笛)이 되었으니 마치 연진검(延津劍)[172]이 암수가 합해진 것과 같다.

북제(北齊) 때에 역성(歷城)[173]의 광정사(光政寺)에 경석(磬石)[174]이 있었는데 반달 같은 모양에 물방울 같은 광택이 났으며 소리는 백 리까지 퍼졌다. 도성 안으로 옮기자 그 음향이 묘연(杳然)하게 끊어졌기에 본사(本寺)로 되돌려두자 본래의 소리가 났다. 그것을 두고 "경석(磬石)이 신성(神聖)하여 광정사(光政寺)를 연모(戀慕) 한다"고 말하였다.[175]

---

172) 연진검(延津劍) : 연평진(延平津)의 검을 말한다. 연평진은 두 보검이 나누어졌다가 합한 곳이다. 『진서(晉書), 장화전(張華傳)』에 나온다. 진나라 뇌환(雷煥)이 용천(龍泉) 태아(太阿) 두 보검을 얻어 그중 하나를 장화(張華)에게 주었는데 후에 장화가 주살(誅殺) 당하자 그 칼의 소재를 잃었다. 뇌환이 죽고 그 아들이 칼을 가지고 연평진을 지날 때 칼이 갑자기 손에서 벗어나 물에 떨어지기에 사람을 시켜 물속을 찾게 하니, 다만 두 마리 용만 서리어 있고 물결이 세게 일 뿐, 보검은 이로부터 보이지 않게 되었다고 한다.

173) 역성(歷城) : 중국 산동성(山東省) 제남시(濟南市)에 있는 도시. 역산(歷山)의 산자락에 자리잡고 있어서 역성이라 부르게 되었다. 예로부터 제(齊)나라와 노(魯)나라의 수도였으며, 남쪽으로 태산(泰山)과 접하고, 북쪽으로 황하(黃河)와 맞닿아 있다.

174) 경석(磬石) : 아악기(雅樂器)인 편경(編磬)과 특경(特磬)을 만드는 재료가 되는 돌.

175) 歷城**縣**光政寺, 有磬石, 形如半月, 膩光若滴, **叩之**, 聲及百里. **北齊時**, 移**於**都內, **使人擊之**, 其聲杳絶, **却令**歸本寺, **叩之**, 聲如故. **土人**語曰, 磬神聖, 戀光政.(『酉陽雜俎, 卷三, 貝編』) → **北齊時**, 歷城光政寺, 有磬石, 形如半月, 膩光若滴, 聲及百里. 移**置**都內, 其響杳絶, 歸本寺, 聲出如故, **時爲之**語曰, **磬神聖**, **戀光政**.(『松南雜識』)

대개 경주의 피리와 역성(歷城)의 경석은 땅의 영기(靈氣)를 모으고 땅의 성질을 지켜서 발현하여 바른 성음(聲音)을 만든 듯하다.

대악
碓樂

신라의 역사[176]에서, "자비왕(慈悲王)[177] 때에 백결선생(百結先生)이 영계기(榮啓期)[178]의 사람됨을 흠모하였다. 거문고로 방아 찧는 소리를 내서 아내를 위로하니 세상에서는 대악(碓樂)이라고 하였다"[179]라고 하였다.

지금 용가(舂歌)를 '방아타령(房阿打詠)'이라고 하는데, 방아를 찧는 사람들이 절구공이 소리로 일을 권면(勸勉)하니 그 유래가 오래되었다.

대성악
大晟樂

『고려사』에서 "송나라의 휘종(徽宗)[180]이 예종(睿宗)[181]에게 대성악(大

---

176) 『三國史記, 卷四十八, 列傳八, 百結先生』.

177) 자비왕(慈悲王) : 신라 제20대 왕(?~479). 459년 월성(月城)에 침입한 왜인(倭人)을 격퇴하였고, 474년 고구려가 백제를 공격하였을 때 백제와 나제 동맹을 맺었다. 재위 기간은 458~479년이다. ≒자비 마립간.

178) 영계기(榮啓期) : 춘추 시대 때의 사람으로 외물에 구애됨 없이 유유자적한 삶을 누렸다고 한다.

179) 百結先生, **不知何許人, 居狼山下, 家極貧, 衣百結若懸, 時人號爲東里百結先生. 嘗**慕榮啓期之爲人, **以琴自隨. 凡喜怒悲歡不平之事, 皆以琴宣之, 歲將暮, 里粟, 其妻聞杵聲曰, 人皆有粟之, 我獨無焉, 何以卒歲. 先生仰天嘆曰, 夫死生有命, 富貴在天, 其來也不可拒, 其往也不可追, 汝何傷乎, 吾爲汝,** 作杵聲以慰**之. 乃鼓琴作杵聲, 世傳之, 名爲樂.**(『三國史記, 卷四十八, 列傳, 百結先生』) → **慈悲王時, 有**百結先生, 慕榮啓期之爲人, **鼓琴**作杵聲, 以慰**其妻**.(『松南雜識』)

180) 휘종(徽宗) : 북송의 제 8대 황제(1082~1135). 도교를 숭배하여 스스로 교주 도군(道君) 황제라 칭하였으나, 정치를 돌보지 않아 반란이 일어났다. 1125년에 금(金)나라가

晟樂)을 하사하였다"[182]라고 하였다. 명나라의 사신 주지번(朱之蕃)[183]과 양우년(梁右年)이 보고 탄식하며 "곡절(曲節)이 중국과 다른데다가 고대의 음률이 대단히 심후하여 귀중히 여길 만하다. 중국의 음악은 촉급하고 오랑캐의 음악이 섞여 있다"라고 말하였다. 지금의 「여민락(與民樂)」[184]이 이것이다.

도솔가
兜率歌

신라의 역사[185]에 "유리왕(儒理王)[186]이 나라 안을 순수할 때 추위에 떨고 굶주린 노파를 보고 옷과 음식을 하사하고는 드디어 진대(賑貸)[187]를 논의하였다. 그러자 이웃나라의 백성들이 많이 몰려 왔으며 백성들은 도솔가(兜率歌)를 지어 노래하였다"[188]라고 하였다.

침입하자 흠종에게 양위하고 근왕(勤王)의 군사를 모집하였으나 실패함으로써 북송은 멸망했다. 시문과 서화에 능하였으며, 고금(古今)의 서화를 모아 『선화전화보(宣化電畵譜)』를 만들었다. 재위 기간은 1100~1125년이다.

181) 예종(睿宗) : 고려의 제 16대 왕(1079~1122). 이름은 우(俁). 자는 세민(世民). 윤관에게 여진을 치게 하여 9성을 쌓았으며 학교를 세우고 국학(國學)에 양현고를 설치하는 등 학문을 진흥시켰다. 재위 기간은 1105~1122년이다.

182) **睿宗朝**, 宋**賜新樂**, **又**賜大晟樂.(『高麗史, 卷七十, 志二十四, 樂』) → 宋**徽宗**, 賜**睿宗**大晟樂.(『松南雜識』)

183) 주지번(朱之蕃) : 명나라 사람으로 자는 난우(蘭嵎).

184) 여민락(與民樂) : 조선 시대에 임금의 거둥 때나 궁중의 잔치 때에 연주하던 아악곡(雅樂曲). 세종 때 용비어천가 1~4장과 125장을 아악 곡조에 얹어 부를 수 있도록 작곡한 가락으로, 모두 10장이었는데 7장만 관현악기로 연주하며 노래는 부르지 않는다. 음률이 화평하고 웅대하다.

185) 『三國史記, 卷一, 新羅本紀一, 儒理尼師今 五年』.

186) 유리왕(儒理王) : 신라 제 3대 왕(?~57). 성은 박(朴). 노례이사금(弩禮尼師今)이라고도 한다. 육부의 이름을 고치고 성(姓)을 내렸으며 17등 관계(官階)를 제정했다. 왕 5년(28)에 신라 가악(歌樂)의 기원인 「도솔가」를 지었다. 재위 기간은 24~57년이다. ≒유리 이사금.

187) 진대(賑貸) : 재난이나 흉년 든 해에 어려운 백성에게 나라의 곡식을 꾸어 주던 일.

불경(佛經)에서 삼십삼천(三十三天)의 제일천(第一天)을 도솔(兜率)이라고 한다.

우식곡

憂息曲

신라의 역사에 눌지왕(訥祗王)[189] 때에 박제상(朴堤上)[190]이 왜(倭)를 속여 미사흔(未斯欣)[191]을 탈출시켰는데, 자신은 왜에 발각되어 목도(木島)에서 화형을 당하였다. 왕이 그 사실을 듣고 애통해 하여 미사흔(未斯欣)에게 박제상의 딸을 아내로 맞아들이게 하였다. 왕은 술을 차려두고 미사흔과 손을 맞잡고 몹시 기뻐하였다. 그리고 '우식곡(憂息曲)'을 지어 그를 위로하였다.[192] 이전에 박제상이 왜(倭)로 들어갈을 때에 그의 아내가 울자 박제상이 말하였다.

"생각하지 마시오. 나 그대는 다시 못 만날 것이오."

---

188) **五年, 冬十一月**, 王巡**行**國內, **見**一老**飢**凍**將死曰, 予以身居上, 不能養民, 使老幼至於此極, 是予之罪也. 解衣以覆之, 推食以食之, 仍命有司, 在處存問, 鰥寡孤獨老病, 不能自活者, 給養之. 於是, 國百姓, 聞而來者衆矣. 是年, 民俗歡康, 始製**兜率歌, **此歌樂之始也**.(『三國史記, 卷一, 新羅本紀一, 儒理尼師今 五年』) → **儒理**王巡國內, 一老**嫗**凍**餒, 賜衣食, 遂議賑貸. 隣國民來者衆, 民作**兜率歌**以歌之**.(『松南雜識』)

189) 눌지왕(訥祗王) : 신라 제19대 왕(?~458). 고구려에 볼모로 갔다가 돌아와 실성왕(實聖王)을 죽이고 왕위에 올랐다. 백제와 공수 동맹(攻守同盟)을 맺어 고구려를 견제하였으며, 왕위의 부자 상속제를 확립했다. ≒눌지 마립간.

190) 박제상(朴堤上) : 신라 눌지왕 때의 충신(?~?). 고구려에 볼모로 가 있던 왕제(王弟) 복호(卜好)를 데려왔으며, 왜(倭)에 볼모로 간 왕제 미사흔(未斯欣)을 돌려보내고 자신은 체포되었는데, 왜의 협박과 회유에도 굴하지 않고 충절을 지키다가 피살되었다. 부인은 그를 기다리다 망부석이 되었다는 전설이 있다.

191) 미사흔(未斯欣) : 신라 내물왕의 아들(?~433). 실성왕 1년(402)에 일본에 볼모로 잡혀 갔다가 눌지왕 2년(418)에 박제상의 꾀로 돌아오게 되었는데, 그 은혜에 보답하기 위하여 박제상의 딸과 결혼했다.

*『松南雜識』에는 '末斯欣'으로 오기되어 있음.

192)『三國史記, 卷四十五, 列傳第五, 朴堤上』에서 생략 인용되었음.

이에 그 아내가 치술령(鵄述嶺)[193]에 올라가 왜(倭)를 바라보고 통곡을 하다가 죽어서 치술령신(鵄述嶺神)이 되었다.

자청가
紫靑歌

『고려악부(高慮樂府)』에서 "부인(婦人)이 몸으로 남편을 섬기다가 한 번 실절(失節)하여 사람들에게 천대와 미움을 받자 이 노래를 지었다. 실의 붉은색·녹색·푸른색·흰색이 반복(反覆)되어 '취하고 버리는 결단'을 초치하는 것에 비유하였다"[194]라고 하였다.

대개 『묵자(墨子)』의 '비염사(悲染絲)'[195]에서 착상한 듯하다.

원흥가
元興歌

『고려악부(高麗樂府)』에서 "원흥(元興)의 동북면(東北面)은 화령부(和寧府)[196]의 속읍(屬邑)으로 바닷가마을이다. 그 마을 사람이 장사하러 배를 타고 갔다가 돌아오자 그 아내가 기뻐서 노래로 불렀다"[197]고 하니 바

193) 치술령(鵄述嶺) : 경상북도 경주시 외동읍과 울산광역시 울주군 두동면 경계에 있는 산. 높이는 765.4m.

194) 婦人以身事人, 一失其身, 人所賤惡, 故作此歌. 以絲之紅綠靑白反覆, 比之以致取舍之決焉.(『高麗史, 卷七十一, 志二十五, 樂』) → **樂府云**, 婦人以身事人, 一失其身, 人所賤惡, 故作此歌. 以絲之紅綠靑白反覆, 比之以致取舍之決焉.(『松南雜識』)

195) 비염사(悲染絲) : 『묵자(墨子), 소염(所染)』에 나오는 말로 실이 물드는 것으로 습속의 영향에 물들기 쉬움을 비유함.

196) 화령부(和寧府) : 함경남도 남부에 있는 군. 조선 태조 때(1393)에 영흥부(永興府)로 개명되었음.

197) 元興**鎭**東北面, 和寧府屬邑, 濱**干大**海, 邑人**船商**而還, 其妻悅而歌之.(『高麗史, 卷七十一, 志二十五, 樂』) → **樂府云**, 元興東北面, 和寧府屬邑也, 濱**於**海, 邑人**買商船**

로 나홍곡(囉嗊曲)[198]의 종류이다.

명주가
溟州歌

『동국여지승람(東國輿地勝覽)』에서 말하였다.

『고려악부(高麗樂府)』에서 말하였다.

강릉은 옛날 명주(溟州)로 양어지(養魚池)가 있는데 세상에 이런 이야기가 전해온다.

어떤 서생이 명주에 이르러 아름답고 글을 아는 양가(良家)의 여인을 보았다. 서생이 시로 그 여인을 유혹하자 여인이 말하였다.

"여자는 함부로 남을 따르지 않는 법입니다. 먼저 도련님께서 급제하고 부모님의 승낙을 받아야 성사될 것입니다."

서생은 서울로 돌아와 열심히 과거 공부를 하였는데, 여자의 집에서는 사위를 맞아들이려고 하였다. 여자는 못에서 물고기를 길렀는데 물고기들은 여인의 기척만 들으면 밥을 먹으러 왔다. 여자가 물고기에게 밥을 주면서,

"내가 오랫동안 너희를 먹였으니 의당 나의 마음을 알 것이다"라고 하고는 비단에 쓴 편지를 던지자 커다란 물고기 한 마리가 뛰쳐나와 편지를 물고 유유히 떠나갔다.

서생이 서울에 있었는데 하루는 부모님께 드릴 반찬을 장만하려고 물고기를 사와서 배를 가르니 그 속에 비단 편지가 들어 있었다. 서생은 놀라고 기이하게 여겨 즉시 비단에 쓴 편지와 부모의 편지를

而還, 其妻悅而歌之.(『松南雜識』)

198) 나홍곡(囉嗊曲) : 사패(詞牌) 이름으로 '망부가(亡夫歌)'라고도 한다.

가지고 빨리 여자의 집으로 가니 사윗감이 여자의 집에 당도해 있었다. 서생이 여자의 편지를 여자의 집에 보이자 그녀의 부모도 기이하게 여기며, "이는 정성(精誠)의 감응이지 사람의 힘으로 할 수 있는 일이 아니다"라고 말하고는 사윗감을 돌려보내고 서생을 사위로 맞아들였다.[199)]

명주가는 역시 화산기(華山畿)[200)]·오뇌곡(懊惱曲)[201)]의 종류이다.

오관산곡
五冠山曲

『동국여지승람(東國輿地勝覽)』에서 말하였다.

고려 때에 문충(文忠)이 오관산(五冠山)[202)] 아래에 살면서 부모의 노

199) 世傳, 書生**遊學**至溟州, 見良家女, 美**姿色**, **頗**知書. 生**每**以詩挑之, 女曰, 婦人不忘從人, 待生擢第, 父母有命, 則**事**可諧矣. 生卽歸京師, 習擧業, 女家將納婿, 女**平日臨池**養魚, 魚聞謦咳聲, 必來就食. 女**食**魚, 謂曰, 吾**養**汝久矣, **宜知我意**, **將**帛書投之, 有一大魚跳躍含書, 悠然而逝. 生在京**師**, 一日**爲**父母具饌, 市魚而歸, 剝之, 得帛書警異, 卽指帛書及父**書**, 徑詣女家, 婿已及門, 生以書示女家, 父母異之曰, 此**精誠**所感, 非人力所能爲也, 遣其婿而納生焉.(『新增東國輿地勝覽, 卷四十四, 江原道, 江陵大都護府, 古蹟』) → **樂府云**, **江陵古溟州**, **有養魚池**. 世傳, **有**書生至溟州, 見良家女, 美**而**知書. 書生以詩挑之, 女曰, 婦人不忘從人, 待生擢第, 父母有命, 則可諧矣. 生卽歸京師, 習擧業, 女家將納婿, 女養魚**于池**, 魚聞謦咳**之**聲, 必來就食. 女**乃飼**魚謂曰, 吾**豢**汝久矣, **以**帛書投之, 有一大魚跳躍含書, 悠然而逝. 生在京, 一日父母具饌, 市魚而歸, 剝之, 得帛書警異, 卽指帛書及父**札**, 徑詣女家, 婿已及門**矣**, 生以書示女家, 父母異之曰, 此**情**所感, 非人力所能爲也, 遣其婿而納生焉.(『松南雜識』)

200) 화산기(華山畿) : 악부 오성가곡(吳聲歌曲)의 이름. 남녀간의 애정을 다룬 내용이다.

201) 오뇌곡(懊惱曲) : 악부(樂府) 오성가곡(吳聲歌曲)의 이름으로 동진(東晉)과 남조(南朝) 오(吳) 땅의 민간에서 생겨났다. 남녀 간의 애정이 좌절의 고뇌를 입는다는 내용이다. '오뇌가(懊惱歌)', '오농가(懊儂歌)'라고도 한다.

202) 오관산(五冠山) : 개성시 용흥동에 있음.

쇠를 탄식하여 「목계가(木鷄歌)」를 지었다. 익재(益齋) 이제현(李齊賢)의 시에,

나무로 조그만 당닭을 조각해서	木頭雕作小唐鷄
젓가락으로 집어다가 벽 위에 앉히고	筯子拈來壁上棲
이 닭이 '꼬끼요' 때를 알리면	此鳥膠膠報時節
그제사 어머님 얼굴 석양처럼 되소서	慈顔始似日平西

라고 하였으니 바로 「오관산곡(五冠山曲)」이다.[203]

정과정곡
鄭瓜亭曲

고려 때에[204] 정서(鄭敍)[205]가 동래(東萊)에서 귀양살이를 할 때, 임금을 연모(戀慕)하여 「과정가(瓜亭歌)」를 지으니 '과정(瓜亭)'은 자신의 호였다. 고려의 사정(思亭) 유숙(柳淑)[206]이 임종(臨終) 때에 지은 시에서,

창 가득 달 밝아 맑은 밤	淸夜沈沈滿窓月
한 곡조 정과정 비파소리	琵琶一曲鄭瓜亭

---

203) 高麗**人**文忠**未詳世系**, **事母至孝**, 居五冠山**靈通寺洞**. …… 歎其母老, 作木雞歌, **名曰五冠山曲**, **傳于樂譜**. **李**齊賢, **詞**曰, 木頭雕作小唐鷄, 筯子拈來壁上棲, 此鳥膠膠報時節, 慈顔始似日平西.(『新增東國輿地勝覽, 卷十二, 京畿, 長湍都護府, 山川』) → 麗時, 文忠居五冠山**下**, 歎其母**衰**老, 作木鷄歌, 齊賢詩云, 木頭雕作小唐鷄, 筯子拈來壁上棲, 此鳥膠膠報時節, 慈顔始似日平西, **卽五冠山曲**.(『松南雜識』)

204) 『松南雜識』에는 '羅時'로 되어 있음.

205) 정서(鄭敍) : 고려 시대의 문인. 호는 과정(瓜亭). 문재(文才)가 뛰어났으며 묵죽화(墨竹畵)에도 능했다. 저서에 『과정잡서(瓜亭雜書)』가 있다.

206) 유숙(柳淑) : 고려 공민왕 때의 정치가(1324~1368). 자는 순부(純夫). 호는 사암(思庵). 홍건적의 난과 흥왕사의 변란 때에 난을 평정하였으며, 신돈의 무고(誣告)로 교살되었다.

라고 하였다.

총석정가
叢石亭歌

『고려악부(高麗樂府)』에서 "기철(奇轍)[207]은 기황후(奇皇后)의 동생으로 원나라에서 벼슬을 하고 귀국하여 강릉(江陵)에 가서 총석정(叢石亭)에 올라가 이 노래를 지었다"[208]라고 하였다.

자하동가
紫霞洞歌

고려의 시중(侍中) 채홍철(蔡洪哲)[209]이 중화당(中和堂)을 짓고 이 노래를 지었다. 또 「한림별곡(翰林別曲)」[210]도 고려조 한림원(翰林院)[211]의 유생(儒生)들이 지었다. 「동동(動動)」은 송축(頌祝)의 노래이다. 낙양춘(洛陽

207) 기철(奇轍) : 고려 공민왕 때의 권신(?~1356). 누이동생이 원나라 순제(順帝)의 둘째 황후가 되어 태자를 낳아 덕성 부원군(德成府院君)에 봉해졌는데, 횡포가 심해서 민폐가 많았다. 공민왕이 원나라를 배척하는 정책을 쓰자 반역하였으나 진압되어 죽었다.

208) **叢石亭**, 奇轍, **所作也**. **轍以元順帝中宮之**弟, 仕**爲平章**. **奉使**東還至江陵, 登此亭, **覽四仙之迹**, **臨望大海**, 作**是歌也**.(『高麗史, 卷七十一, 志二十五, 樂』) → **樂府云**, 奇轍, **以奇皇后**弟, 仕**元**, 東還至江陵, 登此亭, 作**之**.(『松南雜識』)

209) 채홍철(蔡洪哲) : 고려 말기의 문신(1262~1340). 자는 무민(無悶). 호는 중암거사(中庵居士). 벼슬에서 물러난 후에 은거하면서 불교와 음악을 연구했다. 문장과 기예에 뛰어났으며, 음악과 불교 경전에도 밝았다. 저서에 『중암집(中庵集)』이 있고, 『고려악부』에 「자하동신곡(紫霞洞新曲)」이 전한다.

210) 한림별곡(翰林別曲) : 고려 고종 때에 한림(翰林)의 학자들이 지은 경기체가. 무신 집권하에서 문인들의 향락적 · 유흥적 생활 감정을 읊은 것으로, 시부(詩賦) · 서적 · 명필 · 명주(名酒) · 화훼 · 누각 · 추천(鞦韆) 등을 소재로 했다. 현전하는 경기체가 가운데 가장 먼저 창작된 작품으로, 가사는 『악학궤범』과 『악장가사』에 실려 있다. ≒한림곡

211) 한림원(翰林院) : 고려 시대에, 임금의 명령을 받아 문서를 꾸미는 일을 맡아보던 관아.

春)[212] · 보허자(步虛子)[213] · 풍서곡(豊西曲) · 청평악(淸平樂)[214] · 수룡음(水龍吟)[215] · 금전악(金殿樂)[216] · 이상곡(履霜曲)[217] · 만전춘(滿殿春)[218] · 취풍형(醉豐亨)[219] · 예성강곡(禮成江曲)[220] 등의 곡은 우리나라의 악부(樂府)이다.

황창랑무
黃倡郞舞

신라의 역사에 다음과 같은 이야기가 있다.

황창랑(黃倡郞)[221]이 일곱 살 때 백제의 저자 속으로 들어가 칼춤을

212) 낙양춘(洛陽春) : 고려 시대에, 송나라에서 들어온 사악(詞樂)의 하나. 문묘제향(文廟祭享) 때 아뢰는 제례 아악(祭禮雅樂)으로 주나라의 아악을 본뜬 것이다.

213) 보허자(步虛子) : 궁중 연례악(宴禮樂)으로 쓰이던 관악합주곡. 「장춘불로지곡(長春不老之曲)」으로 불리기도 하고, 주로 관악기로 편성되어 있어 '관악보허자'라고도 한다. 「낙양춘」과 더불어 고려 때 도입된 송대(宋代)의 사악(詞樂) 계통의 곡 가운데 하나이다.

214) 청평악(淸平樂) : 정재(呈才) 때에 연주하던 풍류의 하나.

215) 수룡음(水龍吟) : 국악 가곡 가운데 계면조의 평롱, 계락, 편삭대엽 따위를 노래 없이 향피리를 중심으로 대금 · 해금 · 장구 · 북으로 합주하는 곡. 자진한잎.

216) 금전악(金殿樂) : 별우조(別羽調) 타령. 국악의 아악곡 가운데 하나. 행악(行樂)에 속하며 취타, 길타령에 이어지는 접속곡으로 군악에서 마치는데, 악기는 해금 · 향피리 · 대금 · 장구 따위로 편성된다.

217) 이상곡(履霜曲) : 고려 시대의 가요. 여읜 임에 대한 그리움과 현실적 번민의 갈등을 노래하였으며, 『악장가사(樂章歌詞)』에 실려 있다. 작가와 연대는 알 수 없다.

218) 만전춘(滿殿春) : 남녀의 사랑을 주제로 한 작자와 연대 미상의 고려 가요. 전 5연으로 되어 있으며 『악장가사』에 실려 있다. ≒만전춘별사.

219) 취풍형(醉豐亨) : 조선 세종이 창작한 「봉래의(鳳來儀)」 중의 한 곡. 「치화평(致和平)」과 마찬가지로 국 · 한문으로 된 「용비어천가」 전편을 노래하던 음악이다. 『세종실록』과 『대악후보(大樂後譜)』에 악보만 남아 있을 뿐 음악은 전하지 않고 있다.

220) 예성강곡(禮成江曲) : 고려 시대의 가요. 당나라 상인 하두강(賀頭綱)과 아내를 걸고 내기 바둑을 둔 남편이 아내를 빼앗기자, 이를 후회하며 예성강 나루에서 불렀다는 노래로, 가사는 전하지 않고 『고려사(高麗史), 악지(樂志)』에 그 유래만 전한다. 작가와 연대는 알 수 없다.

221) 황창랑(黃倡郞) : 신라 시대의 무동(舞童). 무용에 뛰어나 여덟 살의 어린 나이로 왕

추니 사람들이 담처럼 에워싸고 구경하였다. 백제왕이 그를 불러 구경을 하였는데, 황창랑(黃倡郞)이 왕을 찔러 죽였다. 백제 사람들이 그를 죽이니 신라 사람들이 슬퍼서 가면을 만들고 칼춤 추는 형상을 만들었는데, 그것이 지금까지 전해진다.[222)]

이첨(李詹)[223)]이 말하였다.

황창(黃倡)이 신라왕을 알현하며 "백제왕을 죽여서 왕의 원수를 갚고자 합니다"라고 말하고는 즉시 큰 길에 가서 춤을 추었다. 백제왕이 그를 궁중으로 불러 춤을 추게 하였는데 황창이 왕좌에서 왕을 살해하였다. 아마도 황창(黃倡)은 곧 관창(官昌)의 오류인 듯하다. 관창은 창 한 자루를 들고 백제의 군중으로 뛰어들었다가 죽었는데 얼굴이 산 모습 같았다.

또 백제의 역사에서는 낙랑태수(樂浪太守)가 자객(刺客) 황창랑을 보내 분서왕(汾西王)[224)]을 찔러 죽였다고 한다.

『전한서(前漢書), 고제기(高帝紀)』의 '항장(項莊)의 검무(劍舞)'는 아마도 양쪽 계단에서 추는 간척무(干戚舞)[225)]에서 유래한 듯한데, 당나라의 공

에게 백제의 왕을 죽이겠다고 약속하고 백제에 들어가 궁중에서 검무(劍舞)를 추다가 왕을 죽인 후 붙잡혀 죽었다. 이 소식을 들은 그의 어머니는 눈이 멀었으나 사람들이 검무를 추면서 창랑이 돌아왔다고 말하여 멀었던 눈을 뜨게 했다고 한다. 이로부터 황창무(黃昌舞)가 향악(鄕樂)에 실려 전하게 되었다고 한다. 일설에는 낙랑 태수(樂浪太守)의 자객(刺客)으로서 백제의 왕을 죽인 것이라고 한다.

222) 黃倡郞**新羅人也**. **諺傳**, **年**七歲入百濟市中舞劒, 觀者如堵, **百**濟王**聞之**, 召觀, **命升堂舞劒**, 倡郞因刺王, **國**人殺之. **羅人**哀**之**, **像其容**, 爲假面作舞劒之狀, 至今傳之. (『新增東國輿地勝覽, 卷二十一, 慶尙道, 慶州府, 風俗』) → 黃倡郞七歲, **入**百濟市中舞劒, 觀者如堵, 濟王召觀**之**, 倡郞因刺王, **濟**人殺之. 國人哀**而**爲假作舞劒之狀, 至今傳之.(『松南雜識』)

223) 이첨(李詹) : 고려 말에서 조선 초의 문신(1345~1405). 자는 중숙(中叔), 호는 쌍매당(雙梅堂). 고려 말기에 좌대언·지신사를 지내고 조선 초기에 예문관 대제학을 지냈다. 문장과 글씨에 뛰어났으며, 『삼국사략』을 찬수(纂修)했다. 작품에 소설 「저생전(楮生傳)」이 있다.

224) 분서왕(汾西王) : 백제의 제10대 왕(?~304). 낙랑군의 서현(西縣)을 점령하여 영토를 확장하였으나 낙랑의 자객에게 살해되었다. 재위 기간은 298~304년.

225) 간척무(干戚舞) : 방패와 도끼를 들고 추는 춤.

손대랑(公孫大娘)이 칼춤을 추어 즐거운 놀이로 삼았다.

지금 영남에는 황창무(黃倡舞)가 있다.

처용무
處容舞

신라의 역사에 다음과 같은 이야기가 있다.

헌강왕(憲康王)[226]이 학성(鶴城)[227]의 개운포(開雲浦)[228]에서 유람을 하였는데 기이한 모습에 복색도 괴상한 사람이 노래하고 춤을 추며 왕의 덕을 찬양하였다. 왕을 따라 서울로 들어오니 '처용(處容)'이라고 불렀다. 당시 사람들은 산과 바다의 정령이라고 말하였다. 처용이 달밤에 저자에서 춤을 추었는데, 그가 있는 곳을 알지 못하였기에 그 곳을 '월명항(月明巷)'이라고 명명하였다. 그의 춤을 따라서 처용가무(處容歌舞)를 만드니, 가면을 쓰고 하는 연희(演戲)이다.[229] 또 네 사람이 임금 앞에 나가 춤추고 노래하였다고 한다.

「지리다도도파(智理多逃都破)」는 대개 지리국(智理國)으로 도망가는 사람들이 많아서 도읍(都邑)이 파멸될 것이기에 노래로 경계한다는 의미인 듯하다. 당시 사람들은 그 사실을 모르고 반대로 상서(祥瑞)로 여겼다.

---

226) 헌강왕(憲康王) : 신라의 제49대 왕(?~886). 이름은 정(晸). 황룡사에 백고좌(百高座)를 베풀어 불경을 강론하게 하고 문치에 힘썼으나, 재위 중에 처용무가 크게 유행하는 등 신라는 사치와 환락에 젖어 쇠퇴기에 접어들게 되었다. 재위 기간은 875~886년.

227) 학성(鶴城) : 지금의 울산광역시 중구 학성동.

228) 개운포(開雲浦) : 지금의 울산광역시 울주군에 있던 포구(浦口). 신라 시대 국제 무역항의 하나이자 처용 설화를 낳은 곳으로 유명하다.

229) **新羅**憲康王遊鶴城, **至**開雲浦, **忽**有一人, 奇形詭服, **詣王前**歌舞讚德, 從**王入**京, **字**號處容. **每**月夜, **歌**舞於市, **竟**不知所在, **時以爲神**, 其**歌舞**處, **後人名**爲月明巷, 因作處容歌, **處容舞**, 假面以戲.(『新增東國輿地勝覽, 卷二十一, 慶尙道, 慶州府, 古蹟』) →羅史憲康王遊鶴城開雲浦, 有一人, 奇形詭服, 歌舞讚德, 從入京, 號**曰**處容. **時人謂山海精靈**, **嘗**月夜, 舞於市, 不知所在, **名**其處, **爲**月明巷, 因作處容歌舞, 假面以**爲**戲.(『松南雜識』)

고려무
高麗舞

육기(陸機)[230]의 시에서,

붉은 입술은 구추곡을 부르고	丹脣含九秋
어여쁜 발은 칠반무를 춘다네	姸迹陵七盤[231]

라고 하였는데, 그 주석에 "구추(九秋)는 곡조의 이름이고 칠반(七盤)은 초나라의 춤 이름이다"[232] 라고 하였다. 당나라의 양재사(楊再思)가 자주색 도포를 걸치고 고려무를 추었으니[233] 춤 또한 각각 다르다.

수수
垂手

『악부잡록(樂府雜錄)』[234]에서 "춤에는 대수수(大垂手)·소수수(小垂手)·독수수(獨垂手)[235]가 있다"라고 하였다. 소식(蘇軾)의 시에서 "누각에서 수수(垂手) 추는 사람 볼 수 없다"[236]라고 한 말이 이것이다.[237]

---

230) 육기(陸機) : 진(晉)나라의 문인(260~303). 자는 사형(士衡). 동생 육운(陸雲)과 더불어 이륙(二陸)이라고 칭송된다. 오(吳)나라가 망한 후, 동생과 함께 진나라에서 벼슬했다. 화려한 문장을 썼으며, 조식(曹植) 이후의 제일인자로 꼽힌다. 주요 저서에 「문부(文賦)」, 「변망론(辨亡論)」, 『육사형집(陸士衡集)』 따위가 있다.

231) 「일출동남우행(日出東南隅行)」.

232) 九秋曲名, 七盤楚舞.(『文選, 卷二十八, 樂府下, 樂府詩十七首, 日出東南隅行』의 주석) → **註**, 九秋曲名, 七盤楚舞**名也**.(『松南雜識』)

233) **司禮少卿同休, 嘗奏請公卿大臣, 宴于司禮寺, 預其會者, 皆盡醉極歡, 同休戲曰, 楊內史面似高麗, 再思欣然, 請剪紙, 自帖於巾**, 却披紫袍, 爲高麗舞, **縈頭舒手, 擧動**合節, 滿座嗤笑.(『舊唐書, 卷九十, 列傳第九十, 楊再思』) → 唐楊再思披紫袍, 爲高麗舞.(『松南雜識』)

234) 악부잡록(樂府雜錄) : 당나라 단안절(段安節)이 편찬한 책. 총 1권.

235) 대수수(大垂手)·소수수(小垂手)·독수수(獨垂手) : 모두 고무(古舞)의 이름이다.

지금의 문무(文舞)[238]는 오른 손을 먼저 들고 무무(武舞)[239]는 왼쪽 손을 먼저 든다.

도예
翿翳

『시경(詩經)』에서 "군자가 화락하여 왼손으로는 깃일산을 잡고"[240]라고 하였는데 그 주석에서 "춤추는 사람이 깃을 잡고 지휘한다"라고 하였다. 또 춤을 출 때 그것으로 자신을 가리니, 지금 춤추는 사람이 반드시 손에 쥐는 부채가 이것이다.

---

236) 不見樓中垂手人.(『東坡全集, 卷四, 戲贈』)

237) 舞有大垂手小垂手, 樂府雜錄. 不見樓中垂手人, 坡.(『韻府羣玉, 大垂手』) → 樂府雜錄**曰**, 舞有大垂手小垂手**獨垂手**, 坡**詩**, 不見樓中垂手人.(『松南雜識』)

238) 문무(文舞) : 문묘제례(文廟祭禮)나 종묘제례(宗廟祭禮) 때 추는 춤. 일무(佾舞)의 한 종류로 고인의 문덕(文德)을 송축하는 뜻으로 춘다. 무공(武功)을 찬미하는 뜻인 무무(武舞)와 대응하며 문묘・종묘 제순(祭順)의 영신(迎神)・전폐(奠幣)・초헌(初獻) 때 춘다. 종묘제례 무원(舞員)의 복장은 홍주의(紅周衣)에 남사대(藍絲帶)를 띠며, 목화(木靴)를 신고 머리에는 진현관(進賢冠)을 쓴다.

239) 무무(武舞) : 문묘제례나 종묘제례 때 추는 의식무용. 일무(佾舞)의 하나로 무공(武功)을 찬미하는 뜻으로 춘다. 문덕(文德)을 송축하는 뜻의 문무(文舞)와 대응되며 문묘・종묘의 제순(祭順)인 아헌(亞獻)・종헌(終獻) 때 춘다. 문묘 때 무원(舞員)의 복장은 피변관(皮辨冠)에 홍주의(紅周衣)・남사대(藍絲帶)・목화(木靴)를 착용하며, 무구(舞具)로는 오른손에 척(戚 : 도끼)을, 왼손에는 간(干 : 방패)을 든다. 춤사위는 가슴 앞으로 손을 모아 준비 자세를 취한 뒤 음악이 시작되면 먼저 왼쪽으로 몸을 돌리고 다시 오른쪽으로 방향을 바꾸며 양손을 벌려 오른손을 머리 위로 들었다가 척으로 간을 내리치는 동작만을 반복하는 간단한 춤사위이다.

240) 君子陶陶左執翿.(『詩經, 國風, 王, 君子陽陽』)

장상무

掌上舞

「삼도부(三都賦)」[241]의 주석에서 말하였다.

양왕(梁王) 양간(羊侃)이 직접 「채련(採蓮)」과 「도가(棹歌)」를 지었는데 매우 신선한 운치가 있었기에, 희첩(姬妾)들이 줄지어 그를 모셨다. 아쟁을 타는 육태희(陸太喜)라는 사람이 있었다. 그는 사슴뿔로 된 손톱을 사용하였는데 길이가 일곱 치나 되었다. 춤추는 장정완(張淨琬)이라는 사람은 허리가 한 자 여섯 치로 사람들이 떠올리면 손바닥 위에서 춤을 출 수 있었다.[242]

반무

柈舞

「삼도부(三都賦)」의 주석에서 "손형옥(孫荊玉)이 허리를 뒤집고 땅에 몸을 붙인 채로 자리 위의 옥젓가락을 입으로 물 수 있었다"[243]라고 하였다.

『진서(晉書), 악지(樂志)』에서 "한나라 때에 반무(柈舞)가 있었는데 진나라 때 쟁반에 술잔까지 더하여 허리를 뒤집었다[反覆]"[244]라고 하였다.

---

241) 삼도부(三都賦) : 진(晉)나라 좌사(左思)가 지은 부(賦). 위(魏) · 오(吳) · 촉(蜀) 세 나라 도읍의 번화한 모습을 묘사했다.

242) 梁王侃, **性豪侈**, **善音律**, 自造採蓮棹歌, 甚有新致, 姬妾列居, 彈箏**陸大喜鹿角爪**, **長七寸**, 舞人張淨琬, 腰圍一尺六寸, 人推能掌上舞, 三都賦注.(『古今事文類聚, 前集, 卷四十三, 藝術部, 掌上舞』) → 三都賦注, 梁王侃, 自造採蓮棹歌, 甚有新致, 姬妾列居, 彈箏, 舞人張淨琬, 腰圍一尺六寸, 人推能掌上舞.(『松南雜識』)

243) 孫荊玉能反腰貼地, 銜得席上玉簪. 上同.(『古今事文類聚, 前集, 卷四十三, 藝術部, 反腰貼地』) → **三都賦註**, 孫荊玉能反腰貼地, 啣得席上玉簪.(『松南雜識』)

244) **杯柈舞**, …… 漢世, 惟有柈舞, **而**晉**加之**以**杯**, 反覆之也.(『晉書, 卷二十三, 志第十

지금 '광대놀이'를 틀리게 일컫는 '좌반복무(佐飯覆舞)'가 이것이다.

용비어천가
龍飛御天歌

우리 조선의 세종께서 정인지(鄭麟趾)[245] 등에게 명하여 목조(穆祖)[246] 이래 개국의 자취에 대한 자료를 차례대로 모아 일백 이십 오 장으로 노래를 만들게 하니 이것이 「용비어천가(龍飛御天歌)」이다.

태종가
太宗歌

우리 조선의 태종께서 지으셨다. 포은(圃隱) 정몽주(鄭夢周)는 「단심가(丹心歌)」로 답하였다. 또한 송나라의 조정(趙鼎)이 이른바,

백발노인이 어디로 갈건가	白首何歸
얼마 남지 않은 여생이 슬프다	悵餘生之無幾
일편단심은 영원하니	丹心未泯
맹세코 아홉 번 죽어도 변치 않으리[247]	誓九死而不移

三, 樂下』) → 漢世, 惟有柈舞, 晉以反覆之也.(『松南雜識』)

245) 정인지(鄭麟趾) : 조선 전기의 문신 · 학자(1396~1478). 자는 백저(伯睢), 호는 학역재(學易齋), 시호는 문성(文成). 대제학 · 영의정을 지냈다. 대통력(大統曆)과 역법(曆法)을 개정하였으며 많은 책을 편찬하고, 『고려사』를 찬수했다. 훈민정음 창제에 크게 공헌하였으며, 안지(安止) · 최항(崔恒) 등과 「용비어천가」를 지었다.

246) 목조(穆祖) : 조선 제1대 왕 태조의 고조부(?~1274). 이름은 안사(安社). 고려 고종 때 지의주사(知宜州事)로 선정을 베풀어 명망이 높았는데 원나라에 귀순하여 남경(南京) 오동 지방의 장관으로서 여진족까지 다스렸다.

247) 白首何歸, 悵餘生之無幾, 丹心未泯, 誓九死以不移.(『宋史, 卷三百六十, 列傳, 第一百十九, 趙鼎』) → 白首何歸, 悵餘生之無幾, 丹心未泯, 誓九死而不移.(『松南雜識』)

와 같다.

『기아(箕雅)』[248]에서 말하였다.

어떤 중이 공(公)[249]에게 준 시에서,

강남 만리에 들꽃이 만발하니	江南萬里野花發
어딘들 봄바람에 산이 싫을까	何處春風無好山

라고 하니, 공이 눈물을 흘리며 말하였다.

"아! 늦었다. 역시 가볍게 젓는 노(櫓) 한 소리에 창해(滄海)는 넓기만 하다. 비록 산승(山僧)이 있으나 이런 시절에 어찌하겠는가?"

군지사
軍之詞

차거라
車渠囉

우리 조선의 태조께서 군대 앞에서 항상 불던 대각(大角)[250]이다. 우리나라 말로는 고동이다. 살펴보건대, 『악서(樂書)』에서 "범패(梵貝)가 있

---

* 조정(趙鼎)이 송나라 고종(高宗) 소흥(紹興) 14년에 진회(秦檜)의 모함으로 길양군(吉陽軍)으로 옮겨지면서 지은 시이다.

248) 기아(箕雅) : 숙종 18년(1692)에 남용익(南龍翼)이 엮은 시선집(詩選集). 활자본. 14권 7책. 신라에서 조선 인조 때까지의 시를 추려 실었다.

249) 포은(圃隱) 정몽주(鄭夢周)를 가리킨다.

250) 대각(大角) : 우리나라의 관악기의 하나. 군대에서 쓰던 것과 아악에 쓰던 것의 두 종류가 있는데 주둥이가 비교적 크고 길쭉하다.

다. 크기는 몇 말들이로 고둥 중에서 큰 것이다. 남만국(南蠻國)에서 그것을 불어 음악의 박자를 맞춘다"라고 하였으니 아마도 이것인 듯하다.

훈민가
訓民歌

우리 조선의 세종께서 지어서 백성들을 가르치셨다. 또 「봉황음(鳳凰吟)」[251]은 윤회(尹淮)[252]의 작품이고, 「치화평(致和平)」[253]은 정인지(鄭麟趾)의 작품이다.

바닷가로 경석이 떠오다
海濱浮磬

난계(蘭溪) 박연(朴堧)[254]의 문집에서 말하였다.

---

251) 봉황음(鳳凰吟) : 조선의 문화를 구가(謳歌)하고 왕가를 축도한 내용이며, 3악장 구성으로 임종치(林鐘徵) 평조(平調)의 음계이다. 봉황음을 처용무에 쓸 때는 대개 3단으로 나누어 서무(序舞)에서는 봉황음 1기(機), 중간부는 봉황음 중기(中機), 후부일 때는 봉황음 급기(急機)라 했다.

252) 윤회(尹淮) : 조선 세종 때의 명신 · 학자(1380~1436). 자는 청경(淸卿). 호는 청향당(淸香堂). 세종 14년(1432) 예문관 제학으로 맹사성 등과 함께 『팔도지리지』를 편찬하였으며, 대사성이 되어 사대문서(事大文書)를 감장(監掌)했다.

253) 치화평(致和平) : 「용비어천가(龍飛御天歌)」에 맞추어 연주하기 위하여 작곡되었다. 악보는 5권으로 이루어졌으며 「용비어천가」 전편을 남여궁조(南呂宮調)의 가락에 얹어 연주하였는데, 모두 2,401각(刻)에 달하는 방대한 곡조이다. 이는 「용비어천가」의 가무 구성에서 서막(序幕), 제1장 여민락무(與民樂舞) 다음에 치화평무를 출 때 연주했다.

254) 박연(朴堧) : 조선 세종 때의 음악가(1378~1458). 자는 탄부(坦夫). 호는 난계(蘭溪). 우리나라 3대 악성(樂聖) 가운데 한 사람으로, 벼슬은 이조 판서, 대제학에 이르렀다. 악기를 개량하고 음계를 조정하였으며 향악을 버리고 아악을 사용하게 하는 등 궁중 음악을 정비하여 우리나라 음악의 토대를 튼튼히 했다. 시문집 『난계유고(蘭溪遺稿)』와 『가훈(家訓)』이 있다.

명나라 태조(太祖)[255]와 성조(成祖)[256]가 모두 우리나라에 악기를 하사하였는데, 종(鐘)과 경(磬)은 음률에 맞지 않아 제악(祭樂)이 온전치 못하였다. 우리 조선 세종 7년(1425)에 해주(海州)에서 기장이 생산되고 8년에는 남양(南陽)[257]에서 경석(磬石)이 생산되었기에 박연에게 아악(雅樂)의 제작을 명하였다. 천자가 보낸 사신이 그 음악을 듣고 감탄하며 "능히 정음(正音)을 얻었구나! 동방에 이인(異人)이 있는가보다"라고 하였다.

세종 때에 해주(海州)에서 경석(磬石)이 떠서 나오고 남양에서 기장이 생산되자 박연에게 명하여 동방의 아악을 제작하게 하였다.

수아
需雅

『의례(儀禮)』에서 "아악(雅樂)의 연주를 기다려 밥을 먹고[258] 등골뼈를 먹는다[乃食, 食擧]"[259]라고 하였는데, 그 주소(注疏)에서 "골체(骨體)[260]의 정척(正脊)[261]을 적대(炙臺)[262]에서부터 들어 입으로 향하는 것이다. 따라서 '골체(骨體)'를 '거(擧)'라고 이름 붙인 것이다"[263]라고 하였다.

---

255) 태조(太祖) : 명나라의 제1대 황제인 주원장(朱元璋)의 묘호(廟號).
256) 성조(成祖) : 명나라의 제3대 황제인 영락제의 묘호(廟號).
257) 남양(南陽) : 경기도 화성군에 있는 면(面). 서해안 남양만에 있는 염전(鹽田) 지대이다.
258) '乃食'에 대한 설은 분분하다. 『의례주소(儀禮注疏)』에서 가공언(賈公彦)은 허파를 먹는 것이라고 설명하였지만, 『예경본의(禮經本義)』에서 고자초(高紫超)는 '尸飯'이라고 했다. 『의례정의(儀禮正義)』에서 오계공(敖繼公)은 오른손으로 밥을 먹는 것이라고 하였으며, 『오례통고(五禮通考)』에서 성세좌(盛世佐)는 기장밥을 먹는 것이라고 주석했다. 본 역본(譯本)에서는 조재삼(趙在三)의 견해에 따라 번역했다.
259) 乃食, 食擧.(『儀禮注疏, 卷十五, 特牲饋食禮, 第十五』)
260) 골체(骨體) : 고대에 제사나 연향(宴饗)에 사용하는 소와 양의 사지나 머리 이외의 부위를 이름.
261) 정척(正脊) : 특뢰(特牢)의 등골뼈를 삼등분 하였을 때 그 앞부분을 이름.
262) 적대(炙臺) : 조(俎). 제사 또는 연향 때 음식을 담는 그릇.

‘내(乃)’는 ‘수아(需雅)’를 의미하니, 대개 『주역(周易), 수괘(需卦)』의 “군자가 보고서 음식을 먹고 연락(宴樂)을 하느니라”[264]에서 의미를 취하였다.

『논어(論語)』에서 “아반(亞飯)인 간(干)”[265]이라고 하였고, 옛날의 부(賦)에서는 “종을 연주하며 솥의 밥을 먹는다[鐘鳴鼎食]”라고 하였다.

『예기(禮記)』에서 “점심에 음악을 들으며 아침 대궁밥을 먹는다”[266]라고 하였는데, 그 주석에서 “준(餕)은 아침에 먹다 남긴 밥이다. ‘주(奏)’는 연주(演奏)이다”[267]라고 하였다.

『주례(周禮)』에서 “선부(膳夫)는 왕의 음식을 관장하며 음악으로 음식을 권한다”[268]라고 하였는데, 그 주석에 “음악을 연주하는 이유는 심지(心志)를 조화롭게 하고 기체(氣體)의 보양을 돕기 위함이다”[269]라고 하였다. 또 『활인심방(活人心方)』[270]에서 “비장(脾臟)은 음악을 좋아하기에 귀로 음악을 들으면 비장은 간다”[271]라고 하니, 대개 음식을 소화시켜

---

263) **注釋曰**, **乃食**, **謂食肺云**, **食擧**, 謂骨體, 正脊, 從俎, 擧鄉口, 因名體爲擧.(『儀禮注疏, 卷十五, 特牲饋食禮, 第十五』의 주석) → **疏**, 謂骨體, 正脊, 從俎, 擧鄉口, 因名體爲擧.(『松南雜識』)

264) 君子**以**宴樂飮食.(『周易, 需卦』) → 君子宴樂飮食.(『松南雜識』)

265) 亞飯干, 適楚.(『論語, 微子』)
* 아반(亞飯) : 음식을 먹을 때에 음악을 연주하여 흥(興)을 돕는 관직(官職)이다.
* 간(干) : 악사 이름.

266) 日中而餕, 奏而食.(『禮記注疏, 卷二十九, 玉藻』)

267) 餕**食**朝之餘**也**, 奏**奏**樂也.(『禮記注疏, 卷二十九, 玉藻』의 주석) → 餕朝之餘, 奏作樂.(『松南雜識』)

268) 膳夫, 掌王之食飮**膳羞**, **以養王及后世子**. **凡王之饋**, **食用六穀**, **膳用六牲**, **飮用六淸**, **羞用百有二十品**, **珍用八物**, **醬用百有二十罋**, **王日一擧**, **鼎十有二物**, **皆有俎**, 以樂侑食.(『周禮注疏, 卷四, 天官冢宰, 第一』) → 膳夫, 掌王之食飮, 以樂侑食.(『松南雜識』)

269) **侑徹以樂**, **則**所以和其心志, **而**助氣體之養**也**.(『周禮詳解, 卷四, 天官冢宰, 第一』) → **樂奏**, 所以和其心志, 助氣體之養.(『松南雜識』)

270) 활인심방(活人心方) : 명나라 때의 도가(道家)인 주권(朱權)이 지은 책이다. 주권은 명나라 태조인 주원장(朱元璋)의 아들이다.

271) 禮記**曰**, 日中而餕, 奏而食, 註, **日中而餕**, **謂日中**餕朝之餘, **不別改造**, 奏作樂**也**. **又**周禮, 膳夫掌王**之**食飮, 以樂侑**食**, 註, 樂奏**而食**, 所以和其心志, **而**助氣體之養. 活人心方曰, 脾好音樂, **周禮樂以侑食**, **蓋脾好音聲**, **絲竹**耳纔聞, 脾卽磨矣.(『芝峯類說,

체하지 않게 한다고 한다.

권주가
勸酒歌

옛 노래 「장진주(將進酒)」[272]의 주석에서 "한나라 성제(成帝)[273]가 장방(張放)[274]과 술을 마시는데 소의(昭儀)는 술잔에 술을 가득 붓고 비연(飛燕)은 「회풍백설조(回風白雪操)」를 불렀다"고 하니, 바로 사서(史書)에서 이른바 "술을 즐기고 연락(宴樂)에 탐닉하였다"[275]가 이것이다. 장반백(班伯)[276]이 '주(紂)는 노래하고 달기(妲己)는 술을 마셨다'는 고사로 간언을 하였으니, 어찌 당시에 지어졌으랴? 요즘 권주가(勸酒歌)의 시초이다.

우리나라의 여러 노래
東方諸曲

「춘면곡(春眠曲)」은 농암(聾巖) 이현보(李賢輔)[277]의 작품이고, 고공가(雇

卷五, 經書部一, 禮記』) → 禮記, 日中而餕, 奏而食. 註, 餕朝之餘, 奏作樂. 周禮, 膳夫掌王食飮, 以樂侑. 註, 樂奏, 所以和其心志, 助氣體之養. 又活人心方曰, 脾好音樂, 耳纔聞, 脾卽磨矣.(『松南雜識』)

272) 장진주(將進酒) : 당나라 때 이백이 지은 고시(古詩).

273) 성제(成帝) : 전한(前漢)의 제11대 황제(B.C. 52~B.C. 7) 재위 기간은 B.C. 32~B.C. 7. 자는 태손(太孫).

274) 장방(張放) : 한나라 성제(成帝) 때의 행신(幸臣). 부친 장임(張臨)이 경무공주(敬武公主)에게 장가를 갔으며, 장방은 황후의 동생인 허가녀(許嘉女)에게 장가를 갔다.

275) 幸酒, 樂燕樂.(『前漢書, 卷十, 成帝紀第十』)
* 이 문장은 주제와 무관하다. 아마도 조재삼은 '幸酒, 樂燕樂'을 '幸酒樂, 燕樂'으로 착각한 듯하다.

276) 반백(班伯) : 한(漢)나라 사람으로 반황(班況)의 아들. 절개가 있고 강개(慷慨)한 성품을 지녔다.

277) 이현보(李賢輔) : 조선 중종 때의 문신(1467~1555). 자는 비중(棐仲). 호는 농암(聾

工歌)는 완평(完平) 이원익(李元翼)[278]의 작품이고, 「고공답가(雇工答歌)」는 허곤(許坤)[279]의 작품이고, 「관동별곡(關東別曲)」은 송강(松江) 정철(鄭澈)[280]의 작품이다. 「오동추(梧桐秋)」는 숙종 때 궁녀의 작품이고, 「해당화곡(海棠花曲)」은 승려 상탄(祥坦)의 작품이고, 「산유화(山有花)」는 향낭(香娘)의 작품이다. 이러한 종류가 매우 많으니 매화강(梅花腔)과 목란화만(木蘭花慢)이 조(調)이다.

우오오
于嗚嗚

운서(韻書)에서 '아(喏)'에 대한 주석으로 "창아(唱喏)[281] '喏'의 음은 '아'이다"라고 하였다. 지금 「반나마가(半那麽歌)」에 우오오성(于嗚嗚聲)과 아아음(喏喏音)이 있으니 옛 노래의 여음(餘音)인 양무(羊無)와 이이나하(夷伊那何)의 종류[282]이다. '오오(嗚嗚)'는 본래 진(秦)나라의 소리이고 '반나마(半那麽)'는 '반 남짓'으로 풀이하여 부르는 글자이다.

巖). 벼슬은 지중추부사에 이르렀으며, 만년에 고향으로 은퇴하여 시가를 읊조리며 생활했다. 작품에 「어부사(漁夫詞)」·「춘면곡(春眠曲)」·「효빈가(效嚬歌)」가 있고, 저서에 『농암집』이 있다.

278) 이원익(李元翼): 조선 중기의 문신(1547~1634). 자는 공려(公勵). 호는 오리(梧里). 시호 문충(文忠), 완평부원군(完平府院君). 1569년 문과에 급제하여 우의정, 영의정을 지냈다. 임진왜란 때 대동강 서쪽을 잘 방어하여 호성공신(扈聖功臣)이 되었으며 대동법을 시행하여 공부(貢賦)를 단일화했다. 저서에 『오리집』·『오리일기』가 있다.

279) 허곤(許坤): 조선 중기의 인물. 자는 재헌(載軒). 임란 때 진주성 전투에 전공을 세우고 순절한 일심재(一心齋) 허일(許鎰)의 아들로, 한산 전투에서 순절했다. 부친과 함께 충열사(忠烈祠)에 배향되었다.

280) 정철(鄭澈): 조선 명종·선조 때의 문신·시인(1536~1593). 자는 계함(季涵). 호는 송강(松江). 가사 문학의 대가로 국문학사상 중요한 「관동별곡」·「사미인곡」 등의 가사 작품과 시조 작품을 남겼다. 저서에 『송강집』과 『송강가사』가 있다.

281) 창아(唱喏): 소리 내어 응답함.

282) 양무(羊無)와 이이나하(夷伊那何)의 종류: 곡조의 여성(餘聲)
*『松南雜識』에는 '羊無'가 '羊吾'로 오기되어 있음.

여악
女樂

『악서(樂書)』에서 "익성(翼星)[283]은 악고(樂庫)이고 천창(天倡)으로 배우(俳優)를 주관한다"[284]라고 하였다.

지봉 이수광이 말하였다.

> '여악(女樂)'은 본래 무격(巫覡)에서 시작되었다. 『서경(書經)』에서 감히 궁중(宮中)에서 항상 춤을 추고, 집에서 취하여 노래함이 있으면 이것을 무풍(巫風)이다.[285][286]

대개 여악은 예부터 있었는데 당송 시대부터 원나라까지가 가장 성하였으며 명나라 초기까지 있었다. 당나라 사람들은 기생을 '녹사(錄事)'라고 하였고, 그들의 거처를 '녹사항(錄事巷)'이라고 하였다. 또 기생을 '주규(酒糾)'라고도 한다.[287]

우리나라의 기악(妓樂)은 본래 부방(夫防)을 접대하던 것이다. '부방(夫防)'은 무반(武班) 가문의 자제를 선발하여 삼 년 간 변경을 지키게 한 후에 벼슬을 제수하는 것이라고 한다. 지금은 폐지되었지만 대개 기생은 본래 아내가 없는 군사를 접대하였던 것 같다.

---

283) 익성(翼星) : 별의 이름. 남방(南方) 주작(朱雀) 칠수(七宿)의 여섯 번 째 별.

284) **春秋元命苞曰**, 翼星, **主南宮之羽儀**, 爲樂庫, 爲天倡, **先王以賓于四門**, **而列天庭之衛**, 主俳倡.(『樂書, 卷一百八十七, 樂圖論, 俗部, 雜樂, 俳倡上』) → 翼星, 爲樂庫, 爲天倡, 主俳倡.(『松南雜識』)

285) 敢有恒舞于宮, 酣歌于室, 時謂巫風.(『書經, 商書, 伊訓』) → 敢有恒舞于宮, 酣歌于室, 謂巫風.(『松南雜識』)

286) **書曰**, 敢有恒舞于宮, 酣歌于室, **時**謂巫風. **古云**女樂之興, 本于巫覡.(『芝峯類說, 卷五, 經書部一, 書經』) → 女樂之興, 本于巫覡. 書云, 敢有恒舞于宮, 酣歌于室, 謂巫風.(『松南雜識』)

287) **女樂**, 自古有**之**, 唐宋至**胡**元最盛, **而**大明初, **亦**有**妓樂**. …… 唐人謂妓爲錄事, **亦曰**酒糾, **又妓所**居**曰**錄事巷.(『芝峯類說, 卷十八, 技藝部, 妓樂』) → **盖**古有**而**唐宋至元最盛, 大明初, 有**之**. 唐人謂妓爲錄事, **其**居謂錄事巷, **又謂**酒糾.(『松南雜識』)

역대가
歷代歌

진복창(陳復昌)[288]이 지었다. 역대 제왕의 정치적 공과를 서술하고 성현과 군자의 비태(否泰)[289]를 기록하였으니, 역사를 살피는 자료가 되기에 충분하다.

권선지로가
勸善指路歌

남명(南冥) 조식(曺植)[290]이 지었다. 성리(性理)의 근본을 형용하고 도학(道學)의 지름길을 가르쳐 보여주었으니, 유가(儒家)의 지침이다.

원정가
冤情歌

인재(忍齋) 홍섬(洪暹)[291]이 지었다. 공이 젊었을때 김안로(金安老)[292]에

---

288) 진복창(陳復昌) : 조선 명종 때의 간신(?~1563). 자는 수초(遂初). 윤원형의 심복으로 을사사화 때 활약하였으며, 잔인하고 횡포하여 사관(史官)들이 독사(毒蛇)라고 기록했다. 문장과 글씨에 뛰어났으며 작품에 「역대가」·「만고가(萬古歌)」등이 전한다.

289) 비태(否泰) : 운명의 순탄함과 거슬림.

290) 조식(曺植) : 조선 시대의 학자(1501~1572). 자는 건중(楗仲·健中). 호는 남명(南冥). 여러 차례 벼슬이 내려졌으나 성리학 연구와 후진 양성에만 전념했다. 저서에 『남명집』·『남명학기』·『파한잡기(破閑雜記)』가 있고, 작품에 가사 「남명가」·「왕롱가」·「권선지로가」가 있으나 전하지 않으며, 『해동가요』와 『청구영언』에 시조 3수가 전한다.

291) 홍섬(洪暹) : 조선 시대의 문신(1504~1585). 자는 퇴지(退之). 호는 인재(忍齋). 벼슬은 영의정에 이르렀다. 1535년에 김안로(金安老)의 전횡을 탄핵하여 유배되었다가 김안로가 죽은 후에 풀려났는데, 이때 자신의 심경을 읊은 「원분가(冤憤歌)」가 전한다.

292) 김안로(金安老) : 조선 전기의 문신(1481~1537). 자는 이숙(頤叔), 호는 희락당(希樂堂)·퇴재(退齋). 기묘사화 때 조광조와 함께 유배되기도 하였으며, 그 후 우의정·좌

게 모함을 입고 참혹한 고문을 당하여 죽을 뻔하였는데, 겨우 살아나 흥양(興陽)[293]으로 귀양을 가서 원통하고 분한 일을 서술하니 참으로 불평스러운 심정의 노래이다.

면앙정가
俛仰亭歌

우찬성(右贊成) 송순(宋純)[294]이 지었다. 산수의 승경을 모두 말하고 유상(遊賞)의 즐거움을 전개하니 가슴 속에 호연(浩然)한 흥취가 있다.

관서별곡
關西別曲

기봉(岐峰) 백광훈(白光勳)[295]이 지었다. 공이 평안도(平安道) 병마평사(兵馬評事)[296]가 되어 아름다운 산수를 모두 여행하고, 오랑캐와 중국의 접경을 바라보고 관서(關西)의 아름다움을 한 곡의 노래로 써 냈다.

의정 등을 지냈다. 공포 정치를 단행하였으며, 문정왕후의 폐위를 도모하다가 사사(賜死)되었다. 저서에 『용천담적기(龍泉淡寂記)』가 있다.

293) 흥양(興陽) : 전라남도 고흥군(高興郡)의 옛 이름.

294) 송순(宋純) : 조선 명종 때의 문신 · 시인(1493~1583). 자는 수초(遂初), 호는 면앙정(俛仰亭) · 기촌(企村). 저서에 『기촌집(企村集)』 등이 있다.

295) 백광훈(白光勳) : 조선 중기의 시인(1537~1582). 본관은 해미(海美), 자는 창경(彰卿), 호는 옥봉(玉峯) · 기봉(岐峰). 박순(朴淳)의 문인으로 13세에 상경하여 양응정(梁應鼎) · 노수신(盧守愼) 등에게서 배웠다. 송시(宋詩)의 풍조를 버리고 당시(唐詩)의 풍조를 쓰려고 노력하여 최경창(崔慶昌) · 이달(李達)과 함께 삼당파(三唐派) 시인으로 불린다.

296) 병마평사(兵馬評事) : 조선 시대에, 병영의 사무와 그에 속한 군사를 감독하던 정육품 무관 벼슬. 세조 12년(1466)에 병마도사를 고친 것이다. ≒ 평사(評事). 북평사.

관동별곡

關東別曲

송강(松江) 정철(鄭澈)[297]이 지었다. 관동의 아름다운 산수를 하나하나 열거하였고, 그윽하고 아득하며 기괴한 경관을 남김없이 말하였다. 경물을 형상하는 오묘함과 말을 만드는 기묘함이 참으로 악보(樂譜)의 절조(絶調)이다.

사미인곡

思美人曲

송강(松江) 정철(鄭澈)이 지었다. 『시경(詩經)』의 '미인(美人)'[298] 두 글자를 근본으로 삼고, 시상을 전개하여 시절을 근심하고 임금을 그리워하는 마음을 붙였으니, 또한 영중백설(郢中白雪)[299]이다.

---

297) 정철(鄭澈) : 조선 명종·선조 때의 문신·시인(1536~1593). 자는 계함(季涵). 호는 송강(松江). 가사 문학의 대가로 국문학사상 중요한 「관동별곡(關東別曲)」·「사미인곡(思美人曲)」 등의 가사 작품과 시조 작품을 남겼다. 저서에 『송강집』과 『송강가사』가 있다.

298) 『시경(詩經), 국풍(國風), 패(邶), 간해(簡兮)』의 "누구를 그리워하는고? 서방(西方)의 미인이로다. 저 미인이여! 서방(西方)의 사람이로다[云誰之思, 西方美人. 彼美人兮, 西方之人兮]."

299) 영중백설(郢中白雪) : 전국 시대 초나라 송옥(宋玉)의 「답초왕문(答楚王問)」에 나오는 고사. 영(郢)에서 노래를 부르는 나그네가 있었다. 그가 처음에 「하리파인(下里巴人)」이라는 노래를 부르자 수천 명이 몰려들어 따라 불렀다. 다음으로 「양아(陽阿)」·「해로(薤露)」를 부르자 수백 명이 몰려들어 따라 불렀다. 그 다음으로 「춘양백설(春陽白雪)」을 부르자 고작 수십 명이 따라 불렀다. 이로부터 고아(古雅)한 악곡을 '영중백설(郢中白雪)'이라고 했다.

속사미인곡
續思美人曲

송강 정철이 「사미인곡(思美人曲)」의 미진한 생각을 거듭 전개하였다. 뜻은 더욱 간절하고 표현은 더욱 솜씨가 좋으니 제갈량(諸葛良)의 「출사표(出師表)」[300]와 우열을 가리기 힘들다.

장진주
將進酒

역시 송강 정철이 지었다. 대개 이백(李白)과 이하(李賀)[301]의 「권주가(勸酒歌)」의 뜻을 본떴다.

또 두보(杜甫)의,

상복 입고 가는 백여명의 사내들	緦麻百夫行
그대는 거적에 싸여서 가는 송장을 보라	君看束縛去[302]

는 시구를 원용하여 시어의 의미가 통달(通達)하였고, 시구(詩句)의 표현이 서글퍼서 맹상군(孟嘗君)[303]에게 듣게 하였다면 눈물을 떨구었을 것이니 옹문금(雍門琴)[304] 정도가 아니다.

---

300) 출사표(出師表) : 중국 삼국 시대에, 촉나라의 재상 제갈량(諸葛良)이 출병하면서 후왕에게 적어 올린 글. 우국(憂國)의 내용이 담긴 명문장으로 유명하다.

301) 이하(李賀) : 중당(中唐) 때의 시인(790~816). 자는 장길(長吉). 당나라 황실의 후예이며, 두보(杜甫)의 먼 친척이기도 하다. 그의 가장 유명한 작품이 「장진주(將進酒)」이다.

302) 朝逢富家葬, 前後皆輝光. 共指親戚大, 緦麻百夫行. 送者各有死, 不須羨其強. 君看束縛去, 亦得歸山岡.(『杜詩詳註, 卷七, 遣興五首』)

303) 맹상군(孟嘗君) : 전국 시대 제(齊)나라의 재상(?~B.C. 278). 초나라의 춘신군(春信君), 조나라의 평원군(平原君), 위나라의 신릉군(信陵君)과 더불어 전국(戰國) 말기 사군(四君)의 한 사람으로 불린다.

304) 옹문금(雍門琴) : 옹문고금(雍門鼓琴), 옹문주(雍門周)가 거문고 연주로 맹상군을 감

강촌별곡
江村別曲

오산(五山) 차천로(車天輅)[305]가 지었다. 강산(江山)의 아취를 성대하게 논하였고 한거(閑居)의 흥을 빠짐없이 서술하였으니, 비록 하늘 위 신선의 청한(淸閑)한 행복이라도 이보다 나을 수 없다.

원부가
怨婦歌

허균(許筠)[306]의 첩 무옥(巫玉)이 지었다. 독수공방하는 정경(情境)을 남김없이 말하였으며, 곡조에는 여인의 화장품과 아리따운 모습이 들어 있어서 비록 고금(古今) 사인(詞人)의 염체(奩體)[307]라도 어떻게 이 작품보다 뛰어나겠는가?

근래에 영남의 생선장수 아내가 다음과 같이 남편을 조롱하는 시를 지었다.

농사 지으려고 않고	不肯爲農
나무 하려고도 않네	不肯爲樵
고기 판다고 바다로 산으로 얼마나 멀리 다니는지	販魚幾上海山遙
다행히도 우리집 문 앞이 시장이기에	吾家幸有門前市

동시켰다는 고사가 있다.

305) 차천로(車天輅) : 조선 선조 때의 문신(1556~1615). 자는 복원(復元). 호는 오산(五山)・귤실(橘室)・청묘거사(淸妙居士). 제술관으로 이름이 높아 동방 문사로서 명나라에까지 알려졌다. 저서에 『오산집』, 가사 작품에 「강촌별곡」이 있다.

306) 허균(許筠) : 조선 시대의 문신・소설가(1569~1618). 자는 단보(端甫). 호는 교산(蛟山)・성소(惺所)・학산(鶴山)・백월거사(白月居士). 우리나라 최초의 국문 소설인 『홍길동전』을 지었으며, 시문집으로 『성소부부고(惺所覆瓿藁)』가 있다.

307) 염체(奩體) : 아름답고 섬세한 여성적인 시의 문체. 사조(詞藻)가 정서적이다.

한 달에 여섯 밤은 만난다오　　一月相逢只六宵

유민탄
流民歎

현곡(玄谷) 조위한(趙緯韓)[308]이 지었다. 광해군의 혼란스러운 정치와 열읍(列邑)의 가렴주구(苛斂誅求)를 빠짐없이 기술하였으니 정협(鄭俠)[309]의 「유민도(流民圖)」와 서로 표리(表裏)가 된다.

목동가
牧童歌

휴와(休窩) 임유후(任有後)[310]가 지었다. 광해군 때에 세상에 나갈 뜻이 없어서 이 노래를 지어 우유자적(優遊自適)하여 재앙과 복록, 영화와 치욕에 대해서 초연한 심정을 붙였으니 초사(楚辭)가 끼친 의미를 근본으로 하였다.

---

308) 조위한(趙緯韓) : 조선 중기의 문신(1567~1649). 본관은 한양(漢陽). 자는 지세(持世). 호는 현곡(玄谷)·서만(西巒)·소옹(素翁). 1592년 임진왜란이 일어나자 김덕령(金德齡)을 따라 종군했다. 1624년 이괄(李适)의 난을 토벌하고, 1627년 정묘호란(丁卯胡亂) 때 관군과 의병을 이끌고 항전했으며, 동부승지·직제학을 거쳐 공조참판에 이르렀다. 명필이었으며, 자서로 『현곡집(玄谷集)』 등이 있다.

309) 정협(鄭俠) : 송나라 복주(福州) 출신으로 자는 개부(介夫)이다. 어질고 곧은 성품을 지녔으며, 흉년에 유리방황하던 백성들의 참담한 모습을 보고 상심하여 「유민도(流民圖)」를 그려 임금에게 바쳤다고 한다.

310) 임유후(任有後) : 조선 인조 때의 문신(1601~1673). 자는 효백(孝伯). 호는 만휴당(萬休堂)·휴와(休窩). 생원과 진사에 모두 합격한 후 여러 벼슬을 지냈고 경주 부윤으로 백성을 잘 다스렸다. 저서에 『만휴당집(萬休堂集)』·『휴와야담(休窩野談)』이 있다.

맹상군가
孟嘗君歌

무명씨(無名氏)가 지었다. 대개 세상의 번화(繁華)가 한 바탕 봄꿈 같음을 상심하여 죽은 뒤의 명예가 눈 앞의 즐거움만 못하다는 뜻을 남김없이 기록하였다. 만약 설군(薛君)[311]의 영혼으로 하여금 다시 듣게 한다면 반드시 저승에서 눈물을 흘릴 것이다.

취시가
醉時歌

익호장군(翼虎將軍) 김덕령(金德齡)[312]이 지었다.
석주(石洲) 권필(權韠)[313]의 시에서,

옛날 큰 금도끼 잡았던 장군	將軍昔日把金戈
장한 뜻 꺾이니 운명을 어찌하리	壯志中摧奈命何
땅 밑 영영(英靈)의 끝없는 한	地下英靈無限恨

---

311) 설군(薛君) : 맹상군(孟嘗君)을 이름.

312) 김덕령(金德齡) : 임진왜란 때의 의병장.(1567~1596) 본관은 광산. 자는 경수(景樹). 시호는 충장(忠壯). 광주(光州) 출생. 임진왜란이 일어나자 담양부사 이경린(李景麟)·장성현감 이귀(李貴)의 천거로 종군 명령이 내려졌으며, 전주의 광해분조(光海分朝)로부터 익호장군(翼虎將軍)이라는 군호를 받았다. 1594년 의병을 정돈하고 선전관이 된 후, 권율(權慄)의 휘하에서 의병장 곽재우(郭再祐)와 협력하여, 여러 차례 왜병을 격파했다. 1596년 도체찰사 윤근수(尹根壽)의 노속(奴屬)을 장살(杖殺)하여 체포되었으나, 왕명으로 석방되었다. 다시 의병을 모집, 때마침 충청도의 이몽학(李夢鶴) 반란을 토벌하려다가 이미 진압되자 도중에 회군하였는데, 이몽학과 내통했다는 신경행(辛景行)의 무고로 체포·구금되었다. 혹독한 고문으로 옥사했다.

313) 권필(權韠) : 조선 중기의 문인(1569~1612). 자는 여장(汝章). 호는 석주(石洲). 정철의 문인(門人)으로 시와 문장이 뛰어났으나 광해군 척족(戚族)들의 방종을 비방했다가 귀양 가는 도중에 죽었다. 저서에 『석주집』과 작품에 한문 소설 「주생전(周生傳)」 등이 있다.

한 곡 「취시가」에 뚜렷하다 分明一曲醉時歌[314]

라는 노래가 보인다.

앙가
秧歌

『어우야담(於于野談)』[315]에서 말하였다.

명나라 장군 양호(楊鎬[316])가 행군하여 청파(靑坡) 교외를 지나갈 때 밭에서 남자와 여자가 호미로 김을 매는데 한 목소리로 노래를 부르는 것이었다.

양호가 통역관에게 물었다.

"저 노래에도 곡조가 있는가?"

"있습니다만 비속한 말로 곡을 만든 것이지 한문은 아닙니다."

바로 오성(鰲城) 이항복(李恒福[317])에게 번역하여 올리게 하였으니

---

314) 『石洲集, 卷之七, 七言絶句, 夢得一小冊, 乃金德齡詩集也, 其首一篇曰醉時歌, 余三復得之, 其詞曰, 醉時歌此曲無人聞, 我不要醉花月, 我不要樹功勳, 樹功勳也是浮雲, 醉花月也是浮雲, 醉時歌無人知我心, 只願長劍奉明君, 旣覺悵然悲之, 爲作一絶』.

315) 어우야담(於于野談) : 조선 광해군 13년(1621)에 어우당 유몽인이 지은 야담집. 풍자적인 설화와 기지에 찬 야담들로서, 조선 중기 설화 문학의 좋은 자료이다. 원문은 한문이나, 나중에 한글로 번역되어 널리 퍼졌다. 2책의 사본.

316) 양호(楊鎬) : 정유재란 때 조선에 온 중국 명나라 말기의 군인.(? ~ 1629?), 하남성(河南省) 출생. 정유재란 때 경략조선군무사(經略朝鮮軍務使)가 되어 총독 형개, 총병(摠兵) 마귀(麻貴), 부총병 양원(楊元) 등과 함께 참전했다. 울산에서 벌어진 도산성(島山城) 전투에서 크게 패하였는데 이를 승리로 보고했다가 들통나 파면되었다. 1618년 청나라가 명나라를 침략하자 다시 기용되어 요동(遼東) 등을 경략하였으나 셔르후 전투에서 크게 패해 그 책임을 지고 사형당했다.

317) 이항복 : 조선 선조 때의 명신(1556~1618). 본관은 경주(慶州), 호는 백사(白沙)·필유(弼雲)·청화진인(淸化眞人)·동강(東岡)·소운(素雲), 자는 자상(子常). 오성부원군(鰲城府院君)에 진봉되었음. 임진왜란 때 병조 판서로 활약했으며, 뒤에 벼슬이 영의

그 노래는 다음과 같다.

어제도 이러했다면	昔日若如此
이렇게 이런 모습이랴	此形安得持
수심은 도리어 실이 되어	愁心還爲絲
굽이굽이 다시 매듭졌네	曲曲還成結
풀어내고 또 풀어내려 하나	欲解復欲解
실마리는 어디에 있는고	不知端何處

양호가 좋다고 칭찬하며 말하였다.

"이 농부를 보면 한갓 본업(本業)에만 부지런한 것이 아니다. 그 노래도 이치가 있으니 감상할 만하다."

살펴보건대, 지금 영남에서는 그 노래를 「산유화(山有花)」라고 한다. 「선산향낭전(善山香娘傳)」에서 말하였다.

향낭이 시집에서 소박을 맞았는데 친정에서 재혼을 시키려고 하자 나물을 캐다가 야은(冶隱) 길재(吉再)318)의 서원(書院) 못에 이르러 노래를 지어 불렀다.

산에는 꽃이 있는데 나는 집이 없네	山有花予無家
나에게 집이 없으니 어찌 해야 하나	予無家可奈何

정에 이르렀다. 광해군 때에 인목 대비 폐모론에 반대하다 북청(北靑)으로 유배되어 죽었다. 저서에 『백사집(白沙集)』·『북천일기(北遷日記)』·『사례훈몽(四禮訓蒙)』 따위가 있다.

318) 길재(吉再) : 고려 말기에서 조선 전기의 성리학자(1353~1419). 자는 재부(再夫). 호는 야은(冶隱)·금오산인(金鰲山人). 고려 삼은(三隱) 가운데 한 사람으로, 이색(李穡)·정몽주(鄭夢周) 등의 문하에서 학문을 익히고 성균관 박사가 되어 유생들을 가르쳤다. 저서에 『야은집』·『야은언행습유(冶隱言行拾遺)』 등이 있다.

그리고는 못에 몸을 던져 죽었는데 마침내 농요(農謠)가 된 것이다.

나의 시에,

옥섬돌 금모래에 온갖 꽃 심고	玉砌金沙種百葩
만인의 집에는 명랑하게 웃는 모습	輕盈笑態萬人家
미친 바람 하룻밤새 갑자기 뒤흔드나	狂風一夜忽飄蕩
영남에는 아직도 「산유화」 전한다오	嶺外猶傳山有花

라고 하였다.

또 영남 사람이 동비(童婢)[319]를 추노(推奴)[320]하였는데, 동비(童婢)는 얼굴이 아름다웠으며 혼인날까지 받아 놓은 상태였건만, 양반은 빼앗아 자신의 첩으로 삼을 욕심에 낙동강(洛東江)까지 몰아 가니, 동비(童婢)가 강의 절벽에 시를 쓰기를,

위협은 서릿발 같고 신의는 산 같으니	威如霜雪信如山
안갈 수도 없고 가기도 또한 어렵구나	不去爲難去亦難
머리 돌려보니 낙동강물 푸른데	回首洛東江水碧
이 몸은 어디라야 이 마음 편할까	此身安處此心安

라고 하고는 바로 몸을 던져 죽었다. 그의 시도 산유화(山有花)가 되었다. 또 백제 낙화암(落花巖)의 전설[321]로 산유화(山有花)를 만드니 대개 여자가 물에 빠져 죽은 것을 '산유화(山有花)'라고 하는 것은 그 유래가 오래다. 농암(聾巖) 이현보(李賢輔)가 지은 「상사별곡(相思別曲)」이 농요(農謠)로

319) 동비(童婢) : 어린 여종.

320) 추노(推奴) : 도망간 종을 찾아오던 일. 외거 노비를 찾아가서 몸값을 받던 일. 주인은 조상의 노안(奴案)에 의거하여 종의 자손에게서 몸값으로 공포(貢布)를 받았다.

321) 백제가 멸망할 때 의자왕의 삼천궁녀가 왕족과 함께 부여의 낙화암에서 백마강에 떨어져 죽었다는 전설이 있다.

불리웠다. 그래서 지금 「산유화(山有花)」는 모든 곡의 끝에 반드시 '어야 상사(於邪相思)'를 후렴으로 부른다고 한다.

영랑송랑곡
迎郎送郎曲

지봉 이수광이 말하였다.

제주의 촌마을 여자들은 짝을 구하기가 힘들었다. 매년 3월에 원병(援兵)이 들어오면 여자들이 화장하고 술을 가지고 별도포(別刀浦)[322]에서 기다렸다가 술을 권한 후에 자신의 집으로 맞아들이며 8월에 군역을 마치고 돌아갈 때 눈물을 흘리며 좇아가 전송하는 광경을 기록한 노래이다. 임자순(林子順)이 그 일을 갖추어 기록하였다.[323]

오음
五音

주지번(朱之蕃)이 『해편심경(海篇心鏡)』[324]에서 글자의 뜻과 음률에 대해서 논하였다.

'오음(五音)'의 첫 번째는 '궁(宮)'이니 토(土)의 소리로 혀는 입의 중앙

322) 별도포(別刀浦) : 제주시 화북동의 포구(浦口) 이름. '벨돗개'를 차자(借字)하여 '별도포(別刀浦)'라고 했다.

323) 濟州村巷**之**女, 鮮有伉儷, 每歲三月, 援兵入**歸時**, 女輩凝粧携酒, **來**待**於**別刀浦, 勸酒**相狎**, 迎至其家, 八月罷防, 則涕泣追送, 林子順**作迎郎送郎曲**, 備記其事.(『芝峯類說, 卷二, 諸國部, 風俗』) → **其曲**, **記**濟州村巷女, 鮮有伉儷, 每歲三月, 援兵入**來**, 女輩凝粧携酒, 待**于**別刀浦, 勸酒, 迎至其家, 八月罷防, 則涕泣追送, 林子順備記其事.(『松南雜識』)

324) 해편심경(海篇心鏡) : 소량(蕭良)이 지은 책으로 총 20권.

에 위치한다. 두 번째는 '상(商)'이니 금(金)의 소리로 입을 크게 벌린다. 세 번째는 '각(角)'이니 목(木)의 소리로 혀를 오므려 뒤로 당긴다. 네 번째는 '치(徵)'이니 화(火)의 소리로 혀가 이를 떠받친다. 다섯 번째는 '우(羽)'이니 수(水)의 소리로 입을 오므린다.

'동방(東方)'은 목에서 나는 소리이니, 하(何)·아(我)·강(剛)·악(諤)·가(可)·강(康)·각(各) 따위이다. '서방(西方)'은 혀에서 나는 소리이니, 정(丁)·적(的)·정(定)·니(泥)·령(寧)·정(亭)·청(聽)·력(歷) 따위이다. 중앙은 어금니에서 나는 소리이니, 경(更)·경(梗)·아(牙)·격(格)·행(行)·행(幸)·형(亨)·객(客) 따위이다. '남방(南方)'은 이에서 나는 소리이니, 시(詩)·천(天)·지(止)·식(食)·지(止)·시(示)·승(勝)·식(識) 따위이다. '북방(北方)'은 입술에서 나는 소리이니, 방(邦)·방(龐)·빈(賓)·벽(壁)·백(白)·묵(墨)·붕(朋)·밀(密) 따위이다. 이것을 근거로 연구하면 성률의 청탁(淸濁)을 쉽게 구분할 수 있다.

『관자(管子)』[325]에서 말하였다.

무릇 치(徵) 소리를 들어보면 마치 새끼를 등에 업은 돼지가 깨어나서 놀라는 것 같다. 우(羽) 소리를 들어보면 마치 우는 말이 들판에 있는 것 같다. 궁(宮) 소리를 들어보면 마치 소가 움 안에서 우는 것 같다. 상(商) 소리를 들어보면 마치 무리에서 떨어진 양과 같다. 각(角) 소리를 들어보면 마치 꿩이 나무에 올라가서 우는 소리와 같아서 빠르고 맑다.[326]

---

325) 관자(管子) : 춘추 시대 제나라의 재상인 관중(管仲)이 지은 책. 부민(富民)·치국(治國)·경신(敬神)·포교(布教)를 서술하고 패도 정치를 역설했다. 원본은 86편이었다고 하나 원나라 이후 76편이 남아 오늘날까지 전한다.

326) 凡聽徵, 如**負**猪豕, 覺而駭, **凡聽**羽, 如鳴馬在野, **凡聽**宮, 如牛鳴窌中, **凡聽**商, 如離羣羊, **凡聽**角, 如雉登木以**鳴**音, 疾以淸.(『管子, 卷十九, 地員, 第五十八』) → 凡聽徵, 如**貞**猪豕, 覺而駭, 羽, 如鳴馬在野, 宮, 如牛鳴窌中, 商, 如離羣羊, 角, 如雉登木

소식(蘇軾)의 시 「청금(聽琴)」[327]에서,

평생 궁과 각을 모르고 平生未識宮與角
항아리 속의 소 울음, 但聞牛鳴盎中雉登木
나무 위의 꿩소리나 들었을 뿐

라고 한 말이 이것이다.

대개 '각(角)'은 어금니에서 나는 소리로 목(木)에 속하며 백성을 주제로 한다.

'치(徵)'는 혀에서 나는 소리로 화(火)에 속하며 일을 주제로 한다.

'궁(宮)'은 목에서 나는 소리로 토(土)에 속하며 임금을 주제로 한다. 「천문지(天文志)」에서 "세수(歲首)가 인일(人日)[328]이고 소리가 궁(宮)에 해당하면 그해는 풍년이 든다"[329]라고 한 말이 이것이다.

'상(商)'은 이에서 나는 소리로 금(金)에 속하고 신하를 주제로 한다.

'우(羽)'는 입술에서 나는 소리로 수(水)에 속하고 물(物)을 주제로 한다. 『통감해(通鑑解)』에서 말하였다.

근세(近世)에 자학(字學)을 서로 전하여 오음(五音)으로 나누었는데, 다만 순음(脣音)·설음(舌音)·치음(齒音)만 남았을 뿐이다. 그것을 조절하여 혀가 입 안의 가운데에 위치하는 것이 궁(宮)이고, 입을 크게 벌리는 것이 상(商)이다. 혀를 오므려 뒤로 당기는 것이 각(角)이고, 혀로 이를 떠받치는 것이 치(徵)이고, 입을 오므리는 것이 우(羽)이다. 음양가(陰陽家)는 오성(五姓)을 오음(五音)에 배속시킨다.[330]

以音, 疾以淸.(『松南雜識』)

327) 원제목은 「청현사금(聽賢師琴)」.

328) 인일(人日) : 음력 정월 초이렛날.

329) **人民之聲**, 聲宮則歲美.(『前漢書, 卷二十六, 天文志, 第六』)→**歲首人**, 聲宮則歲美.(『松南雜識』)

『회남자(淮南子)』에서 말하였다.

토지는 각각의 종류대로 사람에게 영향을 끼친다. 맑은 물가에 사는 사람의 음성은 작고 흐린 물가에 사는 사람의 음성은 크다. 급류(急流) 가에 사는 사람의 음성은 가볍고 완류(緩流) 가에 사는 사람의 음성은 무겁다.[331]

어떤 사람은 "지금 기호(畿湖) 사람들은 이와 혀 사이로 소리를 많이 내고 해서(海西)와 관서(關西) 사람들은 혀 소리를 많이 내고 영남 사람들은 목구멍 소리를 많이 낸다"라고 말한다.

노래와 곡은 같은 소리
歌哭同音

지봉 이수광이 "우리나라 제주의 노래와 북도(北道)[332]의 곡(哭)과 영남의 사투리는 중국과 가깝다고 한다"[333]라고 하였다. 대개 사람의 감정은 기쁘면 웃지만 혹 도가 지나치면 곡(哭)을 하고, 분노하면 곡을 하지만 혹 도가 지나치면 웃는다. 슬프면 곡을 하지만 혹 도가 지나치면 웃고, 원망하면 곡을 하지만 혹 도가 지나치면 웃으니, 웃음은 곡의 근본이고 곡은 웃음의 근본이다. 웃어야 할 때 웃고 곡해야 할 때 곡을 하는 것은 감정의 지나침과 지나치지 않음에 연유한다. 비록 그것을 같지

330) 近世相傳以字學分五音, 只在脣舌齒, 調之, 舌居中者爲宮, 口開張者爲商, 舌縮却者爲角, 舌拄齒者爲徵, 脣撮聚者爲羽, 陰陽家以五姓分屬五音.(『資治通鑑, 卷一百九十六, 唐紀十二, 太宗文武大聖大廣孝皇帝, 中之中』의 주석)

331) 土地各以**其**類生, …… 淸水音小, 濁水音大, 湍水人輕, 遲水人重.(『淮南子, 卷四, 墬形訓』) → 土地各以類生**人**, 淸水音小, 濁水音大, 湍水人輕, 遲水人重.(『松南雜識』)

332) 북도(北道) : 경기도 북쪽에 있는 도(道). 곧 황해도 · 평안도 · 함경도를 이른다.

333) 我國濟州之歌, 北道之哭, 嶺南之鄕音, 於中國相近云.(『芝峯類說, 卷二, 諸國部, 本國』)

않다고 말하지만 또한 그것을 같다고 말을 할 수도 있다.

조식(曹植)[334]의 「칠애시(七哀詩)」에서,

아프기에 슬프고	痛而哀
의로워서 슬프다	義而哀
감격하여 슬프고	感而哀
원망하여 슬프다	怨而哀
귀로 듣고 눈으로 보아 슬프고	耳目聞見而哀
입으로 탄식하여 슬프며	口嘆而哀
코가 시큰하여 슬프다	鼻酸而哀

라고 하였으니 역시 노래와 곡(哭)은 같으리라.

휘파람
嘯

『설문해자(說文解字)』에서 "嘯는 입을 오므려 부는 소리이다"[335]라고 하였다. 『시경(詩經)』에서 "휘파람 불다, 노래 부른다"[336]라고 하였다. 성공수(成公綏)[337]가 더위에 바람을 쐬고 휘파람을 부니 서늘하게 곡조가 되었다. 그리고 그대로 「소부(嘯賦)」를 지었다고 하니[338] 대개 노래의 종류이다. 완적(阮籍)이 손등(孫登)의 휘파람을 들으니 마치 난새와 봉

334) 조식(曹植) : 중국 삼국 시대 위(魏)나라의 시인(192~232). 자는 자건(子建). 위나라 무제(武帝) 조조(曹操)의 아들. 「칠보시(七步詩)」의 고사로 유명하다. 시문집에 『조자건집(曹子建集)』이 있다.

335) 吹聲也.(『說文解字, 卷二上, 嘯』) → **蹙口**吹聲也.(『松南雜識』)

336) 其嘯也歌.(『詩經, 國風, 召南, 江有汜』)

337) 성공수(成公綏) : 진(晉)나라의 문인. 자는 자안(子安). 동군(東郡) 백마인(白馬人). 사부(詞賦)를 잘했다.

338) 綏, **雅好音律**, **嘗**當暑, 承風而嘯, 冷然成曲, **因爲嘯賦**.(『晉書, 卷九十二, 列傳, 第六十二, 成公綏』) → **嘯賦云**, **晉成公**綏, 當暑, 承風而嘯, 冷然成曲.(『松南雜識』)

황의 소리와 같았고 미산(眉山)[339]의 진 도사(陳道士)는 벼락 소리를 냈다. 모두 성정(性情)에서 흘러나와 자연의 음향이 있다.

영산
靈山

불경(佛經)에서 "거사국(車師國)[340]에 영산(靈山)이 있다. 그 곳에 오색이 다 들어 있는 모래와 돌이 있는데 그 불꽃이 사람을 태운다"라고 하였다. 지금 '타령(打詠)'이라고 하는 것은 처음에는 의례 영산(靈山)을 불렀다.

석북(石北) 신광수(申光洙)[341]가 진사(進士)가 되어 광대를 거느리고 유가(遊街)[342]를 하였는데, 벼슬을 얻지 못하였기에 서글퍼서 광대를 보내

339) 미산(眉山) : 지금의 사천성(四川省)에 있는 산이름. 아미산(峨眉山).

340) 거사국(車師國) : 한(漢)나라 때 서역(西域)에 있던 나라 중 하나로 '고사(姑師)'라고도 한다. 당나라 때 망했다.

341) 신광수(申光洙) : 조선 후기의 문인(1712~1775). 본관은 고령(高靈), 자는 성연(聖淵), 호는 석북(石北)·오악산인(五嶽山人). 영조 40년(1764) 의금부도사(義禁府都事)로 탐라(耽羅)에 건너가서 그곳의 풍토·지리·해운 등 상황을 조사, 『부해록(浮海錄)』을 지었다. 그 후 연천(漣川)현감을 지냈으며, 1772년 기로정시(耆老庭試)에 장원하여 돈령부도정(敦寧府都正)에 오르고, 1775년 승지(承旨)에 이르렀다. 서화, 특히 과시(科詩)에 능했고, 그중 「관산융마(關山戎馬)」는 대표작으로 널리 애송되었다. 문집에 『석북집(石北集)』이 있다.

342) 과거 합격자가 발표되면 먼저 길일(吉日)을 택하여 근정전(勤政殿)에서 방방의(放榜儀 : 唱榜儀)를 거행했다. 다음날 문무과급제자들이 문과 장원(壯元)의 집에 집합한 다음 예궐하여 임금에게 사은(謝恩)하고, 다시 다음날 무과장원의 집에 모여 문묘(文廟)에 참배하고 알성(謁聖)하는 절차를 밟았으며, 유가는 이러한 절차를 마친 뒤 행하여졌다. 원래는 당나라 풍습으로 고려 시대에 행하여졌고, 친척·선배·친지들을 방문하며 3일 동안 시가를 행진했다. 이때 말을 탄 급제자들을 천동(天童)이 전도(前導)하고 악수(樂手)가 음악을 울리며, 광대가 춤추고 재인(才人)이 온갖 재주를 부리며 길을 누볐다. 악수는 세악수(細樂手 : 장구·북·피리·저·해금의 악수)였고, 광대는 비단옷에 황초립(黃草笠)을 쓰고 채화(綵花)·공작우(孔雀羽)를 꽂고서 난무(亂舞)하며 익살을 부렸으며, 재인은 답삭(踏索)·곤두박질 등 재주를 부렸다.

면서 붉은 부채 한 자루를 주고 다음의 시를 써주었다.

복사꽃처럼 붉은 부채로 치니 한삼은 날 듯	桃紅扇打汗衫飛
세상에 흔치 않은 우조가락의 영산	羽調靈山天下稀
이별에 부르는 춘면가 한 곡조	臨別春眠歌一曲
살구꽃 핀 삼 월에 강 건너 돌아간다	杏花三月渡江歸[343]

광대가 내원(內院[344])에 들어가 타령을 하는데 왕이 부채를 가져다 보고는 즉시 신광수에게 첫 벼슬을 제수하였다고 한다. 또

낙동강에 떠 있는 신선놀이 배	洛東江上仙舟泛
피리, 노래 소리에 먼 곳의 바람 불어온다	吹笛歌聲落遠風
나그네 말을 멈추고 불쾌하게 들으며	行客停驂聞不樂
날 저무는 구름 속의 창오산 빛 바라본다	蒼梧山色暮雲中[345]

라고 하였으니 백호(白湖) 임제(林悌)가 영남의 수령이 국기일(國忌日)에 뱃놀이를 하며 영산(靈山) 도드리(到頭音)를 부르는 것에 대하여 기롱한 것이다. 실제로 기일(忌日)에는 노래 듣는 것을 경계한다.

김명원(金命元[346])의 「기녀 계생(桂生)에게 준 시[贈妓桂生詩]」에서,

---

343) 桃紅扇打汗衫飛, 羽調靈山**當世**稀. 臨別春眠**更**一曲, **落**花**時節**渡江歸.(『石北先生文集, 卷之四, 詩, 題遠昌扇』) → 桃紅扇打汗衫飛, 羽調靈山**天下**稀. 臨別春眠**歌**一曲, **杏**花**三月**渡江歸.(『松南雜識』)
*『石北先生文集』과 『松南雜識』의 기록 간에 차이가 있기에, 『松南雜識』의 기록대로 번역하였음.

344) 내원(內院) : 금원(禁苑). 예전에 궁궐 안에 있던 동산이나 후원.

345) 洛東江上**船**舟泛, 客**子**停驂聞不樂, 吹笛歌聲落遠風, 蒼梧山色暮雲中.(『錦溪日記, 六月, 二十六, 二十七日』) → 洛東江上**仙**舟泛, 吹笛歌聲落遠風, **行**客停驂聞不樂, 蒼梧山色暮雲中.(『松南雜識』)

346) 김명원(金命元) : 조선 중기의 문신(1534~1602). 자는 응순(應順). 호는 주은(酒隱). 이황의 문인(門人)으로서, 임진왜란 때 팔도 도원수로 참여하고 좌의정에 이르렀다.

창밖에 가는 비 오는 늦은 밤　　窓外三更細雨時
두 사람의 심사는 두 사람만 안다　　兩人心事兩人知
기쁜 마음 미진한데 동이 터오니　　懽情未洽天將曉
비단 적삼 다시 잡고 만날 기약 묻네　　更把羅衫問後期

라고 하였는데, 지금 타령의 '파연곡(罷宴曲)' 마지막 곡이 되었다.

황계타령
黃鷄打詠

『동파지림(東坡志林)』에서 말하였다.

광주(光州)와 황주(黃州)의 사람들은 이삼월에 무리지어 노래를 부른다. 음률에 맞지는 않지만 구르는 소리가 닭 우는 소리 같다. 궁인(宮人)의 시간을 알리는 소리(唱漏)와 비슷하지만 극도로 비속하고 촌스럽다. 후한의 위사(偉士)[347]들이 이 노래를 익혀 대궐 아래에서 불렀다. 지금의 계창(鷄唱)이다.[348]

향산(香山) 백거이(白居易)의 「상영롱가(商玲瓏歌)」[349]에서,

누가 사군[350]은 노래를 모른다하나　　誰道使君不解歌

347) 위사(衛士) : 대궐 · 능 · 관아 · 군영 등을 지키던 장교.

348) **余來黃州**, **聞**光黃人, 二三月, **皆**羣聚謳歌, **其詞固不可解**, **而其音亦**不中**律呂**, **但**宛轉**其聲**, **高下往返**如鷄**唱爾**. 與**朝堂中所聞鷄人傳**漏**微有所**似, 但極鄙野**爾**. …… 後漢**固始銅陽公安細陽四縣**衛士, 習此曲, 於闕下, 歌之, 今鷄鳴, 是也.(『東坡志林』) → 光黃人, 二三月, 羣聚謳歌, 不中音律, 宛轉如雞**鳴耳**. 與**宮人唱**漏, **微相**似, 但極鄙野. …… 後漢衛士習此曲, 於闕下, 歌之, 今雞唱, 是也. 志林.(『古今事文類聚後集卷, 四十六, 羽蟲類, 衛士傳雞唱』) → 光黃人, 二三月, 羣聚謳歌, 不中音律, 宛轉如鷄**鳴耳**. 與**宮人唱**漏**相**似, 但極鄙野. 後漢衛士習此曲, 於闕下歌之, 今鷄鳴.(『松南雜識』)

349) 원제는 「취가(醉歌)」이다. '상영롱(商玲瓏)'은 백거이가 항주자사로 있을 때의 관기 이름.

황계와 백일의 노래를 듣는다네　　聽唱黃鷄與白日
새벽 재촉하는 황계는 축시(丑時)[351]에 울고　　黃鷄催曉丑時鳴
세월 재촉하는 백일은 유시유시[352]에 진다　　白日催年酉時沒
허리 사이의 붉은 인끈은 과분하고　　腰間紅綬繫未穩
거울 속의 붉던 얼굴은 간 데 없다　　鏡裏朱顔看已失

라고 하였다. 그 주석에 "상영롱(商玲瓏)은 오나라 지방의 노래 부르는 사람이다"[353]라고 하였다. 지금의 '황계타령(黃鷄打詠)'[354]이 그것이다.

춘향타령
春香打詠

고악부(古樂府)에 이런 곡조는 없었는데, 부채로 치고 길게 읊조리는 까닭에 우리나라에서는 '타령(打詠)'이라고 하니 연의(演義)의 종류로 역시 고대 음악의 용어이다.

「조비연외전(趙飛燕外傳)」에서 "조비연의 아버지가 악성(樂聲)과 망장곡(亡章曲)을 익히고 임의로 손놀림을 번다하게 하고 슬픈 소리를 내고는 스스로 '범미악(凡靡樂)'이라고 명명하였다"[355]라고 한 말이 이것이다.

우리나라에서는 창우(倡優)를 '창부(唱夫)'라고 부르는데, '광대(廣帶)'라

---

350) 사군(使君) : 임금의 명령을 받들어 행차한 사신을 높여 부르던 말.
351) 축시(丑時) : 오전 한 시부터 세 시까지.
352) 유시(酉時) : 오후 다섯 시부터 일곱 시까지.
353) 商玲瓏, 吳下歌者.(『韻府羣玉, 黃雞催曉』)
354) 황계사(黃鷄詞) : 조선 시대 십이 가사(十二歌詞)의 하나. 작자 · 연대 미상으로, 떠나간 임이 속히 돌아와 주기를 바라는 여인의 심정을 노래한 내용으로 되어 있다. 모두 80구로 되어 있으며, 『청구영언』에 실려 있다. ≒ 황계가, 황계곡, 황계타령.
355) **趙后飛燕** …… 習樂聲亡章曲, 任爲繁手哀聲, 自號凡靡之樂, **聞者心動焉**.(『說郛, 卷一百十一上, 趙飛燕外傳』) → 習樂聲亡章曲, 任爲繁手哀聲, 自號凡靡之樂.(『松南雜識』)

고도 한다. 그들은 춘향타령(春香打詠)을 최고의 곡조로 치는데 호남에 다음과 같은 전설이 있다.

남원부사의 아들 이도령이 동기(童妓) 춘향을 사랑하였다. 뒷날 춘향은 이도령을 위하여 수절을 하였는데 신관 사또인 탁종립(卓宗立)이 춘향을 죽였다. 호사가(好事家)들이 그를 슬프게 여겨 이야기를 꾸미고 타령으로 만들어 춘향의 원한을 풀어 주고 춘향의 절개를 밝혔다고 하니, 바로 동동곡(鼕鼕曲)의 주제이다.

매화타령(梅花打詠)은 바로 배비장(裵裨將)의 일을 다루었으니 『사가만록(四佳謾錄)』에 실려 있다.

화용도타령(華容道打詠)[356]은 바로 『삼국지(三國志)』 조조(曹操)에 대한 일을 다루었다.

토끼타령
兎打詠

신라의 역사에서 말하였다.

> 김춘추(金春秋)[357]가 고구려에 원병을 요청하자 왕이 말하였다.
> "우리의 땅을 되돌려 준다면 군사를 보낼 수 있소."
> 김춘추가 말하였다.
> "죽음이 있을 따름이요."
> 왕이 그를 가두자 김춘추는 왕의 총애를 받는 신하인 선도해(先道解)에게 뇌물을 주니 그가 말하였다.
> "그대는 거북이와 토끼의 이야기를 듣지 못하였소? 동해의 용왕이

---

356) 화용도타령[華容道打詠] : 적벽가(赤壁歌)
357) 김춘추(金春秋) : 신라 제29대 왕 '태종 무열왕'의 본명.

심장에 병이 나자 의원이 토끼의 간을 써야 한다고 말했답니다. 그러나 바다 속에는 토끼가 없기에 걱정을 하던 차에 거북이 한 마리가 뭍으로 올라가서 토끼에게 '바닷 속의 섬은 살기 좋단다'라고 했지요. 토끼는 그 말을 믿고 거북이 등에 업혀서 몇 리를 갔는데 거북이가 그제야 사실대로 이야기를 했지요. 토끼는 '나는 신명(神明)의 후손으로 오장(五臟)을 꺼내어서 씻을 수 있단다. 얼마 전에 조금 심난하기에 간을 꺼내서 씻고는 도로 집어넣는 것을 잊었지 뭐니? 간이 아직도 바위 위에 있을 것이니 돌아가서 가져와도 되겠니?'라고 말하자 거북이는 그러라고 했습니다. 토끼는 탈출하여 달아나면서 말했습니다. '바보구나! 너는. 어떻게 간이 없이 살 수 있겠니?' 그러자 거북이는 망연자실하고 떠나갔습니다"[358]

저암(著庵) 유한준(兪漢雋[359])의 「광한부(廣韓賦)」에서 "거북이와 토끼의 이야기를 인용해 이웃을 속인다"[360]고 한 말이 이것이다. 지금

---

358) **善德王遣伊飡**金春秋, 乞師於句麗. **句麗**王**謂春秋**曰, 還我地, 兵可出. 春秋曰, **臣乞師來**, **王不救**, **反刦以還地**, **臣**有死而已. 王**怒**囚之, 春秋賂王嬖臣先道解, 先道解**謂春秋**曰, 子不聞龜兎之說乎. 東海龍王病心, 醫言用兎肝, 患海中無兎, 有一龜登陸見兎, 言海中島居之好, 兎信之, 負龜背以行, **行**數里, 龜告以實. 兎曰, 吾神明之後, 能出五臟洗之, 日者, 小覺心煩, 出肝洗之, 忘**內**之, 肝尚在岩石上, 歸取可乎. 龜乃**還**, 兎脫而走曰, 愚哉汝也, 豈有無肝而生者乎. 龜憫默而去.(『自著, 卷之一, 賦, 廣韓賦』의 주석)→金春秋乞師於**高**句麗. 王曰, 還我地, 兵可出. 春秋曰, 有死而已. 王囚之, 春秋賂王嬖臣先道解, 先道解曰, 子不聞龜兎之說乎. 東海龍王病心, 醫言用兎肝, 患海中無兎, 有一龜登陸見兎, 言海中島居之好, 兎信之, 負龜背以行, 數里, 龜告以實. 兎曰, 吾神明之後, 能出五臟洗之, 日者, 小覺心煩, 出肝洗之, 忘**納**之, 肝尚在岩石上, 歸取可乎. 龜乃**許之**, 兎脫而走曰, 愚哉汝也, 豈有無肝而生者乎. 龜憫默而去.(『松南雜識』)

*『松南雜識』의 내용은 『三國史記, 卷四十一, 列傳, 第一, 金庾信上』의 내용을 바탕으로 하고 있으나, 글자의 출입이 매우 심하다.

359) 유한준(兪漢雋) : 조선 후기의 문장가.(1732~1811) 본관은 기계(杞溪), 자는 만청(曼淸)·여성(汝成), 호는 저암(著庵)·창애(蒼厓)이다. 처음 이름은 한경(漢炅)이었다. 당대의 문인·서예가로 이름 높던 유한지(兪漢芝)의 사촌형으로 문장뿐 아니라 서화에도 뛰어난 재능을 지녔던 학자이다. 당대의 뛰어난 문장가로 이름이 높았으며 저서로 『저암집』이 있다.

360) 引兎龜賺隣.(『自著, 卷之一, 賦, 廣韓賦』)

의 토끼타령은 여기에서 나왔다.

곡파
曲破[361]

『악서(樂書)』에서 말하였다.

곡파는 음악의 이름이다. 당나라 현종(玄宗)[362]의 악장(樂章)에는 변경의 지명으로 음악의 이름으로 삼은 것이 많으니 '이주(伊州)'・'감주(甘州)' 등이 그것이다. 악곡 끝의 번잡한 소리를 '입파(入破)'라고 하였다. 강남(江南) 이욱(李煜)[363]의 음악인 '염가산파(念家山破)'[364]가 있다.[365]

지금 파연곡(破宴曲)의 끝에 염불타령(念佛打詠)[366]의 곡조가 있는 것

361) 곡파(曲破) : 당송의 악곡 이름. 대곡(大曲)의 제3단(段)을 '파(破)'라고 한다.

362) 현종(玄宗) : 당나라의 제6대 황제(685~762). 성은 이(李), 이름은 융기(隆基). 시호는 명황(明皇)・무황(武皇). 초년에 정사(政事)를 바로잡아 '개원의 치'라고 불리는 성당(盛唐) 시대를 이루었으나, 만년에 양귀비를 총애하고 간신에게 정치를 맡겨 안녹산의 난을 초래했다. 재위 기간은 712~756년.

363) 이욱(李煜) : 남당(南唐) 사람.

364) 염가산파(念家山破) : 사패(詞牌)의 이름. 실전되었음.

365) **入破**. 唐明皇**天寶中**樂章, 多以邊地名曲, 如**凉州**甘州伊州之類. 曲終繁聲, 名爲入破**已而**.…… 江南**僞唐**李煜樂**曲**, 有念家山破.(『樂書, 卷一百六十四, 樂圖論, 俗部, 歌, 入破』) → 樂名也. 唐明皇樂章, 多以邊地名曲, 如伊州甘州之類. 曲終繁聲, 名爲入破. 江南李煜樂, 有念家山破.(『松南雜識』)

366) 염불타령 : 조선 후기 서유구(徐有榘)가 지은 『임원경제지』 속의 「유예지(遊藝志)」에 실려 전하는 곡 이름의 하나로 현행 『영산회상(靈山會相)』 가운데 7번째 곡인 「염불도드리[念佛還入]」의 초장 첫째 장단에서 스무째 장단에 해당하는 곡이다. 「유예지」의 악보는 2장으로 이루어졌으며, 반복해서 연주할 때는 초장을 연주하지 않고 2장만 여러 번 되풀이해서 연주하다가 육자염불(六字念佛)로 넘어간다. 한 장단은 4분의 6박자, 6장단으로 되어 있다.

은 여기에서 나온 듯하다.

활쏘기에서 북과 피리를 상으로 주다
射賞鼓吹

진(晉)나라의 유익(庾翼[367])이 사상(謝尙[368])에게 과녁을 적중시킨 부상(副賞)으로 북과 피리를 주었다고 한다. 지금 사회(射會)에서 이긴 자에게 피리와 북을 내려주고 승전곡(勝戰曲)을 부르는 것은 여기에서 유래하였다.

고풍
古風

『금처하기(今處下記)』에서 말하였다.

어떤 사람이 '고풍(古風)은 바로 당나라 때의 전두(纏頭[369])이다'라고 하였다.

왕원보(王元寶[370])가 이른바 "전두값을 많이 허비했다[多費纏頭價]"가 이것이다.

백거이(白居易)의 시에,

오릉의 젊은이들 다투어 전두 내니	五陵年少爭纏頭
한 곡에 붉은 비단 수를 셀 수 없다	一曲紅綃不知數[371]

367) 유익(庾翼) : 진(晉)나라 때 사람으로 자는 치공(稚恭). 전공(戰功)이 많았다. 시호는 숙(肅).
368) 사상(謝尙) : 진(晉)나라 때 사람으로 자는 인조(仁祖). 음악을 잘했다. 시호는 간(簡).
369) 전두(纏頭) : 고대에 가무(歌舞)를 하는 예인(藝人)이 연행을 끝마쳤을 때 관객들이 비단으로 사례하던 것을 이름. 기생에게 주는 물건을 총칭함.
370) 왕원보(王元寶) : 당나라 때의 거부(巨富).

라고 하였다.

371) 「비파인(琵琶引)」.

21. 기술류(技術類)

위기
圍碁

반고(班固)[1]가 말하기를 "북방사람들은 바둑[碁]을 혁(奕)이라고 한다"[2]라고 하였다.

『박물지(博物志)』[3]에서 "요임금이 바둑을 만들고 단주(丹朱)[4]가 잘 두었다"[5]라고 하니, 하늘의 삼백 육십 도를 본떴다.

---

1) 반고(班固) : 후한 초기의 역사가·문학가(32~92). 자는 맹견(孟堅). 아버지 반표(班彪)의 유지를 받아 기전체 역사서인 『한서(漢書)』를 편찬하였다. 작품에 『백호통의(白虎通義)』·「양도부(兩都賦)」 등이 있다.

2) 北方之人謂綦爲奕.(『古今事文類聚前集, 卷四十二, 伎藝部, 雜著, 奕旨, 班固』) → 北方之人謂**碁**爲奕.(『松南雜識』)

3) 박물지(博物志) : 구본(舊本)은 진(晉)나라 장화(張華)가 편찬했다. 원본은 없고 지금의 것은 뒷사람들이 남은 글과 여러 가지 잡다한 글들을 모아서 만든 것이다. 송나라 이석(李石)의 『속박물지(續博物志)』 10권은 장화(張華)의 것을 보완하여 만들어졌다.

4) 단주(丹朱) : 요임금의 아들.

『기결(碁訣)』[6]에서 "허물을 벗은 뱀의 이빨 하나를 가지고 바둑을 두면 저절로 임기응변(臨機應變)이 막힘없이 나온다"[7]라고 하였다.

호단(胡旦)[8]이 "바둑을 쉽게 여기면 총명한 사람도 간혹 하지 못하는 경우가 있고, 어렵게 여기면 바보나 천한 사람이라도 이따금 정묘(精妙)하고 절등(絶等)한 경우가 있다"[9]라고 하였다.

백제의 역사에서 말하였다.

고구려의 중 도림(道琳)[10]이 자신의 나라를 위하여 거짓으로 백제로 도망갔다. 그런데 개로왕(蓋鹵王)[11]이 바둑을 좋아하였기에 도림이 바둑을 빙자해 왕을 만나서 궁궐을 넓히고 성을 확장하라고 권유하였다. 그 결과 재물이 고갈되고 나라는 위험에 빠지자 고구려 병사들이 침입하였다. 왕이 그 아들 문주왕(文周王)에게 "내가 간신을 믿었다가 이 지경에 이르렀다. 우리가 모두 죽는 것은 이로울 것이 없으니 너는 난을 피하여 종묘 사직을 보존하라"라고 하였다.[12]

또 법원선사(法遠禪師)[13]가

5) 堯造**圍棊**, **敎丹朱**, 丹朱善之.(『博物志, 逸文』)→堯造, 丹朱善之.(『松南雜識』)

6) 기결(碁訣) : 바둑의 비결에 대한 책. 1권.

7) 取蛻龍牙一枚, **手握之**, 臨局, 自然機變橫出.(『說郛, 卷一百十九上, 蛻龍牙』)→取蛻龍牙一枚, 臨局, 自然機變橫出**云**.(『松南雜識』)

8) 호단(胡旦) : 송나라 빈주(濱州) 출신으로 자는 주보(周父)이다. 『松南雜識』에서는 조선 태조의 휘(諱)인 단(旦)을 피하여 호단(胡旦)을 호조(胡朝)라고 쓰고 있다.

9) 胡**旦**曰, 以棊爲易, 則聰明者, 或不能, 以爲難, 則愚下小人往往精絶.(『古今事文類聚前集, 卷四十二, 伎藝部, 棊』)→胡**朝**曰, 以棋爲易, 則聰明者, 或不能, 以爲難, 則愚下小人往往精絶.(『松南雜識』)

10) 도림(道琳) : 고구려 중기의 중. 장수왕의 밀사로 백제에 들어가서 내정을 살폈고, 개로왕에게 대대적인 토목 공사를 벌이게 하여 국고를 탕진하게 하였으며, 장수왕으로 하여금 백제를 쳐서 개로왕을 죽이게 하였다.

11) 개로왕(蓋鹵王) : 백제 제21대 왕(?~475). 이름은 경사(慶司).

12) 『三國史記, 卷二十五, 百濟本紀三, 蓋鹵王』의 내용을 축약 인용하였음.

13) 법원선사(法遠禪師) : 송나라의 승려. 여릉인(廬陵人). 성(姓)은 왕(王).

이전에 열아홉 가닥 길에서 從前十九路
얼마나 많은 사람이 헤맸나 迷誤幾人多

라고 하였다.

두보의 시에서는,

듣자하니 장안은 바둑판과 같다지 聞道長安似奕碁
백년의 세상일 슬픔을 견디지 못하네 百年世事不勝悲[14]

라고 하였다.

『기천요람(棊天要覽)』에서 "옥바둑판을 울리는 소리가 음률과 서로 조화된다"[15]라고 하니, 지금 바둑판 위의 철사(鐵絲)도 유래가 오래되었다.

축융
蹙戎

『자가집(資暇集)』[16]에서 말하였다.

바둑 중에 축융(蹙融)[17]에 대한 설이 있다. '融'은 의당 '戎'으로 써야 한다. 이 놀이는 황제(皇帝)의 축국(蹙踘)[18]에서 유래하였으니 군융

14) 「추흥 팔수(秋興八首)」.

15) 響玉棊盤, 與律聲相應, **棊天**要覽.(『韻府羣玉, 響玉盤』) → 要覽曰, 響玉碁盤, 與律聲相應.(『松南雜識』)

16) 자가집(資暇集) : 당나라 이광예(李匡乂)가 저술한 책. 총 3권. 『松南雜識』에서는 '자가록(資暇綠)'이라고 되어 있다.

17) 축융(蹙戎) : 바둑의 일종. 한(漢)나라 때는 격오(格五)라고 하였다.

18) 축국(蹙踘) : 발로 공을 차는 고대의 놀이. 원래 중국 고대에 황제(黃帝)가 병정을 훈련시키는 놀이로 축국을 시작하였다는 전설이 있으나, 당나라 때 신라·고구려·백제에 전해져 일본에까지 퍼졌다. 우리나라에서는 삼국 시대부터 하였으며, 『당서(唐書)』에는 고구려 풍속에 사람들이 축국을 잘한다는 기록이 있다.

(軍戎)[19]의 의미가 있다.[20]

지금 대국(對局)의 축구(蹩驅)에 대한 설은 여기에서 유래하였다.

탄기
彈碁

『서경잡기(西京雜記)』[21]에서 말하였다.

한나라 성제(成帝)가 축국(蹴鞠)을 좋아하였는데 신하들은 왕이 피곤하리라 여겼다. 황제가 "축국과 비슷하되 힘들지 않은 것을 선택할 수 있다"라고 말하자, 유향(劉向)[22]이 탄기(彈碁)를 만들어 바쳤다.[23]

육기(陸機)[24]의 부(賦)에서,

---

19) 군융(軍戎) : 군사, 군대.

20) **棊謂之**蹩融, 融**宜**作戎, 此戲生於黃帝蹩鞠, 意在軍戎也.(『資暇集, 卷中, 蹩戎』) → **奕碁**, **有**蹩融**之說**, 融**當**作戎, 此戲出於黃帝蹩鞠, 意在軍戎也.(『松南雜識』)

21) 서경잡기(西京雜記) : 한나라 유흠(劉歆)이 짓고 진(晉)나라의 갈홍이 편집한 책. 전한(前漢)의 천자(天子)와 후비(后妃) 및 저명한 사람의 일화, 궁중의 제도와 풍습 등에 관한 기록이다. 총 6권.

22) 유향(劉向) : 전한 시대의 학자. 자는 자정(子政). 궁중 도서 교정(校訂)에 힘쓰고, 그 해제서(解題書) 『별록(別錄)』을 편집하였다. 저서에 『설원(說苑)』·『신서(新序)』·『열녀전(列女傳)』 등이 있다.

23) 成帝好蹴踘, 羣臣以**蹴踘**爲勞, **體非至尊所宜**. 帝曰, **朕好之**, 可擇似而不勞者, **奏之**. 家君作彈棊以獻.(『西京雜記, 卷二』) → **漢**成帝好蹴踘, 羣臣以爲勞. 帝曰, 可擇似而不勞者. 家君作彈碁以獻.(『松南雜識』)
* 『松南雜識』와 『서경잡기』에서는 '劉向'이 '家君'으로 되어 있다. 그러나 『欽定四庫全書考證, 卷七百五十四』에서 '家君'은 '劉向'의 오기라고 하였으므로[劉向作彈碁以獻, 刊本劉向訛家君, 據賦彙改] 본 역서에서는 『欽定四庫全書考證』의 설을 따른다.

24) 육기(陸機) : 진(晉)나라 오군(吳郡) 출신. 자는 사형(士衡). 『육사형집(陸士衡集)』·『육평원집(陸平原集)』이 있다.

문채(文彩)가 있는 문사(文辭)는 모두 두드려 구하고	抱景者咸叩
음성이 아름다운 것은 모두 듣고 쓴다	懷響者畢[25]彈
가지에 의지하여 잎을 펼치기도 하고	或因枝以振葉
물 흐름을 따라서 근원을 탐색하기도 한다	或沿波而討源[26]

라고 하였다.

바둑판은 사방이 두 치이고 가운데는 엎어놓은 사발처럼 높다. 유종원(柳宗元)의 「서기(序棊)」에서 "주묵(朱墨)으로 귀천을 구별하였다"[27]라고 한 말이 이것인데 지금은 없어졌다.

타마
打馬

『자휘보(字彙補)』에서 "타마(打馬)는 탄기(彈碁)의 종류이다"라고 하였다. 송나라의 이청조(李淸照)[28]가 만든 타마도(打馬圖)가 있다.[29]

---

25) 『松南雜識』에는 '必'로 되어 있음.
26) 『文選, 卷十七, 論文, 文賦』.
 * '彈碁'와 무관한 내용이다.
27) **貴者半, 賤者半, 貴曰上, 賤曰下, 咸自第一至十二下者二, 乃敵一, 用**朱墨**以別焉**. (『柳河東集, 卷二十四, 序十一首, 序棊』) → 朱墨別貴賤.(『松南雜識』)
28) 이청조(李淸照) : 송나라 사람. 호는 이안거사(易安居士). 호주 태수(湖州太守) 조명성(趙明誠)의 아내. 시문에 능하였는데, 특히 청신완려(淸新婉麗)한 사(詞)는 송대를 대표할 만큼 뛰어나다.
29) **又**字彙補, 打馬彈碁類也. 宋李易安有打馬圖.(『康熙字典, 馬』) → 字彙補**曰**, 打馬彈碁類也. 宋李易安有打馬圖.(『松南雜識』)

투기
鬪碁

「봉선서(封禪書)」에서 "난대(欒大)가 투기(鬪碁)를 잘하였다"[30]라고 하였는데, 그 주석에서 "닭의 피를 취하여 바늘을 간 쇠와 섞은 후에 찧어서 자석에 섞는다. 그것을 날마다 바둑돌의 머리에 발라서 바둑판 위에 올리면 끊임없이 서로 부딪친다"[31]라고 하였다.

『회남자(淮南子)』에서 "오월 단오에 승호(蠅虎)[32]를 절구로 찧어서 콩과 반죽하면 콩이 저절로 튀어 파리를 때린다"[33]라고 한 이야기와 같다.

상기
象棋

초사(楚辭)[34]에서,

곤폐(菎蔽)[35]와 상기(象棋)[36]가 있고	菎蔽象棊
육박(六簙)[37]이 있다	有六簙些[38]

라고 하였다. 그 주석에 "곤왕(昆王)이 폐(蔽)를 만들어 두었다"[39]라고

30) **上使驗小方**鬪棊, **棊自相觸擊**.(『史記, 卷二十八, 封禪書』) → **欒大善**鬪碁.(『松南雜識』)

31) **索隱, 顧氏案萬畢術云**, 取雞血, 雜磨針鐵, 擣和磁石棊頭, 置局上, 自相抵擊**也**.(『史記, 卷二十八, 封禪書』의 주석) → 取雞血, 雜磨針鐵, 擣和磁石棊頭, 置局上, 自相抵擊**云**.(『松南雜識』)

32) 승호(蠅虎) : 깡충거미. 파리를 잘 잡는다.

33) 『회남자』에 없는 내용이나 『설부(說郛)』 등에 출전이 『회남자』로 되어 있다.

34) 송옥(宋玉)의 「초혼 일수(招魂一首)」.

35) 곤폐(菎蔽) : 옥으로 장식한 도박 기구.

36) 상기(象棋) : 상아로 만든 장기.

37) 육박(六簙) : 바둑의 일종.

38) **菎**蔽象棊, 有六簙**些**.(『文選, 卷三十三, 招魂』) → **昆**蔽象棋, 有六簙**傳**.(『松南雜識』)

39) **菎**玉蔽**薄**箸.(『文選, 卷三十三, 招魂』의 주석) → **昆**玉**作**蔽着.(『松南雜識』)

하니 바로 지금의 '저포마(樗蒲馬)'이다. 상기(象棋)는 상아로 장식한 장기이다.

『아희원람(兒戱原覽)』[40]에서 "주나라 무왕(武王)이 만들었다. 어떤 사람은 신릉군(信陵君)[41]이 만들었다라고 하였다"[42]라고 하니 "군(君)이 위왕(魏王)과 장기를 두었다"라고 한 말이 이것이다.

명나라 인종(仁宗)의 시에,

두 나라가 다투어 각각 병사를 운용하니	二國爭强各用兵
대오를 벌려 승부를 정한다	擺排隊伍定輸贏
말[馬]은 굽은 길로 가서 앞길을 차지하고	馬行曲路當先道
장군[將]은 깊은 궁궐[宮]을 지키고 먼 곳의 정벌을 경계한다	將守深宮戒遠征
험한 곳을 타고 수레[車]를 내며 패한 병졸[卒]을 거두고	乘險出車收敗卒
강 건너 대포[砲]를 날려 겹겹의 성을 함락한다	隔河飛砲下重城
심상히 군대의 사정을 알고	等閒識得軍情事
한 번 성공하면 태평성대를 누린다	一着成功見太平

라고 하였다.

계곡(谿谷) 장유(張維)[43]가 신수근(愼守勤)[44]과 장기를 두다가 궁(宮)을

---

40) 아희원람(兒戱原覽) : 『원람(原覽)』이라고 약칭. 조선 말기의 학자 장혼(張混)이 어린이 교육용으로 지은 책. 순조 3년(1803)에 간행됨. 고금의 사문(事文)에서 필요한 내용을 가려 뽑아 처음 공부를 시작하는 아동들이 참고하기에 편리하도록 엮었다. 1권.

41) 신릉군(信陵君) : 전국 시대 위(魏)나라의 정치가. 이름은 무기(無忌). 문하에 식객 3천 명을 거느렸다고 한다. 제나라의 맹상군(孟嘗君), 초나라의 춘신군(春申君), 조나라의 평원군(平原君)과 함께 전국 말기의 사군(四君)으로 꼽힌다.

42) **象戱**, 周武帝造**之**, 或云信陵君**所**造.(『兒戱原覽』) → 周武帝造, 或云信陵君造.(『松南雜識』)

43) 장유(張維) : 조선 시대의 문신(1587~1638). 자는 지국(持國). 호는 계곡(谿谷). 시호는 문충(文忠). 인조반정 때 공을 세웠고 정묘호란 때 임금을 수행하여 우의정에 이르렀다. 특히 문장에 뛰어났으며, 저서에 『계곡집』·『계곡만필』·『음부경주해(陰符經註

바꾸자고 요청하였다. 궁(宮)은 한 장기판 위에 두 개의 궁(宮)이 있으니 초나라와 한나라의 패권다툼을 형상한 것이다. 신고제(申高濟)는 장기의 고수라고 한다.

쌍륙
雙陸

운서(韻書)에서 "오조씨(烏曹氏)[45]가 처음으로 '박륙(博陸)'과 '채(采)'[46]라는 이름을 만들었다. 진사왕(陳思王) 조식(曺植)이 쌍륙판을 만들고 주사위 두 개를 두었다"[47]라고 하였다.

『패사(稗史)』에서는 '점잖은 놀이'라고 하였다.

『자치통감강목(資治通鑑綱目)』의 주석에서 "쟁반 안에 이쪽과 저쪽, 안과 밖에 각각 여섯 개의 다리가 있기 때문에 쌍륙(雙六)이라 한다"[48]라고 하였다. 다리가 없고, 배쌍(倍雙)이라는 설도 있다.

『아희원람(兒戱原覽)』에서 "서축(西竺)에서 처음 만들어졌고 삼국 시대 위나라로 전해졌으며 양(梁)·진(晉)·수(隋)·당(唐)에서 유행하였다"[49]라고 하였다.

解)』 등이 있다.

44) 신수근(愼守勤) : 조선 전기의 문신(1450~1506). 본관은 거창(居昌). 자는 근중(勤仲)·경지(敬之). 호는 소한당(所閑堂). 이충(李衷)의 증손으로, 할아버지는 전(詮)이고, 아버지는 영의정이자 거창부원군 승선(承善)이다. 어머니는 임영대군(臨瀛大君)의 딸이다. 연산군의 처남이며, 중종의 장인이다.

45) 오조씨(烏曹氏) : 하나라 걸왕(桀王)의 신하로 도박놀이를 최초로 만든 사람이라는 설이 있다.

46) 채(采) : 도박의 도구에 나타나는 꽃의 색.

47) 烏曹氏始作博陸, 采名, 陳思王**置雙陸**局, 置骰子二.(『韻府羣玉, 雙陸』) → 烏曹氏始作博陸, 采名, 陳思王**製**局, 置骰子二.(『松南雜識』)

48) 槃中彼此內外, 各有六梁, 故名雙六.(『資治通鑑綱目, 卷三十三』의 주석)

49) **雙陸**, 原西竺, 流曹魏, 盛梁晉隋唐.(『兒戱原覽』) → 原西竺, 流曹魏, 盛梁晉隋唐**云**.(『松南雜識』)

성호(星湖) 이익(李瀷)이 말하였다.

우리나라의 익조(翼祖)[50]께서 야인(野人)들과 즐겁게 쌍륙(雙六) 놀이를 하셨는데 야인(野人)들이 매우 소중하고도 어려운 것을 내기로 걸자고 요구하였다. 익조께서 허락을 하셨는데 판세가 비등하였다. 마지막 판에서 주사위는 익조의 손안에 있었는데 순육(純六)[51]이면 이기지만 그렇지 못하면 졌다. 그래서 그들을 속여 말하였다.

"'경솔하게 던질 수가 없으니 날이 밝기를 기다려 결판을 내자"

야인들이 말하였다.

"좋다!"

익조(翼祖)가 돌아와서 밤에 따로 육 면이 모두 여섯 점인 주사위를 만들었다. 드디어 품고 가서 물가에 자리를 잡고 판을 벌린 뒤에 크게 고함을 치며 한 번 던지자 순육(純六)이 나왔다. 그리고는 바로 판을 물속으로 차 넣어 버렸다.[52]

명경

明瓊

『박경(博經)』에서 "명경(明瓊)[53]은 경(瓊)을 던지는 것이다"라고 하였다.

---

50) 익조(翼祖) : 조선 태조 이성계의 증조부. 아버지의 뒤를 이어 벼슬을 받았다. 뒤에 여진족의 기습을 피하여 함경도 경흥지방에 도피하였다가, 후에 고향인 덕원으로 돌아왔다. 1394년 익왕으로 추존되고, 후에 다시 익조의 존호를 받았다.

51) 순육(純六) : 두 개의 주사위가 모두 육이 됨을 이름.

52) 我翼祖**斡東避兵事**, **龍飛御天歌**, **亦不詳載**, **世傳**與野人**交**歡爲雙六戲, 野人求賭**其**至重且難者, 翼祖**勉**許之, 局勢相當, 及將終, 骰子在翼祖手, 得純六則勝, 否則負, 瞞言**此**不可輕擲, **請**待明日**而**決. 野人曰諾. **是**夜別爲**雙**骰, **六**面皆六**點**, 遂**懷而**往, 臨水岸置局, 大喝**聲**一投, 遂**得**純六, 因蹴**諸**水**中**.(『星湖僿說, 卷十八, 經史門, 斡東避兵』)→我翼祖, 與野人, 懽爲雙六戲, 野人求賭至重且難者, 翼祖許之, 局勢相當, 及將終, 骰子在翼祖手, 得純六則勝, 否則負, 瞞言不可輕擲, 待明日決. 野人曰諾. **翼祖歸**, 夜別爲骰, **四**面皆六. 遂往, 臨水岸置局, 大喝一投, 遂純六, 因**卽**蹴**局於**水.(『松南雜識』)

『열자(列子)』에서 “양나라의 부자인 우씨(虞氏)의 누각 위에서 놀음을 하고 있던 사람들이 주사위를 던져서 명경이 되었는데, 패를 뒤집어 보니 두 마리 물고기[54]였기에 웃었다”[55]라고 하였다.

그 주석에 “경(瓊)은 던지는 채(采)로 옥으로 장식하였다”[56]라고 하였고 “채를 던져 중(中)이 되어야 하는데 뒤집어 보니 두 마리의 물고기 패였는데도 크게 이겼기에 웃었다”[57]라고 하였다. 지금은 주사위를 명경(明瓊)이라고 한다. 우리나라말로는 사의(思意)라고 하니 바로 생각이 미치는 것은 뜻대로 되지 않음이 없다는 의미이다.

당나라의 송안공(宋安恭)[58]이 이른바 “쌍륙은 쉬는 형세가 없고, 벼슬도 쉬는 형세가 없다”가 이것이다.[59]

박륙
博陸

『속사(續史)』에서 “진사왕(陳思王) 조식(曹植)[60]이 처음으로 만들었다. 조식이 처음에는 주사위 두 개를 사용하였는데, 당나라 말에는 엽자(葉

53) 명경(明瓊) : 경(瓊)은 고대의 도박 기구로 주사위 같다. 경을 던져 오백(五白)이 되는 것을 명경이라고 한다.

54) 놀이판은 두 진영으로 나뉘어 있으며 그중간에는 물로 설정된 공간이 있고 그 속에 물고기 패 두 개를 사용한다.

55) **虞氏者**, 梁**之**富人**也**. **家充殷盛**, **錢帛無量**, **財貨無訾**, **登高樓**, **臨大路**, **設樂陳酒**, **擊博樓上**, **俠客相隨而行**, 樓上博者, 射明瓊**張**中, 反兩**㩉**魚而笑.(『列子, 說符』) → 梁富人**虞氏**, 樓上博者, 射明瓊中, 反兩**榻**魚而笑.(『松南雜識』)

56) **其**擲采, 以**瓊**爲之.(『列子, 卷八, 說符』의 주석) → 擲采, 以**玉**爲之.(『松南雜識』)

57) 報采獲中, 翻得兩魚, 大勝而笑也.(『列子, 說符』의 주석)

58) 송안공(宋安恭) : 당나라 송수경(宋守敬)을 이름. 청렴한 관리로 유명함.

59) 唐宋安恭, …… 雙**陸**無休勢, **余謂**仕宦亦無休.(『韻府羣玉, 縣丞』) → 唐宋安恭**所謂**雙**六**無休勢, 仕宦亦無休**勢**.(『松南雜識』)

60) 조식(曹植) : 삼국 시대 위나라의 시인(192~232). 자는 자건(子建). 위나라 무제 조조의 아들로, 「칠보시(七步詩)」의 고사는 유명하다. 시눈집에 『소사선십』이 있다.

子)[61] 놀이가 있었고 마침내 주사위 여섯 개를 사용하였다. 투자(投子)라고 쓰니 대개 투척(投擲)의 의미이다. 지금 투(骰)라고 쓰는 것은 잘못이다"[62]라고 하였다. 『선경(仙經)』에서 이른바 "여섯 마리의 학이 나란히 날아간다"[63]라고 한 말이 이것이다.

이동(李洞)[64]의 시에,

누르스름 기쁜 조짐은 장주의 꿈이고	微黃喜兆莊周夢
주사위 새삼스레 던지자 도장이 된다	六赤重新擲印成[65]

라고 하였는데, 그 주석에 "투자(骰子)의 별명이 육적(六赤)이다"라고 하였다.

연탁
燕濯

「서경부(西京賦)」[66]에서 "충협(衝狹)[67]과 연탁(鷰濯)"이라고 하였는데, 그 주석에서 "연탁(燕濯)은 물이 든 대야를 앞에 두고 그 뒤에 앉는다. 몸은 솟구치고 손은 펼쳐 앞으로 도약한다. 발로 박자에 맞춰 물을 뛰어 넘은 뒤에 다시 물러나 앉는 모습이 마치 제비가 목욕하는 것 같

---

61) 엽자(葉子) : 당나라 때 유행한 놀이의 일종으로 지금의 카드놀이와 유사하다. 엽자(葉子)라는 카드에 전설상의 인물이나 숫자를 그려 넣어서 사용했다.

62) **博陸采名也**. 陳思王**製雙陸**, **局置骰子二**, **至**唐末有葉子之戲, **未知誰置**, 遂加骰**子**, **至**六骰, **合作**投, 投擲**之義**, 今作骰非.(『古今事文類聚前集, 卷四十三, 藝術部, 博塞, 製雙陸局』) → **續史曰**, 陳思王**始制之**. 唐末有葉子之戲, 遂加六投, **蓋言**投擲, 今作骰非**也**.(『松南雜識』)

63) 仙經云, 六鶴齊飛.(『類說, 卷四十三, 醉鄉日月, 六鶴齊飛』)

64) 이동(李洞) : 당나라 때의 시인으로 자는 재강(才江).

65) 「龍州韋郎中先夢六赤, 後因打葉子, 以詩上」.

66) 서경부(西京賦) : 장형(張衡)의 작품.

67) 충협(衝狹) : 칼을 사방에 꽂은 좁다란 풀 고리의 속을 뛰어 넘어 통과하는 재주.

다"[68]라고 하였다.

박장
拍張

『남사(南史)』에서 "왕경칙(王敬則)이 박장(拍張)[69]을 잘하였다. 송나라 황제가 칼을 휘두르게 하니 적중하지 않음이 없었고 그대로 정강이를 치면서 박장을 하였다"[70]라고 하였는데, 그 주석에서 "손으로 치고 머리를 붙잡는 놀이이다"라고 하였다.

백타
白打

『축국보(蹴鞠譜)』에서 "사람마다 두 번 차는 것을 타이(打二)라고 하고 끌고 가다가 세게 차는 것을 백타(白打)라 한다"[71]라고 하였다.

위장(韋莊)[72]의 시에서,

내관은 처음으로 청명날 불을 내려주고 內官初賜清明火
재상은 한가롭게 백타전을 나누어준다 上相閒分白打錢[73]

68) 以盤水置前, 坐其後, 踊身張手跳前, 以足偶節, 踰水, 復却坐, 如驚之**浴**也.(『文選, 卷二, 西京賦』의 주석) → 以盤水置前, 坐其後, 踊身張手跳前, 以足偶節, 踰水, 復却坐, 如鷩之**濯**也.(『松南雜識』)

69) 박장(拍張) : 무술 기예의 일종.

70) 王敬則, …… 善拍張, **補刀戟左右**, 宋**前廢**帝, 使**敬則**跳刀, **高出白虎幢五六尺**, **接**無不中, **仍撫髀拍張**.(『南史, 卷四十五, 列傳, 第三十五, 王敬則』) → 王敬則, 善拍張, 宋帝使跳刀, 無不中.(『松南雜識』)

71) 每人兩踢, 名打二, 曳開大踢, 名白打.(『說郛, 卷一百一下, 蹴踘圖譜』)

72) 위장(韋莊) : 당나라 때의 시인. 자는 단기(端己).

73) 「장안청명(長安清明)」.

라고 한 말이 이것인데, 그 주석에 "백타는 구채(毬采)[74]의 이름이다"[75]라고 하였다.

속담에서 "버들싹이 파라면 공종(空鐘)[76]을 흔들고 버들싹이 죽으면 제기를 찬다"[77]라고 하였다.

유수
游水

『만진남주이물지(萬震南州異物志)』 찬(贊)에서 "합포(合浦)[78]의 사람은 물에 익숙하고 수영을 잘하여 마치 원숭이가 나무그루터기를 바라보듯 깊은 못을 위에서 내려다본다"[79]라고 하였다.

유객환
留客鐶

전설에는 제갈량(諸葛良)의 부인 황씨(黃氏)가 만들었다고 하지만, 본래 진나라가 제나라 왕후(王后)에게 옥연환(玉連環)[80]을 보내 풀게 하였다.

---

74) 구채(毬采) : 축국(蹴鞠) 놀이를 해서 이기는 자가 얻게 되는 것을 '구채'라고 한다.
75) 白打, 毬采名.(『康熙字典, 打』)
76) 공종(空鐘) : 장난감의 일종. 공쟁(空箏), 향령(響鈴).
77) 諺云, 楊柳兒青放空鐘, 楊柳兒死踢毽子.(『康熙字典, 毽』)
78) 합포(合浦) : 한나라 때 설치된 군의 이름. 지금 광서(廣西) 장족자치구(莊族自治區) 동북쪽.
79) **萬震南州**異物志贊, 合浦之人, 習水善游, 上視層潭, 如猿仰株.(『康熙字典, 遊』)→ 異物志贊**曰**, 合浦之人, 習水善游, 上視層潭, 如猿仰株.(『松南雜識』)
80) 옥연환(玉連環) : 옥 고리를 잇달아 꿰어 만든 사슬.

저포
樗蒲

『아희원람(兒戲原覽)』에서 말하였다.

노자(老子)가 만들었다. 그것을 던져 놀이로 삼는다. 오목(五木)이 자(子)가 된다. 효(梟)·노(盧)·치(雉)·독(犢)·새(塞)가 있어서 승부의 주사위로 삼으니 지금의 골자(骨子)이다.[81]

초사(楚辭)의 「초혼(招魂)」[82]에서,

효(梟)를 이루어 두 배로 이기고	成梟而牟
오백(五白)을 부르짖는다	呼五白些[83]

라고 하였는데, 그 주석에서 "효(梟)는 이기는 것이고 모(牟)는 두 배로 이기는 것이다"라고 하였다.

오백(五白)은 바로 오채(五采)이다. 제나라는 환공(桓公)의 휘를 피하여 오호(五皓)라고 한다.

『저포경(樗蒲經)』에서 말하였다.

관(關)[84] 뒤의 일자(一子)가 참(塹)이 되고 관(關) 앞의 일자(一子)가 갱(坑)이 된다. 갱(坑)과 참(塹)에 떨어지면 귀채(貴采)[85]가 아니면 나올 수

81) **樗蒲**, 老子作, 擲之爲戲, 以五木爲子, 有梟盧雉犢塞**五者**, 爲勝負之采, **卽**今**之**骰子.(『兒戲原覽』) → 老子作, 擲之爲戲, 以五木爲子, 有梟盧雉犢塞, 爲勝負之采, 今骰子**也**.(『松南雜識』)

82) 송옥(宋玉)의 작품.

83) 成梟而牟, 呼五白**些**.(『文選, 卷三十三, 招魂』) → 成梟而牟, 呼五白.(『松南雜識』)

84) 관(關) : 절(節)과 절 사이의 간극.

85) 귀채(貴采) : 저포놀이의 주사위는 위는 검고 아래는 흰데, 오목을 던져 그 사위를 본다. 그중에서 다섯 개가 모두 검게 나오는 노(盧)가 가장 좋으며, 그 다음으로 치(雉)·

없다. 무릇 일마(一馬)가 일마(一馬)를 친다. 만약 물러간 육(六)이 밟은 말을 만나면 일마(一馬)가 삼마(三馬)를 밟기 때문에 세상에서는 순리를 따르지 않는 사람을 가르켜 '갱참(坑塹)을 밟았다'라고 한다.[86]

『북사(北史)』에서 "백제(百濟)사람들은 저포(樗蒲)와 투호(投壺) 놀이를 좋아한다"라고 하였다.

투호
投壺

『아희원람(兒戱原覽)』에서 "옛날의 점잖은 놀이이다. 사람의 마음이 꼼꼼한지 덜렁거리는지를 관찰할 수 있다"[87]라고 하였다. 『예기』의 기록에 의하면, 호(壺)는 산가지가 들어가는 방이고 화살은 던지는 말이다. 그래서 말을 많이 넣은 사람에게 경하의 술을 청한다. 하나의 말이 두 개의 말을 좇는 것을 이겼다고 한다.[88] 송나라 사마광(司馬光[89])이 놀이 규칙을 바꾸었다.[90]

독(犢)·백(白)이 좋다. 이러한 좋은 사위를 귀채(貴采)라고 한다.

86) 樗蒲經, **凡近**關**及**后一子, **謂之**塹, **迫**關**及**前一子, **謂之**坑, **落坑**塹, 非貴采, 不出. **凡**一馬, **打一馬**, **如**遇**退**六**踏馬**, 則**一馬**, **可**踏三馬, 故**世不循時者**, **謂之**踏坑塹**云**.(『古今事文類聚, 前集, 卷四十三, 藝術部, 博塞』) → 樗蒲經**云**, 關後一子, **爲**塹, 關前一子, **爲**坑, 塹, 非貴采, 不出. 一馬, 遇六則踏三馬, 故踏坑塹.(『松南雜識』)

87) **投壺**, 古**之**雅戱, 觀人心術之精粗.(『兒戱原覽』) → 古雅戱, 觀人心術之精粗.(『松南雜識』)

88) 『松南雜識』에는 "一馬從二馬, 爲勝也"라는 예기의 문장을 인용하였지만, 육덕명(陸德明)과 공영달(孔穎達)은 연문(衍文)이라고 하였다. 본 역서에서는 그대로 번역하였으나 역시 문리가 접속되지 않는다.

89) 사마광(司馬光) : 북송 때의 학자·정치가(1019~1086). 자는 군실(君實). 호는 우부(迂夫)·우수(迂叟). 사마온공(司馬溫公)이라고도 한다. 신종 초에 왕안석의 신법(新法)에 반대하여 은퇴하고 철종 때에 재상이 되자, 신법을 폐하고 구법(舊法)으로 통치하였다. 저서에 『자치통감(資治通鑑)』, 『사마문정공집(司馬文正公集)』 따위가 있다.

90) 宋溫公釐正格例.(『兒戱原覽』)

탄희

撳戱

『훈몽자회(訓蒙字會)』[91]에서 "탄희(撳戱)는 바로 저포이니 우리나라에서는 정월 초하루에 네 조각으로 나눈 나무를 던져서 승부를 결정하는 놀이를 사희(柶戱)라 한다"라고 하였다. 우리나라 말로 '윷[柶]'이라고 하는 것인데, 싸리나무[杻木]로 만든다.

『집운(集韻)』에서 "'撳'은 '攤'과 같다"라고 하였다.

구전

鬮牋

『아희원람(兒戱原覽)』에서 말하였다.

바로 '마조(馬弔)'라고 하였으니 우리나라에서는 구전(鬮牋)이라고 한다. 중국에서는 고금의 인물을 등급으로 나누어서 모두 일백이십 장의 종이 조각을 만든다. 또 '지패(紙牌)'라고도 하니 원나라 때 시작되었다. 우리나라는 역관 장현(張炫)이 이 기술을 만들었다. 대체로 중국의 놀이 규칙을 모방하되 조금 변형시켰다.[92]

인(人)·어(魚)·조(鳥)·치(雉)·성(星)·마(馬)·장(獐)·토(兎) 등 여든

91) 훈몽자회(訓蒙字會): 조선 중종 때 최세진(崔世珍)이 지은 한자 학습서로 3권 1책이다. 종래에 보급되었던 『천자문』·『유합(類合)』 등은 일상생활과 거리가 먼 고사와 추상적인 내용이 많아 어린이들이 익히기에는 부적당하므로, 이를 보충하기 위하여 지은 책이다.

92) 鬮牋, 中國品第古今人物, 合一百二十牋. **名鬮**牌, 昉元時. 我國譯官張**炆**, **剏**造此技, 蓋倣華制少變之.(『兒戱原覽』) → **卽馬弔**, **俗謂**鬮牋, 中國品第古今人物, 合一百二十牋. **又謂紙**牌, 昉元時. 我國譯官張**炫**, 造此技, 蓋倣華制少變之.(『松南雜識』)

장으로 노소(老少)[93]를 만들고 승부를 겨룬다.

월암(月巖) 이광려(李匡呂)[94]의 시에,

명협잎처럼 가볍고 꽃처럼 흩어지는데	輕如莢葉散如花
사방에 앉아 패을 나누니 저마다 꾼들	四座分張各一家
어떤 패든지 무덤덤한 얼굴	隨遇未嘗形喜怒
옆 사람 엿보니 때로 곁눈질하는 눈치	覘隣時覺視傾斜
작정하고 진을 펼치니 언뜻 달이 뜬다	當心布陣俄成月
손가는 대로 패를 뽑지만 혹 아(牙)가 빠졌네	信手抽兵或缺牙
비록 눈앞의 기울게 그득한 돈에 신이나지만	縱快眼前傾厚積
연말의 궁한 집에는 부질없는 탄식소리	窮廬歲暮謾嗟嗟

라고 하였다.

원인손(元仁孫)[95]이 최고수라고 한다. '두전(頭錢)'[96]은 바로 격전(格錢)이다. 근래의 갑자골(甲子骨)·가귀(可貴)·동동(同同)은 잡기의 종류로 모두 구전(鬮牋)에서 나왔다. 그 명칭도 매우 많다. 나라에서 금지할 지경이나 막을 도리가 없다.

---

93) 패는 인(人)·어(魚)·조(鳥)·치(雉)·성(星)·마(馬)·장(獐)·토(兎) 등으로, 1에서 9까지 있다. 인장(人將)을 황(皇), 어장(魚將)을 용(龍), 조장(鳥將)을 봉(鳳), 치장(雉將)을 응(鷹), 성장(星將)을 극(極), 마장(馬贓)을 승(乘), 장장(獐將)을 호(虎), 토장(兎將)을 취(鷲)라 한다. 모두 80으로 되어 있어 이것을 8월이라 하였다. 인(人)·어(魚)·조(鳥)·치(雉)는 노(老)를 사용하고, 성(星)·마(馬)·장(獐)·토(兎)는 소(少)를 사용한다.

94) 이광려(李匡呂): 조선 후기의 실학자(1720~1783). 본관은 전주(全州). 자는 성재(聖載), 호는 월암(月巖)·칠탄(七灘). 문장이 뛰어났으며, 학행이 높아 천거를 받아서 참봉이 되었다. 저서로 『이참봉집(李參奉集)』이 있다.

95) 원인손(元仁孫): 조선 후기의 문신(1721~1774). 본관은 원주(原州). 자는 자정(子靜). 시호는 문민(文敏). 세자익위사세마(世子翊衛司洗馬), 사서(司書) 등을 지냈다. 그 뒤 부응교(副應教) 때 『천의소감(闡義昭鑑)』 편찬에 참여한 뒤부터 영조의 총애를 받았다. 1772년 이조판서를 거쳐 우의정에 이르렀다.

96) 두전(頭錢): 홍정을 붙여 주고 그 보수로 받는 돈. ≒구문(口文), 구전(口錢).

투패

骰牌

『정자통(正字通)』에서 "아패(牙牌)이니 골패(骨牌)라고도 한다"라고 하였다.[97)]

향산(香山) 백거이(白居易)가 관직에서 물러난 노년에 이것을 만들어서 시사(侍史[98)])와 놀았는데, 문인(文人) 배적(裴迪[99)])과 중 여만(如滿), 기생 번소(樊素)가 모두 참여하였다. 지금의 기생을 데리고 골패하는 놀이는 여기에서 나왔다.

『골보(骨譜)』에서 "송나라 휘종(徽宗)의 궁중 놀이인데 그 패는 서른두 장으로 합계는 이백 이십 칠 점(點)이다. 천패(天牌)가 두 장으로 이십 사 점이니 하늘의 이십 사 절기를 형상하였다. 지패(紙牌)가 두 장으로 사 점이니 땅의 춘하추동(春夏秋冬)을 형상하였다. 인패(人牌)가 두 장이니 십육 점으로 사람의 효제충신(孝悌忠信)·예의염치(禮義廉恥)·측은자양(惻隱慈讓)·선악시비(善惡是非)를 형상하였다. 세 종류의 패(牌)가 합하여 이치를 이룬다. 선화(宣和)[100)] 2년에 만들어진 관계로 '선화보(宣和譜)'라고 한다.[101)]

우리나라는 풍고(楓皐) 김조순(金祖淳)[102)]이 삼십 삼천(三十三天) 이십

---

97) 牙牌, …… 今謂之骨牌.(『正字通, 牌』) → 牙牌也, 亦謂骨牌.(『松南雜識』)

98) 시사(侍史) : 옆에 모시면서 문서를 작성하고 처리하는 사람.

99) 배적(裴迪) : 당나라 때의 시인. 자는 승지(昇之).

100) 선화(宣和) : 송나라 휘종(徽宗)의 연호(1119~1125).

101) 又牙牌, 今戱具, 俗傳宋宣和二年, 臣某疏請, 設牙牌, 三十二扇, 計點一百二十有七, 以按星宿布列之位, 天牌, 二扇二十四點, 二十四氣, 地牌, 二扇四點, 象東西南北四方, 人牌, 二扇一十六點, 仁義禮智發爲四端, 和牌二扇八點, 太和元氣, 流行八節之間, 它牌各有名稱. 四人同鋪, 每一人以人扇爲率分, 點數多寡爲勝負, 勝者賞籌, 高宗時, 詔如式頒行天下, 今謂之骨牌, 肰皆博塞格五之類, 非必自宣和始也.(『正字通, 卷六, 牌』) → 骨譜曰, 宋徽宗, 宮中之戱, 其牌, 三十二扇, 共計二百二十七點, 天牌, 二扇二十四點, 象天之二十四氣, 地牌, 二扇四點, 象地之春夏秋冬. 人牌, 二扇十六點, 象人之孝悌忠信禮義廉恥惻隱慈讓善惡是非也, 三牌合成理. 係宣和二年所製, 故謂宣和譜.(『松南雜識』)

팔 수(二十八宿)로 패를 만들었으니 이는 『골보(骨譜)』 이외의 격식(格式)이라고 한다. 또 미골(尾骨) 놀이[103]도 있다.

격오
格吾

『사문유취(事文類聚)』[104]에서 "우구수왕(吾丘壽王)이 격오(格五)로 벼슬을 받았다"[105]라고 하였다.

포굉(鮑宏)[106]의 『새경(簺經)』에서 "새(簺)에는 사채(四采)[107]가 있다"[108]라고 하였는데, 그 주석에서 "새(塞)는 바로 변방의 병사를 거느리는 것이다. 사채(四采)는 병사이니 세로로 네 각[四角]으로 가서 채(采)를 내기로 한다"라고 하였다.[109] "새(塞)의 사(四)가 오(五)를 탄다"[110]의 주석에서 "사(四)는 사각(四角)이고 오(五)는 각(角) 중의 한 자리이다"[111]라고 하였다. "오(五)에 이르면 막혀서 갈 수 없다"[112]라고 하였는데, 그 주석에

102) 김조순(金祖淳) : 조선 후기의 문신(1765～1832). 초명은 낙순(洛淳). 자는 사원(士源). 호는 풍고(楓皐). 순조의 장인으로서, 대제학을 지냈으며, 안동 김씨 세도 정치의 기반을 마련하였다. 문장에 능하고 죽화(竹畵)를 잘 그렸다. 저서에 『풍고집(楓皐集)』이 있다.

103) 미골(尾骨) 놀이 : 꼬리대기 놀이

104) 『松南雜識』에는 '類要'로 되어 있음.

105) 吾丘壽王, 以格五**召**待詔.(『古今事文類聚前集, 卷四十三, 藝術部, 格五待詔』)→**類要曰**, 吾丘壽王, 以格五待詔.(『松南雜識』)

106) 포굉(鮑宏) : 수나라 사람. 자는 윤신(潤身). 문장에 능했으며, 저서에 『유집(遺集)』이 있다.

107) 사채(四采) : 색(塞)・백(白)・승(乘)・오(五).

108) 鮑宏**塞**經, **塞**有四采.(『格致鏡原, 卷五十九, 玩戲器物類, 格五』)→鮑宏**簺**經**云**, 簺有四采.(『松南雜識』)

109) **塞**卽將邊**士**也, 四采**士**, 縱行四角而賭采也.(『格致鏡原, 卷五十九, 玩戲器物類, 格五』의 주석)→**簺**卽將邊**土**也, 四采**土**, 縱行四角而賭采也.(『松南雜識』)

110) 塞四乘五, **是也**.(『格致鏡原, 卷五十九, 玩戲器物類, 格五』)→塞四乘五.(『松南雜識』)

111) 四**卽縱行所至**, 四角**也**, 五, **四角縱對中心**, **故曰四乘五**.(『格致鏡原, 卷五十九, 玩戲器物類, 格五』의 주석)→四, 四角, 五, **角中一位也**.(『松南雜識』)

서 “병사가 가다가 오(五)의 자리에 이르면 중지하여 갈 수 없기 때문에 ‘새(簺)’를 ‘격오(格五)’라고 한다”[113]라고 하였다.

우리나라말로는 ‘우물고누[井困五]’라고 한다.

요령
撩零

당나라 정원(貞元)[114] 연간에 송청(宋淸)[115]이 『박경(博經)』 한 권을 올렸다.

이기지 못하는데도 억지를 쓰면서 이기려는 것을 ‘요령(撩零)’이라고 한다.

돈이나 물건을 빌리는 것을 ‘낭가(囊家)’라고 하니 주머니 속에 담겨 있는 돈과 같다는 의미이다.

낭가가 십분의 일을 계산하여 취하는 것을 ‘걸두(乞頭)’라고 한다.[116]

또 도박을 주도하는 사람을 ‘공자가(公子家)’라고 하니 지금의 물주(物主)[117]이다.

도박과 관련된 일을 기록하는 것을 ‘녹사(錄事)’라고 하고 승부를 걸

---

112) 至五卽格不得行, **故謂之格五**.(『格致鏡原, 卷五十九, 玩戲器物類, 格五』) → 至五卽格不得行.(『松南雜識』)

113) **格止也**, **至五**, **言士所**至, **無過**五處, **五之外**, 卽止不得行**也**.(『格致鏡原, 卷五十九, 玩戲器物類, 格五』의 주석) → **土行**, 至五處, 卽止不得行, **故謂簺**.(『松南雜識』)

114) 정원(貞元) : 덕종(德宗)의 연호(785～805).

115) 송청(宋淸) : 당나라 사람. 장안의 시장에서 약을 팔았는데 가난한 이들이 약을 청하면 싸게 팔아서 의롭다는 명성이 있었다고 한다.

116) 貞元中, 宋淸進博經一卷. 强**力**爭勝, 謂之撩零. 假借錢**帛**, 謂之囊家. **什**一而取, 謂之乞頭.(『類說, 卷二十六, 國史纂異, 博經』) → 貞元中, 宋淸進博經一卷. **其不勝而**强**名**爭勝, 謂之撩零. 假借錢**物**, 謂之囊家, **言如囊之貯錢也**. **計**一而取, 謂之乞頭.(『松南雜識』)

117) 물주(物主) : 노름판에서 아기패(노름판에서 물주를 상대로 승부를 다투는 사람이나 패거리)를 상대로 이기고 짐을 겨루는 사람.

고 설욕하는 것을 '노본(撈本)'이라고 한다.

도박하다가 자신이 가진 물건을 모조리 내놓는 것을 '고주(孤注)'라고 하니, 바로 『송사(宋史)』에서 정위(丁謂)[118]가 "폐하께서는 구준(寇準)[119]의 고주(孤注)입니다"[120]라고 한 말이 이것이다.

당나라의 이길도(李吉道)[121]가 공경의 비위를 맞추며 놀았는데 바둑, 장기를 둘 때 거짓으로 져주어 미명(美名)을 도둑질하였다.

수세령
手勢令

지금의 수벽(手擘)이다. 여럿이 모여서 술을 마실 때 주령(酒令)[122]을 행하여 즐거움을 북돋운다. 당나라 말기의 풍속인데 소봉길(蘇逢吉)과 사홍조(史弘肇)[123]의 싸움에 얽힌 이야기[124]가 그것이다.

118) 정위(丁謂) : 송나라 장안(長安) 출신. 자는 위지(謂之). 도서(圖書)뿐 아니라, 바둑과 장기, 음률에 능통하였음.

119) 구준(寇準) : 송나라의 문신. 하규(下邽) 출신으로 자는 평중(平仲). 진종(眞宗) 때 관직이 평장사(平章事)에 이르렀는데, 거란이 침입해 들어오자 구준이 진종에게 친히 전주(澶州)로 정벌을 나서기를 청하였다. 진종이 그 말을 따라 군대의 일을 모두 구준에게 위임하자 구준이 거란을 이기고 돌아왔다.

120) 陛下寇準之孤注也.(『宋史, 卷二百八十一, 列傳四十, 寇準』)

121) 이길도(李吉道) : 당나라 사람. 헌종(憲宗) 때 좌금오장군(左金吾將軍)을 지내면서 헌종의 총애를 받았는데, 헌종이 죽자 순주사마(循州司馬)로 폄직되었다.

122) 주령(酒令) : 여러 사람이 술을 마실 때 마시는 방식을 정하는 약속.

123) 『松南雜識』에는 '王章'.

124) 왕장(王章)이 마련한 주연(酒宴)에서 수세령(手勢令)을 시행되었다. 그런데 사홍조(史弘肇)가 수세령에 익숙하지 못하였기에 객성사(客省使)인 염진경(閻晉卿)이 사홍조의 뒷자리에 앉아 여러 차례 가르쳐 주었다. 그 모습을 본 소봉길이 농담하기를 "곁에 염씨가 있으니 벌주는 걱정 없겠소"라고 하였다. 이는 염진경을 두고 말하는 것 같으나 실은 사홍조의 아내 염씨를 조롱하는 말이었다. 염씨는 창녀 출신이기 때문이다. 이에 격분한 사홍조는 칼을 찾아들고 소봉길을 죽이려고 한바탕 소동을 벌렸다. 이 이야기는 『통감총류(通鑑總類)』에 '사홍조욕살소봉길(史弘肇欲殺蘇逢吉)'이라는 제목으로 실려 있다.

『유설(類說)』에서 말하였다.[125]

호랑이 가슴에 버금가고	亞其虎膺
손바닥을 이름	
소나무 뿌리를 굽힌다	曲其松根
손가락 마디를 이름[126]	
웅크린 올빼미[蹲鴟]를 호랑이 가슴 아래에 끼우고	以蹲鴟間虎膺之下
준치(蹲鴟)는 엄지를 이름[127]	
갈고리창[鉤戟]을 옥기둥[玉柱] 옆에 어긋나게 세운다	以鉤戟差玉柱之旁
구극(鉤戟)은 검지, 옥주[玉柱]는 중지(中指)를 이름[128]	
잠긴 규룡[潛虯]을 옥기둥에서 세 푼 떨어지게 하고	潛虯闊玉柱三分
잠규(潛虯)는 무명지(無名指)를 이름[129]	
기병(奇兵)은 규룡에게서 한 치가 떨어지게 한다	奇兵闊潛虯一寸
기병(奇兵)은 소지(小指)를 이름[130]	
삼락(三洛)[131]을 죽이고	死其三洛
팔뚝을 굵는 것을 이름	
오봉(五峯)을 살린다	生其五峰[132]
오봉(五峯)은 다섯 손가락을 통칭하니 이것을 초수령(招手令)이라고 함.[133]	

125) 『松南雜識』에는 시와 각각의 주석을 마치 하나의 문장처럼 뒤섞어 놓았을 뿐만 아니라 그들 간에도 순서가 바뀌는 등 대단히 혼란스럽게 인용되어 있다.

126) 謂**指**節.(『類說』)→謂節.(『松南雜識』)

127) 以蹲鴟間虎膺之下. **蹲鴟**大指也.(『類說』)→以蹲鴟, **謂**大指也, 間虎膺之下.(『松南雜識』)

128) 以鉤戟差玉柱之旁. **鉤戟**, 頭指, **玉柱**, 中指也.(『類說』)→以鉤戟, **謂**頭指**也**, 差玉柱之旁, **謂**中指也.(『松南雜識』)

129) 潛虯闊玉柱**三分**. **潛虯**, 無名指也.(『類說』)→潛虯, **謂**無名指也, 闊玉柱, **謂中指也**.(『松南雜識』)

130) 奇兵闊潛虯一寸. **奇兵**, 小指也.(『類說』)→**三分**奇兵, **謂**小指也, 闊潛虯一寸.(『松南雜識』)

131) 삼락(三洛) : 팔뚝.

132) 『御定全唐詩, 卷八百七十九, 招手令』.

133) 生其五峰. **五峰**, 通呼五指也, 謂**之**招手令, 盖亦手勢令**之類也乎哉**.(『類說』)→生其五峰, 通呼五指也, **是**謂招手令, 盖亦手勢令.(『松南雜識』)

상영도
觴詠圖

엄주(弇州) 왕세정(王世貞)[134]이 만들었다. 술 한 잔에 한 수씩 읊어서 가사(歌詞)를 익힌다.

또 「승경도(升卿圖)」[135]는 벼슬의 명칭을 익히는 놀이이다.

방토
牓兎

『연북잡기(燕北雜記)』[136]에서 "3월 13일에 나무로 토끼를 만들어서 두 패로 나눈 후에 그것을 쏜다. 진 사람은 무릎을 꿇고 이긴 사람은 술을 마신다"[137]라고 하니 지금의 '사회방토(射會牓兎)'이다.

운서(韻書)에서 "토(鵵)는 올빼미와 비슷한데 그보다 작으니 목토(木鵵)이다"[138]라고 하였다. 그것이 정곡(正鵠)의 모양인 듯하다.

「사의(射義)」에서 "「이수(貍首)」[139]는 제 때에 근왕(勤王)하고 직공(職貢)을 수행하는 제후들을 찬미하였다"[140]라고 하였다.

---

134) 왕세정(王世貞) : 명나라의 문학자(1526~1590). 자는 원미(元美). 호는 엄주산인(弇州山人). 고문 복고 운동의 중심인물로 격조를 소중히 여기는 의고주의를 주장하였다. 저서에 『예원치언(藝苑巵言)』 등이 있다.

135) 승경도(陞卿圖) : 넓은 종이에 옛 벼슬의 이름을 품계와 종별에 따라 써 놓고 알을 굴려서 나온 끗수에 따라 벼슬이 오르고 내림을 겨루는 놀이. 또는 그 놀이 기구.

136) 연북잡기(燕北雜記) : 거란인 무규(武珪)가 편찬한 책. 5권. 실전되고 그 대략적인 내용이 증조(曾慥)의 『유설(類說)』에 보인다.

137) 三月三日, 以木**雕**爲兎, 分兩朋, **走馬**射之, **先中者勝**, **其**負**朋下馬**跪**奏**勝**朋人**酒.(『類說, 卷五, 燕北雜記, 木兎』)→三月**十**三日, 以木爲兎, 分兩朋, 射之, 負**者**跪, 勝**者**酒.(『松南雜識』)

138) 木兎也. 似鴟鵂而小.(『爾雅注疏, 卷十』)→鵵, 似鴟而小, 木鵵.(『松南雜識』)

139) 이수(貍首) : 전해지지 않는 시경의 시 편명.

140) 貍首者, 樂會**時**也.(『禮記注疏, 卷六十二, 射義』)→貍首者, 樂會**射**也.(『松南雜識』)
*『松南雜識』에서는 '樂會時'를 '樂會射'로 착각하였다. 따라서 주제와 무관이 내용

너구리는 사냥을 잘하는데 가다가도 멈추어서 헤아려본 다음에 덤벼들기에 반드시 잡는다. 그러므로 과녁에 그것의 형상을 그려 붙인다. 무왕(武王)이 은나라를 정벌하고 이수(貍首)와 추우(騶虞)를 붙인 표적을 활로 쏘자 과녁의 활쏘기가 사라졌다. 장홍(萇弘)이 너구리 머리를 놓고 활쏘기를 하니 제후가 오지 않았기 때문이다.[141)]

일시(逸詩)[142)]에서,

크나 작으나 처할 수 없어서	小大莫處
궁전에서 모신다	御于君所
잔치하고 활을 쏘니	以燕以射
안락하며 기리도다	則燕則譽

라고 하였다.

탄전
攤錢

『개원천보유사(開元天寶遺事)』[143)]에서 "당 현종이 양귀비(楊貴妃)와 금전(金錢)을 땅에 던져 내기를 하였더니 민간에서 그것을 흉내 내고 탁친(卓親)이라고 하였다"[144)]라고 말하였다.

지금의 돈치기[錢親]라고 부르는 돈을 치는 놀이가 그것이다.

의 되었다.

141) 주 영왕(靈王) 때 제후들이 주나라에 조회하지 않았기에 장홍(萇弘)이 행한 주술이다.

142) 일시(逸詩) : 『시경(詩經)』에서 누락된 시.

143) 개원천보유사(開元天寶遺事) : 촉의 왕인유(王仁裕)가 편찬한 책으로 4권이다.

144) 明皇與**妃子**, 以金錢擲地, 賽勝, 里巷效之, 謂之卓親.(『韻府羣玉, 卓親』) → 明皇與**貴妃**, 以金錢擲地, 賽勝, 里巷效之, 謂之卓親.(『松南雜識』)
*『개원천보유사(開元天寶遺事)』에는 없는 내용이다.

널뛰기
跳板

다음과 같은 이야기가 전해온다.

양귀비(楊貴妃)가 안록산(安祿山)이 오가는 모습을 보고 싶었으나 궁궐 담이 너무 높아 널뛰기 놀이를 만들었다. 널 위에서 발을 굴러 몸을 솟구치게 하여 담 밖을 넘겨보았다. 지금 세시(歲時)에 아녀자들이 고운 옷을 입고 널뛰기를 하는 것은 여기에서 유래하였다고 한다.

농환
弄丸

『장자(莊子)』에서 "시남(市南)[145] 웅의료(熊宜僚)가 방울 놀이를 하니 두 나라의 전쟁이 중지되었다"[146]라고 하였다. 그 주석에 "방울 여덟 개는 공중에 있고 한 개는 손 안에 있다. 군대 앞에서 그 놀이를 하니 온 군대가 싸움을 멈추었다"라고 하였다.

지금 어린이들의 공기놀이가 그것이다.

『북사(北史)』에서 "백제 사람들은 구슬놀이를 좋아한다"라고 하였다.[147]

---

145) 시남(市南) : 웅의료(熊宜僚)가 시장 남쪽에 살았기에 그의 별호가 되었음.

146) 市南宜僚弄丸, **而**兩家之**難**解.(『莊子, 徐无鬼』) → 市南**熊**宜僚弄丸, 兩家之**戰**解.(『松南雜識』)

147) **投壺樗蒲**弄珠**握槊等雜戱尤尙**.(『北史, 卷九十四, 列傳, 百濟』) → **百濟人喜**弄珠.(『松南雜識』)

장구
藏鉤

『한서(漢書)』에서 말하였다.

무제(武帝)가 하간(河間)을 순수(巡狩)하다가 한 여자가 공중의 방에 있는 것을 보았는데 양 손 모두 주먹을 쥐고 있다. 몇백 명이 그 주먹을 열어보려고 하였으나 펼 수 없었다. 황제가 직접 주먹을 열자 펴졌다. 그래서 권부인(拳夫人)이라고 지칭하였으니 바로 '구익(鉤弋)'[148]이다. 이로 인하여 장구(藏鉤) 놀이가 만들어졌다.[149]

이상은(李商隱)[150]의 시에,

초나라 왕비는 서로 베개를 드리고	楚妃交薦枕
한나라 황후는 함께 장구놀이 한다	漢后共藏鬮[151]

라고 하였으니, 지금의 주먹놀이[拳戲]이다. 또 양기(梁冀)[152]의 의전희(意

---

148) 권부인(拳夫人)이 구익궁(鉤弋宮)에 거처하였기에 구익부인(鉤弋夫人)이라고도 한다.

149) 武帝巡狩過河間, 望氣言此有奇女, 天子亟使使召之, 既至女兩手皆拳, 上自披之, 手卽時伸. 由是得幸號曰拳夫人. …… 拳夫人進爲倢伃, 居鉤弋宮, 大有寵, 元始三年生昭帝, 號鉤弋.(『前漢書, 卷九十七上, 外戚列傳, 第六十七上』) → 漢武巡**狩**河間, 見女子在空室**中**, **姿色殊絶**, 兩手皆拳, 數百人擘之莫舒, 上自披卽舒, **納之**, 號拳夫人, 卽鉤弋也, **後**因有藏鉤之戲.(『韻府群玉, 鉤弋拳』) → 漢武巡河間, 見女子在空室, 兩手皆拳, 數百人擘之莫舒, 上自披卽舒, 號拳夫人, 卽鉤弋也, 因有藏鉤之戲.(『松南雜識』)

150) 이상은(李商隱) : 당나라의 시인(812~858). 자는 의산(義山). 호는 옥계생(玉谿生). 굴절이 많은 화려한 서정시를 썼다. 시집에 『이의산시집(李義山詩集)』이 있다.

151) 「의의(擬意)」.

152) 양기(梁冀) : 후한 순제(順帝) 때 양황후(梁皇后)의 오라비. 자는 백거(伯車). 아버지 양상(梁商)을 대신하여 대장군이 되고 권력을 남용하여 축재(蓄財)를 하였으며, 절제(節帝)를 옹립하였으나 자신의 권력 남용을 비판했다는 이유로 독살하고 환제(桓帝)를 다시 옹립하였다. 그 후 중상시(中常侍) 단초(單超)에 의하여 실각, 구속되자 자살하였

錢戲)[153]놀이이다. 『풍토기(風土記)』에서 "납일(臘日)[154]에 할아버지와 할머니들이 패를 나누어 장구(藏彄)[155]를 하여 승부를 겨룬다"라고 하였다. 사마광(司馬光)의 시에,

누구의 손에 감춰져 있을까	不知藏在何人手
도리어 술동이 앞에서 주먹 놀이를 한다	却向樽前鬭弄拳[156]

라고 하였다.[157]

시매
猜枚[158]

우리나라말로는 '빼꾹질'이라고 한다. 바로 국국새는 이곳을 떠나면

다. 놀기 좋아하고 술을 즐겼으며 바둑·격오(格五)·육박(六博)·축국(蹴鞠)·의전희(意錢戲) 등의 놀이에 능하였다.

153) 의전희(意錢戲) : 탄전(攤錢).

154) 납일(臘日) : 민간이나 조정에서 조상이나 종묘 또는 사직에 제사 지내던 날. 동지 뒤의 셋째 술일(戌日)에 지냈으나, 조선 태조 이후에는 동지 뒤 셋째 미일(未日)에 지냈다. ≒ 납(臘), 납평(臘平).

155) 장구(藏彄) : 장구(藏鉤).

156) 「장구(藏彄)」.

157) **按**漢**武故事云**, **上**巡**守**河間, **見清光自地屬天**, **望氣者云**, **下有貴子**, **上求之**, 見一女子, 在空室**中**, **姿色殊絶**, 兩手皆拳, 數百人擘之, 莫舒, 上自披, 卽舒, 號拳夫人, 卽鉤弋也. **後人見其手拳**, **而有國色**, **故**因**之而**爲藏鉤之戲. **李**商隱詩**云**, 楚妃交薦枕, 漢后共藏鬮. 風土記, 臘日**以後**, 叟嫗**各隨其儕**, 爲藏彄, **分爲二曹**, **以**較勝負. **司馬**溫公詩云, **藏鬮新度臘**, **習舞競裁衣**. **又藏彄詩**, 不知藏在何人手, 却向樽前鬭弄拳.(『古今事文類聚前集, 卷十二, 藏鉤之戲』)→漢**史**, **武帝**巡河間, 見一女子, 在空室, 兩手皆拳, 數百人擘之, 莫舒, 上自披卽舒, 號拳夫人, 卽鉤弋也. 因爲藏鉤之戲. 商隱詩, 楚妃交薦枕, 漢后共藏鬮. **今拳戲也**, **亦梁冀意錢戲也**. 風土記, 臘日, 叟嫗**分曹**, 爲藏彄, 較勝負. 溫公詩云, 不知藏在何人手, 却向樽前鬭弄拳.(『松南雜識』)

158) 시매(猜枚) : 놀이의 일종으로 주령(酒令)에 많이 쓰인다. 손바닥 안에 오이씨나 연꽃씨, 혹은 바둑돌을 감추고 상대에게 홀짝, 혹은 개수, 색깔 등을 맞추게 하고 틀릴 경우에 벌주를 마시게 한다. 『松南雜識』에서는 숨바꼭질 놀이로 설명하였다.

서 '빼꾹' 울고 저곳을 떠나면서 '빼꾹' 운다. 지금 어린아이들이 서로 숨고 서로 찾는 것은 빼꾸기 소리를 흉내 낸 놀이이다. 바로 소옹(邵雍)[159]의 「미장도(迷藏圖)」[160] 시에서,

> 마침내 은거해 누워 있는 사람으로 하여금 　　遂令高臥人
> 베게에 기대어 어린아이의 놀이를 보게 한다 　　欹枕看兒戲

라고 한 말이 이것이다.

죽마
竹馬

『후한서(後漢書)』에서 "곽급(郭伋)[161]이 병주(竝州) 목사로 좌천되었을 때 어린 아이들이 길에서 죽마(竹馬)를 타고 그를 환영하며 절을 하였다"[162]라고 하였다.

후위(後魏) 시대에 어떤 동자가 단휘(段暉)[163]에게 말을 마련해 달라고 부탁하였다. 단휘는 장난으로 목마를 만들어서 그에게 주었다. 동자는 크게 기뻐하며 "저는 태산부군(太山府君)의 아들로 명을 받들어 공부하러 왔습니다"라고 말하고는 죽마를 타고 하늘로 날아갔다.[164]

---

159) 소옹(邵雍) : 북송의 학자. 자는 요부(堯夫). 호는 안락선생(安樂先生). 시호는 강절(康節). 상수(象數)에 의한 신비적 우주관과 자연 철학을 제창하였다. 저서에 『관물편(觀物篇)』·『이천격양집(伊川擊壤集)』·『황극경세서』 등이 있다.

160) 미장도(迷藏圖) : 미장(迷藏)을 그린 그림. 미장(迷藏)은 술래잡기 놀이를 이름.

161) 곽급(郭伋) : 한(漢)나라 무릉(茂陵) 출신. 자는 세후(細侯).

162) 伋**爲**幷州牧 …… **有童兒數百**, **各**騎竹馬於道**次**, 迎拜.(『後漢書, 卷六十一, 郭杜孔張廉王蘇羊賈陸列傳, 第二十一, 郭伋傳』) → **郭**伋**遷**幷州牧, **兒童**騎竹馬於道, 迎拜.(『松南雜識』)

163) 단휘(段暉) : 후위(後魏) 사람. 자는 장조(長祚).

164) 有一童子, **與暉同志**, **後二年**, **童子辭歸**, 從暉請馬, 暉戲作木馬與童**子**, **甚**悅**謝暉**曰, 吾太山府君**子**, 奉勅遊學, …… **言終**, 乘馬騰**虛**而去.(『北史, 卷三十四, 列傳, 第二

지금 아이들이 파피리를 불고 대나무 말을 타는 것은 여기에서 나왔다. 그러나 『잠부론(潛夫論)』에서 "지금 사람들이 진흙 수레·기와 개 등의 장난감을 만들어 어린아이들을 교묘하게 속이니 모두 쓸데없다"라고 하였다.165)

닭싸움
鬪鷄

『춘추좌전(春秋左傳)』에서 "계씨(季氏)166)와 후씨(郈氏)167)가 닭싸움을 하였는데 계씨는 자신의 닭에게 갑옷을 입혔고 후씨는 자신의 닭에게 쇠발톱을 씌웠다"168)라고 하였다.

『장자(莊子)』에서는 "기성자(紀渻子)가 제선왕(齊宣王)을 위하여 싸움닭을 키웠다"169)라고 하였다.

당나라 천보(天寶)170) 연간에 고창(賈昌)이 계방(鷄坊)171)의 소아(小兒)172)가 되었다.

당시(唐詩)에서 "싸움닭을 사(社)에 내려놓으니 먼지 자욱하다[鬪鷄下社

十二, 段承根』) → **後魏**, 有一童子, 從**段**暉請馬, 暉戲作木馬與**之**, 童**大**悅曰, 吾太山府君, 奉勅遊學, 乘馬騰**空**而去.(『松南雜識』)

165) **或**作泥車瓦狗**馬騎倡俳**諸戲弄**小兒**之具, 以巧詐.(『潛夫論, 卷三, 浮侈第十二』) → **王符云**, …… **或**作泥車瓦狗諸戲弄之具, 以巧詐小兒, 皆無益也. 潛夫論.(『古今事文類聚後集, 卷十八, 肖貌部, 泥車瓦狗』) → 潛夫論, **所謂今人**作泥車瓦狗諸戲弄之具, 以巧詐小兒, 皆無益也.(『松南雜識』)

166) 계씨(季氏) : 계평자(季平子).

167) 후씨(郈氏) : 후소백(郈昭伯).

168) 季郈之雞鬪, 季氏介其**雞**, 郈氏爲之金距.(『春秋左傳注疏, 卷五十一, 昭公二十四年』) → 季郈之雞鬪, 季氏介其**羽**, 郈氏爲之金距.(『松南雜識』)

169) 紀渻子爲王養鬪鷄.(『莊子, 達生』) → 紀渻子爲**齊宣**王養鬪鷄.(『松南雜識』)

170) 천보(天寶) : 당나라 현종의 연호로 742~756년.

171) 계방(鷄坊) : 당대(唐代)에 닭을 키우던 곳.

172) 소아(小兒) : 황가(皇家)나 군대(軍隊)에서 복역하는 사람.

塵初合]”[173]라고 하였으니, 지금 시정의 닭싸움은 대체로 오래전부터 있었던 듯하다.

팔씨름
鬪腕

남제(南齊)의 「울림왕전(鬱林王傳)」에서 “하비(何妃)[174]가 음란하여 시서(侍書) 풍등(馮登)과 팔씨름을 하여 힘을 겨루니 왕이 즐거워하였다”[175] 라고 하였다.

각저
角觝

운서(韻書)에서 “연탁(燕濯)이다”,[176] 또 “솔교(摔跤)이니 지금의 각저(角觝)다”라고 하였다.

『사기(史記)』의 주석에서 “전국 시대에 놀고 즐겼다. 두 사람씩 서로 마주하여 힘과 기량을 겨룬다”[177]라고 하였다.

당나라 역사에서 말한 각저(角觝)・발하(拔河)[178]・만연어룡(曼延魚

---

173) 최호(崔顥)의 「위성소년행(渭城少年行)」.

174) 하비(何妃) : 울림왕(鬱林王)의 비. 이름은 정영(婧英). 무군장군(撫軍將軍) 집(戢)의 딸. 성품이 음란하여 폐위되었다.

175) 妃**稟性**淫亂, …… 侍書**人**馬澄, **年少色美**, **甚爲妃悅**, **常與**鬪腕較力, **南郡**王以爲歡**笑**.(『南史, 卷十一, 列傳第一, 鬱林王何妃』) → **何**妃淫亂, **與**侍書馬澄, 鬪腕較力, 王以爲歡**矣**.(『松南雜識』)

176) 각저(角觝)와 무관한 내용이다.

177) 戰國之時, **稍增講武之禮**, **以爲**戲樂, **用相誇示**, **而秦更名曰角抵**, **角者**, **角材也**. **抵者**, **相抵觸也**. **文穎曰**, **案秦名**, **此樂爲角抵**, 兩兩當角力角**伎藝射御**, **故曰角抵也**.(『史記, 卷八十七, 李斯列傳』의 주석) → 戰國之時戲樂**也**. 兩兩**相**當角力角**技**.(『松南雜識』)

龍)[179]이 이것이다.

지금 홍주(洪州)[180]와 청주(靑州) 등지에서 백종(百種)[181] 날에 각희(脚戲)[182]로 장을 세운다.

발하
拔河

우리나라말로 줄다리기[牽索]라고 한다. 지금 시골 마을에서 정월보름에 편을 나누고 줄을 당겨 승부를 겨룬다.

구불구불하고 길며 끊어지기 쉬우므로 '만연(蔓延)'이라고 하는데 여든 길 짜리 너구리 모형과 비슷하니 고부(古賦)에서 "만연 백 길[曼延白丈]"이라고 한 말이 이것이다.

「서역전(西域傳)」에서는 "파투희(巴渝戲)"[183]라고 하였다.

당나라 중종(中宗) 때에는 사이(四夷)가 와서 발한호(潑寒胡)[184] 놀이를 하였다. 장열(張說)[185]이 아뢰기를 "벌거벗고 발을 구르며 진흙탕에 잠겨 물을 뿌리니 성덕(盛德)을 볼 수 있습니까?"라고 하였다.[186]

---

178) 발하(拔河) : 줄다리기.

179) 만연어룡(曼延魚龍) : 여든 길 짜리의 거대한 시라소니, 물고기 용 등의 모형을 만들어서 노는 놀이.

180) 홍주(洪州) : 충청남도(忠淸南道) 홍성군(洪城郡)에 있었던 고지명.

181) 백종(百種) : '백중날'을 달리 이르는 말. 이 무렵에 과실과 소채(蔬菜)가 많이 나와 백 가지 곡식의 씨앗을 갖추어 놓았다 하여 유래된 명칭이다. 음력 칠월 보름.

182) 각희(脚戲) : 씨름.

183) **作**巴兪 · **都盧 · 海中碭極 · 漫衍魚龍 · 角抵之**戲.(『前漢書, 卷九十六下, 西域傳』)
→巴**渝**戲.(『松南雜識』)
*「도두기(都頭技)」條 참조.

184) 발한호(潑寒胡) : 고대 서역의 악무(樂舞). 11월의 몹시 추울 때 강건한 소년들이 나체로 무리를 지어 춤을 추고 북을 치며 연주를 한다. 구경하는 사람들은 그들에게 물을 뿌린다.

185) 장열(張說) : 당의 문학가(667~730). 자는 도제(道濟) · 설지(說之). 낙양 출신. 부염(浮艷)한 문풍을 탈피하여 강건하고 실용적인 작품을 추구하였다.

소식(蘇軾)의 시에서 "기꺼이 진흙을 던지며 발한놀이를 한다[肯使投泥戲潑寒]"[187]라고 하였으니, 지금의 줄다리기와 비슷하지만 물속에서 놀이를 한다.

타구
打毬

당나라 채부(蔡孚)[188]의 서(序)[189]에서 "축국(蹴踘)은 황제(黃帝)가 만든 전술의 운용법으로 전투 능력을 연마한다"[190]라고 하였다. 또 탑국(蹋鞠)은 『운부군옥(韻府群玉)』의 주석에서 "가죽으로 둥근 주머니를 만들고 모발(毛髮) 등속으로 안을 채워 발로 찬다"[191]라고 하였다. 곽거병(郭去病)[192]이 땅을 관통하여 영역을 만들고 탑국(蹋鞠)을 하였다.

당시(唐詩)에서 "번번이 날아가는 새 위로 공을 차 올린다[蹴鞠屢過飛鳥上]"[193]라고 한 말이 이것이다. 우리말로는 '제기(踶技)'라고 한다.

또 갈건(踢 毽)이 있다.

당나라 희종(僖宗)이 이른바 격구(擊毬)라고 하는 보타(步打)[194]로, 진사

---

186) **始武后末年**, 爲潑寒胡戲, 中宗**嘗乘樓縱觀**, **至是因**四夷來**朝**, **復爲之**. 說**上疏**曰, …… 裸體跳足**汨泥**揮水, **盛德**何觀**焉**.(『唐書, 卷一百二十五, 列傳五十, 蘇張, 張說』) →**唐**中宗**時**, 四夷來, 爲潑寒胡**之**戲, **張**說**奏**曰, 裸體跳足**沮**揮水**泥**, 何觀.(『松南雜識』)

187) 「차운류경문증전희수재(次韻劉景文贈傳曦秀才)」.

188) 채부(蔡孚) : 당나라 때의 시인으로 개원(開元) 연간에 기거랑(起居郎)을 지냈다.

189) 「타구편(打毬篇)」의 서.

190) **臣謹按打毬者**, **往之**蹴踘, **古戲也**. 黃帝所作兵勢, 以練武**士**, **知有**材也.(『全唐詩, 卷七十五, 蔡孚, 打毬篇』) →**唐蔡孚序云**, 蹴踘, 黃帝所作兵勢, 以練武材也.(『松南雜識』)

191) 以革爲圜囊, 實以毛髮之屬, 蹴踏之.(『韻府群玉, 蹋鞠』)

192) 곽거병(郭去病) : 전한 무제(武帝) 때의 명장(B.C. 140~B.C. 117). 흉노(匈奴) 토벌에 큰 공을 세웠다.

193) 왕유(王維)의 「한식성동즉사(寒食城東卽事)」.

194) 보타(步打) : 걸어서 아래가 굽은 막대로 공을 정해진 분 안에 쳐 넣어서 승부를 가

를 선발한다면 자신이 장원에도 뽑히겠다고 하였으니[195] 지금의 장치기[杖打][196]와 비슷하다.

『고려사(高麗史)』에서는 "최우(崔瑀)[197]가 구장(毬場)에서 전투기술을 익혔다"[198]라고 하였다.

지봉(芝峯) 이수광(李睟光)이 "우리나라도 이 기술로 시험을 보였는데 뒤에는 폐지되었다"[199]라고 하였다.

또한 『기효신서(紀效新書)』[200]에서 권법(拳法)을 싸움의 기술이라고 한 것[201]과 유사하다.

리를 놀이. 보타구(步打毬).

195) 僖宗**皇帝好蹴毬鬪鷄爲樂**, **自以能於**步打, **謂俳優石野猪曰**, **朕若作步打進士**, **亦合得一狀**元.(『說郛, 卷四十六上, 北夢瑣言』) → **唐**僖宗步打**所謂擊毬擧壯**元.(『松南雜識』)

196) 장치기 : 겨울철에 어린이들이 하던 공치기 놀이의 하나. 두 편이 각각 막대를 가지고 나무 공을 쳐서 상대편 골문 안으로 밀어 넣기를 한다. ≒공치기. 얼레공치기.

197) 최우(崔瑀) : 고려 시대 무신 정권기의 정치가(?~1249). 시호는 광렬(匡烈). 최충헌의 아들로 전대(前代)의 부패를 없애기 위하여 노력하였으며 이름난 유학자를 등용하는 한편, 몽고의 침입에 대비하여 강화로 천도(遷都)하고 대장경판(大藏經板) 재조(再雕)를 완성하였다.

198) 『高麗史, 卷百二十九, 列傳四十二, 叛逆, 崔忠獻』.
*『고려사』에 의하면 최우가 아니라 최이(崔怡)가 구장을 만들고 전투 기술을 익히게 하였다.

199) 我國**平時武科及都試**, 亦以此技試**取**, **而自變**後**殆**廢**矣**.(『芝峯類說, 卷十八, 技藝部, 雜技』) → 我國亦以此技試, 後廢.(『松南雜識』)

200) 기효신서(紀效新書) : 명나라의 장군 척계광(戚繼光)이 지은 병서(兵書). 임진왜란 때 평양에서 명나라 장수들이 이 책을 활용하여 왜군을 물리치는 데 많은 도움을 받았으며, 선조가 이 책을 구하여 그 전법을 연구하게 하는 한편, 훈련도감을 두고 삼수(三手)를 조직하였다. 18권 7책.
*『松南雜識』에는 '記效新書'로 되어 있음.

201) 拳法**似無預於大戰之**技.(『紀效新書, 卷十四, 拳經捷要篇』) → **以**拳法**爲武**技**也**.(『松南雜識』)

육선 · 산거
陸船山車

『통감강목(通鑑綱目)』의 주석에서 “대나무와 나무를 묶어 배 모양으로 만들고 비단으로 장식하는데 그 속의 줄지어 선 사람들이 매고 간다”[202]라고 하였다. 우리나라에서 수로(水路)로 중국에 사신을 보낸 뒤로 생긴 배떠가기[船浮去] 놀이가 이것이다. 또 “수레 위에 누각을 만들고 비단을 씌워 숲 같이 만든 것을 ‘산거(山車)’라 한다”[203]라고 하였다.

당나라 현종(玄宗)에 대한 기록에 “악기(樂器)를 싣고 오간다”[204]라고 하였다.

낙화
落火

『동경몽화록(東京夢華錄)』[205]에서 말하였다.

송나라에서는 동지(冬至) 이후로 개봉부(開封府)에서 산붕(山棚[206])을 엮어 선덕루(宣德樓) 앞에 세웠다. 산 위에는 금빛과 벽옥빛의 비단과

---

202) 縛竹木, 爲船形, 飾以**繒綵**, 列人於中, 舁之以行.(『資治通鑑, 卷二百十八, 唐紀, 肅宗文明武德大聖大宣孝皇帝上之下』) → 縛竹木, 爲船形, 飾以**綵繒**, 列人於中, 舁之以行.(『松南雜識』)

203) **山車者**, 車上施棚閣, 加**以**綵繒, 爲山林之狀.(『資治通鑑, 卷二百十八, 唐紀, 三十四, 肅宗文明武德大聖大宣孝皇帝上之下』) → 車上施棚閣, 加綵繒, 爲山林之狀, **是謂山車**.(『松南雜識』)

204) **天寶十五載**, **玄宗西幸**, **祿山遣其逆黨**, 載**京師**樂器.(『舊唐書, 卷二十八, 志, 音樂一』) → 載樂器**往來**.(『松南雜識』)

205) 동경몽화록(東京夢華錄) : 송나라 맹원로(孟元老)가 지은 책. 총 10권.
* 『松南雜識』에는 ‘東京記’로 되어 있음.

206) 산붕(山棚) : 경축절(慶祝節)에 세우는 채색된 누각으로 그 모양이 산처럼 높기에 그런 이름이 붙었음.

수가 여기저기서 빛났다. 북쪽은 모두 비단으로 산을 결속하고 산에는 신선 이야기를 그렸다. 삼문(三門)이 가로로 줄지어 있는데 각각 비단으로 묶었다. 큰 문패(門牌)에 금으로 '도문(都門)'이라고 썼다. 길 좌우의 것은 금위문(禁衛門)이라고 한다. 물을 등산(燈山) 위로 끌어 올렸다가 폭포처럼 아래로 쏟아 붇는다. 또 풀을 엮어 용을 만들고 등잔 수만 개를 설치하니 멀리서 바라보면 두 마리의 용이 날아가는 것처럼 보인다.[207]

지금의 낙화희(落火戲)[208]는 여기에서 나온 듯하다.

돌싸움
石戰

지봉(芝峯) 이수광(李睟光)이 "안동(安東)은 정월 열엿세, 김해(金海)는 사월 초파일과 단오(端午)에 좌우로 편을 나누어 승부를 겨룬다"[209]라고 하

---

207) **正月十五日元宵**, **大內前**, **自歲前**冬至後, 開封府, **絞**縳山棚**立木**, **正**對宣德樓. …… **燈**山上**綵**, 金**碧相射**, 錦綉交輝, **面北悉以綵結**山, **沓上皆**畫神仙**故事**, **或坊市賣藥賣卦之人**, 橫列**三**門, **各有**綵結, 金書大牌**中**曰都門, 道左右曰**左右**禁衛之門, **上有大牌曰宣和與民同樂**, **綵山左右**, **以綵結文殊普賢**, **跨獅子白象**, **各於手指**, **出水五道**, **其手搖動用轆轤**, 絞水上燈山, **尖高處**, **用木櫃貯之**, **逐時**放下, 如瀑布**狀**, 又**於左右門上**, **各以草把**縳成**戲**龍**之狀**, **用靑幕遮籠**, **草上密**置燈**燭數萬**盞, 望之**蜿蜒如**雙龍飛走.(『東京夢華錄, 卷六, 元宵』)→**趙宋**, 冬至後, 開封府, 縳山棚, 對宣德樓. 山上金**璧**, 錦綉交輝, **結綵**山, 畫神仙, 橫列**山**門, **名**綵結, 金書大牌曰都門, 道左右曰禁衛之門, 絞水上燈山, 放下如瀑布, 又縳**草**成龍, 置燈盞**數萬**, 望之**若**雙龍飛走.(『松南雜識』)

208) 낙화희(落火戲) : 오늘의 불꽃놀이와 비슷한 것. 등잔에 매달린 등 줄의 사이사이에 숯과 사기 파편을 섞어 넣은 주머니를 매달고 여기에 불을 붙여 터뜨리어 그 찬란한 불꽃을 즐기는 것이다.

209) **我國**安東**俗**, **於每歲**正月十六**日**, 金海**於**四月八日及端午**日**, **丁壯畢會**, 分左右隊, **投石以**決勝負, **雖死傷不悔**, **謂之石戰**.(『芝峯類說, 卷十八, 技藝部, 雜技』)→安東, 正月十六, 金海四月八日及端午, 分左右隊, 決勝負.(『松南雜識』)

였으니, 지금 서울 아이들의 편싸움과 같다. "중종(中宗) 대에 왜를 정벌할 때 투석 부대를 선봉으로 삼아서 힘을 얻었는데 임진왜란 때는 왜가 조총(鳥銃)을 사용하였기 때문에 힘이 되지 못하였다고 한다"[210]라고 하니, 대개 한나라 감연수(甘延壽[211])가 돌을 던져 완력을 겨룬 일이 있다.

그네뛰기
秋天

운서(韻書)에서 "북방(北方)에서는 한식(寒食)에 그네[鞦韆]를 만들어 날렵한 몸놀림을 익혔다"라고 하였다. 한나라 무제(武帝)의 후정(後庭)의 놀이이다. 초나라 풍속에서는 '타구(拖鉤)'[212]라고 하고, 불경(佛經[213])에서는 '견삭(罥索)'이라고 하며, 당나라에서는 '반선(半仙)'[214]이라고 하였다. 본래는 그네줄을 밀어 보내면서 "성수천추(聖壽千秋)"라고 하였다.

소식(蘇軾)의 시에서는,

> 웃음소리 점점 들리지 않고 말소리도 점점 아득하여　笑漸不聞聲漸杳
> 다정은 도리어 무정한 번뇌로 뒤덮힌다　多情却被無情惱[215]

라고 하였으니 역시 "그네가 버드나무 속에서 다투어 나온다[鞦韆競出垂楊裏]"[216]라는 말과 같다.

---

210) 中廟**朝**征倭**時**, **募**爲先鋒, **賊不敢前**, **至**壬**辰則賊**用鳥銃, 故不得力云.(『芝峯類說, 卷十八, 技藝部, 雜技』) → 中廟征倭**時**, **用**爲先鋒**得力**, 壬**亂倭**用鳥銃, 故不得力云.(『松南雜識』)

211) 감연수(甘延壽) : 전한 때의 무장. 자는 군황(君況). 서역도호(西域都護)가 되어 흉노족의 질지선우(郅支單于)를 참살하였다.

212) 『松南雜識』에는 '施鉤'로 오기되어 있음.

213) 불경(佛經) : 『열반경(涅槃經)』을 이름.

214) 반선(半仙) : 반은 신선 같다는 말로 그네를 이름. 신선은 높은 공중에 살기 때문에 그네를 타는 사람, 혹은 그네를 반선이라고 함.

215) 「접련화(蝶戀花)」.

오붕
鰲棚

『설문해자(說文解字)』에서 "붕(棚)은 잔(棧)이다"라고 하였다.

『개원천보유사(開元天寶遺事)』에서 "장안(長安)의 부자들이 숲의 정자 안에 그림이 그려진 기둥을 세우고 비단을 결속하여 양붕(涼棚)을 만든 뒤에 이름난 미녀를 불러들여 사이사이에 앉히고 피서를 하였다"[217]라고 하였으니, 본래는 주나라 때부터 이런 놀이가 있었다.

한나라 무제(武帝) 때에 이르러 온갖 놀이가 극성하였으니 바로 산붕(山棚)이다.

지금 중국에서는 가산(假山)[218]을 만들고 그 위에서 놀이를 한다.

『서상기(西廂記)』[219]에서 "앵앵(鶯鶯)이 올라간다"고 한 말이 이것이다.

『교방기(敎坊記)』[220]에서 "북제(北齊) 때에 사내가 부인의 옷을 입고 걸어가면서 노래를 부르면 곁의 사람들이 일제히 화답을 하니 답요낭(踏謠娘)이라고 한다"[221]라고 하였다. 지금의 소무아지씨(小巫阿只氏)가 이것이다.

우리나라에서는 '산도도감(山都都監)'이라고 하여 군문(軍門)의 오락으

---

216) 왕유(王維)의 「한식성동즉사(寒食城東卽事)」.
*『松南雜識』에는 '競出垂楊裏'으로 되어 있음.

217) 長安富人, **每至暑伏中**, **各於**林亭內, 植畫柱, 以錦結爲涼棚. **設坐具**, 召名姝, 間坐, **遞相爲**避暑**會**. 開元遺事.(『古今事文類聚前集, 卷九, 天時部, 夏, 涼棚避暑』)→開元遺事**云**, 長安富人, 林亭內, 植畫柱, 以錦結爲涼棚. 召名姝, 間坐, **以**避暑.(『松南雜識』)

218) 가산(假山) : 인공적으로 만든 가짜 산.

219) 서상기(西廂記) : 원나라 때의 희곡. 작자는 왕실보(王實甫). 당나라 때 원진(元稹)이 지은 『회진기(會眞記)』에서 취재한 『동서상』을 희곡화한 것으로, 장생(張生)이라는 청년이 최앵앵이라는 미인을 사모하여 벌어지는 이야기이다.

220) 교방기(敎坊記) : 당나라 최령흠(崔令欽)이 편찬한 책. 1권.

221) 北齊, …… 丈夫著婦人衣, **徐步入場**, 行歌, **每一疊**, 旁人齊和**之**云踏謠娘.(『類說, 卷七, 敎坊記, 踏謠娘』)→北齊**時**丈夫著婦人衣, 行歌, 傍人齊和云踏謠娘.(『松南雜識』)

로 삼는데 오(鰲)는 오부산(鰲負山)을 형상한 듯하다.

효죽
孝竹[222]

지금 급제(及第)하면 문 앞과 묘(墓) 아래 화표주(華表柱)[223]를 세운다. 솟대에 배우를 올려서 노래와 춤을 추는 것은 오붕(鰲棚)에서 유래한 듯하다. 그러나 선조의 무덤 앞에서 급제한 것을 경사로운 일로 생각하여 고하는 까닭에 '효죽(孝竹)'이라고 한다.

또 '연당지(緣橦枝)'의 유래는 이렇다.

당나라 역사를 살펴보면 문종(文宗)이 늙도록 자식이 없었는데[224] 노옹(老翁)이 어린아이를 장대 위에 올라가게 하여 노는 모습을 보고 깊이 탄식을 하였다.[225] 또한 후세의 무동(舞童)이 나뭇가지에 올라가는 놀이이다.

---

222) 효죽(孝竹) : ①농가에서 섣달 무렵에 새해의 풍년을 바라는 뜻으로 볍씨를 주머니에 넣어 높이 달아매는 장대. ②마을 수호신 및 경계의 상징으로 마을 입구에 세운 장대. 장대 끝에는 나무로 만든 새를 붙인다. ③솟대쟁이가 탈을 쓰고 올라가 재주를 부리는 장대. ④과거에 급제한 사람을 위하여 마을 입구에 높이 세우던 붉은 칠을 한 장대. 끝에 푸른 칠을 한 용을 달았다.

223) 화표주(華表柱) : 화표는 성곽의 문에 세운 기둥. 한(漢)나라 요동(遼東) 출신. 정령위(丁令威)가 영허산(靈虛山)에 가서 신선술을 배웠는데 뒤에 학이 되어 요동으로 돌아와 화표주에 앉았다는 고사가 있다.

224) 『松南雜識』에서는 문종이 자식이 없다고 하였으나 이는 잘못된 역사적 사실이니, 문종의 아들은 모함을 받아서 폐위되어 죽었다.

225) **太子旣薨, 上意追悔, 四年因會寧殿宴, 小兒緣**橦, **有一夫在下, 憂其墮地, 有若狂者, 上問之, 乃其父也, 上因感泣**.(『舊唐書, 卷一百七十五, 列傳, 文宗二子』) → **文宗, 晩而無子, 見老翁弄小兒於**橦枝, **深歎**.(『松南雜識』)

* 궁중에서 베풀어진 연회에서 어린 아이가 장대를 기어 올라가는 놀이를 보였다. 그런데 그 아래에서 어떤 사나이가 아이가 땅에 떨어질까봐 걱정을 하였는데, 마치 미친 사람과도 같았다. 황제가 물어보니 그 아이의 아버지였다. 이에 황제는 죽은 태자에 대한 회한으로 느껴 울었다고 한다.

도두기
都頭技

「서역전(西域傳)」에서 "파유(巴兪)·도로(都盧)·각저(角觝) 등의 놀이를 하였다"[226]라고 하였는데, 그 주석에 "파(巴)·유(兪)는 두 주(州)의 이름이다. 도로(都盧)는 몸이 가벼워 높은 곳을 잘 타고 올라가는 것이니 발을 걸고 배로 돈다. 이 놀이로 유명한 기생이 있어서 그의 이름을 따라 도로(都盧)라 한다"라고 하였다. 지금은 도두기(都頭技)로 와전되었다.

『회남자(淮南子)』에서 "발로 양아무(陽阿舞)를 춘다"[227]라고 하였는데, 그 주석에 "양아(陽阿)는 옛날의 유명한 창기(娼妓)이다"[228]라고 하였다.

『사물기원(事物紀原)』에서 "양나라에 고긍기(高緪妓)가 있는데, 두 명의 창녀가 마주보고 춤을 추다가 큰 동아줄 위에서 서로 마주치는데 어깨를 나란히 하되 균형을 잘 잡는 것을 이른다"[229]라고 하였다.

정재인
呈才人

지봉(芝峯) 이수광(李睟光)이 "본래는 중국 배우, 마술사의 부류이다. 세상에서 전하는 말로는 고려 말에 노국대장공주(魯國大長公主)[230]가 시

---

226) **四夷之客**, 作巴兪·都盧·**海中碭極·漫衍魚龍**·角**抵**之戲.(『前漢書, 卷九十六下, 西域傳』)→作巴兪·都盧·角**觝**之戲.(『松南雜識』)

227) 足蹀陽阿之舞.(『淮南子, 卷二, 俶眞訓』)

228) 陽阿, 古名**倡**也.(『淮南子, 卷二, 俶眞訓』의 주석)→陽阿, 古名**娼**也.(『松南雜識』)

229) **又曰**, 梁有高緪**伎云**, …… 兩倡女對舞, **行于**繩上, 相逢, 比肩而不傾.(『事物紀原, 卷九, 博弈嬉戲部, 高緪』)→梁有高緪**妓**, **謂**兩**娼**女對舞, **大**繩上相逢, 比肩而不傾.(『松南雜識』)

230) 노국장공주(魯國大長公主) : 고려 제31대 공민왕의 정비(正妃). 원나라 공주출신으로 위왕(魏王)의 딸이며 이름은 보탑실리(寶塔失里)라고 하였다. 노국대장공주는 그 시호(諡號)이다. 공민왕이 대군으로서 원나라에서 숙위(宿衛)하고 있을 때 결혼하여 승의공주(承懿公主)로 책봉되었다.

집 올 때에 따라왔다고 한다"[231]라고 하였다.

도괘
倒掛

「고매사(古梅詞)」[232]에서 "거꾸로 매달린 푸른 깃 요봉(么鳳)[233][倒掛綠毛么鳳]"이라고 하였으니, 지금 광대가 발을 걸고 거꾸로 매달리는 놀이이다.

곤두박질
筋斗

『교방기(敎坊記)』에서 "한 어린아이가 곤두박질을 월등히 잘하는데 긴 장대로 기어 올라가 거꾸로 선다"[234]라고 하였다.

『전등록(傳燈錄)』에서 "어떤 중이 곤두박질로 간다"라고 하였다.

성호(星湖) 이익(李瀷)이 "조선 숙종 때에 간악한 도적 장길산(張吉山)이 서도(西道)[235]에 출몰하였다. 장길산은 본래 광대로 곤두박질을 잘하는 자이다"[236]라고 하였다. 속칭 '번금(翻金)', 또는 '번근(翻觔)'이라고 하니

---

231) **我國呈才人**, 本中國俳優**幻**術者流, 世傳麗末魯國**大**長公主**出**來時隨**來**云.(『芝峯類說, 卷十八, 技藝部, 雜技』) → 本中國俳優術者流, 世傳麗末魯國長公主來時隨云.(『松南雜識』)

232) 소식(蘇軾)의 「매화(梅花)」.

233) 요봉(么鳳) : 새 이름. 동화봉(楝花鳳)이라고도 한다. 깃은 오색이며 제비보다 작다.

234) 一小兒, 筋斗絶倫, …… 緣長竿**上**, 倒立.(『類說, 卷七, 敎坊記, 筋斗』) → 一小兒, 筋斗絶倫, **能**緣長竿, 倒立.(『松南雜識』)

235) 서도(西道) : 황해도와 평안도를 통틀어 이르는 말.

236) 肅廟**之**世黠賊張吉山, 出沒**於海**西道中, 吉山本倡優, 善筋斗者.(『星湖僿說, 卷十四, 人事門, 林居正』) → **我**肅廟世黠賊張吉山, 出沒西道中, 吉山本倡優, 善筋斗者.(『松南雜識』)

지금 광대가 물구나무로 가는 놀이이다.

요술쟁이
善眩人

『위략(魏略)』에서 "여헌국(黎軒國)[237]에는 기이한 요술이 많은데 스스로 묶고 스스로 푼다"[238]라고 하였다. 안사고(顔師古)의 주석에 "지금 칼을 삼키고 불을 토하며 오이와 나무를 자라게 하고 사람을 죽이고 말을 절단하는 기술이다"[239]라고 하였다. 지금 중국에 이 기술을 가진 사람이 있는데, 우리나라의 청심환(淸心丸)을 구한다고 한다.

분신을 만들고 불을 토함
分身吐火

장형(張衡)[240]의 「서경부(西京賦)」에서 말하였다.

기이한 요술 솜씨 재빠르고	奇幻儵忽
모습을 바꾸고 분신을 만든다	易貌分形
칼을 삼키고 불을 토하며	呑刀吐火
자욱이 구름과 안개를 피워낸다	雲霧杳冥
땅에 줄을 그으니 냇물이 되고	畫地成川

237) 여헌국(黎軒國) : 한대(漢代) 서역에 있던 나라의 이름. 곧 대진국(大秦國)이다.

238) 魏略**曰**, **大秦國俗**, 多奇幻, **口中出火**, 自縛自解.(『後漢書, 卷一百十八, 西域傳』의 주석) → 魏略**云**, **黎軒國**, 多奇幻, 自縛自解.(『松南雜識』)

239) **卽**今呑刀吐火, **植**瓜種樹, 屠人截馬之術.(『前漢書, 卷六十一, 張騫李廣利傳』의 주석) → 今呑刀吐火, **殖**瓜種樹, 屠人截馬之術**也**.(『松南雜識』)

240) 장형(張衡) : 후한의 문인, 과학자. 자는 평자(平子). 혼천의(渾天儀)와 후풍지동계(候風地動計)를 만들었다. 부(賦)에도 뛰어나 작품에 「이경부(二京賦)」·「귀전부(歸田賦)」 등이 있다.

위수를 뚫어 경수와 통하게 한다	流渭通涇
오확(烏獲)[241] 같은 역사는 무거운 솥을 들며	烏獲扛鼎
도로(都盧)[242] 사람은 장대로 기어올라간다	都盧尋橦
충협(衝狹)[243]과 연탁(鷰濯)[244]을 하며	衝狹鷰濯
가슴을 칼날로 찌른다	胸突銛鋒
휙휙 쇠구슬과 칼을 던졌다 받으며	跳丸劍之揮霍
줄 위로 달려가 서로 만난다	走索上而相逢[245]

고 하였다.

짚인형·나무인형
草木人

『백거이육첩(白居易六帖)』[246]에서 "주나라 목왕(穆王) 때에 언사(偃師)[247]가 풀을 엮어서 사람을 만들어 춤을 추게 하였다. 또 나무인형을 만드니 왕의 미희(美姬)들에게 손짓을 하였다"[248]라고 하였으니, 지금

---

241) 오확(烏獲) : 전국 시대 진(秦)나라의 역사(力士).
242) 도로(都盧) : 한대 서역에 있던 나라의 이름으로, 이 나라 사람은 몸집이 작고 가벼워서 장대를 잘 타고 올라갔다.
243) 충협(衝狹) : 칼을 꽂은 좁은 문이나 길을 뚫고 지나가는 놀이.
244) 연탁(鷰濯) : 옛날 잡기(雜技) 중의 하나로, 물이 남긴 소반을 뛰어넘는 것이 마치 제비가 목욕을 하는 것과 같다는 데서 붙여진 이름이다.
*「연탁(燕濯)」條 참조.
245) 烏獲扛鼎, 都盧尋橦, 衝狹鷰濯, 胸突銛鋒, 跳丸劍之揮霍, 走索上而相逢, …… 奇幻儵忽, 易貌分形, 呑刀吐火, 雲霧杳冥, 畵地成川, 流渭通涇.(『文選, 卷二, 西京賦』) →奇幻儵忽, 易貌分形, 呑刀吐火, 雲霧杳冥, 畵地成川, 流渭通涇, 烏獲扛鼎, 都盧尋橦, 衝狹燕濯, 胸突銛鋒, 跳丸劍之揮霍, 走索上而相逢.(『松南雜識』)
246) 백거이육첩(白居易六帖) : 일명은『육첩(六帖)』또는『백공육첩(白孔六帖)』. 본편 30권과 속편 30권을 송나라 공전(孔傳)이 합쳐 100권으로 만든 것.『북당서초(北堂書鈔)』를 모방하여 성어(成語)·고실(故實)을 잡채(雜菜)하여 사조(詞藻)에 도움이 되게 한 것.
247) 언사(偃師) : 주나라 목왕(穆王) 때의 매우 솜씨 좋은 장인으로 가무를 하는 나무 인형을 만들었다고 한다.

짚인형과 나무인형의 시초이다.

꼭두각시
傀儡

『풍속통(風俗通)』에서 "꼭두각시[傀儡子] 중에 곽독(郭禿)이란 것이 있다"라고 하였다. 『안씨가훈(顔氏家訓)』에서 "곽씨(郭氏)들은 모두 '독(禿)' 자를 기휘한다. 당시 조상 중에 대머리 병을 앓는 사람이 있었는데 우스개와 조롱거리가 되었기 때문이다"라고 하였다.[249] 운서(韻書)의 '반령괴뢰(盤鈴傀儡)'[250]가 이것이다.

양억(楊億[251])의 시에,

포노(鮑老)[252]가 연회에서 곽랑(郭郎)[253]을 비웃으니	鮑老當筵笑郭郎
그의 춤추는 소매가 너무 찔렁거린다고 웃는다만	笑他舞袖太琅璫
포노로 하여금 연회에서 춤을 추게 한다면	若教鮑老當筵舞
춤추는 소매가 한결 더 길게 찔렁댈텐데	轉更琅璫舞袖長[254]

---

248) 師偃, 周穆王時**人**, 縛草**作**人, 使之舞, 又作木人, 以手招王美人, **王怒殺師偃也**.(『白孔六帖, 卷八十三, 百工, 木人』) → 周穆王時, 師偃, 縛草**爲**人, 使之舞, 又作木人, 以手招王美人.(『松南雜識』)

249) **問**, **俗名**傀儡子**爲**郭禿**故實乎**. **答曰**, 風俗通**云**, 諸郭, 皆諱禿, 當是前代**人**, 有**姓郭而**病禿者, 滑稽戲調, 故**後人爲其象**, **呼爲郭禿**.(『顔氏家訓, 卷下, 涉務篇, 第十一』) → 風俗通**曰**, 傀儡子, **有**郭禿. **顔氏家訓曰**, 諸郭, 皆諱禿, 當是前代有病禿者, 滑稽戲調故**也**.(『松南雜識』)

250) 반령괴뢰(盤鈴傀儡) : 반령(盤鈴)이라는 악기에 맞춰 연출하는 꼭두각시 놀이.

251) 양억(楊億) : 송나라 사람. 자는 대년(大年). 왕흠약(王欽若) 등과 함께 유서인 『책부원구(冊府元龜)』를 편찬하였다.

252) 포노(鮑老) : 고대 희극의 배우 이름.

253) 곽랑(郭郎) : 고대 희극 배우의 이름. 대머리였음.

254) 鮑老當筵笑郭郎, 笑他**舞袖**太琅璫, 若教鮑老當筵舞, 轉更琅璫舞袖長.(『古今事文類聚前集, 卷四十三, 藝術部, 律詩, 傀儡』) → 鮑老當筵笑郭郎, 笑他**郭郎**太琅璫, 若教鮑老當筵舞, 轉更琅璫舞袖長.(『松南雜識』)

라고 하였다. 본래 곽사언(郭師偃)이 주왕에게 바친 기술이며, 한나라 진평(陳平)이 이것으로 평성(平城)의 포위를 풀었다.[255]

송나라 한탁주(韓侂冑)[256]의 조카가 영춘(迎春)[257]이라는 이름의 어린아이를 업은 토우(土偶)를 두고 다음과 같은 시를 지었다.

발은 허공을 밟고 손은 봄을 희롱하여	脚踏虛空手弄春
한 사람 머리 위에서 안락을 꾀했건만	一人頭上要安身
갑자기 어린아이의 손에 줄이 끊어져	忽然線斷兒童手
뼈와 살은 모두 길 위의 먼지 되었다	骨肉都爲陌上塵[258]

고려와 우리 조선에서 괴뢰희(傀儡戲)를 꼭두각시[郭禿閣氏]라고 하는 것은 여기에서 유래하였다.

가면
假面

『설부(說郛)』에서 "북제(北齊)의 난릉왕(蘭陵王) 장공(長恭)의 용모가 여자 같아서 적에 위엄을 보이기에 부족하였기에 나무를 깎아서 가면을 만들었다"[259]라고 하였다. 혹은 대면(大面)이라고도 하며 귀검(鬼臉)이라

---

255) 평성(平城)이 흉노에게 포위되어 고조가 갇히자 진평이 계책을 내어 간척(干戚) 춤으로 포위를 풀었다고 한다.

256) 한탁주(韓侂冑) : 남송의 정치가. 자는 절부(節夫). 영종(寧宗)을 옹립하는 데 공을 세워 정권을 장악하고 주자학파를 억압하였다. 금나라와 전쟁을 일으켰으나 실패하고 문책을 받아 사미원(史彌遠)에게 살해당하였다.

257) 영춘(迎春) : 영춘황반(迎春黃胖). 송나라 꼭두각시의 이름.

258) 脚踏虛空手弄春, 一人頭上要安身, 忽然**線**斷兒童**手**, 骨肉**都**爲陌上塵.(『說郛, 卷三十五下, 談藪』) → 脚踏虛空手弄春, 一人頭上要安身, 忽然**錦**斷兒童**兵**, 骨肉**俱**爲陌上塵.(『松南雜識』)

259) **大面出**北齊, 蘭陵王長恭, **性膽勇**, **而**貌婦人, **自嫌**, 不足**以**威敵, **乃**刻木爲**假面**.(『說郛, 卷七十八下, 教坊記』) → 北齊蘭陵王長恭, 貌**若**婦人, 不足威敵, 刻木爲**之**.(『松

고도 한다. 지금 중국과 우리나라의 광대들이 연희의 도구로 사용한다. 왜(倭)에서도 전쟁할 때마다 선봉장은 가면을 쓰고 적의 무리에게 겁을 준다고 한다.

영남에서는 요즘에 차력법(借力法)이란 것이 있다. 별똥과 구리물을 다른 약에 집어넣어서 먹으면 아무리 허약한 사람이라도 백 일이 지난 후 힘을 쓸 때 입으로 범어(梵語) 비슷한 주문을 외우면 누각을 뛰어넘고 천 근을 들 수 있다고 한다.

초난탈
草難脫

「오행지(五行志)」에 "장손무기(長孫無忌)가 검은 양털로 혼탈전모(渾脫氈帽)[260]를 만들자 사람들이 따라했다"[261]라고 하였다.

양형(楊炯)[262]이 조정의 관원들을 '기린훤(麒麟楦)[263]'이라고 조롱하였다.[264]

고려 때에 강감찬의 외모가 괴기하여 사람들이 혹 박조각을 깎아서 그 모습을 대충 본뜨려[草] 하여도 어려웠다[難]. 그래서 초난탈(草難脫)이라고 하니 탈(脫)은 벗을[脫] 수 있다는 의미이다.

南雜識』)

260) 혼탈전모(渾脫氈帽) : 작은 동물의 가죽으로 만든 주머니 모양의 모자.

261) 長孫無忌, 以烏羊毛, 爲渾脫氈帽, 人**多**效之.(『新唐書, 卷三十四, 志第二十四, 五行志』)→長孫無忌, 以烏羊毛, 爲渾脫氈帽, 人效之.(『松南雜識』)

262) 양형(楊炯) : 당나라의 시인. 초당사걸(初唐四傑)의 한 사람으로 박학하고 문장에 뛰어났다. 저서에 『영천집(盈川集)』 10권이 있다.

263) 기린훤(麒麟楦) : 당나라에서 연희(演戲)할 때 기린으로 변장시킨 당나귀를 이름. 참된 재주는 없으면서 허위로 겉모습을 꾸밈을 비유함.

264) 唐楊炯, 每呼朝士爲麒麟楦. 或問之曰, 今假弄麒麟者, 必修飾其形, 覆之驢上, 宛然異物, 又去其皮, 還是驢耳, 無德而朱紫, 何以異是.(『類說, 卷四十, 朝野僉載, 麒麟楦』)

얼음지치기
氷淄

지금 어린아이들이 얼음 위를 미끄러져 달리는 놀이를 '얼음지치기[氷淄]'라고 한다. 또 물 속에서 헤엄쳐 가는 놀이는 '무자맥질[水潛]'이라고 한다.

앙감질
行跉

『장자(莊子)』에서 "한 쪽 발로 앙감질[265]해 간다"[266]라고 하였고, 『춘추좌전(春秋左傳)』에서는 "앙감질로 수레에 올랐다[躩而登車]"라고 하였다. 「장의전(張儀傳)」에서는 "앙감질"[267]이라고 하였으니 한 쪽 다리를 들고 뛰는 것이다.[268] 소식(蘇軾)이 "걸음을 배우다가[269] 앙감질이 되었다[學步歸踔跉]"[270]라고 한 말이 이것이니, 바로 격등(格蹬)이다.

우리나라 말로는 행침탁기(行跉踔其)라고 한다.

오솔길에 풀 묶기
小徑結草

『춘추좌전(春秋左傳)』에 노인이 풀을 묶어 두회(杜回)[271]를 막아 위과

265) 앙감질 : 한 발은 들고 한 발로만 뛰는 것. ≒침탁(踸踔)
266) 一足跉踔而行.(『莊子, 秋水』)
267) 虎賁之士, 跿跔科頭.(『史記, 卷七十, 張儀列傳第十』)
268) 又云, 偏擧一足曰跿跔.(『史記, 卷七十, 張儀列傳第十』의 주석)
269) '한단지보(邯鄲之步)'의 고사를 이름.
270) 「감시정제시관(監試呈諸試官)」.
271) 두회(杜回) : 춘추 시대 진(秦)나라의 장수.

(魏顆)[272]의 은혜에 보답하였다[273]는 이야기가 있다. 지금 나무꾼이 길의 풀을 묶는 놀이가 이것이다.

웅덩이 물에 낙엽 뛰우기
浮葉庭潦

『삼국사기(三國史記)』에서 말하였다.

신라의 태세(太世)와 구칠(仇柒) 두 사람이 멀리 유람 갈 뜻이 있었다. 함께 남산사(南山寺)에 가서 그 뜻을 시험해 보고자 하여 낙엽으로 배를 만들어 뜰의 웅덩이에 띄우고 누구의 것이 먼저 가는지 보았다. 그리고 마침내 함께 배를 타고 남해로 갔는데 그들이 간 곳을 알 수 없다.[274]

초정(楚亭) 박제가(朴齊家)[275]의 시에서

길이 신라의 기남자(奇男子)를 그리며	永懷羅代奇男子
가을 비에 낙엽배를 함께 본다	秋雨同看落葉舟[276]

라고 한 말이 이것이다.

272) 위과(魏顆) : 춘추 시대 진(晉)나라의 장수로 위무자(魏武子)의 아들이다.
273) 『春秋左傳, 卷二十四, 宣公 十五年 六月』 '결초보은(結草報恩)'의 고사.
274) 『三國史記, 卷四, 新羅本紀四, 眞平王 九年』의 내용을 축약 인용하였음.
275) 박제가(朴齊家) : 조선 후기의 실학자(1750~1805). 자는 차수(次修) · 재선(在先) · 수기(修其). 호는 위항도인(葦杭道人) · 초정(楚亭) · 정유(貞蕤). 시문사대가(詩文四大家)의 한 사람으로, 이덕무(李德懋) · 유득공(柳得恭) 등과 함께 북학파를 이루었다. 시 · 그림 · 글씨에도 뛰어났으며 저서에 『북학의(北學議)』, 『정유고략(貞蕤稿略)』 등이 있다.
276) 永懷羅代奇男子, 秋雨同**觀**落葉舟.(『貞蕤閣初集, 詩, 臨東海』) → 永懷羅代奇男子, 秋雨同**看**落葉舟.(『松南雜識』)

지금 어린아이들이 뜰의 웅덩이 물에 낙엽을 띄우는 놀이는 여기에서 나왔다.

종이연
紙鳶

『태평광기(太平廣記)』에서 "한지화(韓志和)[277]가 나무를 깎아 난(鸞)새와 학(鶴)을 만들고 뱃속에 기계를 장치하여 작동시키자 날개를 떨쳐 하늘을 날았다"[278]라고 하였다.

『속박물지(續博物志)』에서 "실을 끌고 올라가서 어린아이들로 하여금 입을 벌리고 멀리 바라보게 하여 몸 속의 열을 발산시킨다"[279]라고 하였다.

『회남자(淮南子)』에서 "노반(魯般)[280]이 나무 솔개를 만들어 날렸다"[281]라고 하였다.

소설에서 말하였다.

> 양나라 무제(武帝)가 대성(臺城)에 있는데, 어린 아이가 종이연을 만들어 조서를 묶고 바람에 따라 놓아 보내서 지원군을 요청하자는 계

277) 한지화(韓志和) : 도술이 있어서 당나라 헌종(憲宗) 때 용상(龍床)을 바쳤는데 여기에 올라타면 비늘과 뿔 · 발톱이 모두 움직여서 날 수 있었다고 한다.

278) 韓志和. **穆宗朝**, **有飛龍士**, **韓志和**, **本倭國人也**. **善**雕木**作**鸞鶴**鵶鵲之狀**, **飮啄悲鳴**, **與眞無異**, **以關捩**置於腹**內**, 發之則**凌空奮翼**, **可高百尺**, **至一二百步外**, **方始却下**.(『太平廣記, 卷二百二十七, 伎巧三』) → **唐**韓志和, 雕木**爲**鸞鶴, 置**機棙**於腹**中**, 發之則**飛**□□□.(『松南雜識』)

279) **今之紙鳶**, 引絲而上, 令兒張口望視, 以洩內熱.(『續博物志, 卷十』) → 引絲而上, 令**小**兒張口望視, 以洩內熱.(『松南雜識』)

280) 노반(魯般) : 춘추 시대 노나라의 솜씨 좋은 공인인 공수반(公輸班)이다. 노반(魯班)이라고도 한다.

281) 魯般**墨子**, 以木爲鳶而飛之.(『淮南子, 卷十一, 齊俗訓』) → 魯般, 以木爲鳶而飛之.(『松南雜識』)

략을 바쳤다. 그런데 후경(侯景)[282]이 활 잘 쏘는 자를 시켜 맞추어 떨어뜨리게 하였는데 그것이 새로 변하여 구름 속으로 들어갔다.[283]

어떤 이는 "한신(韓信)[284]이 지도(地道)[285]를 통해 미앙궁(未央宮)으로 들어가려라고 하였다. 그래서 종이 연을 만들어 줄을 매달아 날려 보내니 거리를 추정해 보려고 했던 것이다"라고 하였다.

오대(五代)의 한(漢) 은제(隱帝)가 궁궐에서 연을 날린 것이 처음 역사에 보인다.[286]

당나라 노덕연(路德延)[287]의 시에 "실을 달아 종이연을 놓아 보낸다. [添絲放紙鳶]"[288]라고 하였다.

양예(楊譽)[289]의 부(賦)에,

저 연을 보게나	相彼鳶矣
하늘까지 날아가지	亦飛戾天
어떻게 그럴까	問何能爾

---

282) 후경(侯景) : 남북조 시대 양나라 사람으로 자는 만경(萬景). 대성(臺城)을 함락시켜서 무제(武帝)가 그 안에서 굶어 죽었다. 후에 스스로 등극하여 한제(漢帝)라고 칭하였다. 왕승변(王僧辯) 등에 의해 토벌되었다.

283) **侯景逼臺城**, 梁武帝**計無所出**, **有小**兒獻**策**, 以紙爲鳶, 繫詔書, 因風縱之, **冀有**外援, **鳶飛數百**, **援仍不至**, **臺城遂陷**.(『類說, 卷十一, 芝田錄, 紙鳶繫詔』) → 梁武帝**在臺城**, **羊車**兒獻**計**, 以紙爲鳶, 繫詔書, 因風縱之, **求**外援, **侯景使善射者**, **射之**, **墮化爲鳥入雲中**.(『松南雜識』)

284) 한신(韓信) : 전한의 무장(武將). 한 고조를 도와 조, 위(魏), 연, 제나라를 멸망시키고 항우를 공격하여 큰 공을 세웠다. 한나라가 통일된 후 초왕에 봉하여졌으나, 여후에게 살해되었다.

285) 지도(地道) : 땅을 파서 적을 치는 길.

286) 放紙鳶. 五代漢李業, 與隱帝, 狎昵放紙鳶于禁中.(『古今事文類聚, 後集, 卷四十二, 蟲部』)

287) 노덕연(路德延) : 당나라 때의 시인으로 천우(天祐) 연간에 습유(拾遺)·하중절도사(河中節度使)를 지냈다.

288) 「소아시오십운(小兒詩五十韻)」.

289) 양예(楊譽) : 당나라 때 사람으로, 남긴 작품에 「지연부(紙鳶賦)」가 있다.

바람의 힘 덕이라네 風之力焉[290]

라고 하였다.

신하의 역사[291]에 김유신(金庾信)이 불을 안은 허수아비를 연에 태워 바람에 날려 보냈다는 기록이 있다. 전설에 의하면 고려 말에 최영(崔瑩)[292]이 탐라(耽羅)를 정벌할 때 종이 연을 이용해 격서(檄書)를 전하였고 한다.

수수께끼
謎謎

후위(後魏)의 윤용무(尹龍武)[293]가 젓가락을 수수께끼 문제로 내어 말하기를 "잠 잘 때는 같이 자고 일어날 때는 같이 일어난다"라고 하였으니[294] 바로 한나라의 석부(射覆)[295]이다.

또 '三이 가로로 셋, 二가 세로로 둘[三三橫兩兩縱]'이라는 여섯 자는 '習(습)'자에 대한 수수께끼이다. '門(문)·東(동)·草(초)'의 세 자는 '蘭(난)' 자에 대한 수수께끼이다.

여자가 남자와 만나서 사랑하자는 약속으로 '籍(적)' 자를 써 보이니, 바로 '대나무[竹] 아래로 이십일일(二十一日)[296] 오세요[來]'라는 의미였

290) 「지연부, 제이(紙鳶賦, 第二)」.
291) 『三國史記 卷四十一, 列傳一, 金庾信』.
292) 최영(崔瑩) : 고려 말기의 명장·재상(1316~1388). 친원파(親元派)로서 1388년에 팔도(八道) 도통사가 되어 명나라를 치러 출정하였으나 이성계의 회군(回軍)으로 실패하고 후에 그에게 피살되었다.
293) 윤용무(尹龍武) : 북위(北魏) 함양왕(咸陽王) 희(禧)의 신하.
294) 龍武**欻憶舊**謎云, 眠則同眠, 起則同起, **貪如豺狼**, **贓不入己**, **都不有心**, **於規刺也**. **禧亦不以爲諷己**, **因解之曰**, **此是眼也**, **而龍武謂之是箸**.(『北史, 卷十九, 列傳, 咸陽王禧』) → **尹**龍武**箸**謎云, 眠則同眠, 起則同起.(『松南雜識』)
295) 석부(射覆) : 덮어 가린 물건을 알아맞히는 놀이.
296) 이십일일(二十一日) : 昔(석)의 파자(破字)

다는 이야기가 전해 온다.

우리나라 사신이 일본에 갔을 때 어떤 관청의 이름이 '以是(이시)'였는데, 바로 '日本下人廳(일본하인청)'이라는 의미였다.[297)]

또 『문원(文苑)』에서 말하였다.

> 붉은 비단옷 입은 기생이 최생(崔生)을 돌아보며 세 손가락을 세웠다가, 손바닥을 세 번 뒤집고는, 가슴 앞의 작은 거울을 가리켰다. 세 손가락을 세운 것은 세 번째 집에 거처한다는 의미이고 손바닥을 세 번 뒤집고 거울을 가리킨 것은 '십오일 밤 달 밝을 때'라는 의미이다.[298)]

옛날에는 '은어(隱語)'라고 하였다.

또 『춘추좌전(春秋左傳)』의 산에 올라가서 '경계(庚癸)'[299)]라고 소리치는 것은 군량을 빌리는 것을 의미하고, '보리누룩'이 있느냐고 묻고 '말라버린 우물'에 대해 말한 것은 자신을 구출해 달라는 의미이다.[300)]

---

297) '是'를 파자(破字)하면 日下人이 된다.

298) 崔生者, 其父與勛臣一品者熟, 命生省一品疾, 一品愛其淸雅, 令紅綃妓送出, 妓立三指, 又反掌者三, 指胸前小鏡云, 記取記取. 生歸凝思, 莫曉其意, 家有崑崙奴磨勒曰, 立三指者, 一品十院歌妓此第三院, 三反掌指鏡者, 十五夜月滿如鏡, 令郎君來.(『類說, 卷三十二, 傳奇, 崔生』) → 紅綃妓, 顧崔生, 立三指, 又反掌, 三指胸前小鏡子, 爲三指, 居第三院, 反掌三小鏡子, 卽十五夜月圓也.(『松南雜識』)
* 십오일 밤 달이 둥글 때 자신이 거처하는 삼원(三院)으로 찾아오라는 의미임.

299) 『춘추좌전(春秋左傳) 애공(哀公) 13년』의 기록인데, 이에 대한 두예의 주석에 의하면 '庚'은 서방(西方)으로 곡식을 주관하고 '癸'는 북방(北方)으로 물을 주관한다고 하였다.

300) 초나라가 소(蕭)나라를 공격할 때였다. 소나라 대부 선무사(還無社)가 초나라 대부 사마묘(司馬卯)에게 평소 안면이 있는 신숙전(申叔展)을 불러 달라고 하여 대화를 하게 되었다. 신숙전이 선무사에게 보리누룩이 있냐고 묻자 없다고 답하였다. 산국궁(山鞠窮)이 있냐고 묻자 역시 없다고 답하였다. 두 가지 약초는 모두 습기를 막는 약초로 선무사에게 늪지로부터 피하여 달아나라는 은어였지만 선무사가 알아듣지 못한 것이다. 그러자 하수의 물고기가 배탈이 나면 어쩔것이냐고 묻자 그제서야 알아차린 선무사가 "말라버린 우물을 눈여겨보고 나를 구해주시오"라고 말하였다.(『춘추좌전(春秋左傳) 선공(宣公) 12년』)

우리나라 말로는 '수지격기(廋旨格技 : 수수께끼)'라고 한다.

'살전(撒顚)'은 입으로 흉내내는 것을 이른다.

'야유(揶揄)'는 손으로 조롱하고 모욕하는 것을 이른다.

'격지(格支)'는 바로 '의심할 여지없어 보이는 하소연[膚受愬]'을 이르니 또한 기양(技癢)[301]의 양(癢)[302]이다.

성요서
星曜書

지봉(芝峯) 이수광(李晬光)이 말하였다.

성요서(星曜書)는 야율초재(耶律楚材)[303]가 고려국사(高麗國師)에게서 얻었는데 의상(義相)[304]이나 도선(導詵)[305]의 부류가 아니면 불가능하다. 어떤 사람은 "서역(西域)에서 나왔으니 불경에 있다"라고 하였다.

나후계도(羅睺計都)[306]도 범어(梵語)이다.[307]

---

301) 기양(技癢) : 자신의 재주를 자랑할 기회가 없어 안달함.

302) 양(癢) : 피부나 점막으로 받아들이는 자극으로 긁고 싶은 감각.

303) 야율초재(耶律楚材) : 몽고 제국의 공신(1190~1244). 자는 진경(晋卿). 요나라 왕족의 자손으로 칭기즈칸에게 중용되어 서역(西域) 원정에 종군하였으며, 태종 때 중서령(中書令)이 되어 제국 재정의 기반을 튼튼히 하였다. 저서에 『담연거사집(湛然居士集)』이 있다.

304) 의상(義相) : 신라 시대의 승려(625~702). 원효와 교유 하였으며, 당나라에서 유학을 하였다. 신라에 돌아와서 화엄종을 창시하였다. 의상은 많은 사찰을 창시한 것으로 알려져 있는데, 그중 영주의 부석사가 유명하다.

305) 도선(導詵) : 신라 말의 승려. 성은 김씨. 영암 출신. 왕가의 후예라는 설도 있다. 15세에 출가하여 월유산 화엄사(華嚴寺)에서 중이 되었다. 그 뒤 유명한 사찰을 다니면서 수행하다가, 846년에 곡성 동리산(桐裏山)의 혜철(惠徹)을 찾아가서 무설설(無說說) 무법법(無法法)의 법문을 듣고 오묘한 이치를 깨달았다. 전라남도 광양 백계산 옥룡사(玉龍寺)에 자리를 잡고 후학들을 지도하였다. 도선은 승려로서보다는 음양풍수설의 대가로서 널리 알려져 있다.

306) 나후계도(羅睺計都) : 인도의 점성술에서 사용하는 용어. 황도(黃道)와 백도(白道)의

자미

紫微[308]

『화산비결(華山秘訣)』은 진박(陳搏)[309]이 처음으로 만든 책이다. 『상촌비결(象村秘訣)』은 신흠(申欽)[310]이 지었다. 『심곡비결(深谷秘訣)』은 김치(金緻)[311]의 논설(論說)이다. 지금 자미도수(紫微度數)라고 말하는 것은 성수(星宿)로 길흉(吉凶)을 관찰하여 백에 하나도 틀리지 않아 시집가고 장가가는데 방해가 된다. 천사성(天使星)과 천상성(天傷星) 두 별은 노복궁(奴僕宮)[312]과 질병궁(疾病宮)의 두 궁을 주관하여 바뀌지 않는데, 후대에는 맞지 않는 경우가 많다고 한다. 심곡(深谷)·김치(金緻)가 조복(朝服)을 차려 입고 인조가 등극하기 전에 자미성(紫微星)에 절을 하니, 몰래 빌어 왕으로 추대한 공이 있다. 또 당나라 사람이 심곡(深谷)의 수명(壽命)을 추정하여 "화산(花山)[313]의 소를 탄 나그네가 한 가지 꽃을 머리에 꽂았다"라고 썼으니, 아마도 안동에서 학질로 죽을 조짐이었던 듯하다.

강교점(降交點)을 나후(羅睺), 승교점(升交點)을 계도(計都)라고 한다.

307) **星曜書**, **乃**耶律楚材, 得於高麗國師**者**, **未知國師何如人**, 非義**湘**道詵之流, 不能也. **楚材知之**, **而我國不知**, **惜哉**. **或言星曜之法**, 本出西域, 佛經中, 有之. 睺計都, 亦梵語也.(『芝峯類說, 卷十八, 技藝部, 方術』) → 耶律楚材, 得**星曜**於高麗國師, 非義**相**道詵之流, 不能也. **或云**, 本出西域, 佛經中, 有之. **羅**睺計都, 亦梵語也.(『松南雜識』)

308) 자미(紫微) : 제왕의 별자리.

309) 진박(陳搏) : 송나라 진원(眞源) 출신. 자는 도남(圖南). 자호(自號)는 부요자(扶搖子). 당나라 말기에 태어나 오대(五代) 시대에 화산(華山)에 은거하며 수도하였다.

310) 신흠(申欽) : 조선 인조 때의 학자·문신(1566~1628). 자는 경숙(敬叔). 호는 상촌(象村)·여암(旅庵)·현옹(玄翁). 선조의 유교 칠신의 한 사람이며 정주학자로 유명하다. 저서에 『상촌집』이 있다.

311) 김치(金緻) : 조선 중기의 문신(1577~1625). 자는 사정(士精). 호는 남봉(南峯)·심곡(深谷). 1623년 인조반정 후에 대북(大北)으로 몰려 유배되었다가 풀려나서 동래 부사를 거쳐 경상도 관찰사가 되었다. 저서에 『심곡비결(深谷秘訣)』이 있다.

312) 노복궁(奴僕宮) : 성상가의 용어. 12궁의 하나로 노복에 관한 일을 주관한다.

313) 화산(花山) : 경상북도 안동의 옛 이름.

마갈
磨蝎

소식(蘇軾)이 "한유(韓愈)는 마갈(磨蝎)[314]을 신궁(身宮)[315]으로 삼고 나는 명궁(命宮)[316]으로 삼았다. 평생 비방과 명예를 얻은 것은 이때문이다"[317]라고 하였다. 마갈(磨蝎)은 바로 축궁(丑宮)이니 지금 사람들이 명수(命數)를 '마갈괴(磨蝎壞)'라고 하는 것은 여기에서 유래하였다. 또 자미(紫微)가 신명(身命)에서 궁(宮)을 옮겨 양(羊 : 未)과 축(丑 : 소)이 서로 맞부딪히니 이광(李廣)[318]이 후(侯)가 되지 못한 격이다.

장결
掌訣

잡서(雜書)에서 말하였다.

옥룡자(玉龍子) 도선(導詵)이 온 천하에 자취를 남기고 이 책을 지어 '음양술가지법(陰陽術家之法)'이라고 명명하였다. 장결(掌訣)을 위주를 삼는데 복성(福星)이면 길(吉)하고 흉성(凶星)이면 흉하다. 세상의 미래와 과거의 일을 마치 부절을 합하는 것처럼 맞히기에 후세에 출현하는 음양가 서적들의 시초가 되었다.

---

314) 마갈(磨蝎) : 마갈궁(磨蝎宮), 마갈성(磨蝎星). 신궁(身宮)과 명궁(命宮)이 이 자리에 처하면 평생 고생이 많다고 한다.

315) 신궁(身宮) : 생년월일의 간지.

316) 명궁(命宮) : 점성술에서 말하는 십이궁(十二宮)의 하나. 수명에 관한 운수를 알아보는 별자리이다.

317) **乃知**退之磨蝎爲身宮, **而**僕**乃**以**磨蝎**爲命, 平生**多**得謗譽, **殆是同病**也.(『東坡志林, 卷一』) → 退之以磨蝎爲身宮, 僕以爲命**宮**, 平生得謗譽, **以此**也.(『松南雜識』)

318) 이광(李廣) : 한(漢)나라 장군. 농서(隴西) 출신. 몸집이 크고 원숭이 같은 팔을 가져 말타기와 활쏘기에 능하여 흉노족을 막기에 큰 공이 있었다. 팔 힘이 세어 숲속의 돌을 보고 범인줄 알고 쏘았더니 화살촉이 돌에 박혔다는 고사가 있나.

또 장지화(張志和)[319]의 「연파조수가(煙波釣叟歌)」에서 "천지는 모두 하나의 손바닥 속에 달려 있다[天地都束一掌中]"라고 하였다.

사주편년
四柱編年

한유(韓愈)의 글에 "이허중(李虛中)이 오행(五行)에 조예가 깊어서 사람의 생년월일시(生年月日時)에 해당하는 간지(干支)의 상생상극(相生相剋)[320], 쇠사왕상(衰死旺相)[321], 요절(夭折)과 장수(長壽), 부귀(富貴)와 빈천(貧賤), 이로움과 이롭지 못함을 짐작하여 미리 조처하는데 백에 하나도 착오가 없다"[322]라고 하였다. 지금의 사주편년(四柱編年)이 이것이다. 그러나 배도(裵度)가 "닭과 돼지와 술과 국수는 먹게 되면 먹고, 생로병사(生老病死)는 때가 되면 진행된다"[323]라고 하였으니 참으로 통달한 견해이다.

---

319) 장지화(張志和) : 당나라 무주(婺州) 출신으로 자는 자동(子同). 젊은 시절 벼슬을 하다가 후에 은거하였다. 물 위에 자리를 깔고 그 위에서 술을 마시면, 그의 머리 위에서는 학이 춤추었다 한다.

320) 상생상극(相生相剋) : 화(火), 수(水), 목(木), 금(金), 토(土)의 오행이 운행함에 있어서, 서로 조화를 이루는 일과 서로 충돌하는 일.

321) 쇠사왕상(衰死旺相) : 인간의 생애를 12과정으로 설정한 것. 포(胞)・태(胎)・양(養)・생(生)・욕(浴)・대(帶)・관(冠)・상(相)・왕(旺)・쇠(衰)・병(病)・사(死)・장(葬).

322) 李**君名**虛中, …… **最**深於五行**書**, 以人之始生年月日, 所**直日辰支干**, 相生**勝**, 衰死**王**相, 斟酌**推**人壽夭貴賤利不利, **輒**先處其年時百不失.(『韓昌黎文集, 卷二十八, 碑誌銘, 唐故殿中侍御史李君墓誌銘』)→李虛中, 深於五行, 以人之始生年月日**時**, 所**値干支**, 相生**相克**, 衰死**旺**相, 斟酌人壽夭貴賤利不利, 先處其年時百不一失**云**.(「松南雜識』)

323) 裵**晉公不信術數**, **不好服食**, **嘗云**, 雞猪**魚蒜**, 逢**之**則喫, 生老**病死**, 時至則行.(『類說, 卷十四, 因話錄, 時至則行』)→裵**度所謂**, 雞猪**酒麵**, 逢**着**則喫, 生老**死病**, 時至則行.(『松南雜識』)

당화주역
唐畵周易

세간에서 사람의 타고난 사주로 일생(一生)의 부귀(富貴)·수요(壽夭)·이해(利害)의 그림을 만드는데 당나라에서 전래된 까닭에 '당화주역(唐畵周易)'이라고 한다. '편년사주(編年四柱)'와 유사한데 물감으로 색칠해 꾸민다.

나는 범진(范縝)[324]이 이른바 "인생은 나무의 꽃과 같아서 바람을 따라 떨어지는데 어떤 것은 주렴, 휘장을 스치고 방석 위에 떨어지고 어떤 것은 울타리를 스치고 측간 안에 떨어지기도 한다"[325]는 말이 맞다고 생각한다. 그러므로 풀은 봄바람에 돋아나는 것을 마다하는 법이 없고 나무는 가을에 시드는 것을 원망하는 법이 없다.

이어서 시에서,

괴이하구나. 모두 화기(和氣)를 따라 피어나는 데	可怪俱從和氣發
푸른색은 어찌하여 잎이 되고 붉은 색은 꽃이 되나	綠胡爲葉絳爲花

라고 하였다.

---

324) 범진(范縝) : 남조(南朝) 제(齊)·양(梁)나라의 학자. 자는 자진(子眞). 의도태수(宜都太守)를 지낼 때 사람들이 신묘(神廟)에 제사지내는 것을 금하였다. 경릉왕(竟陵王) 소자량(蕭子良)과 벌인 반불교 논쟁이 유명하다.

325) 縝**答曰**, 人生如樹花, **同發**隨風而**墮**, **自有**拂簾幌, **墜於**茵席之上, **自有關**籬**牆**, 落**於糞**溷之中.(『南史, 卷五十七, 列傳, 四十七, 范縝) → **范縝所云**, 人生如樹花, 隨風而**落**, **或**拂簾幌, **落**茵席之上, **或拂**籬**藩**, 落**厠**溷之中.(『松南雜識』)

심상
心相

『춘추좌전(春秋左傳)』에서 "곡(穀)의 아래턱이 풍만하다"[326]라고 하였고, 한나라 역사에서 주아부(周亞夫)[327]에게 주름이 입으로 들어간다고 말한 것[328]은 모두 생김새로 관상을 본 것이다. 조선의 이문원(李文源)[329]이 젊었을 때 당거(唐擧)[330]처럼 관상을 잘 보는 사람에게 자신의 관상을 물어보았다. 그는 "관상법에 의하면 빈천한 상이오"라고 답하였다. 이문원은 수십개월 동안 다시 상을 보아 달라고 간청하니 그 정성이 지극하였으므로 "외모의 상[貌相]은 마음의 상[心相]만 못하오. 그대의 마음은 참으로 부귀의 상이라 될 만하외다"라고 하였다.

또 『상서점기요(相書占氣要)』에서 "해 안에 노란 기운이 있으면 정승이 된다"라고 하였다.[331] 그러므로 장작(張鷟)[332]이 "구천 리를 날아가는 붉은 봉황도 아래에서부터 높은 곳으로 올라가고 칠십 일 간 날아가는 황룡도 미천한 곳으로부터 현달한 곳에 이른다"[333]라고 하였다.

---

326) 穀也豐下.(『春秋左傳, 卷十七, 文公元年』)
 * 주나라 양왕(襄王)이 내사(內史) 숙복(叔服)을 노나라로 보내 희공(僖公)의 장례에 참석하게 하였다. 숙복이 관상을 잘 본다는 이야기를 들은 공손오(公孫敖)가 그에게 자신의 두 아들 곡(穀)과 난(難)의 관상을 보게 하였다.

327) 주아부(周亞夫) : 한나라의 장군. 주발(周勃)의 아들로 조후(條侯)에 봉해졌다.

328) 허부(許負)가 주아부의 관상을 보고 삼 년 만에 후(侯)가 되고 그로부터 팔 년 만에 장상(將相)이 되지만 구 년 뒤에는 굶어 죽으리라고 예언하였다. 주아부의 세로 주름이 입가에까지 닿았기 때문이라는 것이다.

329) 이문원(李文源) : 조선 후기의 문신(1740~1794). 본관은 연안(延安). 자는 사질(士質). 할아버지는 옥천군수 주신(舟臣)이고, 아버지는 영의정 천보(天補)이며, 어머니는 송상유(宋相維)의 딸이다. 형조판서 · 병조판서 · 판의금부사 · 예조판서 등 요직을 역임하였다.

330) 당거(唐擧) : 전국 시대 위(魏)나라 사람으로 상술(相術)로 이름이 높았으나 상법(相法)을 후세에 남긴 것은 없다.

331) 相書占氣要曰, **日**中有黃氣, **如龍七十日**遷**爲**丞**也**.(『古今事文類聚外集, 卷十五, 縣官部, 縣丞, 占氣遷丞』) → 相書占氣要曰, **目**中有黃氣, 遷丞.(『松南雜識』)

332) 장작(張鷟) : 당나라 사람으로 문성(文成).

333) **唐**張鷟云, 九千里之丹鳳, 自下升高, 七十日之黃龍, 從微至著.(『古今事文類聚外

또 『구국지(九國志)』[334]에서 말하였다.

오(吳)나라의 은문규(殷文圭[335])가 한 노인을 만났는데 그 노인이 말하였다.

"은문규의 눈썹이 푸르고 주먹이 입에 들어갈 정도이니 신선의 상이다. 그렇지 않으면 천하에 크게 이름이 날 것이다."[336]

역사[337]에서 말하기를 황창(黃昌)[338]은 왼쪽 발 복판에 사마귀가 있으니 그 아내는 귀인의 상이라고 증언하였다.[339] 불경(佛經)에 황벽(黃蘗)의 발 복판에 큰 사마귀가 있더니 그 어머니가 신선이 되었다는 내용이 있다. 고려의 신숭겸(申崇謙)은 왼 발에 북두성 같은 사마귀 일곱 개가 있었다. 반초(班超)[340]의 제비턱과 호랑이 머리, 마주(馬周)[341]의 불꽃처럼 치솟은 제비 어깨, 구양수(歐陽修)의 얼굴보다 흰 귀, 이를 덮지 못하는 입술 등과 같은 예가 매우 많다.

集, 卷十五, 縣官部, 縣丞, 占氣遷丞』)

334) 구국지(九國志) : 송나라의 증안(曾顔)이 편찬한 책. 49권. 오대(五代)의 사적을 기록하였음.

335) 은문규(殷文圭) : 춘추 시대 오나라 사람으로 자는 계랑(桂郎). 한림학사를 지냈으며, 저서에 『등룡집(登龍集)』 10권과 『종군고(從軍藁)』 20권이 있다.

336) 九國志, 吳殷文圭, **擧進士**, **塗中**遇一**友**, **目文圭久之**, **謂人曰**, **向者**, **一人**眉綠拳**必**入口, 神仙狀也. **如學道當冲虛**, 不爾, 有大名於天下, **而文圭拳實入口**, **乾寧中擢第**. (『白孔六帖, 卷三十一, 相, 拳必入口』) → 九國志, 吳殷文圭, 遇一**叟言**, 眉綠拳入口, 神仙狀也. 不爾, 有大名於天下.(『松南雜識』)

337) 『後漢書, 卷一百七, 酷吏列傳, 第六十七』.

338) 황창(黃昌) : 후한 회계(會稽) 출신으로 자는 성진(聖眞).

339) 황창의 아내가 친정에 다녀오다가 도적에게 납치되어 촉(蜀)나라로 흘러 들어가 다른 사람의 아내가 되었다. 뒷날 그 아들이 죄를 짓자 황창에게 나아가 직접 송사를 하였다. 그녀의 모습이 촉나라 사람 같지 않은 것을 의아하게 생각한 황창이 연유를 물어 보았다. 여인은 자신은 황창의 아내라고 하였고 이에 놀란 황창은 증명해 보라고 하였다. 여인은 황창이 왼쪽 발 복판에 사마귀가 있어서 입버릇처럼 이천석은 되리라고 말했다고 증언하였다.

340) 반초(班超) : 후한의 정치가(32~102). 자는 중승(仲升). 반고의 동생으로, 31년간 서역에 머물며 흉노의 지배 아래에 있던 서역 국가들을 정복하여 후한의 세력권을 파미르 지방의 동서(東西)까지 넓혔으며, 그 공으로 정원후(定遠侯)에 봉하여졌다.

341) 마주(馬周) : 당 태종(唐太宗)의 문신. 학문을 좋아했고, 『시경(詩經)』과 『춘추(春秋)』에 밝았음. 벼슬은 중서시랑(中書侍郎)에 이르렀다.

영상
影相

『유설(類說)』에서 말하였다.

보력(寶曆)[342] 연간에 옥산인(玉山人)이 사람의 사주를 등불에 서로 비추어 보고 길흉(吉凶)을 안다. 사람들은 그림자가 짙기를 바라는데 짙으면 귀하고 장수한다고 한다.[343]

지금 정월대보름 밤에 그림자를 비추어 보아 혹 엷거나 없으면 흉한 일이 생긴다고 한다. 세간에서 말소리를 듣고 음성으로 상을 보는 자의 이야기로는, 소리가 웅장하거나 청량하면 모두 귀한 상이라고 한다.

닮은꼴
同貌

『춘추좌전(春秋左傳)』에 제(齊)나라의 봉추보(逢丑父)[344]가 경공(頃公)과

---

342) 보력(寶曆) : 당나라 문종(文宗)의 연호(825～827).

343) 寶**歷**中, **有王**山人, 取人本命日, **五更**張燈相**人**影, 知休咎, 言人影欲深, 深則貴而壽.(『類說, 卷四十二, 酉陽雜俎, 相人影』) → 寶**曆**中, **玉**山人, 取人本命日, 張燈相影, 知休咎, 言人影欲深, 深則貴而壽**云**.(『松南雜識』)

344) 봉추보 : 춘추 시대 제(齊)나라 사람이다. 봉추보는 경공(頃公)의 거우(車右)였는데, 경공이 진(晉)의 난서(欒書)와 안(鞍)에서 싸우다가 패하자 봉추보가 경공과 좌석을 바꾸어 타고 화천(華泉)에 이르렀으나 참마(驂馬)가 나무에 걸려서 진(晉)의 사마(司馬) 한궐(韓厥)에게 잡히게 되었다. 그러자 봉추보는 경공에게 화천(華泉)에 가서 물을 마시라 하니 정주보(鄭周父)가 좌거(佐車)를 몰고 완벌(宛茷)이 우(右)가 되어 경공을 싣고 가서 화를 면하였다. 한궐이 봉추보를 사로잡아 극헌자(郤獻子)에게 바치자 극헌자가 그를 죽이려 하니, 봉추보가 "이제까지 그 임금을 대신하여 환난을 짊어진 자가 없었다가 이제 한 사람이 여기에 있는데 죽이려 하는가"라고 소리치니, 극헌자가 "사람이 죽음을 어렵게 여기지 않고서 임금의 화를 면하게 하였으니, 내가 그를 죽이는 것은 상서롭지 못한 일이다"라고 말하고 놓아주었다.(『春秋左傳, 成公二年』)

생김새가 같은 까닭에 안(鞌) 전투에서 공과 수레의 자리를 바꾸었다는 기록이 있다. 한나라의 기신(紀信)[345]은 고조(高祖)와 생김새가 같은 까닭에 팽성(彭城)의 전투에서 불에 타 죽었다. 송나라의 왕덕(王德)[346]은 모습이 예조(藝祖)와 비슷했던 까닭에 모함을 당하였다. 우리나라의 신숭겸(申崇謙)[347]은 고려 태조와 생김새가 같은 까닭에 공산(公山)에서 패전하자 왕 대신 죽으니 같은 생김새도 취할 만한 것이 못된다.

동명

同命

『순오지(旬五志)』에서 말하였다.

점쟁이들 중에서 어떤 이는 오행(五行)[348]으로, 어떤 이는 자평(子平)[349]으로, 어떤 이는 성요(星曜)로, 어떤 이는 자미(紫微)[350]로 길흉을 맞추니, 정말 방법도 다양하다. 갑자 정월 초하루 자시부터 계해 12월 30일 해시까지, 그 사이에 비록 윤달과 큰 달이나 작은 달이 있다 하더라도, 일주(一周 : 60년) 안에서 운명을 만드는 수는 이십 오만 구천 이백

345) 기신(紀信) : 한(漢)나라 조성(趙城) 사람인데, 유방(劉邦)의 부장(部長)으로서 항우(項羽)가 형양(滎陽)에서 유방을 포위하여 상황이 위급할 때 유방으로 변장하여 유방을 탈출시키고 자신은 사로잡혀 항우에게 살해되었다.

346) 왕덕(王德) : 송나라의 장수. 자는 자화(子華).

347) 신숭겸(申崇謙) : 고려 시대의 개국 공신(?~927). 초명은 능산(能山). 평산(平山) 신씨의 시조로, 왕건을 추대하여 왕으로 세우고 태조 10년, 견훤의 군사와 싸우다 전사하였다.

348) 오행(五行) : 우주 만물을 이루는 다섯 가지 원소인 금(金), 목(木), 수(水), 화(火), 토(土)를 이른다.

349) 자평(子平) : 고대의 성명(星命) 학자. 진박(陳搏)과 같이 화산(華山)에 은거하였다.

350) 자미(紫微) : 큰곰자리 부근에 있는 자미원의 별 이름. 북두칠성의 동북쪽에 있는 열다섯 개의 별 가운데 하나로, 중국 천자의 운명과 관련된다고 한다. 이 자미성을 위주로, 사람의 운명을 추산하는 방법을 '자미두수(紫微斗數)'라고 한다.

에 해당한다. 오직 『명경수(明鏡數)』[351]에서는 매시(每時)를 각각 초시(初時)·중시(中時)·말시(末時)로 나누기에, 그 수는 이 수의 세 배가 되지만 또한 칠십 칠만 칠천 육백에 불과하다. 천하의 사람들은 몇 명이나 되는지 알 수 없으니 생년월일이 같은 사람도 얼마나 되는지 모른다. 장수하고 요절하며 빈궁하고 현달하는 것이 어떻게 한결같을 수 있으랴? 나는 내심 의혹스럽다.

옛날에 요 임금이 단구자(丹丘子)[352]와 생년월일시가 같았는데 요 임금은 황제가 되고 단구자는 신선이 되었다. 송나라 태조(太祖)는 진박(陳搏)[353]과 사주가 같은데 태조는 황제가 되고 진박은 신선이 되었다. 황제와 신선은 그 존귀하기가 엇비슷하다고 할 만하다.

『황명소설(皇明小說)』에서 말하였다.

> 고황제(高皇帝)가 황제가 되어 운명론을 증명하고 싶었다. 그래서 자신과 사주가 같은 사람을 찾았는데 몹시 가난한 촌사람이 왔다. 황제가 물어 보았다.
>
> "어떻게 사는가?"
>
> "신은 열세 개의 벌통에 벌을 칩니다. 매년 꿀을 짜는데 그런대로 넉넉합니다."
>
> 황제가 웃으며 말하였다.
>
> "짐은 열세 개의 성(省)에 정치를 베푸는데, 너는 열세 개의 벌통을 두었으니 마찬가지로 하나의 황제로다."[354]

---

351) 명경수(明鏡數) : 조선 시대에 유행한 천문·술수에 관한 서적.

352) 단구자(丹丘子) : 중국 고대의 전설상의 신선.

353) 진박(陳搏) : 송나라 사람으로 자는 도남(圖南). 역학(易學)에 조예가 깊어 역리(易理)를 도가사상에 혼입하였다.

354) **明興記曰, 太祖登極後, 命數星士, 徧行天下, 遇有年月日時**與**御誕**同者**以聞, 于某處, 得一人, 召問之,** 村民也. **無以爲生, 惟**養蜂十三窠, 每年割蜜, 自贍耳. 上曰, **是也,** 朕有十三省布政, 汝有十三窠蜂, **大小不同, 統轄無異**.(『淵鑑類函, 卷四百四十六, 蟲豸部二, 蜂二』) → **皇明小說, 高皇帝卽眞, 欲驗運命之說, 求天下得命**與**聖節**同者,

또 일설에는 황제가 자신과 사주가 같은 사람 하나를 찾았는데 그는 날 때부터 가난하고 천하여 유리걸식하였다. 그런데 "밤마다 꿈에 천자가 되어 아름다운 궁실과 성곽, 성대한 종묘와 백관(百官)이 자못 황제와 비슷합니다"라고 말하였다. 황제가 깜짝 놀라 말하였다.

"운명론이 과연 속임수는 아니로다. 너의 밤은 바로 나의 낮이니 열자(列子)가 말한 '밤천자'이구나."

『오산설림(五山說林)』[355]에서 말하였다.

우리나라의 성종(成宗)이 자신과 사주가 같은 사람을 찾게 하였더니, 서울의 어떤 천한 여자가 있는데, 집이 매우 부유하였다. 왕이 그녀에게 일생의 고통과 즐거움이 무엇인지 물어 보았다. 여자가 말하였다.

"저의 출신은 몹시 미천하기에 주인에게 속량을 하고 양인 남자에게 시집을 갔습니다만 얼마 안 가서 남편이 죽었습지요. 그래서 저는 문사(文史) 섭렵(涉獵)만을 일삼을 따름입니다."

그녀가 면천한 해가 바로 왕이 즉위한 해이고 그녀가 남편을 잃은 날은 바로 중전이 승하한 날이다. 왕이 이상하게 여겨서 말하였다.

"내가 겪은 일이 모두 나와 대략 같다. 그렇지만 나는 후궁 십수 명이 있는데 너는 그에 해당되는 무엇이 있느냐?"

여인이 엎드려 웃으며 말하였다.

至乃村氓至貧者, 問何以爲生, 曰臣養蜂十三窠, 每年割蜜, 自贍耳. 上笑曰, 朕有十三省布政, 汝有十三窠蜂衙, 亦一皇帝也.(『松南雜識』)

355) 오산설림(五山說林) : 조선 중기의 문신 · 문인 차천로(車天輅)의 시화(詩話) · 야담집. 2권 1책. 필사본. 『대동야승(大東野乘)』과 『시화총림(詩話叢林)』에도 수록되어 전한다. 『대동야승』에는 145편의 이야기가 실려 있고, 『시화총림』에는 시에 관련된 30편만 뽑아 실었다. 내용은 체계 없이 시 또는 제자백가서에 나오는 구절에 대한 고증(考證)을 주로 전개하였다. 오산설림초고(五山說林草藁).

"제 성격이 번화(繁華)하여 무후(武侯)와 같이 남자 첩 십수 명을 두고 있습니다."

왕이 크게 웃으며 말하였다.

"남자 중에는 내가 있고 여자 중에는 네가 있다고 할 만하도다."356)

---

356) 推命之家, **其方不一**, 或**以**五行, 或**以**子平, 或**以**星耀, 或**以**紫微, 其**論說**吉凶符驗**者**, 固多矣. **余惟思之**, 自甲子正月初一日子時, 至癸亥十二月三十日亥時, 其間, 雖有閏朔及大小月, 而一周之內, 造命之數, 該得二十五萬九千二百, 惟明鏡數, 每時各分初中末, 厥數三倍於此, 而亦不過七十七萬七千六百. 天下之人, 其數無筭, 則同年月日時生人, 亦不知其幾許, 壽夭窮達, 豈能如一. 余竊惑焉. 昔唐神堯與丹丘子, 同年月日時, **故疑其與己爭鹿, 袖劍訪之, 其後, 神**堯**御宇**, 丹**丘登**仙. 宋太祖與陳圖南, 亦同**年月日時, 圖南出自華山, 有圖天下之志, 聞趙點檢已登極, 大笑墜驢, 歸山修道而上昇, 盖人間尊貴, 莫過於天子, 而歷數有歸, 天無二日, 故丘圖南, 有此修道飛昇, 不詘萬乘之下耶. 帝業與仙道, 雖似不同, 人間**帝**王天上神**仙, 其尊**高則**, 可謂彷彿矣. **余近聞**皇明小說, 高皇帝, 欲驗運命之說, 命**數星士, 遍行天下, 求得年月日時**, 與聖節同者, **遂召至京師, 問曰, 汝何爲者, 曰**村氓**也. 曰家富乎, 曰**貧**甚, 無一畝之産. 曰然則**何以爲生. 曰臣惟養蜂十三窠, 每年, 割**所養**蜜, **貨之以**自贍耳. 上笑曰, 是也. 朕**爲黃帝**, 有十三省布政, 汝**爲編氓**, 有十三窠蜂衙, 亦一皇帝也. **蜂每窠, 必有一王, 大小雖不同, 其所統轄, 亦無異也. 孰爲命不足信乎. 乃賜以酒食而遣之**. 又按一說, **明太祖皇**帝, **遍訪年月日時**同聖節者, **有一人來謁, 上問其平生所爲. 對曰, 臣**生而貧賤, 行乞糊口. **上曰, 我爲天子, 爾爲乞人, 何其窮達之懸殊耶. 其人曰, 臣雖乞食, 盖有怪底事矣. 上曰何如. 對曰, 臣**每夜夢爲天子, 宮**闕**城郭之美, 宗廟百官之盛, 殆與陛下彷彿矣. 上**矍然**驚曰, 運命之說, 果不誣矣. **夫晝爲陽, 夜爲陰, 我從陽界而享萬乘之尊, 爾伺陰界而有南面之樂, 我之晝, 卽爾之夜**. 爾之夜, 卽我之晝, **則天豈不以我主陽界, 以爾主陰界也耶. 因厚礼而遣之. 按車天輅所著**五山說林, 我**朝**成廟, **嘗令日官**, 訪**問**與己同命者, **遍求國中**, 有**一常漢**女, **與上命相同, 而**家甚殷富. **甲於都中, 成廟**, 召**致宮中**問**曰, 爾**平生苦樂**何如**. 女曰, **賤臣自幼聰慧, 臣父切愛而嫌其所**出甚微, 贖賤**于**家主, 嫁得良夫, 未久見背, 惟**以**涉**獵**文史爲事耳. **上仍詳問之**, 其免賤之歲, 卽上踐祚之年. 其喪夫之日, 卽中壺昇遐之辰也. 上異之曰, **諸般**事, 皆與予略**仿, 信乎命數之不差也. 仍笑曰, 但**予**則**有後宮十數輩, 爾有甚事. 女俯伏笑**對**曰, 賤臣性素繁華, 亦有如武后之男妾**者**, 十數人**矣**. 上**撫掌**大笑曰, **此亦相同**, 可謂男中有予, 女中有爾.(『旬五志, 上, 居官莅政』) → 旬五志曰, 推命之家, 或五行或子平或星曜或紫微, 其吉凶符驗, 固多矣. 自甲子正月初一日子時, 至癸亥十二月三十日亥時, 其間, 雖有閏朔及大小月, 而一周之內, 造命之數, 該得二十五萬九千二百. 惟明鏡數, 每時各分初中末, 厥數三倍於此, 而亦不過七十七萬七千六百. 天下之人, 其數無筭, 則同年月日時生人, 亦不知其幾許, 壽夭窮達, 豈能如一. 余竊惑焉. 昔神堯與丹丘子, 同年月日時, 堯**帝**丹仙. 宋太祖與陳圖南, 亦同**而宋帝陳昇, 則**帝**與**仙, 其尊可謂彷彿矣. 皇明小說, 高皇帝**卽眞**欲驗運命之說, **求天下得命**, 與聖節同者, **至乃**村氓**至**貧**者, 問**何以爲生. 曰, 臣養蜂十三窠, 每年割蜜, 自贍耳. 上笑曰, 朕有十三省布政, 汝有十三窠

천정

天定

옛말에 “정해진 운명이 있고 정해지지 않은 운명이 있다”라고 하였다. 정해진 운명은 운명과 분수가 한 번 정해지거든 바꿀 수 없는 것이다. 정해지지 않은 운명이란 세상의 변화가 다양하기에 예측할 수 없는 것이다. 예를 들면 한나라의 등통(鄧通)[357]은 동산(銅山)을 하사 받고도 비녀 하나도 소유하지 못하였다. 진(晉)나라의 곽박(郭璞)[358]은 변소 귀신에게 빌었지만 마침내 왕돈(王敦)에게 살해되었다. 요주(饒州)의 가난한 선비는 종이와 먹을 많이 갖추고 갔는데 우레가 천복비(薦福碑)를 때렸다.[359] 위공(魏公)은 홀아비 손님에게 시녀를 아내로 준다고 허락하였는데 결리(結褵)[360]도 하기 전에 홀아비가 죽었다. 왕비가 중전이 되면 의당 벌레나 짐승에 대한 근심이 없어야 하건만 고려 때의 왕후는 죽은 호랑이의 발톱에 죽었다. 대군(大君)은 고량진미를 물리도록 먹기에 예상(翳桑)의 굶주림[361]을 걱정하지 않지만 조선의 광평대군(廣平大君)[362]

蜂衙, 亦一皇帝也. 又一說, 帝**得一人**同聖節者, 生而貧賤, 行乞糊口, 而每夜夢爲天子, 宮**室**城郭之美, 宗廟百官之盛, 殆與陛下彷彿矣. 上驚曰, 運命之說, 果不誣矣. 爾之夜, 卽我之晝, **列子所謂夜天子也**. 五山說林**云**, 我成廟訪與己同命者, **都中**有**賤**女, 家甚殷富. 上召問, 平生苦樂, 女曰, 妾出甚微, 贖賤家主, 得嫁良夫, 未久見背, 惟涉文史爲事耳. 其免賤之歲, 卽上踐祚之年. 其喪夫之日, 卽中壼昇遐之辰也. 上異之曰, 事皆與予畧**同**, **而**予有後宮十數輩, 爾有甚事. 女俯伏笑曰, 賤臣素性繁華, 亦有如武后之男妾十數人. 上大笑曰, 可謂男中有予, 女中有爾.(『松南雜識』)

357) 등통(鄧通) : 한나라 사람. 무제(武帝)의 절대적 신임으로 동(銅) 탄광을 개발, 당시 최고의 부자가 되었지만 경제(京帝)가 즉위하자 몰락하여 재산까지 몰수됐다.

358) 곽박(郭璞) : 서진(西晉) 말에서 동진(東晉) 초의 학자 · 시인. 자는 경순(景純). 박학하고 시문과 점술에 뛰어나 원제에게 상서랑(尙書郎)으로 임명되었다. 322년에 중신인 왕돈(王敦)이 반란을 일으켜 관군이 패하자 살해되었다. 『목천자전(穆天子傳)』 · 『초사(楚辭)』 · 『산해경(山海經)』 등의 주석이 유명하다.

359) 가난한 선비가 「천복비」의 글씨를 베껴다가 돈을 벌려고 하였는데 벼락이 쳐서 「천복비」가 깨졌다고 한다.

360) 결리(結褵) : 여자가 시집갈 때 그 부모가 수건을 매달아 주는 의식으로 시부모의 봉양과 지조를 의미한다.

361) 예상(翳桑)은 고대의 지명. 춘추 시대에 진(晉)나라의 영첩(靈輒)이 예상에서 굶어숙

은 목구멍이 막혀 죽음을 모면할 수 없었다. 이러한 일들은 대개 이미 정해진 운명에 연유하는 것이기에 부처에게 아첨하고 신에게 기도한다고 피할 수 있는 일이 아니다.363)

금은방
金銀榜

『당서(唐書)』에서 말하였다.

최소(崔紹)364)가 갑자기 죽었다가 다시 살아나서는 말하였다.

저승에 방(榜)이 줄지어 서 있는 것은 보았는데 사람이 살아 있을 때의 성명이 써 있었다. 장군, 재상은 금방(金榜)이고 그 다음은 은방

게 되었는데 조순(趙盾)이 그를 보고 음식을 주었다. 이것이 인연이 되어 영첩이 조순을 죽음에서 구해 준 일이 있다. 이후로 예상(翳桑)은 식량이 떨어져 굶주림을 비유하는 고사가 되었다.

362) 광평대군(廣平大君) : 조선 전기의 왕자(1425～1444). 이름은 여(璵). 자는 환지(煥之), 호는 명성당(明誠堂). 아버지는 세종이며, 어머니는 소헌왕후(昭憲王后) 심씨(沈氏)이다. 성품이 너그럽고 용모와 자태가 풍미하고 총명, 효제하며 서예와 격구에도 능하였다. 20세의 나이로 요절하였다. 시호는 장의(章懿)이다.

363) 古語**曰**, 有已定之天, 有未定之天, 已定之天者, 命分一定而不可移易也, 未定之天者, 世變多般而不可逆測也. 若漢鄧通賜銅山**而不有一簪**, 晉郭璞禱厠神而竟**逢**敦**殺**, 饒州貧士, 多具紙墨而雷轟薦福之碑, 魏公鰥客, 許以侍兒而先死結縭之前, 妃主中壺, 則宜無虫獸之虞, 而麗代王后, 殞命於虎之爪, 大君厭膏粱則不患**醫藥之飢**, 而我朝廣平, 莫救於咽喉之塞, 若此類者, 率由於已定之天, 而非**智力之所可圖也**. **噫**, **世之昧者**, **或**諂佛**而度厄**, **或**禱神而**祈福**, **妄求分外之事**. **徒自勞攝其心**, **祗見其不知命**也.(『旬五志, 下』) → 古語**云**, 有已定之天, 有未定之天, 已定之天者, 命分一定而不可移易**者**也, 未定之天者, 世變多般而不可逆測**者**也. 若漢**之**鄧通, **有餓死之相**, **文帝**賜**之**銅山, **欲富之而卒不免絶食之患**, 晉**之**郭璞, **有凶終之厄**, 禱**於**厠神**以禳之**而竟**不脫王**敦**之害**, 饒州貧士, 多具紙墨而雷轟薦福之碑, 魏公鰥客, 許以侍兒而先死結縭之前, **后**妃主中壺, 則宜無虫獸之虞, 而麗代王后, 殞命於**死**虎之爪, 大君厭膏粱則不患**翳桑**之**餓**, 而我朝廣平, 莫救於咽喉之塞, 若此類者, 率由於已定之天, 而非諂佛禱神而**所可也避**也.(『松南雜識』)

364) 『松南雜識』에는 '崔昭'로 되어 있음.

(銀榜)이며 주현(州縣)의 말단 관리는 철방(鐵榜)이었다.[365]

나는 "'이 세상의 방(榜)'은, 부자가 되는 기술에 부지런하면 부자, 과거 공부에 부지런하면 과거 급제, 도덕에 부지런하면 도덕군자(道德君子)"라고 생각한다.

역염(酈炎)[366]의 "부귀는 인적(人籍)이 있고 빈천은 천록(天錄)이 없다"[367]는 말이 이것이다.

필점
筆占

「비효선전(費孝先傳)」에서 "관로(管輅)[368]가 붓을 잡고 점을 쳤는데 어떤 경우는 글자에 따라 길흉을 점쳤고 어떤 경우는 한 글자로 몇 사람의 점을 치기도 하였으니 그 결과가 동일하지 않다"라고 하였다.[369]

지금은 혹 주문을 외워 사람으로 하여금 붓 가는 데로 신이 내려 글씨를 쓰게 하니, '필점(筆占)'이라고 하는데 글자로 점을 친다.

당나라 역사에서 말하였다.

중종(中宗)이 방릉(房陵)[370]에 있을 때 하늘을 보고 탄식하며 공중에

---

365) 崔**紹**暴卒復生, 見冥間列榜**備**, 書人姓名, 將相**列**金榜, **其**次**列**銀榜, 州縣小官**並列長**鐵榜.(『類說, 卷四, 兩京雜記, 冥間列榜』) → 崔**昭**暴卒復生**云**, 見冥間列榜, 書人**生**姓名, 將相金榜, 次銀榜, 州縣小官鐵榜**云**.(『松南雜識』)
　*『당서』에 없는 내용이다.

366) 역염(酈炎) : 한나라 범양(范陽) 출신. 자는 문승(文勝). 문재가 있고 음률을 이해하였다.

367) 富貴有人籍, 貧賤無天錄.(『後漢書, 卷一百十下, 文苑列傳第七十下, 酈炎傳』)
　* 부귀한 자는 사람들에 의해 전적에 기재되지만 빈천한 자는 하늘의 기록에 기재되지 않는다는 의미이다.

368) 관로(管輅) : 중국 삼국 시대 위(魏)나라의 방사(方士)로 자는 공명(公明). 용모가 추하고 기이한 행동을 많이 하였다.

369) 費孝先傳, 管輅執**革**占術, 或因字以**決**吉凶, 或一字而數人占**得**之, 其應不同.(『韻府群玉, 占事以字』) → 費孝先傳, 管輅執**筆**占術, 或因字以吉凶, 或一字而數人占之, 其應不同.(『松南雜識』)

돌 하나를 던지면서 마음으로 축원하였다.

"내가 다시 황제가 될 터이면 이 돌이 떨어지지 말지어다."

홀연히 돌이 가지에 걸리니 역시 돌로 마음을 점 친 것이다.[371]

단양(丹陽)의 군수 유목지(劉穆之)[372]가 자제와 청사에서 연회를 베풀 때의 일이다. 기둥에 구멍 하나가 있었는데 유목지가 말하였다.

"너희 중에 밤을 기둥에 던져서 구멍에 넣는 사람이 이 군(郡)을 얻으리라."

유수지(劉秀之)[373]가 집어넣었는데 정말 군수가 되었으니[374] 바로 뜻으로 일을 점 친 것이다.

척전

擲錢[375]

옛날에는 시초(蓍草)나 거북이를 사용하여 점을 쳤는데 요즘은 동전을 사용하니 엄군평(嚴君平)[376]에게서 시작되었다. 매화를 보고 점을 치는

---

370) 방릉(房陵) : 지금 중국 호북성(湖北省) 방현(房縣) 지역이다.

371) **獨異記**, **唐**中宗**爲天后所廢**, **於**房陵仰天而**嘆**, **心祝之**, 因抛一石**於**空中曰, 我復帝, 此石不**落**, **其**石, **遂**爲樹枝**勾**掛, **至今尙存**.(『白孔六帖, 卷五, 石, 祝石不落』) → 中宗**在**房陵, 仰天而**歎**, 因抛一石空中, **心祝之**曰, 我復帝, 此石不**墜**, **忽**石爲樹枝**所**掛, **亦占心以石也**.(『松南雜識』)

372) 유목지(劉穆之) : 송나라 사람. 자는 도화(道和).

373) 유수지(劉秀之) : 송나라 사람. 자는 도보(道寶). 유목지(劉穆之)의 종질(從姪).

374) **明年遷丹陽先是**, **秀之從叔**穆之**爲**丹陽, 與子弟**於**廳事**上飮**宴, **秀之亦與焉**. **廳事**柱有一穿, 穆之**謂子弟及秀之**曰, 汝等**試**以栗**遙**擲**此**柱. **若能**入**穿**, **後必**得此郡. **穆之諸子並不能中**, **唯**秀之**獨**入**焉**.(『宋書, 卷八十一, 列傳, 第四十一, 劉秀之』) → 丹陽**尹劉**穆之, 與子弟宴廳事, 柱有一穿, 穆之曰, 汝等以栗擲柱入**者**, 得此郡. 秀之入, **果然**.(『松南雜識』)

375) 척전(擲錢) : 엽전으로 치던 점. 돈점·척전점(擲錢占)이라고도 한다. 점괘(占卦)를 만드는 점구(占具)에 돈을 사용한 데서 나온 이름으로 육효점(六爻占)과 윷점(占)이 있다. 육효점에서는 구멍이 뚫린 3개의 엽전을 한쪽 면을 양(陽), 다른 면을 음(陰)으로 정해 6번 던져 그 음·양을 따져 하나의 괘를 만들고, 64괘에 맞추어 길흉화복(吉凶禍福)을 판단한다.

것은 소옹(邵雍)에게서 시작되었다. 절초점(折草占)·송엽점(松葉占)[377]은 본래 시초점(蓍草占)에서 시작되어서 산통점(算筒占)[378]이 되었으니 우리나라 말로는 '제비뽑기[除非甫其]'라고 하니 바로 '염추(拈秋)'[379]이다.

풍각
風角

『한서(漢書), 유관전(劉寬傳)』의 주석에 "네 모퉁이의 바람을 관찰하여 점치는 것을 풍각(風角)[380]이라고 한다"[381]라고 하였으니, 지금의 육임(六壬)[382]·단시(斷時)[383]와 유사하다.

---

376) 엄군평(嚴君平) : 촉(蜀)나라 사람. 이름은 준(遵). 자는 군평(君平). 성도(成都)의 저자에서 복서(卜筮)를 일삼아서 시구(蓍龜)에 의지하여 충효와 신의로 사람들을 가르치고 하루에 백전(百錢)을 얻으면 곧 문을 닫고 『노자』를 읽었다고 한다.

377) 송엽점(松葉占) : 솔잎으로 점치는 점법의 하나. 산통점(算筒占)과 같은 점법으로 점괘를 팔괘(八卦)에 맞추는 육효점(六爻占)의 일종인데, 그해석이 난해하므로, 잘 사용되지 않는다. 점치는 방법은 먼저 점보러 온 사람에게 청솔잎이나 마른 솔잎을 3번 뽑게 한다. 임의로 뽑혀진 솔잎의 숫자로 괘를 삼고 그것을 토대로 점을 친다. 남자의 경우, 먼저 왼손으로 뽑은 것을 첫째 괘, 오른손으로 뽑은 것을 둘째 괘, 다시 왼손으로 뽑은 것을 셋째 괘로 만들고, 여자의 경우 반대로 오른손·왼손·오른손의 순서로 뽑게 하여 괘를 만든다. 이때 점괘에 필요한 숫자는 8개 이하의 숫자이기 때문에, 많은 솔잎을 쥐고 점을 칠 경우 뽑힌 솔잎에서 8의 배수를 제외하고 남은 숫자로 괘를 만든다.

378) 산통점(算筒占) : 산통을 사용하여 길흉화복을 판단하는 점법. 이 점법은 산통에 산목(算木)이나 산가지를 8개 넣어두고 뽑아서 효(爻)를 얻고 괘(卦)를 만들어 역서(易書)에 적힌 괘문으로 길흉화복을 판단한다. 점치는 방법은 먼저 상 위에 향을 피우고 주문을 외운 다음, 문복(問卜)하는 사람의 소원을 말한다. 그런 다음 목재나 금속으로 된 산통을 흔들어 산목이 섞어지도록 한 뒤에 산통의 구멍에서 산목을 하나씩 6번 꺼내어 그것에 새겨져 있는 눈금을 읽는다. 이처럼 6차례 되풀이하는 것을 육효점(六爻占)이라고 한다. 음양과 역학의 원리를 적용한 작괘점(作卦占)의 일종으로 널리 전파되어 있다

379) 염추(拈秋) : 염초(拈抄)의 오류로 보임.

380) 풍각(風角) : 사방(四方)과 네 모퉁이의 바람을 궁(宮)·상(商)·각(角)·치(徵)·우(羽)의 오음(五音)으로 감별(鑑別)하여서 길흉(吉凶)을 점치는 방술(方術).

381) **角隅也**, 觀四隅之風, 占之**也**.(『後漢書, 卷五十五, 卓魯魏劉列傳第十五, 劉寬傳』의 주석) → 觀四隅之風, 占之. **謂風角**.(『松南雜識』)

경방의 효는 매일에 해당된다
京爻當日

경방(京房)384)의 『경씨역전(京氏易傳)』에서 "『주역(周易)』의 삼백 육십사 효를 사용하여 매 효(爻)마다 하루에 해당시켜 바람과 비, 길흉을 점치는데 네 개의 효를 미루어 나누어서 윤달로 만든다"라고 하니 대개 그 법은 『역림(易林)』385)에서 나와 변형된 것이다.

'田(전)'자를 써서 쥐를 죽이다
書田殺鼠

위나라 역사에서 "민간에서 말하기를 쥐가 옷을 쏠면 그 주인이 불길(不吉)하다"386)라고 하였다. 경방(京房)이 "쥐가 나라의 문안에서 춤을 추면 그 재앙은 망국의 결과로 나타난다. 쥐가 뜰에서 춤을 추면 그 재앙은 주살(誅殺)의 결과로 나타난다"387)라고 하였다.

"진(晉)나라 순우지(淳于智)388)가 압승술(壓勝術)389)을 잘하였다. 유유(劉

382) 육임(六壬) : 골패 등을 가지고 길흉(吉凶)을 점치는 한 방법. 임자(壬子), 임인(壬寅), 임진(壬辰), 임오(壬午), 임신(壬申), 임술(壬戌)을 말한다.

383) 단시(斷時) : 점을 하는 시간을 잘라서 들여다본다는 뜻. 이 점술은 매우 간단한데 남녀에 따라서 적용시키는 것이 다르다. 나이와 일진과 시간을 숫자화 해서 이미 만들어진 몇 개의 결론에 대입시켜서 풀이한다.

384) 경방(京房) : 한(漢)나라 때 역학(易學)의 대가, 음악이론가. 자는 군명(君明), 스스로 이(李)씨 성(姓)을 경(京)씨로 바꾸었다. 낭중(郎中)·위군태수(魏郡太守) 등의 벼슬을 지냈고, 상소(上疏)하다가 미움을 받아 옥사(獄死)하였다. 저서로는 『경씨역전(京氏易傳)』 3권이 있다.

385) 역림(易林) : 한(漢)나라 초공(焦贛)이 지은 책.

386) 世俗**以爲**鼠嚙衣者, 其主不吉.(『古今事文類聚後集, 卷四十一, 毛蟲部, 鼠嚙馬鞍』) → 世俗**言**鼠嚙衣者, 其主不吉.(『松南雜識』)

387) 鼠舞國門, 厥咎應亡, 鼠舞**於**庭, 厥咎誅死, **京房易候**.(『古今事文類聚後集, 卷四十一, 毛蟲部, 鼠』) → **京房曰**, 鼠舞國門, 厥咎應亡, 鼠舞**于**庭, 厥咎誅死.(『松南雜識』)

388) 순우지(淳于智) : 진(晉)나라 사람으로 자는 숙평(叔平). 주역점에 능하였다.

389) 압승술(壓勝術) : 사악함을 제거하고 길함을 얻는 술수.

柔)가 왼손 중지(中指)를 쥐에게 물리자, 순우지가 붉은 글씨로 손 안에 '田(전)'자를 써주었다. 유유가 손을 내놓고 잠을 잤는데 다음날 아침 쥐가 엎어져 죽어 있었다"[390]라고 하니 지금 쥐를 쫓을 때 '田(전)' 자를 쓰는 것은 여기에서 유래하였다.

『유양잡조(酉陽雜俎)』에서 말하였다.

> 왕씨의 아들이 사람을 죽이고 감옥에 갇히자 일행(一行[391])에게 구원해달라고 하였다. 일행(一行)이 일꾼들에게 베주머니를 주면서 아무 곳의 황폐한 정원으로 들어가 엿보고 있다가 돼지 일곱 마리가 들어오거든 모조리 잡아오라고 하였다. 그리고는 잡아온 돼지를 항아리 속에 넣고 밀봉을 한 후 범자(梵字)를 썼다. 다음 날 아침에 태사(太史)가 북두칠성이 보이지 않는다고 천자에게 아뢰자 일행을 소환하여 그 까닭을 물었다. 일행이 "크게 사면하는 것이 가장 좋사옵니다"라고 대답하였다. 그의 말대로 하니 별이 전처럼 보였다.[392]

---

390) 淳于智, …… 善厭勝之術, 高平劉柔夜臥, 鼠齧其左手中指, 以問智, 智曰, 是欲殺君而不能, 當爲君使其反死, 乃以朱書手腕橫文後三寸作田字, 辟方一寸二分, 使露手以臥, 明旦, 有大鼠伏死手前.(『晉書, 卷九十五, 列傳, 第六十五, 藝術, 淳于智』) → 晉淳于智善厭勝, 劉柔夜臥, 鼠囓其左手中指, 智曰, 是欲殺君而不能, 當爲君使其反死, 乃以朱書手作田字, 使露手臥, 明旦, 有大鼠伏死手前.(『古今事文類聚後集, 卷四十一, 毛蟲部, 鼠囓手指』) → 晉淳于智善厭勝, 劉柔夜, 鼠囓其左手中指, 智爲朱書手中作田字, 露手臥, 明日鼠伏死.(『松南雜識』)

391) 일행(一行) : 당나라 승려. 세상에서 일행아도리(一行阿闍梨)라고 칭했으며, 속명(俗名)은 장수(張遂)였다.

392) 僧一行博覽無不知, 尤善於數, 鉤深藏往, 當時學者莫能測, 幼時家貧, 隣有王姥, 前後濟之數十萬, 及一行開元中承上敬遇, 言無不可, 常思報之, 尋王姥兒犯殺人罪, 獄未具, 姥訪一行求救, 一行曰, 姥要金帛, 當十倍酬也. 明君執法, 難以請求如何. 王姥戟手大罵曰, 何用識此僧. 一行從而謝之, 終不顧. 一行心計渾天寺中工役數百, 乃命空其室內, 徙大瓮於中, 又密選常住奴二人, 授以布囊, 謂曰, 某坊某角有廢園, 汝向中潛伺, 從午至昏, 當有物入來, 其數七, 可盡掩之. 失一則杖汝. 奴如言而往, 至酉後, 果有羣豕至, 奴悉獲而歸. 一行大喜, 令置瓮中, 覆以木盖, 封以六一泥, 朱題梵字數十, 其徒莫測, 詰朝, 中使叩門急, 召至便殿, 元宗迎問曰, 太史奏昨夜北斗不見, 是何祥也. 師有以禳之乎. 一行曰, 後魏時, 失熒惑, 至今帝車不見, 古所無者, 天將大警於陛下也. 夫匹婦匹夫, 不得其所, 則隕霜赤旱, 盛德所感, 乃能退舍, 感之切者, 其在

쥐는 죽일 수 있지만 돼지는 가둘 수 없다. 이런 까닭에 술수는 신중히 사용하지 않을 수 없다.

풍수

風水

주(周)나라와 진(秦)나라의 교체기에 어떤 은자(隱者)가 『주역(周易)』을 본떠서 『청오경(青烏經)』[393]을 지으니 이것이 풍수의 시작이다. 또 장량(張良)[394]의 『적정경(赤霆經)』, 「착맥부(捉脉賦)」와 곽박(郭璞)의 『장경(葬經)』[395]과 범월봉(范越鳳)[396]의 『동림조담서(洞林照膽書)』가 있다. 우리나라는 당 일행(唐一行)의 『멸만경(滅蠻經)』[397]을 법으로 삼았는데, 옥룡(玉龍)[398]·

葬枯出係乎. 釋門以瞋心壞一切善, 慈心降一切魔, 如臣曲見, 莫若大赦天下, 元宗從之, 又其夕太史奏北斗一星見, 凡七日而復.(『酉陽雜俎, 卷一, 忠志』)→僧一行長於數, 所善王姥其子, 以殺人繫獄, 求救於一行. 一行曰, 吾以數推之, 當有赦矣. 翌日遣其徒, 授以布囊, 戒令從某處廢園伺之, 有物來, 其數七, 共捕之, 以囊擕來勿脫也. 其徒如言而往, 果有七豕入園盡獲之. 一行寘大瓮中, 密覆封以六一泥, 朱書梵字. 詰朝, 明皇急召問曰, 太史奏昨來, 北斗不見, 此何祥也. 一行奏曰, 此古所無, 惟後魏時, 失熒惑, 亦其比也. 惟施, 惠可以應之. 釋氏云, 嗔心壞一切善, 慈心降一切魔, 莫若大赦天下. 上從之. 其夕太史奏北斗一星現, 凡七日而復.(『類說, 卷四十二, 酉陽雜俎, 太史奏不見北斗』)→雜俎曰, 王生子, 殺人繫獄, 求救於一行. 一行授布囊, 令入某處廢園, 伺捕七豕, 置甕中密封, 書梵字, 詰之. 太史奏北斗不見, 召一行問之, 曰莫若大赦. 從之. 星現如古云.(『松南雜識』)

393) 청오경(青烏經): 한나라 때 풍수지리학의 원조인 청오(青烏)가 묏자리를 정하는 데 필요한 사항을 쓴 책. 내용은 하늘·땅은 음·양으로 구분되어 생겼으며, 음·양에는 청·탁이 있고, 청·탁은 길·흉을 수반한다는 것이다.

394) 장량(張良): 한나라의 건국 공신. 자는 자방(子房). 한나라 고조를 도와 천하를 통일하여, 소하·한신과 함께 한나라 창업의 삼걸(三傑)로 일컬어진다.

395) 장경(葬經): 곽박(郭璞)이 쓴 책으로 풍수지리사상이 최초로 나타난다.

396) 범월봉(范越鳳): 명나라 사람으로 자는 가의(可儀), 호는 동미산인(洞微山人).

397) 멸만경(滅蠻經): 중국 사람들이 조선을 포함하는 주변 민족에서 훌륭한 인물이 나오는 것을 막으려고 명당 자리는 나쁜 것으로, 나쁜 자리는 명당으로 살짝 고쳐서 흘려 건네주었다는 풍수지리서.

398) 옥룡(玉龍): 신라 말의 승려 옥룡자 도선(道詵, 827~898)이 지었다고 하는 예언서. 불분권 1책. 필사본. 원래는 『옥룡자비결』이라는 이름으로 각지에 흩어져 있던 내용을

나옹(懶翁)[399] · 토정(土亭)[400] · 격암(格巖)[401] 등 비결(秘訣)을 이루 다 기록할 수 없다. 근자에 명색 유자(儒者)가 풍수로 벼슬을 하니 종실(宗室) 이정(李禎)이 며느리를 무당으로 만들어 신당령(神堂令)에 봉해진 것과 같다.

옛무덤을 점치다
卜舊墳

『후산담총(後山談叢)』[402]에서 말하였다.

민월(閩越)에 황발사(黃撥沙)는 묘 그림을 보고 길흉을 알았기에 발사(撥沙)라고 하였다. 무주(婺州)[403]의 사람 중에 대대로 왼쪽 눈병을 앓는 사람이 있어서 그에게 물어보니 "나무뿌리가 조상 묘의 왼쪽 눈을 손상시킵니다"라고 말하였다. 무덤을 파보니 정말 그러하였다.[404]

모아 하나의 체계를 세운 것이다.

399) 나옹(懶翁) : 『나옹비결(懶翁秘訣)』. 고려 후기의 고승(1320~1376)이 지은 비결서. 나옹은 혜근(彗勤)이라고도 쓴다. 성은 아씨(牙氏). 속명은 원혜(元惠), 호는 나옹(懶翁) 또는 강월헌(江月軒). 선관서영(善官署令) 서구(瑞具)의 아들이다.

400) 토정(土亭) : 조선 중기에 이지함(李之菡))이 지은 것으로 전하는 도참서(圖讖書 : 예언서). 태세(太歲) · 월건(月建) · 일진(日辰)을 숫자로 따져 새해의 신수(身數)를 보는 데 사용하였으며, 『주역』의 음양설에 근거해 있는 반면 오행설과는 아무런 관계가 없다.

401) 격암(格巖) : 격암유록(格庵遺錄). 남사고비결(南師古秘訣)이라고도 한다. 남사고(南師古)가 역리(易理)를 근거로 운수를 미리 헤아려서 우리나라의 미래에 대하여 예언한 참서(讖書).

402) 후산담총(後山談叢) : 송나라 진사도(陳師道)가 지은 책으로 4권이다.

403) 무주(婺州) : 지금의 중국 절강(浙江) 금화(金華).

404) 閩越黃撥沙, **善**視墓**畫地爲**圖, **卽**知**咎休**, 故號撥沙, 婺**人**有世患左目者, 問之曰, **祖墳有木**, **久則**木根傷**害其**目, **必**發墓**以去之**, **旣發**, **有根貫在左目**, **出之而愈**.(『後山談叢, 卷二』) → 閩越黃撥沙, 視墓圖, 知**休咎**, 故號撥沙, 婺有世患左目者, 問之曰, 木根傷**祖墓左**目, 發墓, **果然**.(『松南雜識』)

지금 옛무덤을 점치는 것은 여기에서 유래하였다.

또 『사문유취(事文類聚)』에서 "조리계(曹俐契)의 수염에 며느리가 표시를 해 두고 옛무덤을 찾는 것을 이른다"라고 하였다.

복 있는 사람이 길지를 만난다
福人逢吉地

수(隋)나라 역사에서 말하였다.

소길(蕭吉)[405]이 문제(文帝)의 황후 독고씨(獨孤氏)[406]의 장지(葬地)를 잡고 "국운이 삼십세(三十世) 이천년(二千年) 갈 터입니다"라고 말하였지만 물러가서 말하기를 "삼십 세라고 말한 것은 실은 삼 세이고 이천 년이라고 말한 것은 실은 이십 년이다"라고 하였다.

『요산당외기(堯山堂外紀)』[407]에서 말하였다.

주위재(朱韋齋)[408]가 풍수지리를 심하게 믿었다. 일찍이 지관을 불러 택지(擇地)를 하고 부귀할 것인지 물어보니 그 사람이 대답하였다.

"부(富)는 다만 이 정도이고 귀(貴)도 다만 이 정도이지만 아이를 낳으면 바로 공부자(孔夫子)같은 사람일 것입니다"[409]

405) 소길(蕭吉) : 수나라 사람. 자는 문휴(文休). 양(梁) 장사왕(長沙王) 의(懿)의 손자.
406) 『松南雜識』에는 '文帝葬地'로 오기되어 있음.
407) 요산당외기(堯山堂外紀) : 명나라 장일규(蔣一葵)가 지은 책. 100권.
408) 주위재(朱韋齋) : 주희(朱熹)의 아버지.
409) 朱韋齋**晦菴先生父也**, 酷信地理, 嘗招山人擇地, 問富貴何如. 其人**久之**, **答**曰, 富也只如此, 貴也只如此, 生箇小孩兒, 便是孔夫子, **後生晦菴**, **果爲大儒**.(『堯山堂外紀, 卷六十』)→朱韋齋酷信地理, 嘗招山人擇地, 問富貴何如. 其人曰, 富也只如此, 貴也只如此, 生箇小孩兒, 便是孔夫子.(『松南雜識』)

지금 지가서(地家書)의 마지막 장에 "복 있는 사람은 길지(吉地)를 만난다"고 되어 있다. 어떤 사람은 주자가 부모를 각각 천 리 거리에 장사지냈다고 말한다. 이런 까닭에 상촌(象村) 신흠(申欽)이 "주자(朱子)의 학술은 모두 배울 만하지만 오로지 풍수지리만은 배울 것이 없다"라고 한 말이 그 증거이다.

아홉 번 아버지를 이장하다
九遷父葬

삼연(三淵) 김창흡(金昌翕)[410]이 "남사고(南師古)[411]가 아홉 번 아버지의 무덤을 옮기고서 크게 곡을 하고 돌아왔다"라고 하였다.

다음과 같은 전설이 있다.

남사고가 아버지의 장지(葬地)를 잡는데 현재적 관점으로 보면 길하지만 장래에는 흉하였다. 그래서 아홉 번 이장하였다. 당시에 자기보다 훌륭한 은자(隱者)가 있었는데 함께 가서 묘자리를 잡으려라고 하였다. 그 사람의 나이는 이미 일흔이어서 지팡이를 짚고 억지로 갔다. 노인에게 도술이 높고 연로한데 묘자리를 어디로 정하였는지 물어보았다. 노인은 길가 바위 아래를 가리키며 말하였다.

"이곳이오."

남사고가 그곳을 찬찬히 보았으나 결코 길지(吉地)가 아니었다. 그래

---

410) 김창흡(金昌翕) : 조선 중기의 학자(1653~1722). 자는 자익(子益). 호는 삼연(三淵). 김수항의 셋째 아들로 성리학에 뛰어나 형 김창협과 함께 율곡 이후의 대학자로 이름이 높았다. 저서에 『삼연집』이 있다.

411) 남사고(南師古) : 조선 중기의 학자(1509~1571). 본관은 영양(英陽), 호는 격암(格庵). 효행과 청렴으로 이름났으며, 평생 『소학(小學)』을 즐겨 읽었다. 역학(易學)·풍수(風水)·천문(天文)·복서(卜筮)·관상(觀相)의 비결에 도통하여 예언이 꼭 들어맞았다고 한다. 풍수학(風水學)에 조예가 깊어 전국의 명산을 찾아다니며 많은 일화를 남겼다. 문집에 『격암일고(格庵逸稿)』가 있다.

서 인사하며

"오늘은 벌써 날이 어두워졌으니 훗날 다시 찾아뵙겠습니다"

라고 하였다. 삼 년이 지나서 그 곳을 방문하니 집은 허물어지고 쑥대만 가득하였다. 슬픈 마음으로 나뭇꾼에게 물어보니

"노인이 자손도 없이 죽었기에 이임(里任)412)이 저 바위 아래에 묻었다오."

라고 말하였다. 남사고는 크게 깨닫고 생전에 다시 토론하고 묻지 않은 것을 한스러워하였다.

천장(遷葬)을 놀리는 시
改窆譏詩

지봉(芝峯) 이수광(李睟光)이 말하였다.

『패사(稗史)』에서 말하였다.

채원정(蔡元定)413)이 풍수지리를 잘하여 매양 마을 사람들과 묘자리를 찾아 이장을 하였다. 그래서 그가 귀양을 가자 어떤 이가 시를 지었다.

남의 집 다 파헤쳐서 묘자리를 만들기 좋아하니	掘盡人家好隴丘
원혼이 돌아오고자 하고자 해도 찾아길 길 없다	寃魂欲返更無由
선생이 만약 요부(堯夫)414)의 도술이 있다면	先生若有堯夫術

412) 이임(里任) : 조선 시대에, 지방의 동리에서 호적에 관한 일과 그 밖의 공공 사무를 맡아보던 사람.

413) 채원정(蔡元定) : 송나라 사람. 자는 계통(季通). 주자(朱子)의 문인으로, 복건성(福建省) 건양현(建陽縣) 서북쪽에 있는 서산(西山)에 은거(隱居)하여 강학하니, 배우는 자들이 서산 선생이라 불렀다.

414) 요부(堯夫) : 소옹(邵雍). 북송의 학자(1011~1077). 자는 요부(堯夫), 호는 안락선생

어찌하여 도주(道州)[415]로 귀양간다고 미리 말하지 않았나
何不先言去道州[416]

근래에 어떤 이의 시에,

무심한 백골은 적막히 누웠건만 白骨無心寂寞臥
무슨 일로 청산은 시비가 많은가 青山何事是非多

라고 하였다.

의술은 생각, 무당은 속임수
醫意巫誣

「편작전(扁鵲傳)」에서 "월인(越人)[417]이 처방을 할 때에는 진맥을 하지 않고 안색을 바라보고 목소리를 듣고 외모를 관찰하고 병이 있는 곳을 말한다"[418]라고 하였다.

『담빈록(譚賓錄)』[419]에서 "허예종(許裔宗)[420]이 '醫(의)는 意(의)이니 맥

(安樂先生), 시호는 강절(康節). 상수(象數)에 의한 신비적 우주관과 자연 철학을 제창하였다. 저서에 『관물편(觀物篇)』, 『이천격양집(伊川擊壤集)』, 『황극경세서(皇極經世書)』 등이 있다.

415) 채원정(蔡元定)이 주자를 종유하였는데, 송 영종(宋寧宗) 때 권신(權臣) 한탁주(韓侂胄)가 경학(經學)을 위학(僞學)이라고 금지케 하고 그를 도주(道州)로 귀양가게 하였다.

416) 稗史言蔡元定**能通術數**, 喜地理**學**, 每與鄕人卜葬改窆, 及貶, 人爲詩曰, 掘盡人家好隴**丘**, 寃魂欲**訴**更無由, 先生若有堯夫術, 何不先言去道州.(『芝峯類說, 卷十八, 技藝部, 方術』) → 稗史言蔡元定喜地理, 每與鄕人卜葬改窆, **故**及貶, 人爲詩曰, 掘盡人家好隴**邱**, 寃魂欲**返**更無由, 先生若有堯夫術, 何不先言去道州.(『松南雜識』)

417) 월인(越人) : 전국 시대의 의사인 편작(扁鵲)의 이름. 장상군(長桑君)으로부터 의술을 배워 환자의 오장을 투시하는 경지에까지 이르렀다고 한다.

418) 越人之爲方也, 不待切脈, 望色聽聲寫形, 言病之所在.(『史記, 卷一百五, 扁鵲倉公列傳』)

419) 담빈록(譚賓錄) : 당나라 호거(胡璩)가 편찬한 책. 총 10권.

의 깊은 곳은 말로 전달할 수 없다'고 말하였다"[421]라고 하였다.

훌륭한 사람 중에 의술을 하는 이도 있다. 우리나라의 경우 재상 중에는 청성(淸城) 김석주(金錫胄)[422]가 있고 이인(異人)으로는 북창(北窓) 정렴(鄭磏)[423]이 있다. 학자(學者)로는 고산(孤山) 윤선도(尹善道)[424]와 주촌(舟村) 신만(申曼)[425]이 있고 사인(士人)으로는 초창(草窓) 윤동리(尹東里)가 있다.

지봉(芝峯) 이수광(李睟光)이 말하였다.

> 소설(小說)에서 "무격(巫覡)은 사악한 속성을 기니고 있어 일단 사람의 문에 올라서면 요망함이 뒤따른다"라고 하였다. 민간에서는 무당을 '탐재귀(貪財鬼)'라고 하는데 남의 재물을 보면 반드시 탐을 내서 사람에서 해를 입히기 때문이다. 또 '지심귀(知心鬼)'라고 하는 이유는 물어보는 사람의 마음을 잘 헤아리기에 간혹 말이 부합되기도 한다. 그래서 '誣(무)' 자는 '巫'와 '言'으로 구성된다.[426]

---

420) 허예종(許裔宗) : 중국의 명의(名醫). 생졸 연대는 미상.

421) 許裔宗**名醫**, **人問**, **何不著書**, **曰**醫者意也, 脉之深**趣**, 不可言傳.(『類說, 卷十五, 談賓錄, 醫者意也』) → 許裔宗**云**, 醫者意也, 脉之深**處**, 不可言傳.(『松南雜識』)

422) 김석주(金錫胄) : 조선 시대의 문신(1634~1684). 자는 사백(斯百). 호는 식암(息庵). 현종 3년(1662)에 증광 문과에 급제하고, 우의정을 지냈다. 서인(西人)으로서 남인(南人)과의 당파 싸움에 앞장섰으나, 같은 서인의 소장파로부터 반감을 샀고, 이것이 노론·소론 분열의 원인이 되었다. 청성부원군(淸城府院君)에 봉해졌다.

423) 정렴(鄭磏) : 조선 중기의 유의(儒醫)·도교인(1505~1549). 자는 사결(士潔), 호는 북창(北窓). 본관은 온양(溫陽). 어려서부터 천문·의약·복서(卜筮)·율려(律呂) 등에 두루 능통하였으며, 특히 약제(藥劑)에 밝았다.

424) 윤선도(尹善道) : 조선 중기의 문신·시조 작가(1587~1671). 자는 약이(約而). 호는 고산(孤山)·해옹(海翁). 치열한 당쟁으로 일생을 거의 벽지의 유배지에서 보냈으나, 경사(經史)·의약·복서(卜筮)·음양지리에 해박하고, 특히 시조에 뛰어났다. 문집 『고산유고(孤山遺稿)』에 시조 77수와 한시문 외에 2책의 가첩(歌帖)이 전한다.

425) 신만(申曼) : 조선 중기의 학자(1620~1669). 자는 만정(曼倩), 호는 주촌(舟村). 본관은 평산(平山). 신흠(申欽)의 증손이다. 벽촌(僻村)의 빈민들이 쉽게 구할 수 있는 약재로 급질(急疾)을 치료할 수 있도록 『주촌신방(舟村新方)』이라는 의서를 편찬하여 보급하였다. 시호는 효의(孝義)이다.

426) 小說**有**云, 巫覡挾邪, 一登人門, 妖怪隨至, **當斥絶之**, **今**俗**謂**巫鬼, **爲**貪財鬼, 以見

편작(扁鵲)의 “무당을 믿고 의원을 믿지 말라”[427]라는 말은 예나 지금이나 마찬가지이다.

동의보감
東醫寶鑑

연암(燕巖) 박지원이 말하였다.

조선의 선조께서 태의(太醫) 허준(許浚)[428]과 유의(儒醫)[429] 정렴(鄭磏) 등에게 명하여 편찬케 하고 간행하였다. 중국에서는 『양평집(陽平集)』이라고 하니 허준이 양평군(陽平君)에 봉해졌기 때문이다.[430]

‘천하보감(天下寶鑑)’이라고도 불렀는데 중국에 유전되자 중국사람들이 ‘동의보감(東醫寶鑑)’이라 고쳐 불렀다. 또 중국에서도 간행되었다.

人之財, 必欲得之, 加害於人也. 又謂知心鬼, 以其善揣問者之心, 而言或符合也. 理君子審其妖妄, 而不爲所惑則幾矣. 誣字從巫言, 亦有旨哉.(『芝峯類說, 卷十八, 技藝部, 巫覡』)→小說云, 巫覡挾邪, 一登人門, 妖怪隨至, 俗以巫鬼, 謂貪財鬼, 以見人財, 必欲得之, 加害於人也. 又謂知心鬼, 以善揣問者心, 言或符合, 故誣字從巫從言也.(『松南雜識』)

427) 信巫不信醫.(『史記, 卷一百五, 扁鵲倉公列傳, 第四十五』)

428) 허준(許浚) : 조선 선조 때의 명의(名醫)(1546～1615). 자는 청원(淸源). 호는 구암(龜巖). 어의(御醫)로 있으면서 선조의 명으로 의서 편찬에 착수하여 1610년에 『동의보감』 25권을 완성하였다.

429) 유의(儒醫) : 양반 신분의 의원.

430) 我東書籍之入梓於中國者, 甚罕, 獨東醫寶鑑二十五卷盛行, 板本精妙, 我國醫方未廣, 鄕藥不眞, 我宣祖大王命太醫許浚與儒醫鄭古玉碏及醫官楊禮壽, 金應澤, 李命源, 鄭禮男等, 設局撰集, 出內府醫方五百卷, 以資考據, 書始於宣廟丙申, 而成於光海三年庚戌, 實萬曆三十八年也, 其所刊弁卷之文, 頗疎暢, 東醫寶鑑者, 乃明時朝鮮陽平君許浚所撰也.(『燕巖集, 卷十四, 別集, 熱河日記, 口外異聞, 東醫寶鑑』)→我宣廟命太醫許浚及儒醫鄭磏等, 撰之, 入梓, 中國號陽平集, 以許浚封陽平君也.(『松南雜識』)

일신건곤
一身乾坤

『문자(文子)』[431]에서 "하늘에는 사시(四時)[432]·오행(五行)[433]·구해(九解)[434]·366일이 있는데 사람은 사지(四肢)[435]와 오장(五臟)[436]·구규(九竅)[437] 삼백 육십 육 관절이 있다"[438]라고 하였다.

『순자(荀子)』에서 "사지가 마음을 따르는 것과 같다"[439]라고 하였다.

소옹(邵雍)의 시에 "하나의 몸에 또 하나의 건곤(乾坤)이 있다[一身還有一乾坤]"[440]라고 하였다.

『황제내경소문(黃帝內經素問)』에서 말하였다.

하늘은 서북쪽이 부족하기 때문에 서북방이 음(陰)이다. 사람은 오른쪽 귀와 눈의 기능이 왼쪽보다 약하다. 땅은 동남쪽이 비기 때문에 동남쪽이 양이다. 사람은 왼쪽 손발의 힘이 오른 쪽보다 약하다.[441]

또 하늘은 서북쪽이 부족하기 때문에 왼쪽이 추우면 오른쪽이 서

---

431) 문자(文子): 춘추전국 시대의 신견(辛鈃)이 지은 책. 총 2권.
432) 사시(四時): 춘·하·추·동(春·夏·秋·冬).
433) 오행(五行): 수·화·금·목·토(水·火·金·木·土).
434) 구요(九曜): 북두칠성(北斗七星)과 보좌성(輔佐星) 2개. 『松南雜識』에는 '九解'로 외기되어 있음.
435) 사지(四肢): 두 팔과 두 다리를 통틀어 이르는 말.
436) 오장(五臟): 간장(肝腸)·심장(心臟)·비장(脾臟)·폐장(肺腸)·신장(腎臟).
437) 구규(九竅): 사람의 몸에 있는 아홉 개의 구멍. 귀·눈·코의 여섯 구멍과 입·요도·항문의 세 구멍을 통틀어 이르는 말이다.
438) 天有四時五行九**曜**三百六十日, 人有四肢五臟九竅三百六十節.(『文子, 卷上, 九守』) →天有四時五行九**解**三百六十**六**日, 人有四肢五臟九竅三百六十**六**節.(『松南雜識』)
439) 如四胑之從心.(『荀子, 卷八, 君道篇卷第十二』)
440) 「역(易)」.
441) 天不足西北, 故西北方陰也, **而**人右耳目不如左明**也**, 地不滿東南, 故東南方陽也, **而**人左手足不如右强也.(『黃帝內經素問, 卷二, 陰陽應象大論篇』)→天不足西北, 故西北方陰也, 人右耳目不如左明, 地不滿東南, 故東南方陽也, 人左手足不如右强也.(『松南雜識』)

늘하다. 땅은 동남쪽이 비기 때문에 오른쪽이 뜨거우면 왼쪽이 따스하다.[442]

어떤 이는 "오월(五月)이 천중(天中)이고 윗입술을 인중(人中)이라고 하는 것은 위에 여섯 개의 구멍이 있고 아래에 여섯 개의 구멍이 있기 때문이다"라고 하였다.

또 "『주역(周易)』 태괘(泰卦)의 상(象)이 또 머리는 둥그니 하늘을 형상하였고 발은 모나니 땅을 형상하였다. 눈은 해와 달을 형상하였고 얼굴은 오악(五岳)을 형상하였고 입은 함지(咸池)[443]를 형상하였다"라고 말한다.

다섯 가지 감각기관
五官

의학(醫學)에서 말하였다.

눈은 보는 일을 맡으니 간의 구멍이다. 혀는 맛보는 일을 맡으니 염통의 구멍이다. 입은 먹는 일을 맡으니 지라의 구멍이다. 코는 냄새 맡는 일을 맡으니 허파의 구멍이다. 귀는 듣는 일을 맡으니 콩팥의 구멍이다. 또 육부(六腑)는 쓸개[膽]·소장(小腸)·위(胃)·대장(大腸)·오줌보[膀胱]·삼초(三焦)[444]다. 오장(五臟) 중에서 간(肝)은 동쪽·봄·나무[木]에 속하여 피의 저장을 주관하며 왼쪽은 삼엽(三葉), 오른쪽은 사엽(四葉)이다. 심장은 남쪽·여름·불[火]에 속하여 신(神)의 저

442) **帝曰**, 天不足西北, 左寒而右**涼**, 地不滿東南, 右熱而左溫.(『黃帝內經素問, 卷二十, 氣交變大論篇』) → 天不足西北, **故**左寒而右**冷**, 地不滿東南, **故**右熱而左溫.(『松南雜識』)

443) 함지(咸池) : 전설에서 해가 진다고 하는 서쪽의 큰 못.

444) 삼초(三焦) : 상초(上焦)·중초(中焦)·하초(下焦)를 통틀어 이르는 말. 상초는 횡격막 위, 중초는 횡격막과 배꼽 사이, 하초는 배꼽 아래의 부위에 해당한다.

장을 주관하며 구멍이 일곱 개이고 털이 세 가닥이니 우리나라말로는 염통(念桶)이라고 한다. 지라[脾]는 중앙과 흙[土]에 속하여 혼의 저장을 주관하며 오곡(五穀)을 받아들여 오장으로 분산시킨다. 폐(肺)는 서쪽・가을・쇠[金]에 속하여 백(魄)의 저장을 주관한다. 육엽(六葉)에 귀가 둘로 오장의 덮개 역할을 하니 우리나라 말로는 부화(浮火)이다. 신장(腎臟)은 북쪽・겨울・물[水]에 속하여 뜻의 저장을 주관하며 두 개가 있다. 왼쪽이 신(腎)이고 오른쪽이 명문(命門)이다. 우리나라 말로는 콩팥이라고 하니 문서(文書)를 맡는다. 음경(陰莖)은 외신(外腎)이다.

영위음양
榮衛陰陽

의원(醫員)이 "하늘에 음양오행(陰陽五行)이 있는데 사람은 오장에 그것을 구현하였고 병도 그러한 이치가 있으며 초목과 금석(金石)도 그것에 해당된다. 그래서 어떤 해에 어떤 병이 걸리면 어떤 약으로 조제한다"라고 하였다.

몽고(蒙古) 역사에 "야율초재(耶律楚材)가 금(金)나라를 이기고 낙타 두 마리에 대황(大黃)[445]을 싣고 돌아와서 무수한 사람의 질병을 치유시켰다"라고 한 기록이 이것이다.

『황제내경소문(黃帝內經素問)』에서 말하였다.

곡하기를 좋아하는 사람은 허파에 병이 있고 노래하기 좋아하는 사람은 지라에 병이 있다. 망언하기를 좋아하는 사람은 염통에 병이

445) 대황(大黃) : 여뀟과의 여러해살이풀로 높이는 1미터 정도로 속이 비어 있으며 잎의 길이는 25~30cm이다. 만주, 몽골 등지에서 자란다. 뿌리는 약용하는데, 성질이 차고 맛이 쓰며 대소변 불통(不通)・헛소리・잠꼬대・적취(積聚)・어혈(瘀血) 등에 쓴다.

있고 앓는 소리내기를 좋아하는 사람은 신장에 병이 있으며 소리 지르기를 좋아하는 사람은 간에 병이 있다.[446)]

『정의(正義)』에서 말하였다.

사람은 하루 밤 낮에 모두 일만 삼천 오백 번 숨을 쉬며 맥은 몸에서 쉰 바퀴 운행을 하니, 소요되는 시간은 백각(百刻)이다. 영위(榮衛)의 운행은 양이 이십 오 도이고 음이 이십 오 도이다. 도(度)는 한바퀴이다. 폐의 기운은 코와 통하니 코가 조화로우면 냄새를 맡을 수 있다. 간의 기운은 눈과 통하니 눈이 조화로우면 흑백을 구분할 수 있다. 지라의 기운은 입과 통하니 입이 조화로우면 곡식의 맛을 안다. 심장의 기운은 혀와 통하니 혀가 조화로우면 다섯 가지 맛을 안다. 신장의 기운은 귀와 통하니 귀가 조화로우면 다섯 가지 음을 안다. 오장이 조화롭지 못하면 아홉 구멍이 막히고 육부가 조화롭지 못하면 쌓여서 혹이 된다.[447)]

---

446) **正義**, 素問**云**, 好哭者肺病, 好歌者脾病, 好妄言者心病, 好呻吟者腎病, 好叫呼者肝病也.(『史記, 卷一百五, 扁鵲倉公列傳』의 주석) → 素問**曰**, 好哭者肺病, 好歌者脾病, 好妄言者心病, 好呻吟者腎病, 好叫呼者肝病也.(『松南雜識』)
*『松南雜識』에서는 출전을 『황제내경소문(黃帝內經素問)』으로 밝히고 있지만 다음 조(條)의 출전과 같은 『사기』의 주석이 출전으로, 『황제내경소문』에는 나오지 않는 기록이다.

447) 正義, …… 人一日一夜, 凡一萬三千五百息, 脈行五十周於身, 漏水下百刻, 營衛行陽, 二十五度, 行陰二十五度, 度爲一周, …… 肺氣通於鼻, 鼻和則知臭香矣, 肝氣通於目, 目和則知白黑矣, 脾氣通於口, 口和則知穀味矣, 心氣通於舌, 舌和則知五味矣, 腎氣通於耳, 耳和則聞五音矣, 五藏不和, 則九竅不通, 六府不和, 則留爲癰**也**.(『史記, 卷一百五, 扁鵲倉公列傳』의 주석) → 正義**曰**, 人一日一夜, 凡一萬三千五百息, 脉行五十周於身, 漏水下百刻, 營衛行陽, 二十五度, 行陰二十五度, 度爲一周**也**. 肺氣通於鼻, 鼻和則知臭香矣, 肝氣通於目, 目和則知白黑矣, 脾氣通於口, 口和則知穀味矣, 心氣通於舌, 舌和則知五味矣, 腎氣通於耳, 耳和則聞五音矣, 五藏不和, 則九竅不通, 六府不和, 則留爲癰.(『松南雜識』)

『고금주(古今注)』[448]에서 말하였다.

오장이 변화한 액체가 땀이 되고 폐가 변화한 액체가 콧물이 된다. 간이 변화한 액체는 눈물이 되고 지라가 변화한 액체는 침이 되고 신장이 변화한 액체는 가래가 된다.[449]

오장곡
五臟穀

『형호근사(荊湖近事)』에서 "이수우(李守愚)가 새벽에 정화수(井華水)와 검은 콩 대여섯 알을 삼키니, 오장곡(五臟穀)이라고 하였는데 늙도록 시력과 청력이 쇠퇴하지 않았다"[450]라고 하였다.

『금궤론(金匱論)』에서 "오장은 음이고 육부는 양이다"라고 하였다. 지금 쥐눈이콩을 삼키는 것은 여기에서 유래하였다.

사람의 병, 세 가지 탈
人病三頃

왕부(王符)[451]의 『잠부론(潛夫論)』에서 "아기는 언제나 포식으로 인하

---

448) 고금주(古今注) : 진(晉)나라 최표(崔豹)가 지은 책. 3권.

449) 五臟化**爲**液, 心爲汗, 肺爲涕, 肝爲淚, 脾爲涎, 腎爲唾, **是爲五液**.(『類說, 卷三十七, 內經, 五液』) → 五臟化液, 心爲汗, 肺爲涕, 肝爲淚, 脾爲涎, 腎爲唾.(『松南雜識』)
*『고금주(古今注)』에 없는 내용이다.

450) 李守遇**取黑豆**, **緊小而圓者**, 侵晨**以**井花水, 呑**二**七粒, 謂之五臟穀, **到**老視**聽**不衰.(『類說, 卷二十二, 荊湖近事, 五臟穀』) → 李守愚, 侵晨井花水, 呑黑豆五七粒, 謂之五臟穀, 至老視**聽**不衰, 荊朔近事.(『韻府羣玉, 五臟穀』) → 荊朔近事**曰**, 李守愚, 侵晨井花水, 呑黑豆五七粒, 謂之五臟穀, 至老視**瞻**不衰.(『松南雜識』)

451) 왕부(王符) : 후한 말기의 학자. 자는 절신(節信). 입신출세주의를 반대하여 숨어 살며 30여 권의 책을 썼다. 저서에 『잠부론(潛夫論)』 등이 있다.

여 병이 생기고 귀인은 언제나 총애를 받는 데서 병이 생긴다"[452]라고 하였다. 지금 의원의 "남자는 여색에 탈이 나고 부인은 출산에 탈이 나고 아기는 음식에 탈이 난다"는 말이 이것이다.

뿔활이 뒤집어져 펴진 듯한 병
角弓反張

의원 김재황(金在璜)이 말하였다.

> 북관(北關)에 병자가 있는데 통증이 없으며 보통 때와 같이 잠을 자고 밥을 먹는다. 하지만 아침 이후로는 머리가 점점 등뒤로 굽어졌다가 정오 이후로는 발뒤꿈치까지 닿아서 쓰러지니 형상이 마치 뿔활이 뒤집어져 펴진 듯한데 의원도 고칠 수 없다.

살펴보건대 『정자통(正字通)』에서 "痓은 풍병(風病)이다. 그 증상이 갑자기 입을 다물고 등을 뒤로 젖히며 간질 증상을 보인다. 痓의 음은 측이다"라고 하였다.[453]

혹은 짼수록 커진다
割癭愈大

『박물지(博物志)』에서 "산에 사는 사람들은 혹이 달린 경우가 많으니

452) 嬰兒常病傷飽**也**, 貴人常**禍**傷寵**也**.(『潛夫論, 卷三, 忠貴』) → 嬰兒常病傷**於**飽, 貴人常**病**傷**於**寵.(『松南雜識』)

453) 其證, 卒口噤背反張而瘈瘲.(『正字通, **痓**』) → **并**音厠, …… 正字通, …… 其證, 卒口噤, 背反張而瘈瘲.(『康熙字典, 痓』) → **按**正字通**曰**, **痓風病也**, 其證, 卒口噤, 背反張**而**瘈瘲**也**. **痓**音厠.(『松南雜識』)

고인 물을 먹기 때문이다"[454]라고 하였다. 지금 멀리 흘러가는 물을 먹으면 병이 없다는 말은 여기에서 나왔다.

『광운(廣韻)』에서 "두형(荰蘅)은 향초(香草)이니 혹을 치료할 수 있다"[455]라고 하였다.

역사에 다음과 같은 이야기가 있다.

규자계(逵自啓)는 자신의 혹을 의원이 째 주기를 원하였다.

태조가 말하였다.

"나는 열 사람이 혹을 째면 아홉 사람은 죽는다고 들었다."

규자계(逵自啓)가 마침내 혹을 쨌는데 혹이 더욱 커졌다.

『유괴록(幽怪錄)』에서 말하였다.

> 영인(伶人)[456] 조준조(刁俊朝)의 아내 파구(巴嫗)의 목에는 몇 휘[斛]들이 주머니 같은 혹이 달려 있었는데, 거문고·비파·생황·경쇠 소리가 났다. 그 아내가 칼로 째려고 하자 갑자기 혹이 터지면서 원숭이 한 마리가 튀어 나왔다. 얼마 뒤에 노란 관을 쓰고 문을 두드리며 말하였다.
>
> "나는 혹 속의 원숭이라오. 본래 원숭이의 정령인데 비바람을 일으킬 줄 알아 늙은 교룡과 친하게 지냈다오. 하늘이 교룡을 주살하면서 그 무리를 색출하기에 부인의 턱 아래 숨었던게지요. 봉황산신(鳳凰山神)의 거처에서 기망고(起亡膏)를 얻어다 상처에 바르시오."
>
> 그 말대로 하자 바로 나았다고 한다.[457]

---

454) 山居**之民**, 多癭**腫**, **疾癭**, **由於**飮泉之不流者.(『博物志, 卷一』) → **張華**博物志, 山居多癭, 飮泉水之不流者也.(『康熙字典, 癭』) → 博物志**曰**, 山居多癭, 飮泉水之不流者也.(『松南雜識』)

455) **杜衡**香草, **似葵山**, **海經云**, 可以治癭.(『廣韻, 卷三, 荰』) → **荰蘅**香草, 可以治癭.(『松南雜識』)

*『松南雜識』에는 출전을 『광아(廣雅)』라고 하였다.

456) 영인(伶人) : 악공(樂工)과 광대를 통틀어 이르는 말.

457) 伶人刁俊朝妻巴嫗, 項癭**初如雞卵**, **漸**如數**斗之**囊, **中有**琴瑟笙磬**之**音. 妻**曰**, **此疾**

정두
疔痘

『강희자전(康熙字典)』에서 "정(疔)에는 열세 종류가 있는데 그중에서 홍사정(紅絲疔)[458]은 의당 신속하게 침으로 찌르고 국화잎을 찧어 붙이되 겨울에는 그 뿌리를 사용한다"[459]라고 하였다. 또 두창(痘瘡)[460]과 태독(胎毒)[461] 중에는 죽을 때까지 낫지 않는 것이 있다.

신두법
神痘法

『강희자전(康熙字典)』에서 말하기를 "천연두 진물을 코에 집어넣고 호흡을 하면 즉시 낫는다"[462]라고 하였다. 지금 종두(瘇痘)에 쓰는 '아버지 천연두[父痘]', '아들 천연두[子痘]', '손자 천연두[孫痘]'가 이것이다.

誠可憎, **可決拆**, **看有何物**. **揮刃將及**, 瘻忽坼裂, 一猱跳出, **其妻冥然大漸矣**. 有黃冠叩門曰, **吾**瘻中猱**兒**, 本**是老**猴精, 解致風雨, 與**漢江鬼愁潭**老蛟往還, 天誅蛟, 搜索黨與, 故**亡匿**夫人**蝤蠐之**領, **今**於鳳凰山神處, 得起**雲**膏, 塗之**立愈**, **俊朝**如**其**言, **塗之**, **隨手瘡合**.(『類說, 卷十一, 幽明錄, 瘻中猱』) → 伶人刁俊朝妻巴嫗, 項瘻如數**斛**囊, **作**琴瑟笙磬音. 妻**欲以刀決之**, 瘻忽坼裂, 一猱跳出, 有黃冠叩門曰, **予**瘻中猱**也**, 本猴精, 解致風雨, 與老蛟往還, 天誅蛟, 搜索黨與, 故**藏**夫人領, 於鳳凰山神處, 得起**亡**膏, 塗之. 如言, **卽愈云**.(『松南雜識』)

458) 홍사정(紅絲疔) : 정창 중에서 가장 악성의 정창으로 손발, 골절 사이에 많이 발생함.

459) **方書**, 疔**形**有十三種, 紅絲疔, 宜急**用**針刺, **斷疔腫痛者**, 取菊花葉, 搗**汁**傅之, 冬月用**菊**根, **效同**.(『康熙字典, 疔』) → 疔有十三種, **而**紅絲疔, 宜急針刺, 取菊花葉, 搗傅之, 冬月用根.(『松南雜識』)

460) 두창(痘瘡) : '천연두'를 한방에서 이르는 말. ≒ 천행두.

461) 태독(胎毒) : 젖먹이의 몸이나 얼굴에 진물이 흐르며 허는 증상.

462) 凡痘汁納鼻, 呼吸卽出.(『康熙字典, 痘』)

성두
聖痘

『아희원람(兒戲原覽)』에서 말하였다.

천연두는 한나라 광무제 때 마원(馬援[463])이 남방을 정벌하던 시절 사람들이 포로에게서 전염된 역질(疫疾)이다. 의서(醫書)에서 "주나라 말 진나라 초기에 발생하였다"라고 하였다. 전설에는 만리장성을 쌓아서 생긴 재앙이라고 한다.[464]

우리나라는 예부터 궁궐 안까지 전염되지는 않았는데 숙종이 앓고 「성두가(聖痘歌)」[465]가 지어졌을 때가 처음이다. 저미고(猪尾膏)도 처음으로 만들어 졌으니 천연두를 치료하는 뛰어난 약이다.

두신
痘神

우리나라의 민간에서는 '호구별성(戶口別星)'이라고 부르는데 병든 아이에게 붙어서 영험함과 기이함이 매우 많다. 손을 깨끗이 하고 기도를 많이 하면 들어준다고 한다. 지금 의원들이 천연두 딱지가 앉아 독기가

463) 마원(馬援) : 후한 때의 무장, 정치가. 자는 문연(文淵). 광무제 때 강족(羌族)을 평정하였으며, 교지(交趾)의 난을 진압하고 흉노족을 쳐서 공을 세웠다. 후에 남방의 무릉만(武陵蠻) 토벌 중 병사하였다.

464) 痘**瘡**始於漢光武時, 馬援南征**梁**, 得虜疫. **按**醫書云, **痘疫**始於周末秦初, 俗傳萬里長城所祟.(『兒戲原覽, 創始』) → 痘始於漢光武時, 馬援南征, 得虜疫. 醫書云, 始於周末秦初, 俗傳萬里長城所祟.(『松南雜識』)

465) 『조선왕조실록』 숙종 9년 11월 17일 조에 의하면 숙종이 천연두를 앓다가 치유되자 이현석(李玄錫)이 성두가(聖痘歌)를 지어서 기쁨을 표시하니, 사람들이 많이 전하여 외었다고 한다.

사라진 것을 천연두처럼 여기니 역시 이상하다.

마마사마귀
麻黶

이지(李贄)[466]의 저술 중에 아호생(鵝湖生)의 「마자부(麻子賦)」에서

흡사 중국에 들어온 유구인 같아	渾似琉球入中國
무슨 낯으로 세상에 서겠는가	何面更立人間世
아! 아들이건 딸이건 낳으면 태독이 있지만	吁嗟乎生男生女有胎毒
젖 먹기 시작하면 붉은 마마 드물어지지	開乳須當稀豆丹[467]

라고 하였다.

또 중국의 재상 엄눌(嚴訥)[468]은 소주(蘇州) 사람인데 얼굴에 마마자국이 있었다. 그래서 '깨[蘇] 속에 매주 콩이 있다'는 상말로 놀렸다. 고공(高拱)[469]이 "공의 얼굴 위에 콩이 있습니다"라고 하였다는 기록[470]이 이것이다. 지금 관문서에는 '면참박(面黲縛)'이라고 한다.

우리나라 사람의 조롱시에,

---

466) 이지(李贄) : 명나라의 사상가 · 비평가. 호는 탁오(卓吾). 양명학의 영향을 받아 유심론을 주장하며 형식적 교리와 예절에 반대, 도덕 지상주의를 비판하고 능력주의를 호소하였으며 『수호전』 · 『금병매』 등의 서민 문학을 높이 평가하였다. 저서에 『분서(焚書)』 · 『장서(藏書)』 · 『산중일석화(山中一夕話)』 등이 있다.

467) 渾似琉球入中國, 何面更立人**世間**, **籲**嗟乎生男生女有胎毒, 開乳須當稀豆丹.(『山中一夕話, 卷一, 麻子賦』) → 渾似琉球入中國, 何面更立人**間世**, **吁**嗟乎生男生女有胎毒, 開乳須當稀豆丹.(『松南雜識』)

468) 엄눌(嚴訥) : 명나라의 재상. 자는 민경(敏卿).

469) 고공(高拱) : 명나라의 문신. 자는 숙경(肅卿).

470) 嚴**相君**訥蘇人, 面麻, 俚語於蘇有鹽豆之誚, **高相君拱河南人**, **作文常用腹稿**, **俚語于河南有盜驥之嘲**, **二公相遇**, 高笑**嚴**曰, 公豆在面上.(『山中一夕話, 卷十一, 嚴高二相公善謔』) → **皇明相**嚴訥蘇**州**人, 面麻, 俚語於蘇有鹽豆之誚, 高**拱**笑曰, 公豆在面上.(『松南雜識』)

물가에 서니 물고기가 그물인가 놀라고	臨水魚驚網
산에 오르니 새가 그물인가 놀란다	登山鳥怕羅
소의 천엽이 아니면	若非牛千葉
바로 말벌집이겠군	正是馬蜂窠

라고 하였다.

『백곡기문록(栢谷記聞錄)』에서 말한 "무수히 얽은 옛 친구[億縛古同知]"가 이것이다. 역사 기록을 검토해보면 천연두에 관한 글은 없고 오직 남송(南宋)의 사황후(謝皇后)가 검은사마귀가 있었다. 대개 옛날 사람들은 기가 충만하여 마마사마귀가 적은가보다. 그런데 호인(胡人)들은 천연두를 가장 두려워하여 '불화(不花)'라는 이름을 짓는 사람이 많다고 한다.

육인
肉人

『본초강목(本草綱目)』에서 말하였다.

사람의 정수리에 나는 종기인데 오색이고 앵도(櫻桃)와 같은 모양이다. 터뜨리면 정수리부터 분열되어 피부를 따라 벗겨져 발까지 이르니 육인(肉人)이라고 한다. 하자익(夏子益)의 『치기질방(治奇疾方)』[471]에서 "매일 우유를 마시면 없어진다"라고 하였다.[472]

---

471) 치기질방(治奇疾方) : 하자익(夏子益)이 저술한 책으로 1권. 기이한 형질과 괴이한 증세에 관련된 의학 서적이다. 이시진의 『본초강목』에 많이 실려 있다.

472) **肉人怪病**, 人頂生瘡, 五色, 如櫻桃**狀**, 破則自頂分裂, 連皮剝脫至足, 名曰肉人. 常飮牛乳**自**消, 夏子益奇疾方.(『本草綱目, 卷五十下, 獸之一, 牛』) → 人頂生瘡, 五色, 如櫻桃, 破則自頂分裂, 連皮剝脫至足, 名曰肉人. 夏子益奇疾方, 常飮牛乳**卽**消.(『松南雜識』)

회
蛔

『옥편(玉篇)』에서 “회(蚘)는 회(蛔)이니 뱃속의 긴 벌레이다”[473]라고 하였다. 유종원이 「매시충문(罵尸蟲文)」에서 “긴 회충은 심장을 손상시키고 짧은 기생충은 위장을 뚫는다”[474]라고 한 말이 이것이다. 회(蛕)는 바로 회충이다.

둔
腼

『황제내경소문(黃帝內經素問)』에 “근육이 탈진(脫盡)하고 둔(腼)이 손상된다”[475]라고 하였다. 주석에서 “뱃속의 태(胎)이다”라고 하였고, 『정자통(正字通)』에서 “둔(腼)의 음은 둔이니 뱃속에 쌓여 덩어리의 막을 형성한다”라고 하였다.[476]

곡이하
斛二瘕

『태평어람(太平御覽)』에서 말하였다.

어떤 사람이 한 휘[斛] 두 말의 차를 마셨다. 하루는 과다하게 차를

---

473) **音**蛔, **人**腹中長蟲**也**.(『康熙字典, 蚘』) → **蚘**蛔**也**, 腹中長蟲.(『松南雜識』)
474) 脩蛕**恙**心, 短蟯穴胃.(『柳河東集, 卷十八, 騷一十首, 罵尸蟲文』) → 脩蛕**養**心, 短蟯穴胃.(『松南雜識』)
475) 脫肉破腼.(『黃帝內經素問, 卷六, 王機眞藏論』)
476) **一說**腹中胎. **又**正字通, **支春切**, 音肫, 謂腹中積聚, 成形塊膜也.(『康熙字典, 腼』) → **註**腹中胎**也**. 止字通**曰**, **腼**音肫, 謂腹中積聚, 成形塊膜也.(『松南雜識』)

마시고 소의 허파와 같은 물건 하나를 토하였다. 그것에 차를 부어보니 한 휘[斛] 두 말이 들어갔다. 객이 "이것의 이름은 곡이하(斛二瘕)입니다"라고 말하였다.[477]

지금의 주충(酒蟲)과 유사하다.

전광
顚狂

『신이경(神異經)』에서 "서방(西方)에서 어떤 사람이 머리를 풀어헤친 채 동쪽으로 달리니 일명 전(顚)이고, 일명은 광(狂)이고, 일명은 풍(風)이다"라고 하였다.[478]

원찬(袁粲)[479]이 "옛날 어떤 나라에 광천(狂泉)이 있는데 그것을 마시면 미치지 않는 이가 없었다. 임금은 우물을 파서 마셨기에 혼자만 아무 탈이 없었다. 백성들은 도리어 임금이 미쳤다고 하면서 뜸·침·약을 모두 써서 치료를 하였다. 임금은 그 고통을 견디지 못하고 광천을 마시고 바로 그들과 같이 미쳤다"라고 하였다.[480]

---

477) 又曰, 桓宣武帝時, 有一督將, 因時行病後虛熱, 更能飮復茗, 必一斛二升乃飽, 人苦, 勸復啜五升, 乃大吐向所飮都盡, 有一物, 隨吐後出如斗, 大試以一斛二升, 復茗洗之, 此物噏之, 都盡, 而正覺小復, 又增五升, 更悉混, 然後, 從口中涌出, 旣吐此物, 病遂差, 或問之曰, 此何病, 答曰, 此病名斛二瘕.(『太平御覽, 卷七百四十三, 疾病部六, 瘕』) → 有人**喜**飮茶, **飮至一**斛二斗, 一日過量, 吐如牛肺一物, 以**茗**澆之, 容一斛二斗, 客**云**, 此名斛二瘕. 太平御覽.(『古今事文類聚續集, 卷十二, 香茶部, 香, 斛二瘕』) → 御覽曰, 有人飮茶, 斛二斗, 一日過量, 吐如牛肺一物, 以**茶**澆之, 容一斛二斗, 客**曰**, 此名斛二瘕.(『松南雜識』)

478) 神異**經**曰, 西方有**人**, **飮食**, **被**髮東走, **其婦追之不止**, **怒亦被髮**, 名**曰**狂, 一名顚, **一名狷**, 一名風.(『太平御覽, 卷七百三十九, 疾病部二, 狂』) → 神異**傳**曰, 西方有**披**髮東走, 一名顚, 一名狂, 一名風.(『松南雜識』)

479) 원찬(袁粲) : 송나라의 대신. 자는 경천(景倩).

480) 昔**有**一國, **國中一水**, **號曰**狂泉, **國人**飮**此水**, 無不狂, **唯**國君穿井而**汲**, 獨得無恙,

배냇머리는 반드시 깎아야 한다
胎髮必剃

지봉(芝峯) 이수광(李睟光)이 말하였다.

책력(冊曆)에 머리를 깎는 길일이 있으니 정일(丁日)에는 머리를 깎지 말라는 글이 있다. 민간에서는 배냇머리를 깍지 않으면 배앓이를 한다고 말한다.[481]

『한비자(韓非子)』에서 "어린아이는 머리를 깍지 않으면 배앓이를 하고 뾰루지는 째지 않으면 점점 심해진다"[482]라고 하였다. 그 주석에서 "좌(痤)는 뾰루지이니 째서 그 병을 제거해야하고, 뾰루지를 키워 독이 번지게 하지 말아야 한다"라고 하였다.[483]

책자
茦刺

『이아(爾雅)』의 주석에서 "풀의 가시침이다. 관서(關西)에서는 자(刺)라

國人**旣並狂**, 反謂國**主之不狂**爲狂. **於是**, **聚謀共執國主**, **療其狂疾**, 火艾針藥, **莫不**畢具, 國**主**不任其苦, **於是**, **到泉所**, 酌**水**飮之, **飮畢便**狂.(『宋書, 卷八十九, 列傳第四十九, 袁粲』) → 昔一國, **有**狂泉, 飮**之**, 無不狂, 國君穿井而**飮**, 獨得無恙, 國人反謂國**君**爲狂, 火艾針藥畢具, 國**君**不任其苦, 酌**泉**飮之, **卽自**狂**矣**.(『松南雜識』)

481) 曆書有剃頭吉日, **又有**丁不剃頭之文, **古**諺**曰**, **小兒**不剃**頭則**腹痛, **是也**.(『芝峯類說, 卷十五, 身形部, 毛髮』) → 曆書有剃頭吉日, 丁不剃頭之文, 諺**云**, **胎髮**不剃腹痛.(『松南雜識』)

482) **夫**嬰兒不剔**首**, 則腹痛, 不揊痤則**寖**益.(『韓非子, 卷十九, 顯學』) → 嬰兒不剔**頭**, 則腹痛, 不揊痤則**寢**益.(『松南雜識』)

483) 韓非子, **顯學篇**, 嬰兒不剔頭, 則腹痛, 不揊痤, 則**寖**益. 註, 痤癰也, **當**揊剔以除其疾, 勿使養癰, 滋毒也.(『康熙字典, 揊』) → 韓非子**曰**, 嬰兒不剔頭, 則腹痛, 不揊痤, 則**寢**益. 註, 痤癰也, 揊剔以除其疾, 勿使養癰, 滋毒也.(『松南雜識』)

고 하고, 연나라 북쪽과 조선 사이에서는 책(茦)이라고 한다"[484]라고 하였다. 茦의 음은 책이다. 『집운(集韻)』에서 "자(莿)와 같으니 풀의 까끄라기이다"라고 하였다.[485]

지금 가 시대나무의 등속으로 종기를 찌르는데 쓴다.

서양의학

洋人醫學

서양인 이류사(利類思 : Ludovico Buglio)[486] · 안문사(安文思 : Gabrielde Uagalhaens)[487] · 남회인(南懷仁 : Ferdinand Verbiest)[488]이 내과(內科)와 외과(外科)의 의서(醫書)를 저술하였는데 오로지 초목과 금석으로 약을 달인다. 달인 약초의 증류액은 장미 증류액과 같아서 소량을 써도 약효가 빠르다. 중국에서 그것을 본떠서 자소(紫蘇)[489]를 달여 증류액을 만들었는데 술을 넣어 마시면 한기(寒氣)가 순식간에 사라진다. 서양인들이 진찰을 할 때는 유리병에 소변을 담아서 그 색을 관찰하여 병을 치료한다. 또 아이들이 천연두에 걸리면 초기에 피를 차게 하고 독기를 없애는 약으로 진주가루 몇 푼을 사용한다.

---

484) **郭云**, 草刺針也, 關西謂之刺, 燕北朝鮮之間曰茦.(『爾雅注疏, 卷八, 釋草』의 주석) →草刺針也, 關西謂之刺, 燕北朝鮮之間曰茦.(『松南雜識』)

485) 爾雅**釋草**, **茦刺**. 註, 草刺針也. 關西謂之刺, 燕北朝鮮之間曰茦. **又**集韻, **七賜切**, **同**莿, 草芒, (『康熙字典, 茦』)→爾雅註, 草刺針也, 關西謂之刺, 燕北朝鮮之間, 曰茦, **音册**. 集韻**曰**, 莿, 草芒**也**.(『松南雜識』)

486) Ludovico Buglio : 이탈리아 예수교의 선교사(1606~1682). 1637년 명나라로 들어가 선교 활동을 하였다. Thomas Aquinas의 『신학대전(神學大典)』을 한역(漢譯)하였다.

487) Gabrielde Uagalhaens : 포르투갈의 선교사.

488) Ferdinand Verbiest : 천주교 예수교의 선교사(1623~1688). 벨기에인. 1659년 중국으로 건너와 선교를 시작하였다. 자서로 『교요서론(教要序論)』·『강희영년력법(康熙永年曆法)』·『의상지(儀象志)』 등이 있다.

489) 자소(紫蘇) : 소엽(蘇葉)을 한방에서 이르는 말로 성질이 따뜻하여 땀을 내며 속을 조화(調和)시키는 약재로 쓰인다.

의원이 만주를 구하다
醫救滿洲

만주(滿洲)의 천자 노아합적(奴兒哈赤)[490]의 병이 위독하여 천하의 명의를 구하였지만, 효과가 없었기에 우리나라의 의원을 요청하였다. 의원이 국경으로 들어가니 그들은 안절부절 황제의 병을 근심하였고 궁궐에 들어가도 안절부절이었고 천자를 만나니 천자도 매한가지로 자신의 병을 걱정하였다. 그러나 외모 상으로는 병색이 없었고 몸이나 피부에 병든 곳이 없어서 마치 보통 사람과 같았다. 앉아 있은 지 얼마 만에 황제는 커다란 잔으로 맛난 술을 마시고 큰 소의 다리를 씹어 먹었다. 다음날 아침 진맥을 하니 그 병의 심각함을 알 수 없었다. 그런데 묘당으로 물러 나와 보니 여러 패륵(貝勒)[491]들이 한 권의 녹명기(錄名記)를 돌려 보면서 서로 돌아보며 눈을 휘둥그래 뜨고 놀랐다. 그 연유를 물어보자 이렇게 대답하였다.

"천자께서는 매일 하루 밤에 서른 명의 기녀와 동침을 한다오. 그런데 편찮으신 이후로 밤마다 다섯 명씩 줄이셨습니다. 어제 밤에는 또 여덟 사람을 줄이시니 병의 위독함을 알 수 있는게지요."

의원은 그들이 동침하는 기생의 수가 줄어드는 것을 큰 병으로 여긴다는 사실을 깨달았다. 그래서 즉시 이전의 의원과 처방을 찾아보니, 모두 증상을 음허(陰虛)로 판단하고 인삼·부자·녹용 등의 약재 닷 돈쭝으로 약을 지어 치료하였지만 효과가 없었던 것이었다. 그러나 이 밖에 다른 것은 없었다.

의원은 "이렇게 엄청난 병에 이렇게 자잘한 약을 쓰면서 무슨 약효를

---

490) 노아합적(奴兒哈赤) : 누루하치. 후금(後金)의 초대 황제. 여진족의 추장에서 칸(khan) 자리에 올라 후금이라 칭하였다. 여진족을 통합하고 만주 문자를 제정하여 청나라 발전의 기틀을 세웠다. 재위 기간은 1616~1626년.

491) 패륵(貝勒) : 금나라에서 군사와 민사를 처리하며 군정 사무에 참여하는 특권을 지닌 계층. 버일러(beile)라고 한다.

감히 바란단 말인가?”라고 말을 하고는 즉시 세 네 배 분량의 약재를 더하여 모두 큰 솥에 담았다. 그 약 몇 첩을 쓰니 잠자리를 모시는 기생의 수가 채워졌다. 패륵들이 경하하였으며 천자도 자신의 병이 나았다고 생각하고는 후한 상으로 사례하였다고 한다.

의원은 진실로 이치를 미루어 판단을 하였고, 병도 약에 따라 악화되거나 호전된다. 지금 사람의 체질을 모른 채 경솔히 처방을 내주고 병의 근원을 모르고 함부로 침을 놓는다. 이는 마치 기강이 다스려지지 않는데도 군국(軍國)을 계획하는 것과 같다.

약으로 왜의 추장을 주살하다
藥誅倭酋

『진서(晉書)』에서 말하였다.

육항(陸抗)[492]이 양호(羊祜)[493]에게 약을 구하자 양호가 약을 만들어 그에게 주었다. 육항이 그 약을 먹고 말하였다.

“어찌 양호가 남을 독살하겠는가?”[494]

---

492) 육항(陸抗) : 중국 삼국 시대 오나라 사람. 육손(陸遜)의 아들이다. 자는 유절(幼節). 양호(羊祜)와의 우정으로 유명하다. 오나라의 마지막 황제인 손호(孫皓)의 노여움을 사 벼슬이 낮춰지고 실의하여 죽었다.

493) 양호(羊祜) : 진(晉)나라 사람으로 숙자(叔子). 오나라와의 국경을 지켰는데, 군기가 엄숙하고 인의로서 다스렸다. 오나라 장수 육항(陸抗)과 비록 대립하는 사이에 있었으나 서로 지기(志氣)가 통하여 서로 경대하였다. 그가 죽자 백성들이 사모하는 마음으로 현산(峴山)에 비석을 세웠는데, 그 비석을 바라보는 사람들이 모두 눈물을 흘렸기에 당시에 이를 ‘타루비(墮淚碑)’라고 불렀다.

494) 抗**嘗病**, **祜之**藥, 抗服之, **無疑心**, **人多諫抗**, **抗**曰, **羊祜豈**酖人**者**.(『晉書, 卷三十四, 列傳, 第四, 羊祜』)→**陸**抗**求**藥**於羊祜**, **祜以成藥與之**, 抗服之曰, **豈有**酖人**羊叔子哉**.(『松南雜識』)
* 오나라 장수 육항(陸抗)은 평소 진(晉)나라의 양호(羊祜)를 존경하였다. 따라서 그가 병이 났을 때 양호가 보내온 약을 주위의 만류도 뿌리치고 아무런 의심 없이 먹었다.

그러나 염헌(恬軒) 임상원(任相元)[495]이 지은 「양부하전(梁敷河傳)」에서 말하였다.

양부하(梁敷河)는 동래 사람이다. 임진왜란 때 포로로 잡혀 가서 풍신수길(豊臣秀吉)[496]의 측근이 되었다. 어느 날 중국 사신 심유경(沈惟敬)[497]이 왜에 온 것을 보았다. 심유경은 객관(客館)에 갇혀 있었는데 병사들의 경비가 매우 삼엄하였다. 양부하가 중국사신의 곡소리를 듣고 돌아와 풍신수길에게 보고하였다. 풍신수실은 객관에서 궁까지 이르는 땅굴을 만들어 그를 맞아들여 만나 보았다. 중국 사신은 자리에 앉더니 환약한 알을 먹었다. 다시 보아도 역시 그러했다. 풍신수길이 괴이하여 물어보니 사신이 말하였다.

"바다를 건너오다가 습기에 몸이 상하였습니다. 언제나 이 약을 복용하면 기운이 솟구치고 몸이 홀가분합니다."

풍신수길이 말하였다.

"속임수가 아닌가?"

"감히 그럴 리가 있습니까?"

풍신수길이 말하였다.

"내가 지난번에 섬에서 돌아오면서 자못 기가 약해진다는 느낌이 든다. 나도 그 약을 먹을 수 있겠느냐?"

"가능합니다."

사신이 드디어 주머니 속을 더듬어 약 한 알을 올렸다.

---

495) 임상원(任相元) : 조선 중기 문신(1638~1697). 자는 공보(公輔), 호는 염헌(恬軒). 본관은 풍천(豊川). 도승지·공조판서·예조판서·한성부판윤(漢城府判尹)·좌참찬 등을 지냈다. 저서로 『염헌집(恬軒集)』·『교거쇄편(郊居瑣編)』이 있다.

496) 풍신수길(豊臣秀吉) : 도요토미 히데요시. 일본의 무장·정치가(1536~1598). 일본을 통일하고 중국 대륙 침략의 야망을 실현하기 위하여 임진왜란을 일으켰으나 실패하였다.

497) 심유경(沈惟敬) : 명나라의 문신(?~1597). 임진왜란 때 조선에 와서 일본과의 화의를 위하여 여러 차례 일본을 왕래하였으나 실패하였다. 이런 사실을 숨기고 화의가 성립되었다고 보고하였다가 정유재란이 일어나자 처형되었다.

풍신수길이 그 약을 반으로 쪼개어서 사신에게 주며 말하였다.

"너와 같이 먹고자 하노라."

사신이 알약을 받아서 삼켰다. 풍신수길은 한 시각이 지나도록 그를 관찰하고는 팔을 펴보게 하고 기를 펴는 모양을 살펴보고서 약을 입에 집어넣고 물을 찾아 삼켰다. 다음날 아침에도 사신을 보고 알약 한 알을 달라고 해서 나누어 먹었다. 대개 약의 성분에는 독이 들어 있었는데 사신은 돌아가서 바로 해독제를 먹었다. 이로부터 풍신수길은 사지가 푸석하고 날이 갈수록 괴로웠다. 의원을 찾아 치료를 했지만 효과가 없었다. 침으로 찔러도 피가 나오지 않자 괴이하게 생각하고 말하였다.

"어떻게 살아 있는 사람인데도 피가 없을까? 나는 살 수 없겠구나."

풍신수길은 마침내 죽었다고 한다.498)

대개 왜(倭)는 총알로 우리나라를 공격하였고 명나라는 알약으로 왜를 주살하였다.

---

498) **東萊有梁敷河者**, **萬曆**壬**辰**, **倭俘而得還者也**. …… 秀吉**知敷河非賤人**, **而容貌鮮令**, **狎而愛之**, **常置**左右, **恩意甚厚**, **敷河聞我使華使至**, **請於秀吉**, **幸得見焉**, 華使**蓋**沈維敬**也**, 倭囚**使**客館, 兵守甚嚴, **旣至**, 聞華**人之**哭聲, 歸報秀吉, **秀吉曰**, **然則明將見之**, **卽**爲蔭室, 自館至宮, 延見**使臣**, 華使在**秀吉之**座, 啖一丸藥, 再見**又**如之. 秀吉怪**而**問**曰**, **爾有何藥**, **每見輒啖**. 使曰, 涉海**萬里**, 傷濕**憂病**, 常進此藥, 氣涌身輕. 秀吉曰, **爾**無乃**爲**詐乎. **使**曰, 不敢. 秀吉曰, 吾頃自**島**還, 頗覺少氣, 吾亦可服乎. **使**曰, 可**矣**. **卽**探囊中**示之**, 秀吉**令敷河取來**, **置諸掌中**, **熟玩之**, **丸有署字**. **秀吉曰**, **書何細也**, **不如日本之好作大字也**. **因抽懷中楊枝**, 割其半**予使**曰, 欲與共嘗. 使受而呑之, 秀吉**視使**移晷, **使縮頸**伸臂, **作**舒泰之**形**, **秀吉**始肯入口, 索水**飮**之. 翌朝見使, **又**求一丸, 分啖**如初**. 蓋**其**藥**大**毒, **令人潛削**, **華**使歸**館**, **必飮他藥下之**, **再服又下之**, **惟秀吉不識也**. **秀吉自是**支體不澤, 彌久**瘦枯**, 求醫**無驗**, 鍼**之又不**血. **秀吉**怪**而**曰, 安有生人而無液**者**乎. **吾將炙之**, **遂入處內室**, **令姬妾注艾**, **忽輾然而笑**. **姬曰**, **敢問何也**. **秀吉曰**, 吾不起矣.(『恬軒集, 卷之三十, 雜著, 東萊梁敷河傳』)→**敷河者東萊人**. 壬**亂被虜**, **爲**秀吉左右, **見**華使沈維敬**之**倭, 囚**之**客館, 兵守甚嚴, 聞華**使**哭聲, 歸報秀吉, **命**自館至宮, 爲蔭室, 延見之, 華使在座, 啖一丸藥, 再見**亦**如之, 秀吉怪問**之**, 使曰, 涉海傷濕, 常進此藥, 氣涌身輕. 秀吉曰, 無乃詐乎. 對曰, 不敢. 秀吉曰, 吾頃自**京**還, 頗覺少氣, 吾亦可服乎. 曰可. **遂**探囊中, **進一丸**, 秀吉割其半, **與之**曰, 欲與**汝**共嘗. 使受而呑之, 秀吉**注目**移晷, **見**伸臂舒泰之**狀**, 始肯入口, 索水**下**之. 翌朝, **又**見使, 求一丸**而**分啖**之**. 蓋藥**中有**毒, **惟**使**則**歸, **便用解毒之物也**. **自是秀吉**支體不澤, 彌久**彌苦**, 求醫**治之**, **針刺**血**不出**. 怪曰, 安有生人而無液乎. 吾不起矣. 遂死云.(『松南雜識』)

돌침과 뜸
砭灸

『산해경(山海經)』에서 "고씨산(高氏山)에 침석(針石)이 많다"[499]라고 하였다.

『한서(漢書), 예문지(藝文志)』에 '혈맥(血脈) 경락(經絡)'[500]이라는 말이 있는데, 그 주석에서 "오장육부(五臟六腑)에 십이경(十二經)과 십오락(十五絡)이 있다"[501]라고 하였다. 지금 침을 경락(經絡)이라고 하는 말이 이것이다.

『설문해자(說文解字)』에서 "폄(砭)은 돌침이다"라고 하였다. 지금 강석(剛石)이 없어서 쇠로 대체하였지만 독이 있다. 금과 은은 독이 없다고 하여 폄(砭) 대신 사용한다. 그러나 폄(砭)의 신기한 효능은 사라졌다. 뜸[灸]은 몸을 지져서 병을 치료하는데 약제(藥劑)가 나오면서 역시 거의 사라진 셈이다.

동인경
銅人經

한(漢)나라 왕망(王莽) 때에 공손경(公孫慶)의 사지를 찢어 동인(銅人)을 만들었으니 침구도(針灸圖)라고 하는 것이다. 당나라 태종이 등에 매질하는 법을 폐지하니 사람의 오장은 등에 붙어 있기 때문이다. 우리나라는 세종조 경술년(1430)에 비로소 폐지하였다.

---

499) **又南四百里曰**高氏之山. **其上多玉**, **其下**多**箴**石.(『山海經, 卷四, 東山經』)→東山**經**, 高氏之山, 多**針**石.(『太平御覽, 卷七百二十三, 方術部四, 醫三』)→東山, 高氏之山, 多針石.(『松南雜識』)

500)『前漢書, 卷三十, 藝文志, 第十』.

501) 五藏六府, 有十二經十五絡.(『古今韻學要, 絡』)

침경
針經

『후한서(後漢書)』에서 말하였다.

곽옥(郭玉)[502]은 광한(廣漢)사람이다. 부수(涪水)에서 낚시를 하였기에 부옹(涪翁)이라고 자호하는 어떤 노인이 있었다. 그가 『침경(針經)』을 저술하고 진맥법(診脈法)을 정고(程高)[503]에게 전수하였으며, 정고는 곽옥(郭玉)에게 전수하였다. 그는 화제(和帝)[504] 때에 태의승(太醫丞)이 되었다.[505]

왕숙화(王叔和)[506]는 『맥경(脈經)』[507]을 저술하였다.

관척맥
關尺脈

『난경(難經)』[508]에서 "맥(脈)의 삼부(三部)는 촌(寸) · 관(關) · 척(尺)[509]이

---

502) 곽옥(郭玉) : 한나라 때의 명의. 정고(程高)에게 침술과 진맥법을 전수받았다. 화제(和帝)의 주치의로서 의술이 높았다.

503) 정고(程高) : 부옹(涪翁)이라는 노인에게 침술과 진맥법을 사사하여 이를 곽옥(郭玉)에게 전수했다고 하는데, 자취를 감추고 벼슬을 하지 않았다.

504) 화제(和帝) : 후한의 제4대 황제. 재위 기간은 88~105년. 이름은 유조(劉肇).

505) 郭玉**者**, 廣漢**雒**人**也**, **初**有老**父**, **不知何出**, **常**漁釣於涪水, **因**號涪翁. **乞食人間**, **見有疾者**, **時下針石**, **輒應時而效**, **乃**著針經診脉法**傳於世**. **弟子**程高, **尋求**, **積年**, **翁乃授之**, **高亦隱跡不仕**, **玉少師事**, **高學方診六徵之技**, **陰陽不測之術**, 和帝時爲**太**醫丞.(『後漢書, 卷一百十二下, 方術列傳, 郭玉傳』)→郭玉, 廣漢人, 有老**人** 漁釣於涪水, **自**號涪翁. 著針經診脉法**授**程高, **高傳於玉**, 和帝時爲醫丞.(『松南雜識』)

506) 왕숙화(王叔和) : 진(晉)나라 때 사람으로 태의령(太醫令)을 지냈다. 성품이 침착하고 의학에 정통하였다. 저서에 『맥경(脈經)』 · 『맥결(脈訣)』, 「맥부(脈賦)」 등이 있다.

507) 맥경(脈經) : 왕숙화(王叔和)가 지은 책. 진맥에 대한 내용으로 1권.

508) 난경(難經) : 황제팔십일난경(黃帝八十一難經). 진(秦)나라의 월인(越人), 즉 편작(扁鵲)이 지은 의서(醫書)로 모두 2권으로 되어 있다. 『황제내난(黃帝內難)』의 뜻이 어려우므로 그 가운데 중요한 내용만을 뽑아 81장으로 만든 것이다.

다"라고 하였는데, 그 주석에서 "남자의 척맥(尺脈)이 항상 약하면 양(陽)이 성한 것이고, 여자의 척맥이 항상 강하면 음(陰)이 성한 것이다"라고 하였다.[510]

『한서(漢書), 순우의전(淳于意傳)』에서 "여자의 왼쪽 간의 맥이 성(盛)한 것은 남자와 관계를 갖고 싶어도 할 수 없어서 나타나는 증세로 생각하였다"[511]라고 하였다. 그래서 남자 열 명을 치료하는 것보다 부인 한 명 치료하기가 어렵다라고 하였다.[512] 지금 맥을 잡는 것은 관(關)을 파악하는 법이다.

침은 옥체에 가까이 할 수 없다
針不近玉

『당서(唐書)』에 고종(高宗)이 두풍(頭風)을 앓았는데 의원 진명학(秦鳴鶴)이 두 혈(穴)[513]에 침을 놓았다는 기록이 있다.[514]

우리나라의 신성구(申性求)가 밭을 갈다가 신침(神針) 하나를 주웠다. 대개 쇠가 땅속에 몇 천 년 묻혀 있으면서 저절로 갈려 실뱀처럼 된 것으로 '자마침(自磨針)'이라고 한다. 매우 가늘어서 손으로 꺾으면 부젓가락처럼 위에 마디가 생기고 손으로 펴면 쇠 젓가락처럼 곧아진다. 어떤

---

509) 진맥하는 세 부위를 삼부(三部)라고 한다. 요골(橈骨)의 줄기가 돌출한 곳을 관(關)이라고 하며, 관 앞 부위를 촌(寸)이라고 하고 관 뒷 부위를 척(尺)이라고 한다.

510) 脈三部, 寸關尺, 難經. 男子尺脈常弱, 陽盛也, 女子尺脈常盛, 陰**氣**盛也.(『韻府羣玉, 寸關尺』) → 難經**曰**, 脉三部, 寸關尺. **注**, 男子尺脉常弱, 陽盛也, 女子尺脉常盛, 陰盛也.(『松南雜識』)

511) 『한서』에는 없는 내용으로 『史記, 一百五, 扁鵲倉公列傳, 第四十五』의 내용을 축약 인용한 것으로 보인다. 순우의가 창공(倉公)이다.

512) 『普濟方, 卷三百五十八, 嬰孩門, 總論』.

513) 이혈(二穴) : 백회(百會)·뇌호(腦戶).

514) **上苦**頭**重**, **不可忍**, **侍**醫秦鳴鶴**曰**, **刺頭**, **微出血**, **可愈**.(『舊唐書, 卷五, 本紀, 高宗下』) → **高宗病**頭**風**, 醫秦鳴鶴**針二穴**.(『松南雜識』)

종기를 막론하고 침을 입으로 불었다가 찌르면 신통한 효과가 있었기에 마침내 어침의(御針醫)가 되었다. 효종이 혹이 나서 신성구가 급히 입시(入侍)하여 침을 찾았으나 보이지 않았다. 그래서 다른 침을 대신 사용하였다가 죄를 받았다. 그런 까닭에 침을 옥체(玉體)에 가까이 하지 않는 것은 신성구로부터 유래하였다.

화랑
花郎

신라의 역사에 진성왕(眞聖王)이 미남자를 선발하여 화장하고 꾸미게 하였다. 도의(道義)를 서로 연마하기도 하고 노래하고 서로 즐기기도 하니 낭도(郎徒)라고 한다. 그래서 김유신(金庾信)이 화랑(花郎)이 되었다. 혹은 국선(國仙)이라고 하니 영랑(永郎)과 같은 이가 이것이다. 남자 무당을 화랑(花郎 : 화랑이)이라고 하는 것은 잘못이다.

댓가지와 떨기방울
竹枝叢鈴

유우석(劉禹錫)[515]이 야랑(夜郎)[516]으로 좌천되어 갔는데 풍속이 매우 비루하여 무당에게 제사 지내는 것을 좋아하였다. 그들이 제사지낼 때마다 죽지사(竹枝詞)를 노래하니 죽지사의 시원이다. 북치고 피리를 불

515) 유우석(劉禹錫) : 당나라의 시인. 자는 몽득(夢得). 혁신파 관료인 왕숙문(王叔文), 유종원(柳宗元) 등과 정치 개혁을 기도하였으나 좌천되어 지방관으로 있으면서 농민의 생활 감정을 노래한 「죽지사(竹枝詞)」를 펴냈으며, 시문집에 『유몽득문집(劉夢得文集)』·『유빈객집(劉賓客集)』·『외집(外集)』 등이 있다.

516) 야랑(夜郎) : 한(漢)나라 때부터, 광서성(廣西省)의 서북부 운남성(雲南省)의 동북부에 있던 부족 혹은 그 지역.

었는데, 그 노래 소리에 따라서 유우석이 죽지사를 지으니 바로 초사(楚辭) 구가(九歌)의 종류이다. 지금 무당이 신이 내림에 반드시 대나무를 잡는 것은 여기에서 유래하였다.

『유원(類苑)』에서 "병원(邴原)이 길을 가다가 떨어진 돈을 주워 나뭇가지에 매달아 놓았는데 사람들은 망령되게도 그 나무를 신수(神樹)라고 불렀다"[517]라고 하였다. 지금 대나무를 잡고 돈을 매다는 행동이 그것이다.

당시(唐詩)에서,

> 상군(湘君)[518]의 보배로운 말 신령스런 구름으로 올라가니
> 湘君寶馬上神雲
> 딸랑딸랑 매달린 떨기방울 소리 안개비에 가득하다
> 碎佩叢鈴滿煙雨[519]

라고 하였으니, 역시 신이 내릴 때 방울을 흔드는 행위가 그것이다.

동쪽의 복숭아나무와 붉은 팥
東桃赤豆

『예기(禮記)』에서 "복숭아 빗자루로 상서롭지 못함을 쓸어낼 수 있다"[520]라고 하였다. 그래서 「논불골표(論佛骨表)」에 "무당의 복숭아 빗자

---

517) 邴原**別傳曰, 原字根矩, 避地遼東, 嘗**行得遺錢, **拾以**繫樹枝, **此錢旣不見取, 而繫錢者多, 原問其故, 答曰,** 謂**之**神樹.(『太平御覽, 卷八百三十六, 資産部, 錢下』)→邴原行得遺錢, 繫樹枝, **人妄**謂神樹.(『松南雜識』)

518) 상군(湘君) : 순임금의 두 왕비. 순임금이 창오(蒼梧)에서 죽자, 그 뒤를 따라 상(湘)에서 죽었으므로 상군이라 이름.

519) 온정균(溫庭筠)의 「곽처사격구가(郭處士擊甌歌)」.

520) 君臨臣喪, 以巫祝桃茢執戈, 惡之也.(『禮記注疏, 卷九, 檀弓下』)
注, 可掃不祥.(『禮記注疏, 卷九, 檀弓下』의 주석)

루"[521]라는 말이 있다. 지금은 동쪽 복숭아나무 가지로 빗자루를 만들어 귀신을 쫓는다. 또 붉은 팥을 뿌리는 것은 공공(共工)[522]의 아들이 역귀가 되었는데 팥을 무서워하기 때문이다.

죽을 골목에 버림
糜粥棄巷

당나라의 『사시보감(四詩寶鑑)』에서 "고양씨(高陽氏)의 아들이 누더기 옷 입기와 죽 먹기를 좋아하였는데 그믐날 골목에서 죽었다. 그래서 세상에서 이 날 누더기 옷과 죽을 골목에 버린다"라고 하였다.[523] 양웅(揚雄)의 「축빈부(逐貧賦)」와 한유(韓愈)의 「송궁문(送窮文)」이 이것이다. 지금 무당이 뜬귀신을 쫓을 때 죽을 길에 버리는 것은 여기에서 나왔다.

귀신을 쫓는 시골의 풍속
鄕俗逐鬼

『한서(漢書)』에서 "'鬼(귀 : 귀신)'의 의미는 '歸(귀 : 돌아가다)'이니 화(化)하려고 하지만 화(化)하지 못하고 마른 시체나 제파(帝犯)[524]가 된 것이다"라고 하였다.[525]

→桃茢可爲帚不祥.(『松南雜識』)

521) **尙令**巫祝, **先以**桃茢**不祥**, **祓除不祥**.(『昌黎先生文集, 卷三十九, 論佛骨表』)→巫祝桃茢.(『松南雜識』)

522) 공공(共工) : 공공(龔工). 순임금 때의 악인(惡人).

523) 高陽氏子, 好衣敝食糜, **正月**晦日巷死, 世**作糜棄破衣**, **是日祝於巷曰**, **除貧鬼**. …… 唐四時寶鑑.(『古今事文類聚前集, 卷六, 天時部, 除貧鬼』)→唐四時寶鑑曰, 高陽氏子, 好衣敝食糜, 晦日巷死, 世**於是日**, **以破衣糜粥**, **棄於巷**.(『松南雜識』)

524) 제파(帝犯) : 요(遼) 태종의 미라.

525) 使歸者不得至, 化者不得變, 是使物各失其所也, 且吾聞之. 精神者天之有也, 形骸者地之有也, 精神離形, 各歸其眞, 故謂之鬼, 鬼之爲言, 歸也, 其尸塊然獨處, 豈有知

지금 우리나라에서 말하는 뜬귀신[浮鬼][526]이 이것이다.

남이(南怡)[527]가 길을 가다가 보자기에 홍시를 싸서 지나가는 조그만 계집종을 보았다. 그런데 그 보자기 위에는 얼굴에 분을 바른 여자 귀신이 앉아 있었건만 사람들은 모두 보지 못하였다. 남이가 괴상하게 생각하고 시험 삼아 좇아가 보니 그들은 권람(權擥)[528]의 집으로 들어갔는데 얼마 뒤에 곡소리가 났다. 연유를 물어보니 아기씨가 감을 먹고 갑자기 죽었다는 것이었다. 남이가 보기를 청하니 과연 그 귀신이 아기씨의 가슴에 걸터앉아 있다가 남이를 보더니 달아났고 아기씨는 일어나 앉았다고 한다. 지금 시골 풍속에서 뜬귀신을 쫓는 것은 연유가 있어서 그렇게 한다.

『춘추좌전(春秋左傳)』에서 "약오씨(若敖氏)의 귀신은 굶주리려 하지 않을 것이다"[529]라고 하였으니, 세간에서 이른바 아귀(餓鬼)이다. 이런 까닭에 자산(子産)이 백유(伯有)의 아들을 대부로 세워 백유의 귀신을 달랬다.[530]

哉.(『前漢書, 卷六十七, 楊胡朱梅云傳』)→鬼之爲言 歸也 欲化, 不得化 爲枯腊, 漢書.(『韻府羣玉, 枯腊』)→漢書曰, 鬼之爲言, 歸也, 欲化不得化, 爲枯腊若帝**羓**.(『松南雜識』)

526) 뜬귀신[浮鬼] : 떠돌아다니는 못된 귀신.

527) 남이(南怡) : 조선 시대의 무신(1441~1468). 1467년 이시애의 난을 진압하여 이름을 떨치고 28세에 병조 판서가 되었으나, 유자광의 무고로 죽었다.

528) 권람(權擥) : 조선 초기 문신(1416~1465). 자는 정경(正卿). 호는 소한당(所閑堂). 본관은 안동(安東). 1453년 계유정난(癸酉靖難)에 가담하여 정난공신(靖難功臣) 1등으로 우부승지에 특진한 이래 의정부우찬성 · 좌찬성 · 우의정 · 좌의정을 역임하였다. 『동국통감(東國通鑑)』 편찬의 감수 책임을 맡았으며 시문집으로 『소한당집(所閑堂集)』이 있다.

529) 若敖氏之鬼, 不其餒而.(『春秋左傳, 卷二十一, 宣公四年』)

530) 정나라 사람이 백유를 죽이자 그의 귀신이 나타났다. 그래서 자산이 그의 아들 양지(良止)를 대부로 만들어 귀신을 달랬다는 기록이 『春秋左傳, 昭公 七年』에 있다.

엄목으로 병을 치유함
嚴木瘉病

『광주기(廣州記)』에서 말하였다.

모형(牡荊)[531]의 마디 사이가 서로 맞지 않는 것을 지니면 손가락 병이 절로 치유된다. 달무리 진 시각에 그것을 깎아서 환자의 몸과 나란하게 침상 아래에 두면 아무리 위독하더라도 치유된다.[532]

지금 무당이 엄목(嚴木)으로 예방하는 것은 여기에서 유래하였으니, 바로 '모형(牡荊)'이다.

부록
符籙

한나라 역사에서 "창공(倉公)은 금방(禁方)[533]이 많았는데 부록(符籙)은 바로 귀신을 부르는 글이다"라고 하였다. 후한의 장릉(張陵)[534]으로부터 시작되었다. 그 글씨는 옛날 전주(篆籀)와 비슷해서 알아볼 수가 없다.

소식의 시 주석에서 말하였다.

옹희(雍熙) 연간에 도인(道人)이 천경관(天慶觀)을 방문하였는데 주인을 만나지 못하여 시를 남겨 두었다.

---

531) 모형(牡荊) : 마편초과의 낙엽 관목. 높이는 2~3미터이며, 잎은 마주나고 가장자리에 톱니가 있기도 하다. 줄기와 잎은 한약재로 쓴다.

532) 牡荊, 節間不相當, 指病自愈, 月暈時, 刻之, 與病身, 等置牀下, 雖危困, 亦**愈**, 廣州記**云**.(『韻府羣玉, 荊』) → 廣州記**曰**, 牡荊, 節間不相當, 指病自愈, 月暈時, 刻之, 與病身, 等置床下, 雖危困, 亦**瘉云**.(『松南雜識』)

533) 금방(禁方) : 비밀스러운 의술 방법.

534) 장릉(張陵) : 후한의 인물. 오두미교(五斗米教)를 개창하였음.

손은 천년의 술수인 붉은 전서(篆書)를 전수하고	肘傳丹篆千年術
입으로는 두 권의 『황정경(黃庭經)』을 외운다	口銜黃庭兩卷經
학관(鶴觀)의 옛 단(壇)은 홰나무 그늘 속에 있는데	鶴觀古壇槐影裏
서글피 인적 없고 오래토록 문 잠겼네	悄無人跡戶長扃

라고 하였다. 이 시를 옥근전(玉筋篆)으로 썼다. 왕왕 사람들이 이것을 긁어다가 탕을 달여서 병을 치료하는데 글자 흔적이 다시 살아난다고 한다.[535]

제면미
祭免米

『순자(荀子)』에서 "곱사 무당, 절름발이 박수"[536]라고 하였는데, 그 주석에 "옛날에는 불구자로 하여금 점과 푸닥거리를 주관하게 하였다"[537]라고 하였으니, 또한 지금 장님이 점을 쳐주는 것과 같다.

초사(楚辭)에 "화초(花椒)와 정미(精米)를 지니고서 맞아들이리"[538]라고 하였다.

「화식전(貨殖傳)」에서는 "의술과 기술에 종사하는 사람이 정신을 소진시키고 능력을 다하는 것은 후한 보수[重糈]를 바라기 때문이다"[539]라고

535) **宿州天慶觀**, 雍熙中, **回**道人訪觀, 主**者**不遇, 留詩**二首於門**, **其一**云, 肘傳丹篆千年術, 口**銜**黃庭兩卷經, 鶴觀古壇槐影裏, 悄無人迹戶長扃, 乃玉**筋**篆, 往往爲人刮去, 煎湯治病, 而字迹復生. 坡詩注.(『韻府群玉, 門題丹篆』) → 坡詩注, 雍熙中, 道人訪**天慶**觀, 主不遇, 留詩云, 肘傳丹篆千年術, 口**誦**黃庭兩卷經, 鶴觀古壇槐影裏, 悄無人迹戶長扃, 乃玉**柱**篆, 往往爲人刮去, 煎湯治病, 而字迹復生.(『松南雜識』)

536) 傴巫跛**擊**.(『荀子, 卷五, 王制篇, 第九』) → 傴巫跛**覡**.(『松南雜識』)
* '擊'은 '覡'의 뜻이다.

537) 古者, 以**癈疾之**人, 主卜筮巫祝**之事**, **故曰傴巫跛覡**.(『荀子, 卷五, 王制篇, 第九』의 주석) → 古者, 以**疾癈**人, 主卜筮巫祝.(『松南雜識』)

538) **懷椒**糈而**要**之.(『楚辭章句, 卷一, 離騷經章句』) → **謀楚**糈而**占**之.(『松南雜識』)

539) 醫方**諸食**技術**之人**, **焦神極能**爲重糈**也**.(『史記, 卷一百二十九, 貨殖列傳』) → 醫方

하였는데, 주석에서 "'서(糈)'는 신에게 제사 지내는 쌀이다"[540]라고 하였다.

저신

豬神

『단연록(丹鉛錄)』에서 "모서(毛犀)[541]이니 바로 단(彖)이다. 길흉을 잘 안다. 옛사람들은 묘저(貓豬)라고 불렀고 교광(交廣)[542] 사람들은 저신(豬神)이라 하였다"[543]라고 하니 바로 고마(蠱䴴)이다.

무고

巫䑩

『통아(通雅)』[544]에서 "서융(西戎)에서는 양복(羊卜)[545]을 사용한다. 복사(卜師)[546]를 시계(廝乩)라고 한다"[547]라고 하였다.

『집운(集韻)』에서 "䑩의 음은 고이다"라고 하였다. "월왕(越王) 무고(巫䑩)의 사당"이라고 하였고, "어린 아기가 병들어 죽은 귀신이다"라고 하니[548] 바로 태주(胎呪)[549]이다.

技術, 爲重糈.(『松南雜識』)

540) 祭神米.(『康熙字典, 糈』)

541) 모서(毛犀) : 고대의 포유동물. 물소와 비슷한데 긴 털로 덮여 있다.

542) 교광(交廣) : 지금의 베트남과 중국의 광동 일대.

543) **楊愼**丹鉛錄, 毛犀, 卽彖也, 善知吉凶, 古人呼爲貓豬, 交廣人謂之豬神.(『康熙字典, 豬』) → 丹鉛錄**曰**, 毛犀, 卽彖也, 善知吉凶, 古人呼爲貓豬, 交廣人謂之豬神.(『松南雜識』)

544) 『松南雜識』에는 '通典'으로 오기되어 있음.

545) 양복(羊卜) : 쑥으로 양의 넓적다리뼈를 지져서 치는 점

546) 복사(卜師) : 점을 치는 사람을 높여 이르는 말.

547) 通典, 西國用羊卜, 卜師謂之廝乩.(『康熙字典, 乩』)

곱사 무당과 절름발이 박수
傴巫跛覡

『순자(荀子)』의 주석에 "옛날에는 불구자로 하여금 점과 푸닥거리를 주관하게 하였다"[550]라고 하였다.

𥳑𥴈𥳹𥷬
𥳑𥴈𥳹𥷬

『대사기(大事記)』[551]에서 말하였다.

가정(嘉靖)[552] 연간에 요술사 마조(馬祖)[553]가 종이를 오려서 병사를 오려 사람들을 놀라게 하니 집집마다 '𥳑𥴈𥳹𥷬'[554] 네 자를 많이 매달아 그것을 진압하였다. 그 글자는 도장(道藏)[555]에서 나왔다.[556]

---

548) **五音**集韻, **古胡切**, 音孤. 越王巫舩祠, **在雲陽**, **又**小兒病鬼.(『康熙字典, 舩』) → 集韻**曰**, 舩音孤. 越王巫舩祠, **註**小兒病鬼**也**.(『松南雜識』)

549) 태주(胎呪) : 마마를 앓다가 죽은 어린 계집아이의 귀신. 다른 여자에게 신이 내려서 길흉화복(吉凶禍福)을 말하고, 온갖 것을 잘 알아맞힌다고 한다. ≒ 명도(明圖), 명도귀, 명두(明斗), 태자귀.

550) 古者, 以**癃疾之**人, 主卜筮巫祝**之事**, **故曰傴巫跛覡**.(『荀子, 卷五, 王制篇, 第九』의 주석) → 古者, 以**疾癃**人, 主卜筮巫祝.(『松南雜識』)

551) 대사기(大事記) : 송나라 여조겸(呂祖謙)이 지은 책. 총 12권.

552) 가정(嘉靖) : 명나라 세종 때의 연호(1522~1566).

553) 마조(馬祖) : 당나라의 선사. 속성(俗姓)은 마(馬), 이름은 도일(道一). 홍주(洪州) 종릉(鍾陵 : 지금의 강서성 남창 부근) 개원사(開元寺)에 머물며 가르침을 폈는데, 각지에서 배우려는 이들이 구름처럼 모여들어 그 영향이 실로 대단하였고, 마침내 홍주종(洪州宗)을 창립하였다.

554) 음은 미상이다.

555) 도장(道藏) : 도교의 경전을 모아 엮은 책. 불교의 대장경을 모방한 것으로, 명나라 정통(正統) 연간에 편찬된 5천여 권의 『정통도장(正統道藏)』이 유명하다.

556) 大事記, 嘉靖三十六年, 妖人馬祖, 翦猪爲兵, 以駭衆, 各戶多懸𥳑𥴈𥳹𥷬四字, 厭之, 字出道藏.(『康熙字典, 𥳑』) → 大事記**曰**, 嘉靖**中**, 妖人馬祖, 翦猪爲兵, 以駭衆, 各戶多懸𥳑𥴈𥳹𥷬四字, 厭之, **其**字出道藏.(『松南雜識』)

울류
鬱𩰪

『강희자전(康熙字典)』에서 "울루(鬱壘)를 심약(沈約)[557]은 울류(鬱𩰪)로 썼다"[558]라고 하였다. 𩰪의 음은 류이다.

함풍(咸豊)[559] 말기에 황대인(黃大人)이라는 사람이 세 글자짜리 부적을 바쳐서 병을 물리쳤다고 하니 바로 '雸雸䨨'이다.

금니로 도깨비를 물리침
金泥辟魅

『습유기(拾遺記), 전한상(前漢上)』[560]에서 "금니(金泥)[561]로 봉투에 옥새를 찍다"[562]라고 하였는데, 그 주석에서 "부탁국(浮忻國)[563]의 난금니(蘭金泥)이다. 그것으로 상자를 봉하면 도깨비가 감히 침범하지 못한다"라고 하였다. 지금 중국 사람들이 방의 벽을 도금(鍍金)하는 것은 여기에서 유래한 듯하다.

---

557) 심약(沈約) : 남북조 시대 양(梁)나라의 학자. 자는 휴문(休文). 박학하였고 시문(詩文)을 즐겼으며 또한 음운학(音韻學)에 있어서 사성(四聲) 연구의 개조(開祖)이다. 저서로 『진서(晋書)』·『송서(宋書)』·『제기(齊紀)』·『사성운보(四聲韻譜)』 등이 있다.

558) 鬱壘, 沈休文作鬱𩰪.(『康熙字典, 鬱』)

559) 함풍(咸豊) : 청나라 문종 때의 연호(1851~1861).

560) 『松南雜識』에는 '漢書'로 되어 있음.

561) 금니(金泥) : 수은과 금가루로 만든 인주.

562) 金泥**之**璽封**也**.(『拾遺記』) → 金泥璽封.(『松南雜識』)

563) 『松南雜識』에는 '浮圻國'으로 오기되어 있음.

단사로 사악한 기운을 물리침
丹砂辟邪

소식(蘇軾)의 시에,

단사(丹砂)[564]와 자사(紫麝)[565]를 벽에 바르지 않고	丹砂紫麝不用塗
눈빛은 백 보 밖의 요망한 여우를 달아나게 한다	眼光百步走妖狐[566]

라고 하였는데, 그 주석에서 "어린아이는 반드시 단사와 자사를 발라 사악한 기운을 물리친다"[567]라고 하였다.

지금 어린아이의 숫구멍에 주사(朱砂)를 바르는 것은 여기에서 유래하였다. 또 귀신은 감히 웅황(雄黃)[568]에 접근하지 못한다. 그래서 지금 부인(婦人), 아가씨, 어린아이의 털모자에 그것을 붙이니 석웅황(石雄黃)이라고 한다. 또 향낭(香囊)을 차서 사악한 기운을 물리친다.

물고기와 오리가 놀람
魚鳧浛

운서(韻書)에서 "대천(大川)에 기도하고 곡물을 물에 던지니, 곧 옛날에 희생과 구슬을 물에 빠뜨리던 의미로 지금의 '어부심(魚鳧浛)'이다"라고

---

564) 단사(丹砂) : 수은으로 이루어진 황화 광물. 육방 정계에 속하며 진붉은 색을 띠고 다이아몬드 광택이 난다. 흔히 덩어리 모양으로 점판암, 혈암, 석회암 속에서 나며 수은의 원료, 붉은색 안료(顔料), 약재로 쓴다.

565) 자사(紫麝) : 사향노루의 사향낭에서 얻은 엷은 자줏빛의 향료.

566) 「호아(虎兒)」.

567) 小兒必塗丹砂紫麝, **以**辟**不祥**.(『東坡詩集註, 卷五, 詠史, 虎兒』의 주석) → 小兒必塗丹砂紫麝, 辟**邪氣**.(『松南雜識』)

568) 웅황(雄黃) : 천연으로 나는 비소 화합물. 쪼개져 갈라진 면은 진주광택이 나며, 계관석과 더불어 산출된다. 등황색 또는 누런색을 띠며 염료 또는 화약에 쓰인다. ≒ 석황(石黃), 석웅황(石雄黃).

하였는데, '심(淰)'은 주석에서 "물고기가 놀람"이라고 하였다. 대개 무녀가 우물에 밥을 던지는 것을 '용왕제(龍王祭)'라고 하는 류(類)이다.

『석의(釋義)』에서 말하였다.

왕씨가 "서호(西湖)[569]에서는 용신(龍神)을 섬긴다. 그래서 사람들이 많이 모여드는 곳을 용성(龍城)이라고 한다"라고 하였다

소지
燒紙

당시(唐詩)에 "한식(寒食)날 집집마다 지전을 태워 보낸다[寒食家家送紙錢]"[570]라고 하였다. 그 주석에 "옛날에는 제사에 비단을 사용하여 신과 교감하였는데 후대에는 비단을 쓰지 않고 종이돈을 사용하였다"라고 하였으니, 지금 종이를 태우는 풍속이 이것이다.

『당서(唐書)』[571]에서 말하였다.

정잠요(鄭潛曜)[572]는 어머니가 병이 들자, 자신의 피로 신에게 자신이 그 병을 대신하겠으니 허락해 달라고 쓴 다음 불에 태웠는데 '神許(신이 허락한다)' 두 글자만 불에 타지 않았다. 다음날 어머니가 치유되었다.[573]

569) 서호(西湖) : 중국 절강성(浙江省) 항주 서쪽에 자리 잡고 있는 호수. 유명한 미인 서시(西施)를 기념하는 의미로 '서자호(西子湖)' 라고도 불린다.

570) 장적(張籍)의 「북망산(北邙山)」.

571) 『당서(唐書)』에 없는 내용이며 『패문운부(佩文韻府)』, 『연감유함(淵鑑類函)』 등의 유서(類書)에 그 내용이 보인다.

572) 정잠요(鄭潛曜) : 당나라 때의 효성스러운 인물로 어머니를 매우 극진히 모셨다고 한다.

573) 鄭潛曜者, 父萬鈞, 駙馬都尉滎陽郡, 公母代國長公主. 開元中, 主寢疾, 潛曜侍左右, 造次不去, 累三月, 不靧面, 主疾侵剌, 血爲書, 請諸神丐以身代, 火書而神許二字獨不化, 翌日, 主愈.(『唐書, 卷一百九十五, 列傳, 孝友, 鄭潛曜』) → 鄭潛曜, 母疾, 血書請神燒之, 神許二字獨不化, 翌母愈.(『松南雜識』)

지금 고사할 때 종이를 태운다.

『법원주림(法苑珠林)』에서 "종이돈은 왕여(王璵)가 제사에 사용한 것에서 유래하였다"라고 하였다.574)

닭점

鷄卜

『번우잡기(番禺雜記)』에서 "영표(嶺表)575)에서는 모든 사소한 일에도 반드시 점을 치니 그 이름은 닭점[鷄卜]·쥐점[鼠卜]·쌀점[米卜]·시초점[蓍卜]·소뼈점[牛骨卜]·달걀점[鷄卵卜]·멸죽점[篾竹卜]이다"라고 하였다.576)

지금 무당들은 산 닭을 묶거나 소뼈에 축원을 한다. 어떤 무당은 소반에 쌀을 흩어서 점을 치기도 하니 그것의 일종이다. 또 기와점[瓦卜]은 기와를 깨뜨려 그 쪼개진 결을 보고 길흉을 정하는 것이다.

원진(元稹)577)의 시에,

병푸닥거리에 까마귀를 귀신이라 칭하고　　病賽烏稱鬼
무당은 거북이 대신 기와로 점을 친다　　巫占瓦代龜578)

---

574) 法苑**珠林**, 楮錢出於**殷長史**王璵, 用以祠祭.(『康熙字典, 楮』)→法苑**曰**, 楮錢出於王璵, 用以祠祭.(『松南雜識』)

575) 영표(嶺表) : 중국에서 오령(五嶺) 바깥쪽을 말하는데, 지금 중국의 남방지대인 광동(廣東)과 광서(廣西)에 해당된다.

576) 嶺表占卜甚多, 鼠卜·箸卜·牛卜·骨卜·田螺卜·雞卵卜·篾竹卜, 俗鬼故也.(『類說, 卷四, 番禺雜記, 占卜』)→嶺表, 凡小事必卜, 名雞卜·鼠卜·米卜·蓍卜·牛骨卜·雞卵卜·**田螺卜**·篾竹卜. 番禺雜**記**.(『韻府羣玉, 卵卜』)→番禺雜**編曰**, 嶺表, 凡小事必卜, 名謂鷄卜·鼠卜·米卜·蓍卜·牛骨卜·鷄卵卜·篾竹卜.(『松南雜識』)

577) 원진(元稹) : 당나라 문인(779~831). 자는 미지(微之). 28세에 황제의 친시(親試)에 급제하여 이름을 떨쳤으며 재상을 지냈다. 정치풍자를 주제로 악부시(樂府詩)를 지어 새로운 분야를 개척했다. 『원씨장경집(元氏長慶集)』 60권이 있다.

578) 『元氏長慶集, 卷十, 酬翰林白學士代書一百韻』.

라고 한 말이 이것이다.

고마
蠱魔

수나라 역사에 독고타(獨孤陀)가 좌도(左道)[579]를 좋아하여 고양이 귀신에게 제사를 지냈는데, 사람을 죽일 때마다 그 집의 재물을 고양이 귀신에게 제사 지내는 집에 옮겨두었다.[580]

주석에 "그 방법은 젓가락으로 소반을 두드리며 '고마(蠱魔)! 고마(蠱魔)!'라고 말하면 원하는 재물이 저절로 이르니 한나라 무고(巫蠱)의 종류이다"라고 하였다.

지금 서양학(西洋學)에도 이러한 술법이 있다고 한다.

왜의 무당이 송을 알다
倭巫知松

다음과 같은 전설이 있다.

왜놈 가등청정(加藤淸正)[581]의 누이는 용한 무당이었다. 임진왜란이 일어나자 무당이 말하였다.

"부디 송(松)을 만나지 마세요."

그래서 우리나라의 지명 중에 '송(松)' 자가 들어 있는 곳에는 들어가

579) 좌도(左道) : 유교의 종지(宗旨)에 어긋나는 모든 사교(邪敎).

580) 隋獨孤陀好左道, 祀猫鬼, 每殺人, 所死家財, 移**于**祀猫鬼家.(『說郛, 卷一百十八下, 睽車志, 祀猫鬼』) → 隋**史**, 獨孤陀好左道, 祀猫鬼 每殺人, 所死家財, 移**於**祀猫鬼家.(『松南雜識』)

581) 가등청정(加藤淸正) : 일본의 무장(1562~1611). 임진왜란과 정유재란 때 선봉으로 종군하였다.

지도 않았건만 이여송(李如松)[582]을 만나서 예언대로 패전하였다. 송(松)에게 패할 줄을 알면서도 만류하지 못하니 무당을 어디에 쓰랴?

태주
胎呪

『아희원람(兒戲原覽)』에서 "무격(巫覡)은 주나라 이전에 있었으니, 대개 복서(卜筮)의 종류이다"라고 하였다.[583]

생각하건대 은나라의 무함(巫咸)[584]이나 무현(巫賢)[585]도 모두 무가(巫家)이다. '乩'의 음은 계이다. 우리나라에서는 태주(胎呪)라고 하니 귀신 같기도 하고 무당같기도 하다. 언젠가 그것이 오는 것을 본 적이 있다. 나무 위의 잎 하나가 바람도 불지 않건만 저절로 흔들리더니 주인집에서 일어났던 길흉(吉凶)과 재화(財貨)의 유무에 대해서 말을 하는데 정확히 맞았다. 만약 그것이 올 때 바라보다가 굴뚝을 막으면 감히 한마디 말도 하지 못하고 저절로 가니 이 이치를 알 수가 없다.

불경에서 말하였다.

자칭 성보살(聖菩薩)이라고 하는 어떤 여자가 사람이 마음 둔 곳을 알았다. 그런데 대안화상(大安和尙)이 사과(四果)의 아라한과(阿羅漢果)[586]에

---

582) 이여송(李如松) : 명나라의 무장. 자는 자무(子茂). 호는 앙성(仰城). 임진왜란 때에 병사 4만을 이끌고 우리나라를 도우러 와서 고니시 유키나가[小西行長]의 군을 무찔렀으나, 벽제관(碧蹄館) 싸움에서 고바야카와 다카카게[小早川隆景]에게 크게 패하였다.

583) 巫覡**自**周**時已**有, 蓋卜筮之**派**流.(『兒戲原覽, 創始』) → 巫覡周**以前**有**之**, 蓋卜筮之流.(『松南雜識』)

584) 무함(巫咸) : 고대 전설상의 인물로 황제(黃帝) 때 사람, 요임금 때 사람, 혹은 은나라 때 사람이라고도 한다.

585) 무현(巫賢) : 은나라 때의 육대신(六大臣) 중의 한 명.

586) 아라한과(阿羅漢果) : 사과(四果)의 하나. 성문(聲聞) 사과의 가장 윗자리를 이른다. 수행을 완수하여 모든 번뇌를 끊고 다시 생사의 세계에 윤회하지 않는 아라한의 자리로서 소승불교의 궁극에 이른 성문의 첫 번째 지위이다.

마음을 두자 여자가 알지 못하였기에, 여자가 여우로 변하여 달아났다.

삼장법사(三藏法師)가 천진호손(天津胡孫)에게 찢겨진 자를 위하여 태주를 하니 성보살(聖菩薩)이 알 수 있었다.

『중용(中庸)』에서 “보이지 않는 곳을 두려워하고 들리지 않는 곳을 경계하라”[587]라고 하였으니 역시 배도(裵度)가 “한 조각 영대(靈臺)[588]에 단청(丹靑)을 그리지 마라[一片靈臺, 丹靑莫狀]”[589]라고 한 말이 이것이다.

호공의 축지법
壺公縮地

「신선전(神仙傳)」에서 “비장방(費長房)이 호공(壺公)을 만나자 땅을 줄여서 천리가 눈앞에 모였다”라고 하였다.[590]

우리나라의 황진기(黃眞紀)는 선전관(宣傳官)으로 조종의 반열(班列)에 있다가 역모의 공초에서 거명되자 조복을 입은 채 느린 걸음으로 나왔다. 기마병이 급히 추격하였으나 미치지 못하였다. 그는 태연히 자신의 집으로 들어가 점심을 지어 먹은 뒤에 가족들을 거느리고 떠났는데 한 나라의 위력으로도 그를 잡지 못하였다고 한다. 나는 땅을 줄일 수 있다면 하늘을 말 수 있고 별을 딸 수 있다고 생각한다. 맥철장(麥鐵杖)[591]이 밤에 남서주(南徐州)에 가서 도둑질을 하고 아침에 우산을 들고 빠져나왔다는 종류이다. 그러나 왕교(王喬)가 오리를 신으로 삼고[592] 장과(張

587) **戒愼**乎**其**所不**睹**, **恐懼**乎**其**所不聞.(『中庸章句, 一章』) → **恐懼**乎所不**覩**, **戒愼**乎所不聞**也**.(『松南雜識』)

588) 영대(靈臺) : 마음을 가리킴.

589) 「자제사진찬(自題寫眞贊)」

590) 費長房遇壺公, **有神術**, **能**縮地**脈**, 千里聚在目前, **放之復如舊**. 神仙傳.(『古今事文類聚前集, 卷十三, 地理部, 地, 縮地脈』) → 神仙傳, 費長房遇壺公, 縮地, 千里聚在目前**云**.(『松南雜識』)

591) 맥철장(麥鐵杖) : 수(隋)나라 사람. 날래고 힘이 뛰어나며 하루에 오백 리를 갔다고 한다.

果)가 종이 당나귀를 탄 것은[593] 비록 다르지만 의당 장해(張楷[594])의 오리(五里[595])까지 퍼지는 안개를 만든 것과 묘청(妙淸[596])이 신령한 용이 침을 토해내는 것으로 꾸민 일[597]을 보아야 한다. 그렇기 때문에 군자는 괴력난신(怪力亂神[598])을 말하지 않는다.

용수의 은신술
龍樹隱身

『구당서(舊唐書)』에서 "덕종(德宗) 때에 상도무(桑道茂[599])가 둔갑술을 잘하여 대조(待詔[600])가 되었다"[601]라고 하였다.

신라의 역사에 의하면, 김암(金巖[602])이 당나라로 들어가 음양술(陰陽

---

592) 왕교(王喬)는 후한 현종(顯宗) 때의 방술사(方術士)이다. 그는 매월 초하루와 15일에 현리(縣里)에서부터 왕궁까지 갔다. 황제는 그가 여러 번 궁에 오도록 수레나 말이 보이지 않기에 신하로 하여금 그가 어떻게 오는지 엿보게 하였다. 왕교는 남쪽에서 오리 두 마리가 날아오면 그물로 잡아 신으로 삼아 타고 온다는 것이었다.

593) 장과(張果)는 당나라의 방술사이다. 현종(玄宗)이 그를 불러 신선의 일을 듣고는 기뻐서 공주를 그에게 주고자 하였다. 그러나 장과는 사양하고 종이를 오려 만든 당나귀를 타고 돌아갔다.

594) 장해(張楷) : 후한 하남(河南) 출신. 자는 공초(公超), 도술을 잘 부렸다.

595) 『松南雜識』에는 '十里'로 오기되어 있음.

596) 묘청(妙淸) : 고려 인종 때의 중(?~1135). 도참설로 중앙 정계에 진출하여, 서경 천도 따위의 개혁 정치와 금국정벌론을 주장하다가 반대에 부딪치자 난을 일으켰으나 실패하였다.

597) 묘청이 평양으로 천도하도록 하기 위하여 꾸민 일. 그는 구멍을 뚫은 큰 병에 뜨거운 기름을 넣어 대동강에 가라 앉혔다. 그 기름이 오색을 내며 강 위에 떠오르자 묘청은 신령한 용의 침이라고 왕을 기만하였다.

598) 『논어(論語), 술이(述而)』에 나오는 말로 "괴이(怪異)함과 용력(勇力)과 패란(悖亂)의 일과 귀신(鬼神)의 일"을 의미한다.

599) 상도무(桑道茂) : 당나라 때의 방사(方士).

600) 대조(待詔) : 관직명.

601) 桑道茂**者**, **大歷中遊京師**, **善太一**遁甲**五行災異之說**, **言事無不中**, **代宗召之禁中**待詔.(『舊唐書, 卷一百九十一, 列傳, 方伎, 桑道茂』)→**德宗時**, 桑道茂, **以**遁甲, 待詔.(『松南雜識』)

602) 김암(金巖) : 신라 중대의 무관・방술가(方術家). 김유신(金庾信)의 적손(嫡孫)인 윤

術)을 배우고 직접 둔갑술을 저술하였는데, 귀국하여 집사시랑(執事侍郞)이 되었으며, 패강(浿江)의 진장(鎭將)이 되었을 때 육진병법(六陣兵法)을 가르쳤다고 한다.

지봉(芝峯) 이수광(李睟光)이 "불조(佛祖)[603] 용수(龍樹)[604]가 은신술을 배워 왕궁에 몇 달간 잠입하여 수다한 궁녀들을 임신시켰는데, 뒤에는 뉘우치고 산으로 들어갔다고 한다"[605]라고 하였다.

살펴보건대 불도징(佛圖澄)의 배 구멍이 방을 비추고,[606] 주생(周生)[607]은 구름을 사다리 삼아 밟고 올라가 달을 땄고, 유강(劉綱)이 쟁반에 침을 뱉으면 잉어가 된 것과 좌자(左慈)가 둔갑해 양떼 속으로 들어가고, 나공원(羅公遠)[608]이 귤 냄새를 맡고, 홍선(紅線)이 합(盒)을 훔친 것[609]이

중(允中)의 서손(庶孫)이다. 어려서부터 천성이 총명하였으며 신선사상에 심취하였다. 이찬(伊飡)이 되어 당나라에 가서 숙위(宿衛)로 지냈는데, 그때 중국의 음양술에 관심을 가지고 스승을 찾아가 인간의 길흉화복과 만물의 생멸변화를 미리 예측하기 위해 천문·지리·역수 등을 배웠다.

603) 불조(佛祖) : 불교의 조사(祖師)

604) 용수(龍樹) : 인도의 불교학자(150~250?). 남인도 출신. 본명은 나가르주나. 당시 인도의 여러 사상을 배운 뒤, 북인도로 가서 불교 특히 신흥 대승불교사상에 통효(通曉)하여 그 기초이론을 형성하고, 만년에는 고향으로 돌아갔다. 저서에 『중론(中論)』·『회쟁론(迴諍論)』·『대지도론(大智度論)』·『십주비바사론(十住毘婆沙論)』·『라트나발리』 등이 있다. 『중론』에서 확립된 공사상(空思想)은 그 뒤의 모든 불교사상에 가장 큰 영향을 주고 있다.

605) 佛祖龍樹**少時**, **與同志三人**學隱身術, 入王宮數月, 宮中**美人懷妊者衆**, 後悔入山**成道**云.(『芝峯類說, 卷十八, 外道部, 禪門』) → 佛祖龍樹, 學隱身術, 入王宮數月, 宮中**多孕**, 後悔入山云.(『松南雜識』)

606) 불도징의 배 옆에 구멍이 있어서 평소에는 솜으로 막아 두고 밤에 책을 읽을 때 솜을 빼면 빛이 온 방안을 환하게 비추었다고 한다.

607) 주생(周生) : 당나라 태화(太和) 연간의 술사(術士).

608) 당 현종이 귤 천여 개를 먹었는데 한결 같이 한 쪽 씩 비어 있었다. 그 연유를 물었더니 운반하던 도중에 어떤 도사가 그 냄새를 맡았다고 하였다. 그 도사는 바로 나공원이었다.

609) 당나라 노주(潞州) 절도사(節度使) 설숭(薛嵩)의 하녀 홍선(紅線)은 매우 총명하였다. 그런데 전승사(田承嗣)가 노주를 침략하려고 하자 홍선이 전승사의 침실에 잠입하여 그의 금합(金盒)을 훔쳐왔다. 설숭은 전승사에게 "어떤 사람이 그대의 침실에서 금합을 훔쳐왔소이다. 제가 가지고 있을 수 없어 돌려 보냅니다"라고 하였다. 전승사는 깜짝 놀라 노주 침략을 철회하였다.(『山堂肆考, 卷一百十二, 人品』)

모두 그러한 종류인데 화둔(火遁)[610]·수둔(水遁)[611]도 둔갑술에서 나온 것이다.

매로 변하여 꿩을 쫓다
化鷹逐雉

우리나라 역사에서 "해모수(解慕漱)[612]가 하백(河伯)의 딸과 결혼하기로 약속을 하였는데 하백이 꿩으로 변하자 해모수는 매로 변하여 좇아갔다"라고 하였다.

또한 허손(許遜)이 검정 소로 변신하여 신랑(愼郎)이 변신한 누렁 소를 좇아가고,[613] 촉(蜀)의 태수(太守) 이빙(李氷)이 파란 소가 되어 강신(江神)[614]과 싸운 것과 같다.[615]

사명대사의 화술
四溟火術

『열선전(列仙傳)』에서 말하였다.

610) 화둔(火遁) : 불을 이용하여 자기 몸을 감추는 술법.
611) 수둔(水遁) : 물을 이용하여 자기 몸을 감추는 술법.
612) 해모수(解慕漱) : 북부여의 시조(始祖). 전설상의 인물로, 흘승골성에 도읍하고 나라를 세워 국호를 북부여라 칭하였다. 천제(天帝)의 아들로 하백(河伯)의 딸 유화와 사통하여 고구려의 시조 주몽을 낳았다고 한다.
613) 자칭 신랑(愼郎)이라고 하는 교룡의 정령은 홍수를 일으키는 주범이었다. 그것이 누렁 소로 변하자 허손은 검정 소로 변신하여 좇아가 물리쳤다고 한다.
614) 『松南雜識』에는 '汪神'으로 오기되어 있다.
615) 해마다 처녀 둘을 재물로 바치라는 강신(江神)과 그를 퇴치하기 위한 이빙이 푸른 소로 변하여 싸웠다고 한다. 『松南雜識』에는 "李氷死爲蒼牛"로 되어 있으나 '死'자는 의당 빠져야 한다.

영봉자(寗封子)는 황제(黃帝)의 도정(陶正)[616]이었다. 어떤 이인(異人)이 방문하여 그를 위하여 불을 관장하였는데 오색의 연기를 피워낼 수 있었다. 또 영봉자가 불더미 속에서 자신을 태워 연기를 따라 오르락내리락하였다.[617]

오(吳)나라 사람 요광(姚光)은 화술(火術)[618]을 할 줄 알았다. 오나라 왕이 갈대 천 묶음을 쌓아놓고 그를 태웠다. 그런데 갈대가 다 타도록 요광은 불 속에 태연히 앉아 있다가 옷을 떨치고 일어났다.[619]

우리나라의 사명대사(四溟大師)[620]가 왜에 사신으로 가니 타오르는 숯 속으로 들어가라고 하였다. 대사가 뛰어들려고 할 때 갑자기 쏟아붓듯이 비가 내렸다. 왜인이 절하며 "하늘이 도우니 참으로 살아있는 부처입니다"라고 말하고는 금 교자(轎子)에 태우고 가서 마침내 강화가 이루어졌다. 사명(四溟)의 속성(俗姓)은 김해(金海) 허씨(許氏)라고 한다.

육정
六丁

『후한서(後漢書), 양절왕창전(梁節王暢傳)』에서 "종관(從官) 변기(卞忌)가

---

616) 도정(陶正) : 도자기를 관장하는 관직.

617) 寗封子爲黃帝陶正, 有人過之, 爲**其**掌火, 能出五色烟, **久則**以敎封子, **封子**積火自燒, **能**隨烟**氣**上下.(『類說, 卷三, 列仙傳, 五色烟』) → 寗封子爲黃帝陶正, 有人過之, 爲掌火, 能出五色烟, 以敎封子, **又能**積火自燒, 隨烟上下.(『松南雜識』)

618) 화술(火術) : 도교의 말하는 불을 피우는 도술, 또는 불 속에서 화상(火傷)을 입지 않는 도술.

619) **異**人姚光, 有火術, **令**吳王積**荻**千束, **火**焚荻**了**盡, 光**恬**坐**灰**中, 振衣而起. **神仙傳**.(『古今事文類聚續集, 卷十八, 燈火部, 火, 火術不焚身』) → **吳**人姚光, 有火術, 吳王積**薪**千束焚**之**, 荻盡, 光**安**坐**火**中, 振衣而起.(『松南雜識』)

620) 사명대사(四溟大師) : 조선 중기의 중(1544~1610). 법명(法名)은 유정(惟政). 속명은 임응규(任應奎). 자는 이환(離幻). 호는 사명당(四溟堂)・송운(松雲)・종봉(鍾峯). 승과에 급제하였으며, 임진왜란 때는 승병을 이끌고 왜군과 싸워 공을 세우고, 1604년에 사신으로 일본에 건너가 전란 때 잡혀간 3,000여 명의 포로를 구해서 돌아왔다.

육정(六丁)을 부릴 수 있다고 스스로 말하였다"[621]라고 하였는데, 그 주석에서 "갑자(甲子) 중에서 정묘(丁卯)가 신(神)이 된다. 그 신은 먼 곳의 물건을 가져다 줄 수 있고 길흉을 알 수 있다고 한다"[622]라고 하였다. 『송사(宋史)』에 "곽경(郭京)이 육갑법(六甲法)을 쓸 줄 안다"[623]라고 하였고, "혹 육정역사(六丁力士)·북두신병(北斗神兵)·천궐대장(天闕大將)이라고 칭하며 적을 물리치는 계책으로 삼는 어떤 자"[624]라고 한 말이 이것이다.

지금 술객(術客)이 사방신의 이름을 써서 사방에 던진 후, 펼친 종이에 동전을 던지고 주문을 외우면 동전이 자리 위에 모여드는 술법은 모두 여기에서 나온 것이다.

냉겸이 병 속으로 달아나다

冷謙遁甁

명나라 태조 때의 협률랑(協律郎) 냉겸(冷謙)[625]은 요술(妖術)을 부릴 줄 알았다. 가난한 친구가 그에게 살아갈 방도를 부탁하였다. 냉겸이 종이에 돈 창고를 그리고 그 문 밖에 또 학 한 마리를 그려서 그에게 주며 말하였다.

---

621) 從官卞忌自言, 能使六丁**善占夢**.(『後漢書, 卷八十, 孝明八王列傳, 梁節王暢傳』) → 從官卞忌自言, 能使六丁.(『松南雜識』)

622) **若**甲子旬**中**, **則**丁卯爲神, **甲寅旬中**, **則丁巳爲神之類也**, **役使之法先齋戒**, **然後**其神**至**, 可**使**致遠方物, 及知吉凶**也**.(『後漢書, 卷八十, 孝明八王列傳, 梁節王暢傳』의 주석) → 甲子旬, 丁卯爲神, 其神可致遠方物, 及知吉凶**云**.(『松南雜識』)

623) 京能施六甲法.(『宋史, 卷三百五十三, 列傳, 孫傅』) → **郭**京能施六甲法.(『松南雜識』)

624) **有**稱六丁力士天闕大將北斗神兵**者**, **大率皆效京所爲**.(『宋書, 卷三百五十三, 列傳, 第一百十二』) → **或**稱六丁力士北斗神兵天闕大將, **爲退敵之謀者**.(『松南雜識』)

625) 냉겸(冷謙) : 명나라 사람으로, 자는 계경(啓敬)·기경(起敬), 호는 용양자(龍陽子). 음률에 정통하였다. 저서에 『수령지요(修齡指要)』가 있다.

"부디 남에게 보이지 말고 돈을 많이 취하지 말게나. 병풍 뒤에 붙여두고 매일 아침 집중해서 쳐다보면 문이 저절로 열리고 몸이 갑자기 그 창고 속으로 들어갈걸세. 그 날 쓸 만큼의 돈만 가지고 나와야하네."

친구는 그의 말처럼 하였는데 하루는 돈을 과다하게 가지고 나오다가 문지기에게 발각되니 바로 호부(戶部)의 재물창고였다. 마침내 황제 앞으로 끌려가서 신문을 받고 냉겸이 시킨 짓이라고 실토하였다. 즉시 냉겸을 체포하였는데, 그는 잡혀올 때 물 한 병을 가지고 목이 마르면 그것을 마셨다. 황제의 궁전 뜰에 미치자 병으로 뛰어 들어갔다. 황제가

"너의 죄를 용서할 터이니 즉시 병 속에서 나오라."

라고 말하였지만 그는 병 속에서

"죄가 있어서 감히 나갈 수 없사옵니다."

라고 대답하였다. 황제가 진노하여 병을 부수자 파편들이 말을 하였다.

"신 냉겸이 죽을죄를 지었기에 감히 나갈 수 없사옵니다."

그의 집을 몰수하려하니 그의 집도 없어졌다고 한다.

지금 술수를 부리는 사람 중에 물건으로 변하고 공중에서 말을 하는 자가 있다.

거지의 불가사의한 병
丐者聖瓶

『태평광기(太平廣記)』에서 말하였다.

당나라 정원(貞元)[626] 연간 양주(揚州)에 이름은 미아(媚兒), 성은 호(胡)라고 자칭하는 거지가 있었다. 그는 반 되들이 유리병을 가지고

626) 정원(貞元) : 당나라 덕종의 연호로 785~805년.

있었는데,

"이 만큼만 시주해주시면 만족합니다."

라고 하였다. 어떤 사람이 백 전(百錢)을 주고 병 속을 보니 백 전이 좁쌀 만했다. 천전(千錢) 만전(萬錢)을 주어도 마찬가지였다. 호사가가 나귀를 주어 병 속에 넣자 파리 같았다. 얼마 뒤에 수십 대의 수레를 끈 강(綱)[627]이 왔다. 강(綱)의 우두머리가 농담 삼아 말하였다.

"수레들을 병 속에 넣을 수 있는가?"

"할 수 있습지요."

미아(媚兒)는 병 입구를 조금 기울여서 수레들이 모두 들어가게 하고는 얼마 뒤에 자신이 바로 병으로 뛰어 들어 갔다. 강(綱)의 우두머리가 크게 놀라서 몽둥이로 병을 부수었는데 하나도 들어 있지 않았다고 한다.[628]

---

627) 강(綱) : 화물을 운송하는 조직.

628) 唐貞元中, 楊州坊市間, 忽有一伎術丐乞者, 不知所從來, 自稱姓胡名媚兒, 所爲頗甚怪異, 旬日之後, 觀者稍稍雲集, 其所丐求日獲千萬, 一旦懷中出一琉璃瓶子, 可受半升, 表裏烘明, 如不隔物, 遂置於席上, 初謂觀者曰, 有人施與滿此瓶子, 則足矣, 瓶口剛如葦管大, 有人與之百錢, 投之, 琤然有聲, 則見瓶間, 大如粟粒, 衆皆異之, 復有人與之千錢, 投之, 如前, 又有與萬錢者, 亦如之, 俄有好事人, 與之十萬二十萬, 皆如之, 或有以馬驢入之, 瓶中見人馬, 皆如蠅, 大動行如故, 須臾有度支兩稅綱, 自揚子院部, 輕貨數十車, 至駐觀之, 以其一時入, 或終不能至, 將他物往, 且謂官物不足疑者, 乃謂媚兒曰, 爾能令諸車, 皆入此中乎. 媚兒曰, 許之則可, 綱曰, 且試之, 媚兒乃微側瓶口大喝, 諸車輅輅相繼悉入瓶, 瓶中歷歷如行蟻然, 有頃漸不見, 媚兒卽跳身入瓶中, 綱乃大驚, 遽取撲破求之, 一無所有, 從此失媚兒所在, 後月餘日, 有人於淸河北, 逢媚兒部領車乘趨東平而去, 是時李師道, 爲東平帥也.(『太平廣記, 卷二百八十六, 幻術三, 胡媚兒』) → 唐貞元中, 揚州坊市有丐者, 自稱媚兒, 姓胡. 懷中出琉璃緋, 可受半升, 表裏通明, 而不隔物, 曰施滿此聖緋子則足矣. 瓶項如葦管, 人與之百錢, 投之, 琤然有聲, 見瓶間, 大如粟粒, 衆異之, 復與千錢, 亦如此, 以至萬錢, 亦然. 好事者, 以驢與之, 入瓶, 如蠅, 大動行如故, 俄有度支綱, 至數十車, 綱人駐車觀之, 綱主戲曰, 爾能令諸車, 入瓶中乎. 媚兒曰, 可. 乃微側瓶口, 令車悉入, 歷歷如行路, 然有頃漸不見, 媚兒卽跳身入瓶, 綱官大驚, 以梃撲瓶破, 一無所有, 從此失媚兒所在, 後月餘, 有人於淸河北逢媚兒, 部領車乘趍東平而去. 太平廣記.(『古今事文類聚續集, 卷二十六, 珍寶部, 玉, 懷琉璃緋』) → 唐貞元中, 揚州丐者, 自稱媚兒, 姓胡. 持琉璃瓶, 可受半升, 曰施此滿足矣. 人與百錢, 見瓶間, 大如粟, 與千錢萬錢, 亦然. 好事者, 以驢與之, 入瓶如蠅, 俄有數十車綱至, 綱主戲曰, 能令諸車, 入瓶乎. 曰可. 微側瓶

지금 요술을 부리는 자가 상자에 주인의 돈 천만금을 넣어 봉하고 주인에게 열쇠를 지니게 하고 갔는데, 봉한 것은 그대로였지만 돈이 없어진 것은 또한 이 기술이다.

청노장군
淸盧將軍

근세에 김기서(金基敍)[629]의 집에 어떤 사람이 있으니, 대낮에 반신(半身)만 드러내는데 자칭 고려청노장군(高麗淸盧將軍)이라고 한다. 기괴하고 신이한 말을 많이 한다. 그래서 글을 지어 제사를 지내고 복을 비는데, 바로 그 집 계집종의 서방으로 은신술을 하는 자라고 한다.

똥을 던져 복숭아로 보이게 하다
投糞認桃

다음과 같은 전설이 있다.

전우치(田禹治)는 환술(幻術)을 잘하였다. 일찍이 남대문에서 사람들이 무리 지어 문 위에서 선도(仙桃)가 저절로 왔다갔다하는 것을 보고 있었다. 안과 밖에서 자세히 살펴보니 바로 전우치가 문 안에서 말똥으로 장난질을 하였던 것이다. 근년에는 원주의 부자가 남에게 속아서 깊은 골짜기의 저택과 비옥한 밭을 사서 수일 만에 식구를 이끌고 이사해 보니 보잘 것 없는 돌무더기가 어지럽게 널려 있었을 뿐이던 일이 있다.

口, 令車悉入, 有頃, 媚兒卽跳入甁, 綱主大驚, 以梃撲甁, 一無所有云.(『松南雜識』)
629) 김기서(金基敍) : 조선 후기의 문신으로 자는 정산(鼎山).

화수전문
花水殿文

이수봉(李壽鳳)[630]의 자서(自序)에서 "어찌 부모의 상중에 있으면서 감히 화수(花水)[631]의 노래를 하겠습니까?"라고 하니 황제가 명하여 이틀을 기복(起復)[632]하였다고 한다. 이하(李賀)의 백옥루(白玉樓)[633]와 같으면서도 다르고 이필(李泌)[634]의 마고주(麻姑酒)와 다르면서도 같으니, 그런가?

수은 위에 앉은 사람이 떠오르다
坐汞人浮

『물류상감지(物類相感志)』[635]에서 "창주(滄州)의 유홍거(流汞渠)는 쇠나 돌을 띄워도 가라앉지 않기에 기와나 쇠로 배를 만든다고 한다"[636]라고 하였다.

다음과 같은 전설이 있다.

어떤 사람이 작은 방석에 앉아 몸이 몇 자 떠오르자 그를 신(神)이라고 하면서 수많은 사람들이 돈을 주며 복을 빌었다. 우연히 방석을 치우자 사람은 그대로 떠오르지 않았으니 수은으로 속을 채웠기 때문이다. 또 어떤 중이 대들보 위와 구들 아래에 자석을 설치한 후 바

630) 이수봉(李壽鳳) : 조선 후기의 문신(1710~?). 본관은 함평(咸平). 자는 의숙(儀叔), 호는 화천(花川). 현감 경익(景翼)의 아들이다.
631) 화수(花水) : 음력 이삼월 복사꽃이 필 때 불어나는 하수(河水).
632) 기복(起復) : 상중에 있는 사람을 불러 내 벼슬하게 하는 것.
633) 당나라 이하(李賀)가 천상(天上)으로 백옥루(白玉樓) 기문(記文)을 지으러 갔다는 이야기가 있다.
634) 이필(李泌) : 당나라 사람. 봉호는 업후(鄴侯).
635) 물류상감지(物類相感志) : 송나라 소식(蘇軾)이 쓴 책으로 1권이다.
636) 滄州**有**流汞渠, 泛金石不沉, **州人**以瓦鐵爲船. 物類相感志.(『韻府羣玉, 汞渠』) → 物類相感志**曰**, 滄州流汞渠, 泛金石不沉, 以瓦鐵爲船**云**.(『松南雜識』)

지 밑에 쇠조각을 깔고 그 사이에 앉았다. 자석의 기운이 위와 아래로 서로 당기는 까닭에 중은 몇 자 떠 있었다. 손님이 괴이하게 생각하고 구들 밑을 파서 자석 하나를 꺼내자 중은 그대로 떠올라 대들보에 머리를 부딪혀 죽었다고 한다.

역류목
逆流木

다음과 같은 이야기가 세상에 전해진다.

환술(幻術)을 하는 자가 삼 층짜리 까치둥우리 나무를 허물어 하나하나 동쪽으로 흐르는 물에 흘려보내면 반드시 나무 하나는 저절로 물을 거슬러 올라온다. 그것을 취하여 신장(神將)을 불러 부리고 바람을 부르며 비를 부른다고 한다. 그러나 까치는 태세(太歲)[637]가 있는 곳에 바람이 많고 적은 줄은 알면서도 어린아이가 새알을 더듬어 가고 사냥꾼이 총을 쏘는 것은 알지 못하니 그것은 마치 장성(張成)이 사면될 줄 알고 아들에게 살인을 시키면서도 이응(李膺)이 있는 줄은 모른 것과 같다.[638]

637) 태세(太歲): 음양가(陰陽家)에서 모시는 팔장신(八將神)의 하나. 목성에 붙인 이름으로 해마다 간지(干支)의 방향으로 운행하는데, 그 방향으로 길사(吉事)를 행하면 복을 받는다고 하며, 나무 베는 것을 꺼린다.

638) 『후한서(後漢書), 이응전(李膺傳)』에 의하면 풍각(風角)으로 점을 치는 장성이 사면될 줄 미리 점을 쳐 알고 아들에게 사람을 죽이게 하였다. 그의 짐작대로 아들은 사면받게 되었으나 이응은 그대로 처결하였다.

나무인형을 묻고 화상을 쏘다
埋木射像

한나라 역사에서 무고(巫蠱)가 시작되었으니 태자의 궁을 파자 나무 인형이 더욱 많이 나왔다라고 하였다.[639] 왕망(王莽)이 천하의 향정(鄕亭)에서 백승(伯升)[640]의 화상을 쏘게 하였다.[641]

지금 무술(巫術)에서 나무 인형을 파묻고 사람의 형상을 활로 쏘는 것은 여기에서 유래한 듯하니 이것을 '저주(詛呪)'라고 한다.

백환
魄還

바로 동동곡(鼕鼕曲)이니 죽은 사람이 무당에게 의지하여 말하는 것이다. 신생(申生)[642]과 나지비(羅池碑)[643]가 그 예이다.

야사(野史)에서 말하였다.

순천부사(順天府使) 강백년(姜栢年)[644]이 어렸을 때 이 노래를 잘하

---

639) 『資治通鑑, 卷二十二, 漢紀十四, 世宗孝武皇帝下之下』.

640) 백승(伯升) : 제나라 무왕(武王) 연(縯)의 자(字). 광무제(光武帝)의 장형(長兄)이다. 성격이 강직하고 강개하여 왕망이 한나라를 찬탈하자 사직의 회복을 위해 노력하였다.

641) 王莽 …… 使**長安中官署及**天下鄕亭, **皆畫**伯升像**於塾**, **旦起射之**.(『後漢書, 卷四十四, 宗室四, 王三, 侯列傳, 第四』) → 王莽使天下鄕亭, **射**伯升像.(『松南雜識』)

642) 신생(申生) : 춘추 시대 진(晉) 헌공(獻公)의 태자. 헌공의 여융(驪戎)을 멸하고 얻어온 여희(驪姬)가 신생을 제거하기 위해 꿈에 신생의 어머니를 보았다고 거짓말을 하였다. 당시의 풍속에 꿈에 망자가 보이면 그를 위해 제사를 지냈다. 신생은 여희의 말을 믿고 제사를 지낸 후 그 음식을 아버지 헌공에게 바쳤다. 그러나 여희는 그 음식 속에 미리 독을 넣고 독살 음모라고 헌공에게 고했다. 이 사건으로 신생은 자결한다.

643) 나지비(羅池碑) : 나지(羅池)는 광서(廣西) 장족자치구(壯族自治區) 유주시(柳州市)에 있다. 못 가에는 유종원(柳宗元)을 모시는 사당이 있다. 한유(韓愈)가 그 내역을 기록한 것이 나지비(羅池碑)이다.

644) 강백년(姜栢年) : 조선 중기의 문신(1603~1681). 자는 숙구(叔久), 호는 설봉(雪峰)·

기로 유명하였는데, 전라감사(全羅監司) 이경여(李敬輿)[645]는 아버지의 친구였다. 감사가 자신의 높은 지위를 믿고 조용히 그에게 노래를 요청하였다. 강백년은 어쩔 수 없이 함께 밀실로 들어가서 손을 잡고 노래를 부르니 마침내 이경여 아버지의 혼이 내려와서 눈물을 흘리면서 말하였다.

"나는 네 어머니와 사랑하여 너를 낳고 길렀다. 네가 아프면 약을 먹이고 너를 가르쳐 네가 급제하고 벼슬하였다. 네가 이 도의 감사가 되었으니 내 마음은 기쁘고 더없이 기쁘며 너의 효도는 크고 더없이 크구나. 그렇지만 네 어머니가 호강스런 봉양을 받지 못함이 한스러우니 나의 슬픔이 어떻겠느냐?"

이경여가 그를 보니 동작과 모습이 아버지였고 말투가 아버지였으며 기색(氣色)이 아버지였기에 감격하고 슬프며 부끄러워 인사하였다. 그 노래가 그치자 동작과 모습, 말투와 기색이 바로 순천부사였다.

흉을 피하고 길을 취하다
避凶取吉

『문중자(文中子)』[646]에 "경방(京房)과 곽박(郭璞)은 옛날의 상도(常道)를

한계(閒溪)·청월헌(聽月軒). 본관은 진주(晉州). 좌승지·도승지·이조참판·우참찬·판중추부사 등을 역임하였다. 재직 중에 청백하기로 이름이 높았다. 저서로 『한계만록(閒溪漫錄)』과 『설봉집(雪峰集)』이 있다.

645) 이경여(李敬輿) : 조선 중기의 문신(1585~1657). 자는 직부(直夫), 호는 백강(白江). 본관은 우봉(牛峰). 1642년 청나라 연호를 사용하지 않았다는 이유로 심양(瀋陽)에 억류되었다가 이듬해 소현세자와 함께 귀국, 우의정이 되었다. 저서로 『백강집』이 있다. 시호는 문정(文貞).

646) 문중자(文中子) : 『중설(中說)』이라고도 한다. 수나라 왕통(王通)이 편찬하였다 하나 분명하지 않다. 그러나 책의 제호(題號)는 왕통의 시호(諡號)인 문중자와 일치한다. 그러나 후세에 가탁(假託)된 위서(僞書)라는 설도 있다. 전10권으로, 왕도(王道)·천지(天地)·사군(事君)·주공(周公)·문역(問易)·예악(禮樂)·술사(述史)·위상(魏相)·입명(立命)·관랑(關朗)으로 구성되어 있다.

어지럽힌 사람이다"[647]라고 하였다.

비상식적인 방법을 쓰더라도 짐승을 잡으면 길하다 하고 정도(正道)를 따르더라도 죽으면 흉하다고 생각하였다. 군자가 흉을 피하고 길을 취하는 것은 은혜를 따르는 것과 역리를 따르는 것의 차이에 다름 아니다.

지금 기문(奇門)·육임(六壬)·옥추경(玉樞經)·금강경(金剛經)은 사람을 속이기에 충분하다.

당나라 역사에서 말하였다.

> 고종(高宗)이 쥐 한 마리를 상자에 넣고 점쟁이들에게 맞추게 하니 모두 쥐라고 말했으나 원객사(袁客師)[648]만은 "비록 쥐가 들어 있지만 들어갈 때나 한 마리이지 나올 때는 네 마리입니다"라고 대답하였다. 열어보니 쥐가 새끼 세 마리를 낳았다.[649]

다음과 같은 전설이 있다.

> 쥐 한 마리를 넣어 두고 맞추라고 하자, 홍계관(洪啓寬)[650]이 세 마리라고 말하였다. 홍계관이 끌려나와 참수를 당하였는데 그가 처형당한 고개를 아차현(峨嵯峴)[651]이라고 한다. 이런 까닭에 죽을 날은 모른다.

647) 京房郭璞, 古之亂常人**也**.(『中說, 卷六, 禮樂篇』)

648) 원객사(袁客師) : 당나라 사람. 술사(術士). 유명한 술사인 원천강(袁天綱)의 아들.

649) 高宗置一鼠**于**匳, 令術家射. 皆曰, 鼠. 客師**獨**曰, 雖實鼠, 然入則一, 出則四, 發之, 鼠生三子.(『唐書, 卷二百四, 列傳, 方技, 袁天綱』) → 高宗置一鼠**於**匳, 令術家射**之**. 皆曰, 鼠. **袁**客師曰, 雖實鼠, 然入則一, 出則四. 發之, 鼠生三子.(『松南雜識』)

650) 홍계관(洪啓寬) : 조선 명종 때의 유명한 점쟁이.

651) 아차현(峨嵯峴) : 쥐의 배를 갈라보니 새끼 쥐 두 마리가 들어 있었으므로 사형을 중지시키려 하였으나 이미 때가 늦었다. 그래서 그가 처형당한 고개를 '아차현'이라고 하였다.

홍두충
紅頭蟲

다음과 같은 전설이 있다.

원나라의 세조(世祖)가 황성(皇城)을 짓는데 커다란 구멍에서 대가리가 붉은 벌레가 무려 만여 마리나 나왔다. 염희검(廉希儉)이 "훗날 이것이 나라를 차지할 것입니다"라고 말하였다. 청나라 사람들은 붉은 머리로 천하의 황제가 되었다.

비기
秘記

조선 태종(太宗) 병신년(1416)에 참위서(讖緯書)를 금하여 서운관(書雲觀)에 소장되어 있던 책을 모두 불살랐으니 바로 도참(圖讖)이다.
성호(星湖) 이익(李瀷)이 말하였다.

우리나라에는 예부터 비기(秘記)가 많았다. 당나라가 고구려를 정벌할 때 가언충(賈言忠)이 계책을 세우고 돌아오니 황제가 군중(軍中)의 일에 대하여 물어보았다.

가언충이 대답하였다.

"틀림없이 이깁니다. 비기(秘記)에서 '구백 년이 채 못되어 의당 여든 살 대장이 있어서 고씨(高氏)를 멸하리라'라고 하였으니 한나라로부터 우리나라가 지금 구백 년이 되었고 이적(李勣)[652]의 나이가 여든

652) 이적(李勣) : 당나라의 무장(?~669). 이정(李靖)과 함께 태종을 도와 당나라의 국내 통일에 힘썼다. 이후 동돌궐을 정복하고 644년과 666년의 두 차례에 걸쳐 고구려에 침입, 668년 보장왕의 항복을 받아 고구려를 멸망시켰다.

이옵니다."

이른바 비기에서 구백 년을 역으로 계산하였는데 정말로 맞았다.[653]

『초씨역림(焦氏易林)』을 살펴보면 한나라 이후로 몇 세대 만에 송나라에 김량(金亮)이란 사람이 있어서 강남(江南)을 침범하다가 죽을 것을 예언하고 있다. 비록 환담(桓譚)[654]이 이른바 "그 일이 비록 맞을 때도 있지만 비유하자면 홀·짝을 맞추는[655] 것과 같은 류(類)이옵니다"라고 한 것이지만, 기술은 묘하다. 지금 감록(鑑錄)·고결(高訣)·의상(義相)·고운(孤雲)·도선(導詵)·무학(無學)·격암(格巖)·토정(土亭)·겸암(謙庵) 등 비기(秘記)도 많다.

닭을 잡고 오리를 치라
操鷄搏鴨

신라의 역사에서 말하였다.

왕창근(王昌瑾)이 옛날 거울을 얻었는데 "상제가 진마(辰馬)[656]에 아들을 내렸다. 닭을 먼저 잡고 오리는 뒤에 쳐라[上帝降子於辰馬, 先操鷄後搏鴨]"라는 문장이 있었다.[657]

---

653) 東方古多秘記. 唐之伐高麗, 賈言忠計事還, 帝問軍中事. 對曰, 必克. 其秘記曰, 不及九百年, 當有八十大將滅高氏. 自漢有國, 今九百年, 李勣年八十矣. **其**所謂秘記**出於四郡時**, 逆九百年, 而果驗**矣**.(『星湖僿說, 卷二, 天地門, 高麗秘記』)→東方古多秘記. 唐之伐高麗, 賈言忠計事還, 帝問軍中事. 對曰, 必克. 其秘記曰, 不及九百年, 當有八十大將滅高氏. 自漢有國, 今九百年, 李勣年八十矣. 所謂秘記逆**算**九百年, 而果驗.(『松南雜識』)

654) 환담(桓譚): 후한 때의 학자. 자는 군산(君山).

655) 『松南雜識』에는 '卜數'가 '小數'로 오기되어 있음.

656) 진마(辰馬): 진한(辰韓)과 마한(馬韓).

657) 『三國史記, 卷五十, 列傳, 弓裔』의 내용을 축약·인용하였음.

대개 고려 왕조가 삼한을 통일할 조짐인 듯하다. 닭[鷄]은 계림(鷄林)이고 오리[鴨]는 압록강(鴨綠江)이다.

화여인

禾女人

성호(星湖) 이익(李瀷)이 말하였다.

전설에 명나라 태조가 벼를 머리에 인 여인에게 떠밀려 넘어지는 꿈을 꾸고는 왜(倭)의 침입에 대비하라고 유언하였다. 이것이 임진왜란 때 동쪽을 정벌한다는 말이 행해진 이유이다. 임진왜란 때에 별사(別使)[658] 왕명학(王鳴鶴)이 바닷가 방어에 대해서 거듭 경계한 것도 이 의미이다.[659]

전설에 의하면 청나라 사람들은 대대로 성을 바꾸는데 순치(順治)[660]의 성은 위(魏)라고 한다.

연암(燕巖) 박지원(朴趾源)이 "만력(萬曆)[661] 연간에 천자가 병사를 일으켜 우리나라를 원조할 때 국고에서 지출한 은자(銀子)가 팔백만 냥이라고 한다"[662]라고 하였다.

---

658) 별사(別使) : 특별한 사명을 띤 사신. 따로 보내는 사신.

659) 世傳明祖夢, 爲戴禾女人所推倒, 遺命備倭, 此征東之說所以行也. 壬辰之役, 別使王鳴鶴申警海防, 亦此意也.(『星湖僿說, 卷二十三, 經史門, 石星』) → 世傳明**太**祖夢, 爲戴禾女人所推倒, 遺命備倭, 此**壬亂**征東之說所以行也. 壬辰之役, 別使王鳴鶴申警海防, 亦此意也.(『松南雜識』)

660) 순치(順治) : 청나라 세조(世祖)의 연호.

661) 만력(萬曆) : 명나라 신종의 연호(1573~1619).

662) 萬曆**壬辰**, **神宗**天子**大**發兵, **東**救**我國之難**, **其時**所發帑銀八百萬兩.(『燕巖集, 卷十五, 別集, 熱河日記, 銅蘭涉筆』) → 萬曆, 天子發兵, 救**東**, 所發帑銀八百萬兩**云**.(『松南雜識』)

천서
天書

연암(燕巖) 박지원(朴趾源)이 말하였다.

숭정(崇禎)[663] 초년에 오봉루(五鳳樓)에서 천서(天書)를 얻었는데 노란 보자기로 열 겹 싸여 있었고 겉에는 "天啓七崇禎十七福王一(천계는 7년, 숭정은, 17년 복왕은 1년)"[664]이라고 쓰여 있었으니 기이하다.[665]

청나라 황극전(皇極殿)의 주련(柱聯)에 '順天康命雍護乾坤嘉千載道德廣大(순천강명옹호건곤가천재도덕광대)' 열다섯 자가 내구(內句)로, '治國熙家正氣隆洽慶萬世光輝祥[666]淸(치국희가정기륭흡경만세광휘상청)' 열다섯 자가 외구(外句)로 되어 있었다. 청나라의 기원(紀元)이 한 자 건너서 혹은 두 자 건너서 가로로 합하여 '大淸(대청)'이라는 글자가 되기에 이른다.[667] 지금 황제는 '광상(廣祥)'에 해당하는데 그것이 싫어서 따로 '함풍(咸豊)'[668]이라고 연호를 만들었다. 그렇지만 '함(咸)'의 의미는 '광(廣)'이고 '풍(豊)'의 의미 역시 '상(祥)'이라고 한다. 또 그들은 윤팔월을 가장 꺼린다. 도광(道光) 연간에 시월 그믐이 동지가 되기에 천자가 특별히 십일 월 그믐으로 옮겼는데 신해년에 어쩔 수 없이 윤팔월이 되었다. 그

---

663) 숭정(崇禎) : 명나라의 마지막 황제 의종(毅宗) 때의 연호(1628~1644). 명나라가 망한 뒤에도 조선은 청나라 연호를 쓰는 것을 꺼려 이 연호를 사용하였다.

664) 천계(天啓)는 명나라 희종의 연호로 1621년부터 1627년까지 7년간이며 숭정(崇禎)은 사종(思宗)의 연호로 1628년부터 1635년까지 17년간이다. 복왕(福王)은 명나라 신종(神宗)의 손자로 이름은 주유숭(朱由崧)이다. 숭정의 왕위를 계승하여 청으로 피하여 남경으로 갔다가 마침내 청에 사로 잡혀 죽었다.

665) **舊聞**崇禎初載, **於**五鳳樓**上**, 獲天書黃**褓**十襲, 外題曰天啓七, 崇禎十七, 福王一, **此雖妖言**, **如此大基業**, **亦豈無天定之數耶**.(『燕巖集, 卷十五, 別集, 熱河日記, 黃圖紀畧, 五鳳樓』) → 崇禎初載, 五鳳樓, 獲天書黃**袱**十襲, 外題曰天啓七, 崇禎十七, 福王一, **旣怪矣**.(『松南雜識』)

666) 『松南雜識』에 "혹 '禎'이라고도 한다"는 원주가 있다.

667) 順治・康熙・雍正・乾隆・嘉慶・道光.

668) 함풍(咸豊) : 청나라 문종의 연호(1851~1861).

래서 두보의 시에서,

황제 이 년 가을 윤팔월이	皇帝二載秋
처음으로 길하다	閏八月初吉[669]

라고 하였더니, 과연 장발군(長髮軍)의 거병이 있었다.

또 도광(道光) 말년에 철판교(鐵板橋)에 어떤 돌이 저절로 솟아났는데 붉은 글씨로 '木立斗辛田王有(목립두신전왕유)'라고 쓰여 있었다. 사람들이 혹여 갈아 없애도 얼마 뒤에 다시 돌 결에서부터 붉은 획이 솟아 나와 글자가 되었는데 그것에 대해서 아는 사람이 없었다. 장천사(張天師)에게 물어보니 "이는 바로 황가(皇家)가 누릴 운수"라고 하였다고 한다. 또 황극전(皇極殿) 문을 처음에는 '대원문(大元門)'이라고 하였는데 원나라가 들어오자 '대명문(大明門)'으로 바꾸었고, 명나라가 들어오자 '대청문(大淸門)'으로 바꾸었으며, 청나라가 들어오자 청나라는 그대로 둔 채 고치지 않고 몽고(蒙古)의 호칭을 그대로 따르니 몽고(蒙古)를 위한 것이라고 한다.

성호 이익이 "몽고의 황제 중에 황태극(黃太極)·청태극(淸太極)이라는 연호가 있었는데 중국에서 그것을 싫어하여 황태길(黃台吉)·청태길(靑台吉)이라고 바꾸어 불렀다"[670]라고 하였다.

669) 「북정(北征)」.

670) **北邊有自**帝**者**, **一曰**皇太極, **二曰青**太極, 中**國嫌其名**, **謂之**黃台吉**淸**台吉.(『星湖僿說, 卷十二, 人事門, 台吉』)→**蒙古**帝, 有皇太極**淸**太極**之號**, 中**原惡之**, **改呼爲**黃台吉青台吉**云**.(『松南雜識』)

개구리가 조용해지고 호랑이가 사라지다
蟆寂虎息

제(齊)나라 역사에서 말하였다.

무릉왕(武陵王)이 못 가의 정자에서 연회를 하다가 "개구리 울음이 꽤나 시끄럽다'라고 하였다. 중 법랑(法朗)이 울지 못하도록 하자 바로 소리가 없어졌다.[671]

고려왕이 궁궐 못에서 우는 개구리 소리를 몹시 괴로워하였기에 강감찬(姜邯贊)이 부적을 못에 붙였는데 지금까지 조용하다는 전설이 있다.

『대동운부군옥(大東韻府群玉)』에서 말하였다.

한양에 호랑이가 많았는데 강감찬이 통판(通判)[672]이 되어 늙은 중을 불러다 놓고 윽박질렀다. 부윤(府尹)이 웃으며 말하였다.

"판관이 틀렸소이다."

강감찬이 말하였다.

"너는 형체를 바꾸어 보라."

중이 한 번 포효하더니 커다란 호랑이로 변하여서는 난간을 기어올랐다. 부윤(府尹)은 넋이 나가 엎어졌다. 강감찬이 말하였다.

"그만 해라."

호랑이는 다시 중이 되어 떠나가자 호환(虎患)이 사라졌다.

---

671) **梁**武陵王**紀**, **爲會稽太守**, 宴**坐**池亭, 蛙鳴聒耳, **王曰**, **殊廢絲竹之聽**, 僧**昭呪厭十許口**, 便息.(『南史, 卷三十七, 列傳, 沈慶之』) → 武陵王宴**集**池亭, **曰**蛙鳴**殊**聒**人**耳, 僧**法朗禁之**, 便息.(『松南雜識』)

672) 통판(通判) : 고려 시대에, 대도호부에 속한 판관.

군자는 정도가 아니면 배우지 않는다
君子不學

「잡서(雜書)」에서 말하였다.

우(禹) 임금 때 견융(犬戎)에 이름이 염호기복(檿弧箕服)이라는 자가 있었다. 우 임금이 "이 자가 실로 중국을 멸망시키리라"고 말하였는데 주나라 때에 이르러 그 말대로 되었다.

당나라 역사[673]에 상도무(桑道茂)가 덕종(德宗)에게 이궁(離宮)에서 당할 환란에 대해서 고하고[674] 이성(李晟)에게 사면령의 첩지를 요청하였건만[675] 마침내 주차(朱泚)에게 몸을 더럽힌 것은 어째서인가? 우 임금은 성인이면서도 먼 후세까지 구원하지 못하였고 상도무는 술사(術士)였는데도 자기 한 몸 죽음에서 벗어날 수 없었다. 이런 까닭에 이 도(道)를 군자는 배우지 않는다.

673) 『新唐書, 卷二百四, 列傳, 第一百二十九, 方技』.

674) 상도무는 덕종에게 봉천(奉天)이라는 곳이 왕기(王氣)가 있으므로 성을 높이 쌓으라고 고했다. 주차(朱泚)의 난이 일어나자 덕종은 봉천으로 피하여 무사할 수 있었다.

675) 상도무가 이성에게 자신을 사면해 준다는 약조를 사전에 얻은 일이 있다. 이성이 주차의 난을 진압할 때 상도무가 그 속에 끼여 있었으나 이미 한 약속대로 사면해 줄 수밖에 없었다.

22. 구기류(拘忌類)

학교에 들어가지 말아야 할 날과 약을 먹지 말아야 할 날
入學服藥

『차곡전서(差穀全書)』에서 "정월 신미일에 창힐(倉頡)[1]이 죽었으니 학교에 들어가지 말고 이월 신미일에는 편작(扁鵲)[2]이 죽었으니 약을 먹지 마라. 8월 첫째 경일(庚日)에는 하백(河伯)이 죽었으니 배를 띄우지 마라"[3]라고 하였다.

또 유일(酉日)에는 두강(杜康)[4]이 죽었으므로 유일에는 술을 마시지 않는다.

---

1) 창힐(倉頡) : 중국 고대의 전설적인 제왕인 황제(黃帝)의 사관(史官). 최초로 문자를 창제한 사람으로 전해진다. 태어날 때부터 성덕(聖德)이 있었는데, 자라서 새나 짐승의 발자국을 보고 문자를 창안했다고 한다.

2) 편작(扁鵲) : 전국 시대의 의사. 이름은 월인(越人). 장상군(長桑君)으로부터 의술을 배워 환자의 오장을 투시하는 경지에까지 이르렀다고 한다.

3) 差穀全書曰, 正月辛未, 倉頡死日, 勿入學, 二月辛未, 扁鵲死日, 勿服藥, 八月上庚, 河伯死日, 勿行船.(『芝峯類說, 卷一, 時令部, 歲時』)

4) 두강(杜康) : 술을 처음으로 만들었다고 하는 전설상의 인물.

백기일
百忌日

역서(曆書)에서 말하였다.

갑일(甲日)에는 창고를 열지 말고 을일(乙日)에는 나무를 심지 말고 병일(丙日)에는 부뚜막을 고치지 마라. 정일(丁日)에는 머리를 깎지 말고 무일(戊日)에는 밭을 받지 말고 기일(己日)에는 문권(文券)을 파기(破棄)하기 마라. 경일(庚日)에는 경락에 침이나 뜸을 뜨지 말고 신일(辛日)에는 장을 담지 말고 임일(壬日)에는 물을 트지 마라. 계일(癸日)에는 송사(訟事)를 말하지 말고 자일(子日)에는 점을 치지 말고 축일(丑日)에는 관을 쓰거나 띠를 매지 마라. 인일(寅日)에는 제사지내지 말고 묘일(卯日)에는 우물을 파지 말고 진일(辰日)에는 곡하며 울지 마라. 사일(巳日)에는 먼 길을 가지 말고 오일(午日)에는 지붕을 이지 말고 미일(未日)에는 약을 먹지 마라. 신일(申日)에는 침상(寢牀)을 들이지 말고 유일(酉日)에는 손님을 모으지 말고 무일(戊日)에는 개를 얻어 오지 말고 해일(亥日)에는 시집가고 장가들지 마라.

모두 이대인(李戴仁)의 이른바 백기(百忌)이다. 책력에서 하괴성(河魁星)[5]이 방성(房星)[6]의 자리에 있으면 일을 실행하기에 좋지 못하다고 하는 말 따위이다.

또 봄의 을해・여름의 신해・가을의 기해・겨울의 계해에는 돈과 곡식 내놓는 것을 꺼리지만 다른 사람의 돈과 곡식을 받는 것은 좋다고 한다.

---

5) 하괴성(河魁星) : 음양가에서 천선(天璇)을 이르는 말. 북두칠성의 머리 쪽에 있는 네 개의 별 가운데 둘째 별. ≒ 장성(將星).
6) 방성(房星) : 28수의 넷째 별자리에 있는 별들. 말의 수호신으로 불리기도 한다. ≒ 방(房), 방수(房宿).

자일과 묘일은 좋지 못하다
子卯不樂

「단궁(檀弓)」의 주석에 "걸(桀)이 을묘에 죽었고 주(紂)가 갑자에 죽었기에 질일(疾日)이라고 한다"[7]라고 하였다.

「익봉전(翼奉傳)」에서 "왕은 자일(子日) 묘일(卯日)은 기일이고 오일(午日)과 유일(酉日)은 길일이다"[8]라고 하였다.

위나라 왕규(王珪)[9]가 "주(紂)가 갑자일(甲子日)에 망하였으니 주(周)나라는 갑자일에 일어난 것이 아닌가?"[10]라고 하였다.

일은 그믐을 피해서 한다
擧事避晦

지봉 이수광이 말하였다.

일을 거행할 때는 모두 그믐을 피해야 하니 음(陰)이 극에 달한 날이기 때문이라고 한다. 『춘추(春秋)』에는 "언릉(鄢陵)의 전투를 갑오일(甲午日)[11] 그믐날 하였다"[12]고 적어서 기롱하였다. 이전에는 제사도 이날을 피했다고 한다.[13]

---

7) 紂以甲子死, 桀以乙卯亡, **王者**謂之疾日.(『禮記, 檀弓下』) → 桀以乙卯**死**, 紂以甲子死, 謂之疾日.(『松南雜識』)

8) 王者忌子卯**也** …… **王者**吉午酉也.(『前漢書, 卷七十五, 翼奉傳』) → 王者忌子卯, 吉午酉也.(『松南雜識』)

9) 왕규(王珪) : 당 태종(唐太宗) 때의 명신. 자는 숙개(叔玠), 시호는 의(懿). 벼슬은 예부 상서(禮部尙書).

10) 周**武**不以甲子興乎.(『資治通鑑, 卷一百九, 晉紀, 三十一』) → 周不以甲子興乎.(『松南雜識』)

11) 『지봉유설』에는 '午'가 '子'로 오기되어 있는데, 『松南雜識』는 그것을 따랐음.

12) 『춘추좌전』의 내용을 변형 인용한 듯 함. 그 내용은 다음과 같음.
甲午晦, 晉侯及楚子鄭伯, 戰于鄢陵, 楚子・鄭師, 敗績.(『春秋左傳, 卷二十八』)

『진서(晉書)』에서 말하였다.

목제(穆帝)가 왕비를 맞아들이는 시기를 9월로 하려고 하였는데 어떤 사람이 기월(忌月)이라고 하자 왕표지(王彪之)[14]가
"예(禮)에는 기월(忌月)이 없습니다"
라고 하였고 왕흡(王洽)도
"만약 기월(忌月)이 있다면 기세(忌歲)도 의당 있어야 할 것입니다"
라고 하였다.[15]

파일
破日

지봉(芝峯) 이수광(李睟光)이 말하였다.

『패해(稗海)』에서 "매달 5일, 14일, 23일은 월기(月忌)이므로 출행(出行)을 꺼린다"라고 하였다. 민간에서 삼파일(三破日)이라고 한다.[16]

지금 중국에서는 '파(破)'를 '패(覇)'라고 하니, 매사를 이날까지는 끝낸다고 한다.

---

13) 古者擧事, 皆避月晦. **說者以**陰之窮**爲諱**. 春秋**晉楚**鄢陵之戰, **特書**甲子晦, **以見譏**, **是也**. 在前祀享, 亦避是日云.(『芝峯類說, 卷一, 時令部, 歲時』) → 古者擧事, 皆避月晦, **謂**陰之窮. 春秋鄢陵之戰, 甲子晦**譏之也**. 在前祀享, 亦避是日云.(『松南雜識』)

14) 왕표지(王彪之) : 진(晉)나라의 문신. 왕빈(王彬)의 아들. 자는 숙무(叔武).

15) 穆帝, 納后, 欲用九月, **九月是**忌月. **范汪問**, 王彪之**答云**, 禮無忌月 …… 王洽曰, 若有忌月, 當**復**有忌歲.(『晉書, 卷二十一, 志, 第十一』) → 穆帝, 納后, 欲用九月, **或謂**忌月, 王彪之**曰**, 禮無忌月. 王洽曰, 若有忌月, 當有忌歲.(『松南雜識』)

16) 稗海**曰**, **俗以**每月初五十四二十三, 爲月忌, 出行**必**避之, **其說不經云**. **今**俗, **以此日**, **爲**三破日**者**, **未知何據**.(『芝峯類說, 卷一, 時令部, 歲時』) → 稗海**云**, 每月初五十四二十三**日**, 爲月忌, 出行避之, 俗**謂**三破日.(『松南雜識』)

파종에 꺼리는 날
播種忌日

『산림경제(山林經濟)』[17]에서 말하였다.

고초일(枯焦日) 외에 전흔일(田痕日)이 있다. 정해일은 전부(田父)가 죽은 날이고 정미일은 전모(田母)가 죽은 날이고 갑인일은 전조(田祖)가 죽은 날이고 을사일은 맹기일(孟紀日)이고 계사일은 후직(后稷)의 장삿날이다.[18]

누룩 만드는 날, 보리 심는 날
造麴種麥

『속박물지(續博物志)』에서 말하였다.

목일(木日)에 누룩을 만들면 시고, 수일(水日)에 장을 만들면 벌레가 생기고, 구초일(九焦日)에 곡식을 심으면 싹이 나지 않는다. 육합일(六合日)에 귀신을 내몰면 귀신이 가지 않고, 화일(火日)에 벌을 벌통에 넣으면 꿀이 쓰고, 토일(土日)에 삼을 심으면 나지 않는다.[19]

---

17) 산림경제(山林經濟) : 조선 숙종 때에, 홍만선(洪萬選)이 농업과 의약 및 농촌의 일상생활에 관하여 쓴 책. 4권 4책의 필사본.

18) **凡焦日**, 〈正辰二丑三戌四未五卯六子七酉八午九寅十亥十一申十二巳.〉 **謂之**苦焦**日**, **種穀則不生芽**.〈博物志 田痕**凶**日,〉 **忌耕田布種**. **大月初六初八二十二二十三**, **小月初八十一十二十七十九二十七**.〈必用〉. **甲寅**. 田祖死. 丁亥.〈註〉田父死. 丁未.〈註〉田母死. 乙巳.〈註〉田主喪. 癸巳.〈註〉后稷葬. **右般日**. **田家最忌耕犁播種揷秧**.〈註〉直說補. **正**.〈註〉戌. **二**.〈註〉亥. 三.〈註〉子. **四**.〈註〉丑. **五**.〈註〉寅. **六**.〈註〉卯. **七**.〈註〉辰. **八**.〈註〉巳. **九**.〈註〉午. **十**.〈註〉未. **播種無所收**.〈註〉上同.(『山林經濟, 卷之一, 治農, 耕播』)→苦焦**外有**田痕日, 丁亥**日**, 田父死**日**, 丁未**日** 田母死**日**, **甲寅日**, **田祖死日**, 乙巳**日**, **孟紀日**, 癸巳 后稷葬**日**.(『松南雜識』)

19) 木日造**麴而**酸, 水日造醬則生蟲, 九焦日種穀則不生芽, 六合日遣鬼**鬼**不去, 火日安

또 속담에 장을 담는 날이 평일(平日)과 수일(收日)이면 돈을 더 벌고 개일(開日)과 정일(定日)이면 재물을 얻게 된다고 한다.[20]

태세도 피하지 않는다
太歲不避

『송사(宋史)』에서 말하였다.

인종(仁宗)[21]때에 동화문(東華門)을 수리하려고 하였는데 태사(太史)가 "태세(太歲)[22]가 동쪽에 있으니 범할 수 없습니다"라고 하였다. 황제가 "동쪽 집의 서쪽은 바로 서쪽 집의 동쪽이고, 서쪽 집의 동쪽은 바로 동쪽 집의 서쪽이니 태세(太歲)는 과연 어디에 있는가? 공사를 시작하고 꺼리지 말라"[23]라고 하였다.

『유양잡조(酉陽雜俎)』에서 이른바 "까치집이 태세(太歲)를 피하고 태을(太乙)을 향하는 것"[24]은 이곳에 이르면 까치가 되지 못하기 때문이다.

蜂則蜜苦, 土日種麻則不生.(『續博物志, 卷二』) → 木日造**麯則**酸, 水日造醬則生蟲, 九焦日種穀則不生芽, 六合日遣鬼**則**不去, 火日安蜂則蜜苦, 土日種麻則不生.(『松南雜識』)

20) 12신(神)의 이름으로 閉·開·收·成·危·破·執·定·平·滿·際·建이 있다.

21) 인종(仁宗) : 송나라의 제4대 왕(1010~1063). 재위시에 평화롭고 국력이 충실하였으며, 문학과 예술을 장려하여 사대부의 독특한 문화가 크게 일어났다. 재위 기간은 1022~1063년이다.

22) 태세(太歲) : 음양가(陰陽家)에서 모시는 팔장신(八將神)의 하나. 목성에 붙인 이름으로 해마다 간지(干支)의 방향으로 운행하는데, 그 방향으로 길사(吉事)를 행하면 복을 받는다고 하며, 나무 베는 것을 꺼린다.

23) **嘉祐中**, 將修東華門, 太史言, 太歲在東, 不可犯, **仁宗皇**帝**批其奏**曰, 東家之西, 乃西家之東, 西家之東, 乃東家之西, 太歲果何在, 其興工勿忌.(『古今事文類聚, 卷十二, 天時部, 不避太歲』) → **仁宗時**, 將修東華門, 太史言, 太歲在東, 不可犯, 帝曰, 東家之西, 乃西家之東, 西家之東, 乃東家之西, 太歲果何在, 其興工勿忌**云**.(『松南雜識』)

24) 『유양잡조』에는 없는 내용이며, 『博物志』에 "鵲巢門戶背太歲向太乙智也"라는 내

곡은 진일을 피하지 않는다
哭不避辰

한(漢)나라의 노래에 "해(歲)가 용(龍 = 辰)이나 뱀(巳 = 蛇)에 해당되면 현인(賢人)이 슬퍼한다"[25]라고 한다.

당나라의 장공근(張公謹)[26]이 죽자 태종이 곡을 하려고 하니, 유사(有司)가 "진일(辰日)입니다"라고 아뢰었다.

황제가 "군신(君臣)은 부자(父子)와 같다. 마음 속에 정이 느껴지는데 어찌 피할 이유가 있겠는가?"라고 하고 마침내 곡을 하였다.[27]

출행에 날을 가리지 않는다
行不擇日

소옹(邵雍)[28]은 출행을 할 때 날을 가리지 않았다. 어떤 사람이 "이롭지 못하다"라고 그에게 말을 하면 그치면서 말하였다.

"사람이 말을 하지 않으면 모르는데 이미 말을 하였으니 알고 있다. 알고 있으면서도 굳이 간다면 귀신과 대적하는 것이다"[29]

용이 있다.

25) 歲**至**龍蛇賢人嗟.(『後漢書, 卷六十五, 張曹鄭列傳, 第二十五, 鄭玄傳』의 주석) → 歲**在**龍蛇賢人嗟.(『韻府群玉, 夢歲在辰』) → 歲在龍蛇賢人嗟.(『松南雜識』)

26) 장공근(張公謹) : 당나라 태종 때의 인물. 자는 홍신(弘愼).
*『松南雜識』에는 '張公瑾'으로 오기되어 있음.

27) **夏四月辛卯, 襄州都督鄒襄公**張公謹卒. **明日, 上出次發哀**, 有司奏辰日**忌哭**. **上**曰, 君**之於**臣猶父子**也**, 情**發**於**衷**, 安避**辰日**. 遂哭之.(『資治通鑑, 卷一百九十四, 唐紀十, 太宗文武大聖大廣孝皇帝上之下』) → 張公**瑾**卒. **太宗將哭之**. 有司奏**日在辰**. **帝**曰, 君臣猶父子. 情**感**於**內**, 安**有所**避. 遂哭之.(『松南雜識』)

28) 소옹(邵雍) : 북송의 학자(1011~1077). 자는 요부(堯夫). 호는 안락선생(安樂先生). 시호는 강절(康節). 상수(象數)에 의한 신비적 우주관과 자연 철학을 제창하였다. 저서에 『관물편(觀物篇)』·『이천격양집(伊川擊壤集)』·『황극경세서(皇極經世書)』 등이 있다.

29) **宋**邵康節**先生**, 出行不擇日, 或告之以不**吉**, 則**不行**. **蓋**曰, 人未言則不知, **人**旣言則有知而必行, **是**與鬼神敵也.(『山堂肆考, 卷一百六十六, 技藝, 出行不擇』) → 邵康

지금 '사람이 말을 하지 않으면 귀신은 알지 못한다'는 말이 이것이다. 또 오늘 바람이 불려는지 내일 비가 오려는지 어떻게 알겠는가? 오로지 '순리대로 인도해 가면 길하고, 역리를 따르면 흉함'을 알 일이니 이것을 법으로 삼을 만하다.

하늘이 귀머거리가 되고 땅이 벙어리가 되다
天聾地啞

『운부군옥(韻府群玉)』에서 "역가(曆家)에 하늘이 귀먹고 땅이 벙어리가 되는 날이 있다"30)라고 하였는데 수리하거나 만드는 일이 모두 길하다고 한다. 생각하건대 하늘과 땅이 돌아가다가 이 날만은 잠깐 멈추었다가 다시 돌아가는가 보다. 역가에서는 이 날 흉한 일진(日辰)의 일을 몰래 수리한다.

집을 짓다가 토금을 범하다
營宅犯土

지봉 이수광이 말하였다.

『용재수필(容齋隨筆)』31)에서 말하였다.

민간에서 집을 짓다가 병과 액을 당하면 모두 토금(土禁)을 범하였다고 말을 한다. 그러므로 도가(道家)에는 토사(土司)에게 인사하는 장

節, 出行不擇日, 或告之以不**利**則**止**. 曰, 人未言則不知, 旣言則有知而必行, 與鬼神敵也.(『松南雜識』)

30) 歷**書**有天聾地啞日.(『韻府羣玉, 天聾地啞』) → 曆**家**有天聾地啞日.(『松南雜識』)

31) 용재수필(容齋隨筆) : 송나라 홍매(洪邁)가 편찬한 책. 원집이 16권, 속필(續筆)이 16권, 삼필(三筆)이 16권, 사필(四筆)이 16권, 오필(五筆)이 10권.

초(章醮)[32]의 글이 있다. 한나라 안제(安帝)가 태자가 병이 들자 왕성(王聖)의 집으로 피하였는데 병길(邴吉)[33]이 "왕성(王聖)의 집은 새로 수선하여 토금(土禁)을 범하였으니 오래 머물 수 없사옵니다"라고 하였다.[34]

나무귀신
木神

옛 노래에 대한 다음과 같은 이야기가 있다.

한나라 무제(武帝)가 미앙궁(未央宮)에서 연회를 하는데, 키가 아홉 치나 되는 어떤 노인이 대들보 위에서 나오는 것을 보았다. 그 노인은 집을 올려다본 후, 아래로 황제의 다리[足]를 가리키더니 사라졌다.

동방삭(東方朔)이 말하였다.

"그의 이름은 조(藻)이니 물과 나무의 정령입니다. 폐하께서 궁궐을 지으실 때 그의 거처를 베어버렸기에 집을 쳐다 본 것입니다. 또 다리를 가리킨 것은 폐하의 궁궐은 이 정도면 충분[足]하니 더 지을 필요가 없다는 의미입니다."

---

32) 장초(章醮) : 도가(道家)의 기도의 한 형식.

33) 병길(丙吉) : 전한 선제(宣帝) 때의 재상. 무제(武帝) 때 옥리(獄吏)로 있으면서, 선제가 위 태자(衛太子)의 일로 옥에 갇힌 것을 동정하여 보양(保養)한 공으로 선제가 즉위한 후 박양후(博陽侯)에 봉해졌다가 승상으로 승진되었다.

34) 今世俗營建宅舍, 或小遭疾厄, 皆云犯土, 故道家有謝土司章醮之文. 按後漢書來歷傳所載. 安帝時, 皇太子驚病不安, 避幸乳母野王君王聖舍, 太子厨監邴吉以爲聖舍新繕修犯土禁, 不可从御. 然則古有其說矣.(『容齋四筆, 卷一, 繕修犯土』) →容齋**隨筆曰**, 世俗營建宅舍, 或**小**遭疾厄, 皆云犯土, 故道家有謝土司章醮之文, 按漢安帝太子病, 避幸**乳母**王聖舍, 邴吉, **以爲**聖舍新繕**修**犯土禁, 不可久御, **其說久矣**.(『芝峯類說, 卷十八, 技藝部, 方術』) →容齋**云**, 世俗營建宅舍, 或遭疾厄, 皆云犯土, 故道家有謝土司章醮之文, 按漢安帝太子病, 避幸王聖舍, 邴吉**曰**, 聖舍新繕犯土禁, 不可久御.(『松南雜識』)

황제가 공사를 중지시켰다. 훗날 호자하(瓠子河)에 거둥하였을 때 이전의 노인과 사람들을 보았는데 모두 키가 여덟, 아홉 치였고 어떤 이는 악기를 가지고 있었다. 황제가 물어보자, "거처를 온전히 할 수 있었기에 저희 나름대로 축하를 하고 있었습니다"라고 대답하고는 노래를 불렀다.

천지의 덕이여 지극한 인을 드리웠네	天地德兮垂至仁
유령을 불쌍히 여기셔 도끼질을 중지 시키셨지	愍幽魄兮停斧斤
거처를 보존하여 미천한 몸을 비호하시네	保窟宅兮庇微身
천자시여 만수무강하소서	願天子兮壽萬春[35]

지금 목신(木神)에 대한 말은 유래가 오래된 듯하다.

---

35) 漢武帝, 宴於未央, 方噉黍臛, 忽聞人語云老臣冒死自訴. 不見其形, 尋覓良久, 梁上見一老翁, 長八九寸, 面目頳皺, 鬚髮皓白, 拄杖僂步, 篤老之極. 帝問曰, 叟姓字何, 居在何處, 何所病苦而來訴朕. 翁緣柱而下, 放杖稽首, 嘿而不言, 因仰頭視屋, 俯指帝脚, 忽然不見. 帝駭愕不知何等. 乃曰, 東方朔必識之. 於是召方朔以告. 朔曰, 其名爲藻水木之精, 夏巢幽林, 冬潛深河, 陛下頃日頻興造宮室, 斬伐其居, 故來訴耳. 仰頭看屋而復俯指陛下脚者, 足也. 願陛下宮室足於此. 帝感之旣而息役. 幸瓠子河, 聞水底有絃歌聲, 前梁上翁及年少數人, 絳衣素帶, 纓佩甚鮮, 皆長八九寸, 有一人長尺餘, 凌波而出, 衣不霑濡, 或有挾樂器者, 帝方食爲之徹膳, 命列坐於食案前. 帝問曰, 聞水底樂奏爲是君耶. 老翁對曰, 老臣前昧死歸訴, 幸蒙陛下天地之施, 卽息斧斤, 得全其居, 不勝歡喜, 故私相慶樂耳. 帝曰可得奏樂否. 曰故齎樂來. 安敢不奏. 長人便絃而歌, 歌曰天地德兮垂至仁, 愍幽魄兮停斧斤, 保窟宅兮庇微身, 願天子兮壽萬春.(『廣博物志, 卷十四, 靈異三』) → 漢武帝, 宴未央宮, 見一翁樑下, 長九尺, 仰觀屋, 俯指帝脚, 仍不見. 東方朔曰, 其名藻水木之精也, 陛下造宮室, 斬伐其居, 故視屋. 又指脚者, 宮室足也. 帝息役. 幸瓠子, 見前翁及人, 皆八九寸, 或有杖樂器. 帝問之, 對曰, 得全居, 私自賀耳. 其歌曰, 天地德兮垂至仁, 愍幽魄兮停斧斤, 保窟宅兮庇微身, 願天子兮壽萬春.(『松南雜識』)

화재의 압승술[36]
火災壓勝

『남사(南史)』[37]에서 "월(越)의 무당 조귀(趙鬼)가 '월(越)나라의 풍속에 집에 화재가 나면 집을 크게 지어 압승(壓勝)하니 고부(古賦)[38]에서 백량대(柏梁臺)[39]가 불타자 건장궁(建章宮)을 지었네라고 하였습니다'라고 말하였다"[40]라고 한 말이 이것이다. 지금 화재가 나면 반드시 큰 집을 짓는다는 말은 여기에서 나왔다.

흰 흙을 문에 바름
白堊塗門

지봉 이수광이 말하였다.

호인국(互人國) 사람들은 백옥(白玉)으로 성을 만들기 때문에 귀신이 감히 들어가지 못한다. 대개 귀신은 음물(陰物)이기에 검은 색을 좋아하고 흰 색을 싫어할 따름이다. 어떤 사람이 이 성에 와보고 그 이치를 깨닫고는 흰 돌로 집을 빙 둘러 담을 만들었다. 이때 하간(河間)에 역질이 빈번히 발생하였지만 그 집에는 전염되지 않았다. 지금 사람들이 흰 흙을 문에 바르는 것도 그 의미이다.[41]

---

36) 압승술(壓勝術) : 사악함을 제거하고 길함을 얻는 술수.
37) 『松南雜識』에는 '漢書'로 오기되어 있음.
38) 후한의 문인 장형(張衡)이 지은 「서경부(西京賦)」를 이름.
39) 백량대(柏梁臺) : 지금 중국 섬서성 장안현 서북쪽 성안에 있는 대로 한나라 무제가 축조하였다.
40) **趙鬼能讀西京賦云**, 柏梁旣災, 建章是營.(『南史, 卷五, 齊本紀下, 第五』) → **漢書曰**, **越巫趙鬼言**, **越俗舍有火灾**, **大起屋**, **以壓勝之**, **卽古賦**, 柏梁爲灾, 建章是營.(『松南雜識』)
41) **異聞志云**, **天下無處非鬼充塞無間**, **獨**互人國**白玉城**, 以白玉爲**之**, 鬼不敢入, 蓋鬼陰物, 喜黑**而**惡白耳, 有人至此城得其故, **歸**以白石繞屋爲墻, 時河間多**疫**癘, **獨**其家

살펴보건대, 『주례(周禮)』에서 "대합조개껍질은 관장하여 담을 장식할 대합조개껍질을 공급한다[掌蜃共白盛之蜃]"라고 말하였는데, 주석에 "신(蜃)은 회(灰)이니, 담을 장식하여 하얗게 만든다"[42]라고 하였으니 호인(互人)만 그렇게 하는 것은 아니다.

게 껍질로 학질을 물리치다
蟹殼辟瘧

『몽계필담(夢溪筆談)』에서 말하였다.

관중(關中)에는 게가 없다. 진(秦)나라 사람이 마른 게 껍질을 하나 주웠는데 이 지방 사람들이 괴상한 물건이라고 여겼다. 학질을 앓는 어떤 사람이 빌려다가 문에 걸어두자 병이 나았다. 사람만 게를 알지 못한 것이 아니라 귀신도 몰랐던 것이다.[43]

지금 민간에서 게 껍질을 걸어두는 풍속이 이것이다.

또 섣달 그믐에 흰 경단을 말려서 도깨비를 때리면 다시는 귀신이 되지 못한다고 한다.

無染**者**. 今人用白堊塗門, 亦其**遺**意也.(『芝峯類說, 卷二, 諸國部, 外國』) → 互人國, 以白玉爲**城**, **故**鬼不敢入, 盖鬼陰物, 喜黑惡白耳, 人有至此城, 得其故, 以白石繞屋爲墻, 時河間多癘, 其家無染. 今人用白堊塗門, 亦其意也.(『松南雜識』)

42) 掌蜃**掌斂互物蜃物以共闉壙之蜃** …… 共白盛之蜃. **注 盛猶成也**, **謂**飾牆使白**之蜃也**. **今東萊用蛤謂之義**灰**云**.(『周禮注疏, 卷十六』) → 掌蜃共白盛之蜃. **註**, **蜃**灰, 飾牆使白.(『松南雜識』)

43) 關中無螃蟹, 元豐中, 予在陝西, 聞秦州人家收得一乾蟹, 土人怖其形狀, 以爲怪物, 每人家, 有病瘧者, 借去掛門戶, 上往往遂差, 不但人不識, 鬼亦不識也.(『夢溪筆談, 卷二十五, 雜誌二』) → 關中無蟹, 秦人**家**收得一乾蟹, 土人**怖其形狀**以爲怪. **物每人家**有病瘧者, **則**借去懸門**戶**, **往往**遂差, 不但人不識, 鬼亦不識**也** 筆談.(『古今事文類聚, 卷三十五, 介蟲部, 蟹, 懸蟹辟瘧』) → 筆談**曰**, 關中無蟹, 秦人收得一乾蟹**殼**, 土人以爲怪. 有病瘧者, 借去懸**于**門, 遂差, 不但人不識**蟹**, 鬼亦不識.(『松南雜識』)

울루와 신도

鬱壘神荼[44]

『풍속통(風俗通)』에서 "도도산(桃都山)[45]의 두 신 이름"이라고 하였는데, 지금 문에 그려서 귀신을 막는다.

점이적곽

漸耳赤郭

『자휘(字彙)』에서 "사람이 죽으면 '귀(鬼)'라고 하고 귀신이 죽으면 '적(聻)'이라고 한다"라고 하였다. '聻'의 음은 적이니 漸耳는 본래 한 자이다. 『유양잡조(酉陽雜俎)』에서 "원일(元日)에 문 위에 호랑이 머리를 그리고 漸耳라고 쓰니 저승 귀신의 이름으로, 학질을 물리칠 수 있다"[46]라고 말하였다.

『신이경(神異經)』[47]에서 "남방(南方)에 어떤 사람이 있는데 키는 일곱 자로 붉은 옷에 흰 띠를 띠고 붉은 뱀을 목에 둘렀다. 악귀(惡鬼)만을 먹는데 아침에는 삼천 마리를 삼키고 저녁에는 팔백 마리를 삼키니 적곽(赤郭)이라고 한다"[48]라고 하였다.

---

44) 『풍속통(風俗通)』에는 울루(鬱壘)와 도(荼)로 되어 있음.

45) 도도산(桃都山) : 전설상의 산 이름.

46) **俗好於**門上, 畫虎頭書聻字, 謂陰**刀**鬼名, 可**息疫**瘧**也**.(『酉陽雜俎, 續集, 卷四, 貶誤』)→元日, **俗于**門上, 畫虎頭, 書漸耳, 謂陰司鬼名, 可**息**瘧**疾**.(『韻府羣玉, 漸耳』)→元日, 門上畫虎頭, 書漸耳, 謂陰司鬼名, 可**辟**瘧.(『松南雜識』)

47) 신이경(神異經) : 구본(舊本)은 한(漢)나라 동방삭(東方朔)이 편찬했고, 진(晉)나라 장화(張華)가 주석을 달았다. 『수서(隋書)』에 실린 것과 서로 일치된다. 1권.
* 『松南雜識』에는 '神異記'로 되어 있음.

48) 南有人**焉**, **周行天下**, **其**長七**丈**, **腹圍如其長**, 朱衣縞帶, **以**赤蛇繞**其**項, **不飮不**食, 朝呑惡鬼三千, 暮呑三百, **此人以鬼爲飯**, **以露爲漿**, 名曰**尺**郭, **一名黃父**.(『神異經』)→南方有人, 長七尺, 朱衣縞帶, 赤蛇遶項, 惟食惡鬼, 朝呑三千, 暮呑八百, 名曰赤郭, 神異經.(『韻府羣玉, 赤郭』)→南方有人, 長七尺, 朱衣縞帶, 赤蛇**遶**項, 惟食惡鬼, 朝呑三千, 暮呑八百, 名曰赤郭.(『松南雜識』)

또 『괄이지(括異志)』[49]에서 "남해(南海) 소우산(小虞山)에 귀모(鬼母)가 있다. 한 번에 천 마리의 귀신을 낳는데 아침에는 낳고 저녁에는 먹어 치운다"[50]라고 하였다.

비형
鼻荊

경주(慶州)의 풍속에 '비형(鼻荊)' 두 글자를 써서 문미(門楣)에 붙이니 바로 길달(吉達)[51]의 고사이다. 지금 귀신을 쫓을 때 '두두리(豆豆里)'라고 부르는 말이 이것이다.

경신에 축하다
祝庚申

육유(陸游)[52]의 시에 "집집마다 경신일에 맞춰 집을 짓는다[家家築屋趁庚申]"[53]라고 하였는데 지금 마을 어귀에 세운 문에 "경신년 경신월 경신일 경신시에 강태공이 만든 곳"이라고 쓰는 풍속이 이것이다.

『유양잡조(酉陽雜俎)』에서 "정월 경신일에 삼시(三尸)[54]가 하늘로 올라

49) 괄이지(括異志): 송나라 장사정(張師正)이 편찬한 책. 총 10권.
 *『松南雜識』에는 『述異記』로 오기되어 있음.

50) 南海小虞山有鬼母, 一產千鬼, 朝產之, 暮食之.(『說郛, 卷一百十六, 括異志』) → 南海小虞山有鬼母, 一產千鬼, 朝產之, 暮食之.(『松南雜識』)

51) 『松南雜識』에는 '吉建'으로 오기되어 있음.

52) 육유(陸游): 남송의 시인(1125~1209). 자는 무관(務觀). 호는 방옹(放翁). 남송 제일의 시인으로, 나라의 상황을 개탄한 시나 전원의 한적한 생활을 주제로 한 시가 많다. 글씨도 뛰어났다. 시집 『검남시고(劍南詩稿)』와 기행문 「입촉기(入蜀記)」, 사서(史書) 『남당서(南唐書)』 따위가 있다.

53) 「풍세(豐歲)」.

54) 삼시(三尸): 도교에서, 사람의 몸 안에 있으면서 수명·질병·욕망 등을 좌우하는

가서 인간의 과실을 상제에게 고한다. 그래서 의원과 무당은 이날 밤에 잠을 자지 않으니 삼시가 올라가지 못하게 하여 죄를 면하려는 것이다"[55]라고 하였다.

『태평광기(太平廣記)』[56]에서 "바로 삼팽(三彭)이니 대개 사람이 죽어서 귀신이 되어 제사를 받아먹게 만들려고 한다"[57]라고 하였다.

『지전록(芝田錄)』에서,

경신(庚申)을 지키지 않아도 의심하지 않으니	不守庚申亦不疑
이 마음이 참으로 도(道)와 부합되기 때문이라네	此心良與道相依
옥황상제께서 행동을 이미 직접 알고 계시니	玉皇已自知行止
너 삼팽아! 네 멋대로 시비를 말해보거라	任汝三彭說是非

라고 하였다.

생각하건대 시충(尸蟲)이 없는 날 집을 지으면 길한가 보다. 태공(太公)은 동해 지역을 다스린 사람이고 우리나라가 동해에 가깝기 때문인가 보다. 어떤 이는 "경신은 금(金)이고 금은 목(木)을 이기니 태공이 육정(六丁)의 귀신을 부리기 때문이다"라고 말한다.

세 마리의 벌레. 경신일(庚申日) 밤에 사람이 잠을 자면 나와서 하늘로 올라가 하느님에게 그 사람의 잘못을 고한다고 한다.

55) 『유양잡조』에 없는 내용임.

56) 태평 광기(太平廣記) : 송나라의 태평홍국 2년(977)에 이방(李昉) 등 12명이 황제의 명에 따라 편집한 중국 설화집. 한(漢)나라로부터 오대(五代)에 이르기까지의 설화, 소설, 전기, 야사 따위를 종류에 따라 92항목으로 정리・분류하여 수록하고 출전을 밝혔다. 500권.

57) 『태평광기』에 없는 내용임.

왕망일과 반지일
往亡反支

『통감강목(通鑑綱目)』에서 "행군(行軍)은 왕망일(往亡日)을 꺼린다"라고 하였는데 유유(劉裕)[58]는 "우리가 가면 저들이 망한다"[59]라고 하였다. 또 반지일(反支日)에는 서소(書疏)를 접수하지 않는 것이 전례였는데 한나라 명제(明帝)가 혁파하였다.

조공
潮空

어떤 사람이 "조감(潮減)은 매달 초파일과 23일이니, 조공(潮空)이라고 한다"라고 말하였다. 이날에는 조수가 줄어든다.

강일과 유일에 주관할 일
剛柔主事

『예기(禮記)』에서 "갑・병・무・경・임일은 강일(剛日)[60]이라고 하니 교(郊) 밖의 일을 주로 하고 을・정・기・신・계일은 유일(柔日)[61]이라고 하여 교(郊) 안의 일을 주로 한다"[62]라고 하였다. 지금 술가(術家)로서 그

58) 유유(劉裕) : 남조(南朝)의 첫 번째 임금. 진 안제(晉安帝) 때 환현(桓玄)을 섬멸하고 공제(恭帝)의 양위(讓位)를 받았음.

59) 劉**裕悉衆攻城**, **或曰**, **今日往亡**, **不利行師**. 裕曰, 我往彼亡.(『資治通鑑, 卷一百十五, 晉紀三十七, 安皇帝庚』) → 劉裕曰, 我往彼亡.(『松南雜識』)

60) 강일(剛日) : 기일(奇日)・척일(隻日).

61) 유일(柔日) : 우일(偶日). 짝수로 된 날. 2월 4일 따위. 음에 해당하는 날이므로 이날 집안 일을 하는 것이 좋다고 한다.

62) 外事**以**剛日, 內事**以**柔日.(『禮記, 曲禮上』) → **甲丙戊庚壬謂**剛日, **主**外事, **乙丁巳辛癸謂**柔日, **主**內事.(『松南雜識』)

말을 근거로 삼아 생기(生氣)와 화복(禍福)으로 억지로 갖다 붙이는 것은 여기에서 시작된 듯하다. 대개 택일(擇日)이란 음양(陰陽)과 풍우(風雨)일 따름이다. 당나라 제도에는 척일(隻日)[63]에 정사를 처리하였는데 이손(李遜)은 황제에게 "아뢸 때는 좋은 날을 가릴 필요가 없사옵니다"[64]라고 상주(上奏)하였다.

인태
人蛻[65]

『풍속통(風俗通)』에서 "5월에는 새로 기와 이는 것을 꺼리니 사람을 대머리로 만든다"[66]라고 하였다.

『유양잡조(酉陽雜俎)』에서 "풍속에 5월에 지붕에 올라가는 것을 꺼리니 이 달에 인태(人蛻)가 지붕에 올라가서 그림자를 보면 혼이 의당 떠난다"[67]라고 하였다. 지금의 5월에 기와 이는 것을 꺼리는 풍속은 여기에서 나왔다.

---

63) 척일(隻日) : 甲·丙·戊·庚·壬日을 이른다.

64) **九年, 入爲給事中, 遜以舊制隻日視事對羣臣**, 遜奏**論曰, 事君之義, 有犯無隱**, 陳**誠啓沃**, 不必擇辰.(『舊唐書, 卷一百五十五, 列傳第一百五, 李遜』) → **李**遜奏, 陳不必擇辰.(『松南雜識』)

65) 인태(人蛻) : 영혼이 빠져 나간 인간의 육체를 이름.

66) 風俗通, 五月, 忌翻蓋**屋**瓦, 令人髮禿.(『韻府羣玉, 禿』) → 風俗通**曰**, 五月, 忌翻蓋瓦, 令人髮禿.(『松南雜識』)

67) 俗諱五月上屋, 言**五**月, 人蛻上屋, 見影, 魂當去.(『酉陽雜俎, 卷十一, 廣知』) → 俗諱五月上屋, 言**是**月, 人蛻上屋, 見影, 魂當去.(『松南雜識』)

물에 그림자를 비치지 않게 하다
影不照水

『유양잡조(酉陽雜俎)』에서 "그림자를 물이나 우물, 목욕물통에 비치게 하지 않으니 옛 사람들이 그림자를 피하는 뜻이다"[68]라고 하였다.

등을 훔쳐오면 자식이 생긴다
盜燈有子

『본초강목(本草綱目)』에서 "상원(上元)에 부잣집의 등잔을 훔쳐다가 침상 아래에 두면 자식이 생긴다"[69]라고 하였다.

까치 둥지의 대들보 올리기와 아랫 턱이 가려움
鵲巢頤癢

『유양잡조(酉陽雜俎)』에서 "까치가 대들보 올리는 것을 보면 반드시 귀인이 된다"[70]라고 하였다. 살펴보건대 상공 최원(崔圓)의 아내가 까치 두 마리가 나무 하나를 함께 물어다 까치집에 올려 두는 것을 보았다는 이야기가 이것이다.[71]

아래턱이 까닭 없이 간지러우면 틀림없이 별미를 먹게 되니 바로 자

---

68) 影不欲照水照井及浴盆中, 古人避影, **亦爲此**.(『酉陽雜俎, 廣知』) → 影不欲照水照井及浴盆中, **卽**古人避影**之意也**.(『松南雜識』)

69) 上元盜**取**富家燈盞, 置**牀**下, 令人有子.(『本草綱目, 卷三十八, 服器之一, 燈盞』) → 上元盜富家燈盞, 置**床**下, 令人有子**云**.(『松南雜識』)

70) **俗言**見鵲上梁, 必貴.(『酉陽雜俎, 卷十六, 廣動植之一』) → 見鵲上樑, 必貴.(『松南雜識』)

71) 鵲巢中, 必有梁, 崔圓相公妻, 在家時, 與姊妹, 戲於後園, 見二鵲搆巢, 共銜一木, 如筆管, 長尺餘, 安巢中, 衆悉不見. 俗言見鵲上梁必貴.(『酉陽雜俎, 卷十六, 廣動植之一』) → 按崔圓相公見二鵲共啣一木安巢是也.(『松南雜識』)

공(子公)의 식지(食指)가 움직인 류(類)이다.[72]

『세설신어(世說新語)』에서 “등불에 꽃이 일면 재물을 얻고 거미가 모이면 온갖 일이 기쁘고 까치가 울면 길 떠난 사람이 온다”[73]라고 하였으니 바로 은호(殷浩)의 ‘관(棺) 꿈을 꾸면 관직(官)을 얻고 똥 꿈을 꾸면 재물을 얻게 되는 이유에 대한 설’[74]과, 『중용(中庸)』에서 “시초점과 거북점에 나타나며 사지를 움직인다”[75]라고 한 말이 이것이다.

월식에는 음식을 먹지 않는다

月蝕不飮

지봉(芝峯) 이수광(李睟光)이 “의방(醫方)에서 ‘사람이 치통을 앓는 이유는 대부분 월식이 일어난 밤에 마시고 먹었기 때문이다. 일식과 월식이 사라질 때까지 먹고 마시지 말아야 한다’라고 말하니 이 이치를 알 수 없다”[76]라고 하였다.

또 일식이 일어났을 때 주사(朱砂)로 종이에 ‘龍(룡)’ 자를 써서 학질을 앓는 사람에게 붙여 두는데, 그래도 계속 병을 앓으면 ‘龍’ 한 자를 태워서 마시게 하면 차도가 있으니 역시 이치를 알 수 없다.

---

72) 초나라에서 정나라 영공(靈公)에게 큰 자라를 바쳤는데 자공(子公)이 영공을 알현하러 들어가자 식지가 움직였다. 자공은 별미를 먹을 일이 있으면 식지가 움직인다고 말하였다.(『春秋左傳, 卷二十一, 宣公 四年』)

73) 燈火花, 得錢財, 乾鵲噪**而**行人至, 蜘蛛集**而**百事喜.(『西京雜記, 卷三』) → 燈火喜, 得錢財, 蜘蛛集, 百事喜, 乾鵲噪, 行人至.(『松南雜識』)
*『세설신어』에 없는 내용임.

74) **或問**殷浩**曰**, **將涖**官**而**夢棺, **將**得財**而**夢糞, **何也**. **浩對曰**, **官本臭腐**, **故將涖官而夢尸**, **財本糞土故**, **將得財而夢穢**.(『說郛, 卷七十三下, 東谷所見, 名利』) → 殷浩夢棺**得**官, 夢糞得財.(『松南雜識』)

75) 見乎蓍龜, 動乎四體.(『中庸, 下, 第二十四章』) → 動乎蓍龜, 見乎四體.(『松南雜識』)

76) 醫方云, **凡**人患齒病, 多由月**蝕**夜飮食之所致, **又云**, 日月**蝕**未平時, **特忌**飮食, 斯理**殊**不可曉.(『芝峯類說, 卷十八, 外道部, 修養』) → 醫方云, 人患齒病, 多由月**食**夜飮食之所致, **而**日月**食**未平時, **不**飮食, 斯理不可曉.(『松南雜識』)

시체가 뜨거우면 상서롭지 못하다
屍熱不祥

매성유(梅聖兪)가 "사람이 죽어서 염습을 마쳤는데도 그 시체가 불처럼 뜨거우면 상서롭지 못하다고 하니 의당 줄초상이 난다고 한다"라고 하였다. 민간에서 "시체가 부드러우면 줄초상이 난다"라는 말은 여기에서 유래하였다. 또 시체는 크기를 막론하고 관에 들어갔는데 고양이가 뛰어 넘으면 시체가 선다고 한다.

벼락맞아 죽으면 장사지내지 않는다
震死不葬

지봉(芝峯) 이수광(李睟光)이 말하였다.

> 김구령(金九齡)이 관서에게 나그네로 돌아다니다가 벼락을 맞아 죽었는데 발인하던 중에 또 벼락이 쳤고 장사 지낸 뒤에도 벼락이 쳤다. 송나라 나점(羅點)이 '벼락맞아 죽은 사람은 장사지낼 수 없다'라고 하였다.[77]

지금은 간혹 맞지 않을 때도 있는데, 역시 그 이치를 알 수 없다.

---

77) 宋羅點**曰, 自縊死者, 其下必有麩炭, 日深一日, 速掘之則禍止, 麩炭或作浮炭. 又曰**, 雷死者, 不可葬. **余嘗聞**金九齡**者**, 客遊關西, 遇**雷**震死, 發靷**中途**又震, 葬後又震, **理不可曉也**.(『芝峯類說, 卷十六, 語言部, 俗諺』)→金九齡客遊關西, 遇震死, 發靷又震, 葬後又震, 宋羅點**云**, 雷死者, 不可葬.(『松南雜識』)

목을 매 자살한 자리 아래에는 숯이 있다
自縊有炭

나점(羅點)이 "목을 매 자살한 사람의 아래에는 틀림없이 뜬숯[78]이 있는데 날마다 깊어진다. 하루라도 빨리 파내면 재앙이 중지된다"[79]라고 말하였다.

의강 · 의방
義康義方

잡서(雜書)에서 말하였다.

옛날에 의강(義康)과 의방(義方)이라는 형제가 산에 들어갔는데 의강은 호랑이를 쫓는 신이 되었다. 그래서 지금의 술사(術士)가 깊은 골짜기에 들어가면 '의강'이라고 외우면서 가면 눈에 호랑이가 보이지 않는다. 의방은 뱀을 쫓는 신이 되었기 때문에 문과 벽에 의방(義方) 두 자를 써 붙이면 뱀이 들어오지 않는다.

어떤 이는 '춘녀(春女)'라고 써도 그러하다고 한다.

---

78) 뜬숯 : 장작을 때고 난 뒤에 꺼서 만든 숯. 또는 피었던 참숯을 다시 꺼 놓은 숯.
79) **宋**羅點曰, 自縊死者, 其下必有麩炭, 日深一日, 速掘**之**則禍止, **麩炭或作浮炭**.(『芝峯類說, 卷十六, 語言部, 俗諺』) → 羅點曰, 自縊死者, 其下必有麩炭, 日深一日, 速掘則禍止.(『松南雜識』)

귀신이 와서 가위 누르지 않는다
鬼不來魘

『설부(說郛)』에서 "밤에 누워 자는 풀자리 위의 풀줄기 하나를 뽑아 보아 길이가 세 치이면 귀신이 감히 와서 가위누르지 않는다"[80]라고 하였다.

도깨비불을 보면 말등자를 두드린다
見燐叩鐙

『설부(說郛)』에서 "전야(田野)에 들어갔다가 도깨비불을 보게 되거든 말안장의 등자 두 개를 서로 두드려서 소리를 내면 없어진다"[81]라고 하였으니 그것이 쇠 소리를 싫어하는가 보다.

벼락맞은 나무로 새 그림자를 쳐서 잡다
霹木擊鳥

주일용(周日用)[82]이 "벼락맞은 나무로 새의 그림자를 치면 새가 바로 땅에 떨어지니 마치 수노(水弩)[83]가 물에 비친 사람의 그림자를 쏘는 것과 같다"[84]라고 하였다.

---

80) 夜臥以所眠上抽草一莖, 出長三寸**許**, 鬼魅不敢來魘**人**.(『說郛, 卷一百九下, 感應類從志』) → 夜臥以所眠草上抽一莖, 出長三寸, 鬼魅不敢來魘**云**.(『松南雜識』)

81) **人**田野**中**, 見**遊光者火也**, **其名曰燐**鬼火**也** …… 以鞍兩鐙相叩作聲, **火**卽滅也.(『說郛, 卷一百九下, 感應類從志』) → **入**田野, 見鬼火, 以鞍兩鐙相叩作聲, 卽滅也.(『松南雜識』)

82) 주일용(周日用) : 진(晉)나라 사람. 장화(張華)의 『박물지(博物誌)』에 주석을 썼다.

83) 수노(水弩) : 물여우. 날도래의 유충. 물 속에 살며 주둥이에 한 개의 긴 뿔이 앞으로 뻗치었는데, 독기로 사람을 쏜다.

84) 周日用曰, **以**霹靂木擊鳥影, **其鳥**應時落地**云**, **此與射工**射人影, **其理同也**.(『芝峯類

강잠으로 말의 입술을 문지르다
殭蠶拭馬

『설부(說郛)』에서 "강잠(殭蠶)[85]으로 말 입술의 안팎을 문지르면 사람을 깨물지 않는다"[86]라고 하였다. 살펴보건대 정월 상인일(上寅日)에 동물기름 초로 고양이의 윗입술을 지지면 병아리를 해치지 않는다고 한다.

말을 판 돈으로 혼사를 하지 않는다
賣馬不聘

『설부(說郛)』에서 "집을 판 돈으로 노비와 동물을 사면 사람에게 이롭지 못하고 나귀나 말을 판 돈으로 며느리를 맞아들이면 집안이 축나고 편하지 못하게 된다"[87]라고 하였다. 세간에서 하는 말에 소를 판 돈도 그렇고 개를 팔아 세금을 내면 반드시 다시 세금을 내게 된다고 한다.

도망간 사람이 스스로 돌아오다
逃人自還

장화(張華)[88]의 『물류상감지(物類相感志)』에서 말하였다.

說, 卷一, 天文部, 雷』)→周日用曰, 霹靂木擊鳥影, 應時落地, **與水弩**射人影.(『松南雜識』)

85) 강잠(殭蠶) : 실을 토하지 않고 죽은 누에.

86) 以**僵**蚕拭馬昬內外, **卽**不咬人.(『說郛, 卷一百九下, 感應類從志』)→以**殭**蚕拭馬昬內外, **則**不咬人.(『松南雜識』)

87) 賣宅之財, **不買生口**奴婢及生物, **竝**不利於人, 賣驢馬之財, **不**聘婦.(『說郛, 卷一百九下, 感應類從志』)→賣宅之財, 買奴婢及生物, 不利於人, 賣驢馬之財聘婦, **令家耗不安**(『松南雜識』)

88) 장화(張華) : 서진(西晉) 시대 문인・정치가(232~300) 자는 무선(茂先). 하북성(河北

도망간 사람의 옷을 가져가 우물 속에 드리우면 스스로 돌아온다. 시루를 묶는 삼끈을 실로 만들어 노비 옷의 등판을 왼쪽으로 한 자 여섯 치 단단히 꿰매면 도망갈 마음이 없어진다.[89]

『본초강목(本草綱目)』에서 "도망간 사람의 머리털을 가져다 물레 위에서 거꾸로 돌리면 그 사람이 어지러워 갈 곳을 모르게 된다"[90]라고 하였다. 종이에 도망간 사람의 이름을 써서 대들보 위에 붙인다.

사악함을 물리치는 퇴조비
潮碑辟邪

『고금시화(古今詩話)』에서 말하였다.

어떤 사람이 학질을 앓았는데 두보가 "나의 시를 외우면 병을 고칠 수 있소"라고 하면서 '피가 어룽진 은자장(殷子璋)[91]의 해골[子璋髑髏模糊血]'[92]이라는 시구를 외우게 하니 정말 치유되었다.[93]

省) 출신. 위(魏)나라 초에 태상박사(太常博士)가 되었고, 서진을 섬기면서 오(吳)나라 토벌에 공을 세웠다. 벼슬이 사공(司空)에 이르러 장무군공(壯武郡公)에 올랐으나, 조왕(趙王) 사마윤(司馬倫)의 난으로 일족과 함께 살해당했다. 저서로는 천하의 이문(異聞)과 신선에 관한 이야기 및 고대 일화 등을 모은 『박물지(博物志)』가 있다.

89) 取逃人衣**服**, 井中垂運**之**, 則**逃人**自**思歸也**, 以甑帶痲, 作線, **縫奴婢**衣脊**縫**一尺六寸, 卽無逃走之心**也**.(『說郛, 卷一百九下, 感應類從志』)→取逃人衣**裳**, 垂運**於**井中, 則自**還**, 以甑帶痲, 作線, **左緊縫**衣脊一尺六寸, 卽無逃走之心.(『松南雜識』)

90) **凡人逃走**, 取**其**髮, 於緯車上, **逆**轉之, 則迷亂不知所適.(『本草綱目, 卷三十八, 服器之二, 紡車絃』)→取**逃人**髮, 於緯車上, **却**轉之, 則迷亂不知所適.(『松南雜識』)

91) 은자장(殷子璋) : 당나라 인물. 재주자사(梓州刺史)로 당나라 761년에 반란을 일으켰다가 성도윤(成道尹)·최광원(崔光遠) 휘하의 화경정(花敬定)에 의하여 토벌 참수되었다.

92) 「희작화경가(戲作花卿歌)」.

93) 有病瘧者, **杜**子美**曰**, 誦吾詩可治, **令誦夜闌更秉燭相對如夢寐瘧如初**, **又**令誦子章髑髏血模糊, **疾**果**頓**愈.(『類說, 卷五十六, 古今詩話, 杜詩愈疾』)→有病瘧者, 子美**云**, 誦吾詩可治, 令誦子章髑髏血模糊**之句**, **病**果愈.(『松南雜識』)

조선의 미수(眉叟) 허목(許穆)이 「삼척퇴조비(三陟退潮碑)」를 지었는데 그 내용은 다음과 같다.

출렁이는 큰바다에	瀛海漭瀁
모든 강물 흘러들어	百川朝宗
가없이 광대하도다	其大無窮
동북의 모래바다[94]	東北沙海
밀물도 썰물도 없기에	無潮無汐
대택(大澤[95])이라 부른다	號爲大澤
쌓인 물은 하늘에 닿고	積水稽天
넓고도 아득히 솟구치는데	渤潏汪濊
바다 움직이자 음산한 기운 서린다	海動有曀
밝디 밝은 양곡은	明明暘谷
해 돋는 문으로	太陽之門
희백(羲伯[96])이 공손히 해를 맞는다	羲伯司賓
석목(析木[97])의 위치요	析木之次
빈우(牝牛[98])의 궁으로	牝牛之宮
해는 본래 동쪽이 없다	日本無東
교인(鮫人[99])의 진주와	鮫人之珍
바다의 온갖 산물	涵海百產
많기도 하여라	汗汗漫漫

94) 사해(沙海) : 동해는 모래바다여서 비습(卑濕)한 기운이 없기 때문에 물이 쉽게 새서 조수가 일지 않는다는 데서 유래한 말.

95) 대택(大澤) : 동해의 별명.

96) 희백(羲伯) : 요임금 때 천지와 사시를 다스리던 관원.

97) 석목(析木) : 십이진(十二辰) 상으로는 인(寅). 이십팔수(二十八宿) 상으로는 기(箕)·미(尾)에 해당하는 별자리의 이름.

98) 빈우(牝牛) : 『주역』 리괘(離卦)의 "離. 利貞亨畜牝牛吉"에서 '牝牛'라는 말이 나온다. 그리고 설괘(說卦)에 "離, 爲火, 爲日一 爲電"이라는 말이 나오는데 이로부터 '離'는 태양을 의미하게 되었다. 그러므로 '빈우'는 태양을 의미하는 말로 쓰인 듯하다.

99) 교인(鮫人) : 물 속에 사는 괴물. 쉬지 않고 비단을 짜는데 울면 눈물이 모두 구슬이 된다.

기이한 물건 조화를 부려	奇物譎詭
서리고 서린 상서는	宛宛之祥
덕을 일으켜 빛나도다	興德而章
진주 품은 조개는	蚌之胎珠
달과 함께 성하고 이지러지니	與月盛衰
주위 기운 올라가 비를 내린다	傍氣昇霏
머리 아홉인 천오(天吳)[100]와	天吳九首
외발 달린 괴물 기(夔)[101]는	怪夔一股
태풍을 일으키고 비를 뿌린다	飈回且雨
아침에 돋는 햇살	出日朝暾
찬란하고 눈부시니	轇軋炫煌
자주 빛, 붉은 빛 일렁인다	紫赤滄滄
보름달 둥그니	三五月盈
하늘은 물에 비치고	水鏡圓靈
별들은 빛을 감추네	列宿韜光
부상(扶桑)[102]의 사화(砂華)[103]와	扶桑砂華
이가 검은 마라(麻羅)[104]와	黑齒麻羅
상투 튼 보가(莆家)[105]	撮髻莆家
연만(蜒蠻)[106]의 굴조개	蜒蠻之蠔
조와(爪蛙)[107]의 원숭이	爪蛙之猴
불제(佛齊)[108]의 소들은	佛齊之牛

100) 천오(天吳) : 물의 신으로 여덟 개의 머리에 꼬리가 열 개라고 한다.
101) 기(夔) : 유산(流山)에 있는 짐승으로, 소의 형상에 몸이 푸르며 뿔이 없고 다리가 하나인데 그가 물에 드나들 때 비바람이 인다.
102) 부상(扶桑) : 중국 전설에서, 해가 뜨는 동쪽 바다 속에 있다고 하는 상상의 나무. 또는 그 나무가 있다는 곳.
103) 사화(砂華) : 사화공국(沙華公國). 동남해에 있는 나라.
104) 마라(麻羅) : 대식마라발(大食麻羅拔). 남방의 종족.
105) 보가(莆家) : 현재 중국 복건성(福建省)의 보전현(莆田縣)에 살던 종족을 이르는 듯함.
106) 연만(蜒蠻) : 남방의 종족. 수상(水上) 생활을 하였음.
107) 조와(爪蛙) : 고대의 나라 이름. 현재 남양군도(南洋群島)의 조와도(爪蛙島).
108) 불제(佛齊) : 삼불제(三佛齊). 남방의 종족.

바다 너머 잡종으로	海外雜種
무리도 다르고 풍속도 다른데	絶黨殊俗
같이 풀어놓고 함께 기른다네	同宥咸育
옛 성왕의 덕화 멀리 미쳐서	古聖遠德
모든 오랑캐들에게 거듭 통역되어	百蠻重譯
멀리까지 모두가 복종한다네	無遠不服
밝고도 빛나도다	皇哉凞哉
위대한 다스림은 널리 퍼져	大治廣博
남겨진 풍모는 끝이 없어라[109]	遺風邈哉

대개 이 글을 비석에 새기면 조수가 물러가고 병풍으로 만들어 두면 사악한 기운을 물리 칠 수 있고 주사(朱砂)로 써서 동쪽 벽에 붙이면 화재(火災)가 없어진다고 한다.

109) **陟州, 古悉直氏之地, 在濊墟南, 去國都七百里, 東臨大海, 其頌曰**, 瀛海漭瀁, 百川朝宗, 其大無窮, 東北沙海, 無潮無汐, 號爲大澤, 積水稽天, 渤潏汪濊, 海動有噎, 明明暘谷, 太陽之門, 羲伯司賓, 析木之次, 牝牛之宮, 日本無東, **蛟**人之珍, 涵海百產, 汗汗漫漫, 奇物譎詭, 宛宛之祥, 興德而章, 蚌之胎珠, 與月盛衰, 旁氣昇霏, 天吳九首, 怪夔一股, 飆回且雨, 出日朝暾, 轇軋炫**熿**, 紫赤滄滄, 三五月盈, 水鏡圓靈, 列宿韜光, 扶桑**沙**華, 黑齒麻羅, 撮髻莆家, 蜒蠻之蠔, 爪蛙之猴, 佛齊之牛, 海外雜種, 絶**儻**殊俗, 同**囿**咸育, 古聖遠德, 百蠻重譯, 無遠不服, 皇哉**熙**哉, 大治廣博, 遺風邈哉.(『記言, 卷二十八, 下篇, 山川下, 東海頌』)→瀛海漭瀁, 百川朝宗, 其大無窮, 東北沙海, 無潮無汐, 號爲大澤, 積水稽天, 渤潏汪濊, 海動有噎, 明明暘谷, 太陽之門, 羲伯司賓, 析木之次, 牝牛之宮, 日本無東, **鮫**人之珍, 涵海百產, 汗汗漫漫, 奇物譎詭, 宛宛之祥, 興德而章, 蚌之胎珠, 與月盛衰, **傍**氣昇霏, 天吳九首, 怪夔一股, 飆回且雨, 出日朝暾, 轇軋炫**煌**, 紫赤滄滄, 三五月盈, 水鏡圓靈, 列宿韜光, 扶桑**砂**華, 黑齒麻羅, 撮髻莆家, 蜒蠻之蠔, 爪蛙之猴, 佛齊之牛, 海外雜種, 絶**黨**殊俗, 同**宥**咸育, 古聖遠德, 百蠻重譯, 無遠不服, 皇哉**凞**哉, 大治廣博, 遺風邈哉.(『松南雜識』)

등을 훔쳐오면 자식이 생긴다
盜燈有子[110]

김상보(金尙保)의 기록에 "옛날 동복현(同福縣)의 관리 오대승(吳大陞)이 관청 가는 길 남쪽에 석등(石燈) 마흔여덟 개를 만들어 놓고 매일 밤 등불을 켜고 하늘에 절을 하였더니 그 자손이 잇달아 정승이 되었다"[111]라고 하였다.

『본초강목(本草綱目)』에서 "상원(上元)에 부잣집의 등잔을 훔쳐다가 상 아래에 두면 자식이 생긴다"[112]라고 하였다.

우물을 돌면 아들을 낳는다
繞井生男

『박물지(博物志)』에서 말하였다.

부인이 임신하여 세 달이 안 되었을 때 남편의 의관을 하고 새벽에 우물을 세 바퀴 돌고 우물에 비친 그림자를 본 후 돌아보지 않으면 반드시 아들을 낳는다. 진성(陳成)은 딸만 열 명을 낳았는데 그의 아내가 우물을 세 바퀴 돌고 주문을 외워 '여자는 음이고 남자는 양이니 여자가 많으면 재앙이고 남자가 많으면 상서롭다'라고 하였다. 우물을 돌고 3일 동안 물을 긷지 않더니 해산하는 기일에 미쳐서 과

---

110) 중복 기술된 항목임.

111) 金尙保記, 昔縣吏吳大陞, 於官道之南, 雕作石燈四十八, 每夜點燈拜天, 其**內外**子孫蟬聯相繼登相府.(『新增東國輿地勝覽, 第四十卷, 全羅道, 同福縣』) → 金尙保記, 昔**同福**縣吏吳大陞, 於官道之南, 雕作石燈四十八, 每夜點燈拜天, 其子孫蟬聯相繼登相府.(『松南雜識』)

112) 上元盜**取**富家燈盞, 置**牀**下, 令人有子.(『本草綱目, 卷三十八, 服器之一, 燈盞』) → 上元盜富家燈盞, 置**床**下, 令人有子**云**.(『松南雜識』)

연 아들을 낳았다.[113]

야행유녀
夜行遊女

지봉(芝峯) 이수광이 말하였다.

일명 '천제녀(天帝女)'라고 하는데 밤에는 날아다니고 낮에는 숨으니 귀신같다. 털을 입으면 나는 새가 되고 털을 벗으면 부인이 된다. 아이 잡아가기를 좋아하기에 어린 아이를 노출된 곳에서 먹여서는 안된다. 어린아이의 옷도 노출된 곳에서 말려서는 안되니 이 새의 깃털이 옷에 떨어지면 조수(鳥祟)[114]가 된다. 『유양잡조(酉陽雜俎)』에 보이는 내용으로 지금 의방(醫方) 소아문(小兒門)의 무고감(無辜疳)[115]이 이것이다.[116]

『정자통(正字通)』에서 "창우(蒼鸆)[117]는 요망스런 새이다"[118]라고 하였

---

113) 婦人妊身三月未滿者, 著婿衣冠, 平旦繞井三匝, 映水視影勿反顧, 必生男, 陳成者, 生十女, 其妻繞井三匝, 呪曰, 女爲陰男爲陽, 女多災, 男多祥, 繞井三日不汲, 及期, 果生一男. 博物志.(『古今事文類聚續集, 卷十, 居處部, 井, 視井生男』) → 博物志**曰**, 婦人妊身三月未滿者, 着婿衣冠, 平旦繞井三匝, 映水視影勿反顧, 必生男. 陳成者, 生十女, 其妻繞井三匝, 呪曰, 女爲陰男爲陽, 女多災, 男多祥, 繞井三日不汲, 及期, 果生男.(『松南雜識』)

114) 조수(鳥祟) : 새가 인간에게 끼치는 재앙.

115) 무고감(無辜疳) : 어린아이에게 생기는 병의 하나. 얼굴이 누렇게 뜨고 때로 열이 나며 몸이 바짝 마른다.

116) **酉陽雜記云**, **夜行遊女**, **一曰**天帝女, 夜飛晝隱如鬼神, 衣毛爲飛鳥, 脫毛爲婦人, 喜取人子, 凡飴小兒不可露處, 小兒衣亦不可**露**晒, 毛落衣**中**, **當**爲鳥祟, **此言似誕**, **而**今**按**醫方小兒門無辜疳, 是也.(『芝峯類說, 卷一, 災異部, 物異』) → **一名**天帝女, 夜飛晝隱如鬼神, 衣毛爲飛鳥, 脫毛爲婦人, 喜取人子, 凡飴小兒不可露處, 小兒衣亦不可晒, 毛落衣, 爲鳥祟. **見酉陽雜俎**. 今醫方小兒門無辜疳, 是也.(『松南雜識』)

117) 창우(蒼鸆) : 귀차조(鬼車鳥)의 별명.

다.

『제동야어(齊東野語)』에서 말하였다.

모양은 들오리와 비슷한데 붉은 색에 몸은 키처럼 둥글다. 열 개의 목[119]이 촘촘히 둘러 있는데 아홉 개는 머리가 붙어 있지만 하나는 머리가 없고 피가 방울방울 떨어진다. 모든 목에는 두 개의 날개가 있으니 날면 같이 나간다. 또 한 종은 '고획조(姑獲鳥)'니 바로 유모조(乳母鳥)[120]이다. 밤에 어린아이의 옷이나 물건을 한 데 두면 이 새가 밤에 날아가다가 핏 방울을 떨어뜨리는데 그 아이는 바로 경풍(驚風)을 앓는다.[121]

총신
叢辰

『사기(史記), 일자열전(日者列傳)』의 주석에서 "총신은 술가(術家)의 이름이다"라고 하였으니 지금 오행의 상생상극(相生相剋)이나 택일(擇日)과 같다.[122]

---

118) 蒼鶶妖鳥也.(『正字通, 鶶』)

119) 『松南雜識』에는 '脰'가 '頭'로 오기되어 있다.

120) 유모조(乳母鳥) : 아기를 낳다 죽은 여인이 새로 변하였는데 가슴에는 두 개의 젖이 있다고 한다.

121) 본래 『제동야어(齊東野語), 귀차조(鬼車鳥)』에 나오는 이야기인데, 『松南雜識』의 내용과 차이가 있음.

齊東野語, **此鳥**似野鳧, 赤色身圓如箕, 十頭環簇, 有九頭, 其一獨無而滴血每頸兩翼飛則**竝**進. 又一種姑獲鳥, 一**名**乳母鳥. 小兒夜露衣物, 此鳥夜飛, 以血點之, 兒卽病驚.(『康熙字典, 鶶』) → 齊東野語**云**, 似野鳧, 赤色身圓如箕, 十頭環簇, 有九頭, 其一獨無而滴血每頸兩翼飛則**並**進. 又一種姑獲鳥, **卽**乳母鳥. 小兒夜露衣物, 此鳥夜飛, 以血點之, 兒卽病驚.(『松南雜識』)

122) 日者**之**名, **有自來矣**.(『史記, 卷一百二十七, 日者列傳, 第六十七』) → **叢辰**術家名, 史記日者傳, **叢辰**, 註, 猶今之**以**五行生剋擇日也.(『康熙字典, 辰』) → 史記日者傳註,

공망
空亡

『강희자전(康熙字典)』에서 말하였다.

성명가(星命家)는 녹(祿) 뒤의 일진(一辰)을 병하(洴河)라고 한다. 『몽화록(夢華錄)』에서 "병하(洴河)는 함운(陷運)을 말하니 지금의 공망(空亡)과 같다"라고 하였다.[123)]

민간에서는 임자(壬子)・임인(壬寅)・임진(壬辰)・계미(癸未)・계사(癸巳)・계묘(癸卯)・갑오(甲午)・갑술(甲戌)・갑신(甲申)・을축(乙丑)・을해(乙亥)・을유일(乙酉日)을 '공망(空亡)'이라고 한다. 또 '투수(偸修)'라고도 한다. 『천기대요(天機大要)』[124)]에서 말하였다.

대한(大寒) 후 10일과 입춘(立春) 전 5일에서 다만 하루가 가장 좋은 날이고, 전 하루 후 하루가 그 다음이며, 연월일시(年月日時)는 따지지 않으니 닷새 안에 일을 마치는 것이 좋다. 묵은 귀신은 떠나가려 하고 새 귀신은 아직 오지 않았으니 이 날이 바로 일년 중의 '공망(空亡)'이다.

術家名**也**, 猶今之五行生剋擇日也.(『松南雜識』)

123) 星命家, 祿後一辰爲洴河. 夢**溪筆談**. 洴河謂陷運, 如今之空亡也.(『康熙字典, 洴』)
→星命家, 祿後一辰爲洴河. 夢**華錄曰**, 洴河謂陷運, 如今之空亡也.(『松南雜識』)

124) 천기대요(天機大要) : 조선 후기 관・민에 걸쳐 널리 사용되었던 2권 1책의 방서(方書)로서, 음양오행설(陰陽五行說)에 의거하여 관혼상제를 비롯한 일상생활의 거의 모든 분야에서의 길흉을 가리는 방법을 기술한 책이다.

이매망량

魑魅魍魎

「오제본기(五帝本紀)」의 주석에서 "이매(魑魅)는 사람의 얼굴, 동물의 몸에 다리가 네 개이고 사람 홀리기를 좋아한다"[125]라고 하였다.

『옥편(玉篇)』에서 "망량(魍魎)은 수신(水神)으로 세 살배기 어린아이만 하며 적흑색이다"[126]라고 하였다. 민간에서는 '독각귀(獨脚鬼)'라고 한다.

또 『산해경(山海經)』에서는 "강산(剛山)에 신치(神䰢)가 많으니 그것의 모양은 사람의 얼굴에 동물의 몸으로 발과 손이 하나씩이다"[127]라고 하였다.

강양

彊梁

『한서(漢書), 예의지(禮儀志)』에서 "강량(彊梁)은 신의 이름이다. 귀신을 먹을 수 있다"라고 하였고, 또 '착단(錯斷)은 신하를 잡아먹는다'의 주석에서 "역질을 쫓아내는 신이다"[128]라고 하였다.

『산해경(『山海經)』에서 "영모산(嬴母山)의 신은 모양이 사람 같은데 작(犳)의 꼬리를 하였다"[129]라고 하였다. 그 주석에서 "작(犳)[130]은 가죽에

---

125) 螭魅, 人面獸身, 四足好惑人.(『史記, 卷一, 五帝本紀, 第一』)

126) 魍魎水神, 如三歲小兒, 赤黑色.(『玉篇, 魍』)

127) 剛山, **多柒木多㻬琈之玉**, **剛水出焉**, **北流注于渭**, **是**多神䰢, 其狀人面獸身, 一足一手.(『山海經, 西山經』)→剛山, 多神䰢, 其狀人面獸身, 一足一手.(『松南雜識』)

128) **强**梁 …… 錯斷食巨.(『後漢書, 卷十五, 禮儀志, 第五, 禮儀中』)→神名, **後**漢禮儀志, 錯斷食巨, 註, 逐疫之神**也**.(『康熙字典, 錯』)→漢禮儀志**曰**, **彊梁**神名**也**. **能食鬼**. **又**錯斷食巨, 註, 逐疫之神.(『松南雜識』)

129) 嬴母之山, **神長乘司之**, **是天之九德也**. 其神狀如人而犳尾.(『山海經, 西山經』)→嬴母之山, 其神狀如人而犳尾.(『松南雜識』)

130) 작(犳) : 전설상의 동물 이름.

표범의 무늬가 있다"131)라고 하였다.

허미
魖魅

「감천부(甘泉賦)」132)에서 "기(夔)와 허(魖)를 치고 휼광(獝狂)133)을 때린다"134)라고 하였는데, 『설문해자(說文解字)』에서 "허(魖)는 재물을 없애는 귀신이다"135)라고 하였다.

『옥편(玉篇)』에서 "휼(獝)136)은 머리 없는 귀신이니 바로 광귀(狂鬼)이다"라고 하였다. 또 '鬽'의 음은 '미'이다.

『주례(周禮)』에서 "하지에 땅의 귀신과 만물의 귀신을 불러들인다[以夏日至致地祇物鬽]"라고 하였는데, 그 주석에서 "만물의 귀신을 '미(鬽)'라고 한다"137)라고 하였다.

소·참
魈魙

『포박자(抱朴子)』에서 "산의 정령(精靈)으로 형체는 어린아이만 하고 외발이며 뒤로 달린다. 밤에 사람에게 덤비기 좋아한다. 이름이 소(魈)인

---

131) 犳皮有**虎**文.(『康熙字典, 犳』) → 犳皮有**豹**文.(『松南雜識』)

132) 감천부(甘泉賦) : 양웅(揚雄)의 작품. 『松南雜識』에는 '장양부(長楊賦)'로 오기되어 있음.

133) 휼광(獝狂) : 머리 없는 귀신.

134) **捎**夔魖而抶獝狂.(『揚子雲集, 卷五, 甘泉賦』) → **梢變**魖而抶獝狂.(『松南雜識』)

135) 耗鬼也.(『說文解字, 魖』) → 耗鬼也.(『松南雜識』)

136) 『松南雜識』에는 '魑'로 오기되어 있음.

137) 以夏日至致地示物鬽 …… **注** …… 百物之神曰鬽.(『周禮注疏, 卷二十七』) → 以夏至日致地示物鬽, **註**, 百物之神曰鬽.(『松南雜識』)

데, 그 이름을 부르면 덤비지 못한다"[138]라고 하였다.

『편해(篇海)』에서 "참(䜅)은 귀신의 이름이니 또 사기(邪氣)를 물리친다. 꼬리를 부적으로 삼는다. 산시(山尸)가 참(䜅)에게 봉칙(奉勅)한 것이 이것이다"[139]라고 하였다.

배아
陪阿

『장자(莊子)』에서 "동북방 담 아래에 배아해롱(陪阿鮭蠪)[140]이 활개치고"라고 하였는데, 그 주석에서 "배아(陪阿)는 형상이 어린아이 같은데 키는 한 자 네 치이고 검은 옷을 입고 붉은 머리 수건을 매고 큰 갓을 썼으며 칼을 차고 창을 잡고 있다"라고 하였다. 또 『장자』 본문에서 "서북방 담 아래에는 일양(泆陽)[141]이 산다"라고 하였다.[142]

또 『회남자(淮南子)』에서 "천아(天阿)는 여러 신의 대궐이다"[143]라고 하였다.

---

138) 抱朴子曰, 山精**之**形, 如小兒, **而**獨足**走**向後, 喜**來**犯人, **人入山**, **若夜聞人音聲**, **大語其**名曰**蚑**, **知而**呼**之**, **卽**不**敢**犯**人也**.(『抱朴子, 內篇, 卷四, 登涉, 第十七』) → 抱朴子曰, 山精形如小兒, 獨足向後, **夜**喜犯人, 名曰**魈** 呼**其名**, **則**不**能**犯之.(『松南雜識』)

139) 篇海, 鬼名, 又辟邪也. 符尾**也**. 山尸奉勅䜅者, **卽此也**.(『康熙字典, 䜅』) → 篇海**曰**, **䜅**, 鬼名**也**, 又辟邪也. 符尾. 山尸奉勅䜅者.(『松南雜識』)

140) 배아해롱(陪阿鮭蠪) : 귀신 이름.

141) 일양(泆陽) : 귀신 이름.

142) 東北方之下者, **倍**阿鮭**蠪**躍之, 西北方之下者, 則泆陽處之. 〈**倍**阿**神名也**. **鮭蠪**狀如小兒, 長一尺四**寸**, 黑衣赤幘, 大冠帶劍持戟.〉(『莊子, 達生第十九』) → 東北方之下者, **陪**阿鮭**蠪**躍之. **註**, **陪**阿**者**, 狀如小兒, 長尺四, 黑衣赤幘, 大冠帶劍持戟. 西北方之下者, 則泆陽處之.(『松南雜識』)

143) 天阿者羣神之闕也.(『淮南子, 天文訓』) → 天阿者羣神之闕也.(『松南雜識』)

엄자
弇兹

『산해경(山海經)』에서 "서해 물가에 신(神)이 있으니 사람의 얼굴에 새의 몸을 하고 있다. 귀에는 두 마리의 푸른 뱀을 걸었고 두 마리의 붉은 뱀을 신고 다니니 '엄자(弇兹)'라 한다"[144]라고 하였고, 또 "북해 물가에 신이 있으니 사람의 얼굴에 새의 몸을 하고 있는데 우강(禺彊)이라고 한다"[145]라고 하였다.

우허
禺虢

『산해경(山海經)』에서 "황제(黃帝)가 우허(禺虢)를 낳았는데 동해에 사니 그가 바다의 신이 되었다"[146]라고 하였다. 양신(楊愼)의 주석에 "'虢'는 바로 '허(魖)'이다"라고 하였다. 또 "북극천궤(北極天櫃)에 신이 있는데 구봉(九鳳)이라고 한다"[147]라고 하였다.

---

144) 西海陼中有神, 人面鳥身, 珥兩青蛇, 踐兩赤蛇, 名曰弇兹.(『山海經, 卷十六, 大荒西經』)

145) 北海之**渚中**有神, 人面鳥身, **珥兩青蛇**, **踐兩赤蛇**, 名曰禺彊.(『山海經, 卷十七, 大荒北經』) → 北海之**陼**有神, 人面鳥身, 名曰禺彊.(『松南雜識』)

146) 黃帝生禺虢, **禺虢生禺京**, **禺京處北海**, **禺虢**處東海, 是**惟**海神.(『山海經, 卷十四, 大荒東經』) → 黃帝生禺虢, 處東海, 是**爲**海神.(『松南雜識』)

147) **大荒之中**, **有山**, **名曰**北極天櫃, **海水北注焉**, 有神, **九首人面鳥身**, 名曰九鳳.(『山海經, 卷十七, 大荒北經』) → 北極天櫃, 有神, 名曰九鳳.(『松南雜識』)

타위
鼉圍

『산해경(山海經)』에서 "교산(驕山)에 신(神) 타위(鼉圍)가 산다. 그것의 형상은 사람의 얼굴과 같고 양의 뿔에 호랑이 발톱이 있다. 항상 휴수(睢水)와 장수(漳水)의 연못에서 헤엄을 치는데 물 속을 드나들 때면 광채가 난다"라고 하였는데 그 주석에 "'鼉'의 음은 '타'이다"[148]라고 하였다.

곽박(郭璞)은 도영(圖詠)에서,

섭타는 다리가 셋이고	涉鼉三脚
타위는 호랑이 발톱	鼉圍虎爪[149]

이라고 하였다.

장승
長乘

『산해경(山海經)』에서 "신의 이름이다"라고 하였다.

곽박(郭璞)은 찬에서 말하였다.

구덕(九德)[150]의 기운	九德之氣

148) **東北百五十里**, **曰**驕山, **其上多金**, **其下多青鼉**, **其木多松栢**, **多桃枝鉤端**, 神鼉圍處之, 其狀如人面, 羊角虎爪, 恒遊于睢漳之淵, 出入有光. 註, 鼉音駝.(『山海經, 卷五, 中山經』)→驕山, 神鼉圍處之, 其狀如人面, 羊角虎爪, 恒遊于睢漳之淵, 出入有光. 註, 鼉音駝.(『松南雜識』)

149) 『漢魏六朝百三家集, 卷五十七, 晉郭璞集, 南山經圖讚, 神鼉圍計蒙涉鼉』.

150) 구덕(九德) : 성현이 갖추어야 할 아홉 가지의 훌륭한 품덕. 그 내용은 문헌마다 상이하다.

장승을 낳으니 是生長乘
사람 꼴에 범의 꼬리 人狀豹尾
그 정신 확고하여 其神則凝
묘한 동물 스스로 자취 감추니 妙物自潛
세상에 그 이름 아는 이 없다 世無得稱[151]

강신
江神

『강기(江記)』[152]에서 "천제(天帝)의 딸 기상(奇相)이니 죽어서 장강(長江)의 신이 되었다"[153]라고 하였다.

영성
零星

『후한서(後漢書), 고구려전(高句驪傳)』에서 "귀신(鬼神)·사직(社稷)·영성(零星)[154]에 제사 지내기를 좋아한다"[155]라고 하였다.

『풍속통(風俗通)』에서는 "별의 신이 영성이다"[156]라고 하였다.

151) 『漢魏六朝百三家集, 卷五十七, 西山經圖讃, 神長乘』.
152) 강기(江記) : 수나라 유중옹(庾仲雍)이 편찬한 책. 총 5권.
153) 奇相, 帝女也, 卒爲江神.(『史記, 封禪書』의 주석)
154) 영성(零星) : 농사를 주관하는 별의 이름.
155) **暮夜, 輒男女羣聚, 爲倡樂**, 好祠鬼神社稷零星.(『後漢書, 卷一百十五, 東夷傳第七十五, 東夷, 高句驪』) → **後**漢高句驪傳, 好祠鬼神社稷零星.(『康熙字典, 零』) → 漢**書**高句驪傳**曰**, 好祠鬼神社稷零星.(『松南雜識』)
156) 辰之神爲零星.(『風俗通義, 卷八, 零星』)

조군

竈君

『오행서(五行書)』에서 말하였다.

조군(竈君)의 이름은 선(禪), 자(字)는 자곽(子郭)이니, 노란 옷을 입고 머리는 풀어헤쳤으며 부뚜막 속에서 나온다. 그의 이름을 알고 부르면 흉악(凶惡)함을 제거할 수 있다. 가씨(賈氏)가 그의 이름을 몰랐기에 그것을 보고 죽었다. 돼지 간을 부뚜막에 바르면, 바로 복룡간(伏龍肝)이다. 며느리를 효부(孝婦)로 만들 수 있다. 또 조군(竈君)이 임자일(壬子日)에 죽었으니, 이날 부뚜막을 수리해서는 안된다. 의당 5월 진일(辰日)에 돼지 머리를 사용하여 부뚜막에 제사지내면 살림살이가 만 배로 좋아진다. 닭을 사용하여 제사를 지내면 흉한 일이 생기고 낭패를 본다. 닭털을 부뚜막 속에 넣으면 불의의 재앙이 닥치고 개의 뼈를 부뚜막에 집어넣으면 미친 아이를 낳는다. 정월 기축일(己丑日)에 흰 닭을 재물로 써서 제사를 지내면 누에치기가 잘되고 5월 기축일(己丑日)에 제사를 지내면 길하고 4월 정사일(丁巳日)에 제사를 지내면 백 배로 이득을 본다.157)

『유양잡조(酉陽雜俎)』에서158) "부뚜막 귀신은 매달 그믐에 하늘로 올

157) 竈君**神**字子郭, 衣黃衣披髮, 從竈中出, 知其名呼之, 可得除凶惡. 賈氏不知其名, 見之死. 猪肝泥竈. 〈**竈土云**伏龍肝. **令婦孝**, 竈君以壬子日死, 不可用**此日**治竈, 當以五月辰日, 猪頭祭竈, 令人治生萬倍, 用犬祭竈凶敗, 雞毛入竈中, 致非禍, 犬骨入竈, 出狂子, 正月己丑日, 白雞祠竈, 宜蠶, 五月己丑夘祠竈吉, 四月丁巳**日**祠**竈**, 百倍. **雜**五行書.〉(『古今事文類聚續集, 卷十, 庖竈』)→五行書曰竈, 君**禪**字子郭, 衣黃衣披髮, 從竈中出, 知其名呼之, 可得除凶惡. 賈氏不知其名, 見之死. 猪肝泥竈. **卽**伏龍肝. 又治竈, 以壬子日死, 不可用, 當以五月辰日, 猪頭祭竈, 令人治生萬倍, 用犬祭竈凶敗, 鷄毛入竈中, 致非禍, 犬骨入竈, 出狂子, 正月己丑日, 白鷄祠竈, 宜蠶, 五月己丑夘祠竈吉, 四月丁巳**日**祠**之**, 百倍. **雜**五行書.(『松南雜識』)

158) 『松南雜識』에는 '抱朴子'로 오기되어 있음.

라가서 사람의 죄상을 보고하는데 죄가 무거운 사람은 기(紀)를 박탈한다. 기(紀)는 삼백 일이다"[159]라고 하였다.

『유양잡조(酉陽雜俎)』에서 "조마(竈馬)[160]는 모양이 귀뚜라미 같다. 부뚜막에 구멍을 잘 뚫으니 속담에 '부뚜막의 말[竈馬]이 있으면 풍년이 들 조짐이다'라 한다"[161]라고 하였다.

또 부뚜막 수리는 진(辰)·사(巳)·계(癸)·해(亥)는 좋고, 임(壬)·계(癸)·경(庚)·신(辛)·혈지일(血支日)·구공일(九空日)·혈기일(血忌日)·파일(破日)·위일(危日)·개일(開日)·건일(建日)·인일(寅日)은 좋지 못하다.

또 좋은 술 한 되를 진흙과 섞어서 부뚜막 수리에 사용하되 남은 진흙은 우물에 바르지 말아야 한다. 우물에 바르고 남은 진흙도 부뚜막에 발라서는 안 된다.

뢰

猵

『정자통(正字通)』에서 말하였다.

> 괴물이다. 장단의(張端義)의 『귀이집(貴耳集)』[162]에서 "궁궐에 괴물이 있으니 '뢰(猵)'라고 한다. 덩그란 괴물로 머리·눈·손·발이 없

159) 竈神**名隗**, **如美女**, **又姓張名單字子郭**, **夫人字卿忌有六女**, **皆名察洽**, **常以**月晦**日**上天, **白**人罪狀, 大者奪紀, 紀三百日.(『酉陽雜俎, 卷十四』)→竈**之**神, **每**月晦上天, **言**人罪狀, 大者奪紀, 紀**者**, 三百日**也**.(『松南雜識』)

160) 조마(竈馬) : 꼽등이. 메뚜기목 꼽등잇과의 곤충을 통틀어 이르는 말.

161) 竈馬, 狀如促織, **稍大脚長**, **好**穴於竈側, 俗**言**竈有馬, 足食之兆.(『酉陽雜俎, 卷十七, 廣動植之二』)→竈馬, 狀如促織, 穴於竈側, 俗**謂**竈有馬, 足食之兆.(『松南雜識』)

162) 귀이록(貴耳錄) : 송나라 장단의(張端義)가 편찬한 책. 3권. 1권과 2권에는 조정의 일사(逸事)와 시화(詩話), 고증(考證)을 기술했고, 3권에는 쇄문(瑣聞)을 기술한 것이 많으며, 신괴(神怪)에 대한 것도 기술했다.
*『松南雜識』에는 '張端集'으로 오기되어 있음.

고 털은 옻처럼 까맣다. 밤에 우레같은 소리가 나면 궁궐 사람들은 모두 '뢰(𤟹)가 온다'고 말을 한다."[163]

흉노는 귀신을 두려워한다
匈奴畏鬼

흉노(匈奴)는 죽은 사람의 아내를 '귀신의 아내'라고 하고 죽은 사람의 말을 '귀신의 말'이라고 하여[164] 감히 취하지 않으니 대개 그것을 두려워할 따름이다.

사해 신의 이름
四海神名

『장자(莊子)』에서 "동해의 신은 '아명(阿明)'이고 남해의 신은 '축융(祝融)'이고 서해의 신은 '거승(巨乘)'이고 북해의 신은 '우강(禺强)'이다"[165] 라고 하였다.

산신
山神

『무이기(武夷記)』에서 "무이산(武夷山)의 신인은 무이군(武夷君)이다. 8

---

163) **郎才切音來**, 物怪也. **宋**張端**義貴耳**集**言**, 宮禁中有物**云**𤟹, 塊然一物, 無頭眼手足, 毛如漆夜, **夜**有聲如雷, 禁中人皆云𤟹 來.(『正字通, 𤟹』) → 物怪也. 張端集**曰**, 宮禁中有物**曰**𤟹, 塊然一物, 無頭眼手足, 毛如漆夜, 有聲如雷, 禁中人皆云𤟹 來.(『松南雜識』)

164) **鬼妻與鬼馬**, 匈奴以亡人妻爲鬼妻.(『韻府群玉, 鬼妻』) → 匈奴以亡人妻爲鬼妻, **亡人馬爲鬼馬**.(『松南雜識』)

165) 『장자』에 없는 내용임.

월 15일에 마을 사람들과 산꼭대기에 모이는데 집에는 채색 장막을 치고 가재 도구가 굉장하였고 음악과 기예, 음식 맛이 모두 훌륭하였지만 단 하나 술만은 조금 질이 떨어진다. 이곳을 만정(縵亭)이라고 하고 또 전갱(籛鏗)이라고 하니, 산신(山神)의 주인이다"라고 하였다.[166)]

한유의 시에,

우연히 목거사(木居士)[167)]를 시제로 삼으니	偶然題作木居士
문득 한없이 복을 비는 사람 있다네	便有無窮求福人[168)]

라고 하였다.

토주
土主

『예기(禮記)』의 '민사(民社)'[169)]와 『한서(漢書)』의 '종사(種祠)'[170)]가 이것이다. 지금 서울과 지방에서 집집마다 신위를 만들어 놓고 제사 지낸다.

---

166) 武夷山神人武夷君, 八月十五日, 與村人會于山頂, 綵**幔**屋宇, 器用甚盛, 樂色食**味**皆美, 惟酒味差薄, **因**名**其爲慢**亭, **又曰同亭**, 又**云**籛鏗, 爲山神之主. 武夷記.(『韻府群玉, 慢亭』)→武夷記**曰**, 武夷山神人武夷君, 八月十五日, 與村人會于山頂, 綵**縵**屋宇, 器用甚盛, 樂色食皆美, 惟酒味差薄, 名**曰縵**亭, 又**曰**籛鏗, 爲山神之主.(『松南雜識』)

167) 목거사(木居士) : 사람 모양을 한 고사목(枯死木).

168) 「제목거사 이수(題木居士二首)」.

169) 『禮記, 月令』.

170) **家人尙不欲絶**種祠.(『前漢書, 卷二十五下, 郊祀志, 第五下』)→種祠.(『松南雜識』)

왕신
王神

「제법(祭法)」[171]의 '태려(泰厲)'의 주석에서 "옛 제왕으로 후손이 없는 자이니, 재앙 만들기를 좋아한다"[172]라고 하였으니 지금 각 고을의 '여단(厲壇)'이 이것이다. 무당이 '왕신(王神)'이라고 하는 것이 바로 '태려(泰厲)'이니 곤룡포를 신위(神位)에 놓고 제사 지내면 갑자기 부귀해지는 감응이 있다. 박찬신(朴纘新)이 수뢰 혐의로 가택 수사를 당했는데 곤룡포가 집에 있었던 까닭에 역모로 주살되었다고 한다.[173]

살펴보건대 다음과 같은 이야기가 있다.

영양위(寧陽尉) 해주(海州) 정씨 정종(鄭悰)[174]의 집에서는 몇 대 동안 단종(端宗)에게 제사를 지냈는데 오대손 정효준(鄭孝俊)[175]에 이르러서 가난하고 의지할 곳이 없는데다가 상처(喪妻)까지 하였다. 단종이 꿈에 한 호군(韓護軍)의 집에 나타나 이야기를 하고 중매를 서서 아들 다섯을 두었는데 모두 급제하여 부귀하게 되었다고 하니 역시 세상에 드문 일이다.

---

171) 『松南雜識』에는 '祭統'으로 되어 있음.

172) 泰厲**者**, **謂**古帝王無後者**也**. **此鬼無所依歸**, 好**爲民**作禍, **故祀之也**.(『禮記, 四十六, 祭法』)→**七祀曰**, 泰厲. **記**祭統, 古帝王无後者, 好作禍.(『韻府羣玉, 泰厲』)→祭統, 泰厲, **註**, 古帝王無後者, 好作禍.(『松南雜識』)

173) 영조 31년(1755) 을해옥사(乙亥獄事)에서 박찬신(朴纘新) 등이 처형되었다. 이 옥사는 '나주괘서사건(羅州掛書事件)'이라고 한다.

174) 정종(鄭悰) : 조선 전기의 문신(?~1461). 문종의 딸 경혜(敬惠) 공주와 결혼하여 영양위(寧陽尉)가 되었으나, 중 성탄(性坦) 등과 모반을 꾀하였다고 하여 능지처참을 당했다.

175) 정효준(鄭孝俊) : 조선 후기의 문신(1577~1665). 본관은 해주(海州). 자는 효우(孝于), 호는 낙만(樂晩). 아버지는 돈녕부판관 흠(欽)이다. 어려서부터 시명이 높았고, 특히 변려문(駢儷文)에 뛰어났다. 과거에 여러 차례 낙방하다가 늦게서야 광해군 10년(1618) 사마시에 합격하여 생원이 되었다. 인조 1년(1623) 인조반정 이후에 서용되어 효릉참봉(孝陵參奉)·전생서봉사(典牲署奉事)·자여도찰방(自如道察訪) 등을 거쳐 효종 3년(1652) 돈녕부도정에 올랐다.

관귀
關鬼

『일사(逸史)』에서 "당 현종(玄宗)의 꿈에 남색 도포를 입은 사람이 나타나서 '신은 종남진사(終南進士) 종구(鍾馗)로 허모(虛耗)의 재앙을 제거했습니다'라고 말하였다"[176]라고 하였으니, 바로 민간에서 이른바 '관귀(關鬼)'가 이것이다.

『국조시산(國朝詩刪)』에 「도깨비(獨脚鬼)」가 있는데 이현욱(李顯旭)이 시로 세상에 전한 것이다.

고등
高登

『문헌고(文獻考)』에서 "고구려의 음사(淫祀)[177] 중 하나는 부여신(扶餘神)[178]으로 나무를 깎아 부인의 상을 만들었고, 또 하나는 고등신(高登神)[179]으로 그 시조 부여신의 아들이다"라고 하였다. 또 전설에 도선(導詵)[180]이 중이 되자 그의 어머니 최씨는 제사를 받들 사람이 없기에 큰

---

176) 종규(鍾馗) : 중국에서 널리 신봉하는 제액신(除厄神). 당나라 현종(玄宗)이 병상에 누워 있을 때 꿈속에 소귀(小鬼) 허모(虛耗)가 나타났다. 현종이 병사를 불러서 쫓으려 하자 갑자기 대귀(大鬼)가 나타나서 소귀를 퇴치했다. 그리고 그 대귀가 자신은 종규라고 하며 관리 채용시험에서 낙제하여 자살한 자로서, 만일 정중하게 장례를 치러준다면 천하의 해악(害惡)을 없애주겠다고 했다. 눈을 떴을 때 병이 거뜬히 나아서 현종은 화공 오도자(吳道子)에게 명하여 종규의 모습을 그리게 했고, 이때부터 종규의 그림을 대문에 붙여서 사귀악병(邪鬼惡病)을 쫓는 풍습이 생겼다고 한다.

177) 음사(淫祀) : 부정한 귀신에게 지내는 제사.

178) 부여신(夫餘神) : 고구려 때에 제사하여 모시던 건국 시조의 모신(母神). 시조 주몽의 어머니인 유화 부인을 이르는데 나무로 만든 여신상으로 되어 있다.

179) 고등신(高登神) : 고구려의 시조 주몽의 신위(神位). 『북사(北史)』에 의하면 시조 부여신의 아들인 그를 신격화하여 관사를 두고 수호하면서 제사를 지냈다고 한다.

180) 도선(道詵) : 통일 신라 말기의 중. 풍수지리설의 대가(827~898). 속성(俗姓)은 김(金). 혜철 대사에게 무설설(無說說)·무법법(無法法)을 배워 크게 깨달았으며, 참선

들밭에 장사를 장사지냈다. 훗날 거지가 묘 곁의 밭을 빌어 농사를 짓다가 우연히 점심들밥으로 제사를 지냈더니 현달한 사람이 되었다. 그래서 민간의 천한 사람들이 밥을 먹을 때에는 반드시 음식을 조금 던지면서 '고씨(高氏 : 고수레)'라고 부르는 것은 바로 최씨의 와전이다.

하륜신
河倫神

다음과 같은 전설이 있다.

오성(鰲城) 이항복(李恒福)181)이 진주목사로 있을 때의 어느 날 밤이었다.

"정승 납신다"라고 전하여 외치는 소리가 들렸다. 등불이 휘황찬란하고 하인들이 굉장하였다. 깜짝 놀라 일어나 영접을 하니

"나는 옛 정승 하륜일세! 몹시 시장하군."

술과 고기를 차려 대접하니 대단히 즐거웠다. 그의 말에는 나라를 경영할 계책이 많았기에 들을 만하였다.

이항복이 물었다.

"사람의 영혼이 이승에 얼마나 있습니까?"

"성인은 천 년 이상이고 나는 삼백 년이지."

삼매의 불도를 닦았다. 그의 음양지리설과 풍수 상지법(風水相地法)은 고려와 조선시대에도 큰 영향을 주었다. 저서에 『도선비기(道詵秘記)』가 있다.

181) 이항복(李恒福) : 조선 중기의 문신 · 학자(1556~1618). 본관은 경주(慶州). 자는 자상(子常). 호는 백사(白沙). 임진왜란이 일어나자 선조를 따라 의주로 갔으며, 이후 병조판서가 되어 명나라 군대의 파견을 요청하는 한편 국왕의 근위병을 모집하는 데 주력했다. 광해군이 즉위한 후에도 정승의 자리에 있었으나, 대북파들과는 정치적 입장이 달랐으며 17년 이이첨(李爾瞻) 등이 주도한 폐모론(廢母論)에 적극 반대하다가 18년 삭탈관직되었다. 이후 북청(北青)으로 유배되었다가 그곳에서 죽었다.

다시 물었다.

"저는 몇 년이나 됩니까?"

"불과 이 백년일세."

그 뒤로 매일 밤 반드시 왔기에 이항복은 퍽 고달팠는데 어떤 객이 이런 말을 해주었다.

"오직 소주와 복숭아는 귀신이 싫어한답니다."

그래서 그것들을 차려 놓았더니 하륜이 말하였다.

"나는 이것들을 먹을 수 있지만 다른 귀신들은 싫어하지."

하륜은 소주를 마시고 복숭아를 먹고 말하였다.

"우리 귀신이 싫어하는 물건을 차려 놓았으니 이는 나를 싫어하는 것이구나. 오늘로 작별 인사를 해야겠군. 그렇지만 그대가 이 세상에서 더불어 말할 만 하기 때문에 왔다네. 바로 왜란이 터질 걸세. 하고 싶은 말은 많지만 이젠 그만이로다. 모름지기 힘써서 해보게나."

이항복이 사죄하고 굳게 만류하였지만 듣지 않았다. 그 뒤로 다시는 오지 않았다.

하륜은 진주 사람이다.

부군당

附君堂[182]

『위서(魏書)』에서는 '태산부군(太山府君)'이라고 하고, 『송사(宋史)』에서는 '최부군묘(崔府君廟)'[183]라고 하였는데, 주석에서 "민간에서 토지신을 '부군(府君)'이라고 통칭한다"라고 하였다. 어떤 이는 "사또가 되어 임지

182) 부군당(府君堂) : 각 관아에서 신령을 모시던 집. ≒ 신당(神堂).

183) 『송사』에 없는 내용임.

에서 죽으면 혼이 고향으로 돌아가지 못하고 고을의 귀신이 되기 때문에 부군(府君)이라고 한다"라고 말하였다. 유종원(柳宗元)의 「나지묘비(羅池廟碑)」와 한유(韓愈)의 「조주묘비(潮州廟碑)」가 이것이다. 어떤 이는 "객사하여 그 곳의 귀신이 되는 경우가 있다"라고 말하였다.

지봉 이수광이 말하였다.

> 요즘 풍속에 관청의 문 앞에 기도하는 곳이 있으니 '부군당(附君堂)'이라고 한다. 새로 관직에 임명되면 제사하여 복을 빈다. 어효첨(魚孝瞻)[184]이 부임하는 곳마다 그것을 모두 불지르고 파괴하였다.[185]
>
> 이는 적인걸(狄仁傑)[186]과 호영(胡穎)[187]이 지나는 곳의 음사(淫祀)를 불지르고 파괴한 일과 같다. 그러나 한나라 역사에서 '범방(范滂)[188]이 고요(皐陶)[189]에게 제사지내지 않았다'[190]는 내용이 있으니 관청

---

184) 어효첨(魚孝瞻) : 조선 전기의 문신(1450~1475). 자는 만종(萬從). 호는 구천(龜川). 집의(執義)·대사성(大司成)을 거쳐 대사헌(大司憲)·판중추부사를 지냈으며, 조선 초기의 대유(大儒)로 풍수설을 배격하고 불교를 배척했다.

185) 今俗衙門, **例**有禱祀之所, 號附君, 新除官**必**祭**之**, **謂爲**祈福, **蓋出於巫覡不經之事也**, **昔**魚孝瞻所歷**官府**, **其附君之祠**, 悉焚毁.(『芝峯類說, 卷十七, 人事部, 祭祀』) → 今俗衙門, 有禱祀之所, 號附君**堂**, 新除官, 祭**以**祈福, 魚孝瞻所歷, 悉**皆**焚毁**之**.(『松南雜識』)

186) 적인걸(狄仁傑) : 측천무후(則天武后)가 세운 무주(武周) 시대의 재상(630~700). 자는 회영(懷英). 병주(幷州) 태원(太原, 지금의 山西 太原) 출신. 중종(中宗)을 다시 태자로 세우도록 하여 당 왕조의 부활에 공을 세웠으며 수많은 인재들을 천거하여 당의 중흥에도 크게 기여했다.

187) 호영(胡穎) : 송나라 이종(理宗) 때 사람. 사녕(邪佞)을 좋아하지 않고 신이(神異)를 말하는 것을 더욱 싫어하여 가는 곳마다 음사(淫祠)를 헐었다. 광동 경략 안무사(廣東經略按撫使)로 있을 때에 조주(潮州)의 어느 절에 있는 뱀을 사람들이 위하는 것을 알고 그 뱀을 죽이고 절을 헐고 중을 죄주었다.

188) 범방(范滂) : 후한 때 사람. 자는 맹박(孟博). 청렴결백한 지조가 있고 충직하였다. 환제(桓帝) 때에 환관(宦官)들이 당인(黨人)으로 무함하여 옥(獄)에 갇혔었는데 석방되어 고향에 돌아갔다. 그 후 영제(靈帝) 때에 당인들을 크게 잡아들이자 범방은 스스로 옥에 나아가 처형되었는데, 길 가는 사람들이 듣고서 모두 눈물을 흘렸다고 한다.

189) 고요(皐陶) : 순(舜)의 신하. 법리(法理)에 밝아서 형벌을 제정하고 옥간(獄間)을 만들었음.

190) 범방(范滂)이 투옥되자 옥리가 고요에게 빌라고 알려 주었다. 당시 감옥에 갇힌 사

문 앞의 부군당도 유래가 오래되었다.

영동
永童

『유설(類說)』에서 "배도(裵度)[191]가 염정(廉貞)[192]에 제사지내고 음방(陰方)이 조왕(竈王)에게 제사지내니 칠성(七星)이나 보름달에 지내는 제사 따위가 매우 많다"라고 하였다.

근년에 영천(永川)의 통인(通引)[193] 아이가 병도 없이 급사하였는데 몇 년 뒤 공중에 나타나서 말하였다.

"나를 무와 청어로 제사지면 너희 집은 종당 부귀하고 병이 없으리라."

2월 초하루에 내려와서 보름과 20일에 올라가니 영등(永登)이라고 하였다. 그 사람이 제사를 지냈더니 과연 그만이 풍년이 들고 액운이 없었다. 이로부터 영남 전 지역이 그에게 제사를 올렸는데 지금은 기호·호서·호남의 거의 절반이 제사를 올린다.

일본의 역사를 살펴보면 숭신천황(崇神天皇) 때에 웅야주(熊野州)에 권현(權現)[194]의 귀신이 처음으로 출현하였다. 권현(權現)은 원래 신라인 일

람들은 고요(皐陶)에게 비는 풍습이 있었다. 그러나 범방은 자신이 죄가 없으니 빌 이유가 없으며 설령 죄가 있다면 고요에게 빈들 무슨 이익이 있겠느냐고 거절했다. 이때부터 고요에게 비는 일이 없어졌다고 한다.

191) 배도(裵度): 당나라의 재상(765~839). 자는 중립(中立). 시호는 문충(文忠). 산서성(山西省) 출생. 815년에 살해된 재상 무원형(武元衡)을 대신하여 중서시랑·동중서문하평장사가 된 뒤 절도사를 억압하고, 환관(宦官)에 대해서도 강경책을 취하여 헌종(憲宗)·목종(穆宗)·경종(敬宗)·문종(文宗)의 4조(朝)에 걸쳐 활약했다. 백낙천(白樂天)과 자기의 별장인 녹야당(綠野堂)에서 함께 풍류를 즐겼다.

192) 염정(廉貞): 북두칠성(北斗七星)의 하나. 탐랑(貪狼)·거문(巨門)·녹존(祿存)·문곡(文曲)·염정(廉貞)·무곡(武曲)·파군(破軍).

193) 통인(通引): 수령(守令)의 잔심부름을 하던 구실아치. 이서(吏胥)나 공천(公賤) 출신이었다.

라(日羅)[195]로 바다 건너 일본으로 갔다가 죽어서 신이 되었다고 한다. 사람이 죽어서 영동(永童)이 되고 권현(權現)이 되니 역시 기이하다.

백서신
白鼠神

고구려 때 어떤 중이 흰 쥐로 변했는데, 죽어서 서도(鼠島)의 신이 되었다.[196]

곽등
郭登

『유괴록(幽怪錄)』에서 "측간귀신이 봉두난발에 푸른 옷을 입고 매달 나와 논다"[197]라고 하였다. 곽박(郭璞)이 머리를 풀어 헤치고 기도한 대상이 이것이다. 유종원(柳宗元)의 「이적전(李赤傳)」에도 그 신이함을 기록하고 있다.

---

194) 권현(權現) : 일본에서 받드는 해신(海神)의 이름. 동조대권현신(東照大權現神 : 도조다이곤겐가미).

195) 일라(日羅) : 백제 위덕왕 때의 승려. 신이(神異)가 헤아릴 수 없이 많았고, 온갖 일에 정통하였으며, 어질고 용맹하였다. 일본에까지 그의 명성이 알려졌다. 일본 왕의 간곡한 요청으로 일본에 파견되었다. 그는 셋쓰(攝津)의 겐미산(劍尾山)에서 살았으며, 일본인들로부터 성인으로 추앙을 받았다.

196) 황해도 서흥(瑞興)에 외적(外敵)이 침입했다. 그러자 한 승려가 흰 쥐[白鼠]로 화(化)해 외적의 진으로 들어가 활과 화살을 모두 쏘아, 적을 패주하게 했다. 쥐로 변신한 승려는 나장산(羅帳山)의 암혈로 들어가 죽었다. 이에 사람들은 그를 서도의 신으로 삼아 제사 지냈다.

197) **續**幽怪錄, 厠神**曰郭登**蓬頭青衣, 每月出**巡**.(『韻府羣玉, 厠』) → 幽怪錄**云**, 厠神蓬頭青衣, 每月出**遊云**.(『松南雜識』)

새신
賽神

『산해경(山海經)』에서 "천오(天吳)는 수신(水神)이니 호랑이 몸에 얼굴은 사람이고 손이 여덟 개, 발이 여덟 개, 꼬리가 여덟 개이고 청황색이다"[198]라고 하였다.

『태평광기(太平廣記)』에서는 "풍이(馮夷)가 팔석약(八石藥)[199]을 먹고 수선(水仙)[200]이 될 수 있었는데 사람의 얼굴에 몸은 물고기이다"라고 하였다.

지봉 이수광이 말하였다.

> 대진(大津)이 경기와 호서 사이에 있는데 물길로 삼십 리 되는 중간에 큰 바위가 있어서 배가 부딪치면 파선이 되니 그것을 민간에서는 새신령공(賽神令公)이라고 한다. 행인들이 향불을 피워 기도를 하니 새신(賽神)이라는 호칭은 대체로 여기에서 기원한 듯한데 영공(令公)이라고 이르는 것은 그 의미를 모르겠다. 혹 영군(靈君)인 듯도 하다.[201]

---

198) 有夏州之國, 有盖余之國, 有神人, 八首人面, 虎身十尾, 名曰天吳. 〈水伯.〉(『山海經卷十四, 大荒東經』) → 天吳, 水神, 虎身人面, 八手八足八尾, 靑黃色.(『松南雜識』)

199) 팔석약(八石藥) : 고대 도가(道家)에서 연단(煉丹)에 사용하던 주사(硃砂)·웅황(雄黃)·자황(雌黃)·공청(空靑)·운모(雲母)·유황(硫黃)·융염(戎鹽)·초석(硝石).

200) 수선(水仙) : 물속에 산다는 신선.

201) 大津在**京**畿, **忠淸**之間, 水路三十里, 中有大石, 舟觸則碎, 俗號賽神令公, 行人必以香火祈祝, 賽神之稱, 蓋以此, 而謂之令公, **則**未知其**義**, 或疑**令公**, **卽**靈君**云**.(『芝峯類說, 卷二, 地理部, 水』) → 大津在畿**湖**之間, 水路三十里, 中有大石, 舟觸則碎, 俗號賽神令公, 行人必以香火祈祝, 賽神之稱. 盖以此而謂之令公, 未知其**意**, 或疑靈君.(『松南雜識』)

손돌목
孫石項

다음과 같은 전설이 있다.

갑자년(1624) 이괄(李适)의 난[202]이 일어난 10월 20일에 임금이 배를 타고 강화(江華)로 들어가려고 하였는데 사공 손돌(孫石)이 간하였다.

"삼강(三江)[203]으로 가면 더뎌도 안전하고 큰 바다를 넘어가면 빠르지만 위험합니다. 그렇지만 지금 풍랑이 일어나려 하니 원컨대 바다를 피하여 강으로 가십시오."

그때 반란군이 추격하여 뒤에 와 있었기에 조금도 지체할 수 없었고 손돌이 반란군을 위하여 시간을 끈다고 의심을 하여 목을 베고 바다로 들어갔다. 얼마 뒤에 풍랑이 일어나 배가 바다목에 걸렸다.[204] 그래서 소를 잡아 손돌에게 제사를 지내자 바람이 그제야 멈추고 배가 앞으로 나아갔다.

지금도 그곳을 '손돌목(孫石項)'이라고 부른다.

곰나루
熊津

공주강(公州江)[205] 언덕에 곰을 그려 둔 사당이 있으니 다음과 같은

202) 이괄(李适)의 난: 인조 2년(1624) 정월, 이괄이 인조반정 때 공이 컸음에도 불구하고 2등 공신으로 책봉되고 더구나 평안병사 겸 부원수로 임명되어 외지에 부임하게 된 데 앙심을 품고 사전에 치밀히 계획하여 일으킨 반란.

203) 삼강(三江): 한강의 세 부분을 통틀어 이르는 말. 한남동 일대의 한강, 용산과 원효 일대의 용산강, 마포와 서강 일대의 서강을 이른다.

204) 바다목: 강과 바다가 접하는 하구 또는 만의 형태를 갖춘 곳.

205) 공주강(公州江): 지금의 금강(錦江).

전설이 있다.

옛날에 암콤이 사내를 업어다 바위굴에 가두고 배가 고프면 음식을 먹이더니 서로 교합하여 아이 셋을 낳았다. 그 후로는 그다지 심하게 가두어 두지 않았고 사내는 홀연 집 생각이 나서 도망 나와 강을 건넜다. 곰이 강변까지 쫓아왔지만 사내는 벌써 저 건너 언덕으로 올라갔다. 곰이 바라보며 울부짖었지만 사내는 돌아보지도 않았다. 곰은 화가 치밀어 세 아이를 물에 빠뜨렸지만 그래도 돌아보지 않았다. 그래서 스스로 물에 빠져 죽고 말았다. 그 후 이곳이 건너기 위험한 나루가 되어 여자들이 많이 익사하니 마치 임제(臨濟)의 투부진(妬婦津)[206]과 같다고 한다.

소식(蘇軾)의 시에 "시누이가 작년에 팽랑(彭郎)에게 시집갔다오[小姑前年嫁彭郎]"[207]라고 하였는데, 그 주석에서 "소고산(小孤山)의 사당에 있는 소상(塑像)이 바로 부인(婦人)이다"[208]라고 하였으니 칙명으로 '성모묘(聖母廟)'라는 편액을 내렸다.

---

206) 투부진(妬婦津) : 진(晉)나라 유백옥(劉伯玉)의 아내는 단명광(段明光)이다. 유백옥이 「낙신부(洛神賦)」를 읊으니 단명광이 "당신은 어찌하여 물의 신 때문에 저를 경시하나요?"라고 하고 물에 빠져 죽었다. 그녀가 죽고 나서 꿈에 나타나 유백옥에게 "내가 물의 신이 되었습니다"라고 말했다. 이 나루를 건너는 부인은 옷과 화장을 흩뜨린 뒤에야 감히 건너간다. 그렇게 하지 않으면 풍파가 인다. 못생긴 아낙은 신도 질투하지 않는다. 그래서 "좋은 부인을 구하고자 한다면 투부진 어귀에 세워 보아라. 부인이 물가에 서있으면 예쁜지 못난지 저절로 밝혀진다"라는 말이 있다.

207) 「이사훈화장강절도도(李思訓畫長江絶島圖)」.

208) **余嘗過**小孤山**廟下見**廟像, 乃一婦人, **俚俗之訛至此**.(『東坡詩集註, 卷二十七, 李思訓畫長江絶島圖』) → 小孤山廟像乃婦人.(『松南雜識』)

울도신
鬱島神

다음과 같은 전설이 있다.

중세(中世)에 삼척 영장(三陟營將)이 동기(童妓) 하나를 사랑하였다. 그가 섬에 들어가서 수험(搜驗)[209]할 때의 일이다. 영장이 용 문양이 찍힌 성장(盛裝)을 차려 입은 동기와 함께 섬에 들어갔다가 돌아오는 중간에 배가 갑자기 멈칫거리고 풍랑이 일어났다. 배를 탄 사람들이 모두 옷을 던져 점을 쳐보니 동기[210]의 옷이 걸렸다.

황주극성
黃州棘城[211]

극성(棘城)은 본래 고려가 홍건적(紅巾賊)을 방어하던 곳인데 전부 홍건적에게 섬멸되고 여러 번의 병란을 겪었다. 바로 배구(裴矩)의 『서역기(西域記)』에서 "백골 널린 들판, 어두운 하늘에 비 내리고 습하다. 귀신의 원한이 찌어 올라 생긴 여기(厲氣)[212]에 서로 전염되어 요절하는 백성들이 많다. 나라에서 봄·가을로 향을 내려 제사를 올리자 그 걱정거리가 마침내 사라졌다"[213]라고 말한 것이 이것이다.

---

209) 수험(搜驗) : 금제품(禁制品) 등을 수색하여 검사함. ≒ 수검(搜檢).
210) 아세아문화사 영인본 『松南雜識』에는 '龍妓勢'로 오기되어 있음.
211) 황주(黃州) : 황해북도 북서부 대동강 하류연안에 있는 군.
212) 여기(厲氣) : 사악한 기운.
213) 棘城. 〈**在黃州南二十五里**,〉 高麗**人**防紅巾**於此**, 盡爲賊**所**殲, 累經兵燹, 白骨暴野, 天陰雨濕, 鬼物煩寃, 薰爲厲氣, 轉相侵染, 民多夭札, 國家春秋降香祝致祭, 其患遂絶.(『朝鮮志, 卷上, 黃海道』) → 棘城, **本**高麗防紅巾**賊處**, 盡爲賊殲, 累經兵燹, **便是裴矩西域記所云**, 白骨暴野, 天陰雨濕, 鬼物煩寃, 薰爲厲氣, 轉相侵染, 民多夭札, 國家春秋降香祝致祭, 其患遂絶**云**.(『松南雜識』)

까마귀가 울면 사람이 죽는다
烏鳴人死

『운부군옥(韻府群玉)』에서 "윤길보(尹吉甫)의 아들 백기(伯奇)가 계모에게 모함을 당하여 죽어서 까마귀가 되었다. 그는 언제나 윤길보를 향하여 울었다. 윤길보가 사실을 깨닫고 후처(後妻)를 쏘아 죽였다"214)라고 하였다. 그래서 지금 민간에서 "까마귀가 울면 사람이 죽는다"라고 하는 말은 여기에서 유래하였다. 어떤 이가 "까마귀는 시체를 뜯어먹으니 사람이 죽으면 먹이가 된다는 것을 먼저 안다. 그래서 까마귀가 울면 고기를 던져준다"라고 말하는 것이 이것이다.

흘답
疙瘩

민간에서 전하는 이야기에 "황제(黃帝) 때부터 있었다"라고 한다. 도광(道光) 신사년(1821) 8월에 크게 퍼져서 대부분 개고기 육포와 소주로 치료를 하니 '신사통(辛巳痛)'이라고 한다. 뱃 속에 어떤 물건이 위로 솟구치기에 민간에서는 '쥐'라고 한다. 왜(倭)에 일찍이 이 병이 있었는데 어떤 약도 효과가 없었다. 그래서 죽은 사람을 해부하여 보니 이른바 '쥐'는 한 덩어리의 푸른 색 물건이었다. 고추 달인 물로 적시면 즉시 담(痰)이 흩어지고 주머니에는 빈 기운만 남는다.

---

214) 尹吉甫信後妻讒, 殺孝子伯奇, 吉甫後見伯勞其音切, 吉甫曰, 是吾子 …… 向室而號, 吉甫遂射殺妻. 故俗號伯勞鳴有凶也.(『韻府羣玉, 禽名』) → 尹吉甫子伯奇, 死爲後母所讒, 化爲鳥, 常向吉甫鳴, 吉甫覺之, 射殺後妻.(『松南雜識』)

적호 · 귀책
適呼鬼責

잡서(雜書)에서 "밤에 마침 부르는 소리가 나더니 병이 걸렸는데 몇 년 뒤 말라 죽었기에 '적호(適呼)'라고 하는데 이른바 빌미[祟]라고 한다"라고 하였다.

『장자(莊子)』에서 "천락(天樂)을 아는 사람은 하늘을 원망함이 없고 사람을 비방함이 없으며 외물에 얽매임이 없고 귀신에게 책망 받는 일이 없다"[215]라고 하였다. 지금 무당들이 말하는 '귀책(鬼責)'이 이것이다.

귀신이 시로 원수를 갚다
鬼報詩怨

한(漢)나라 역사에서 귀신을 본 사람이 "두영(竇嬰)과 관부(灌夫)가 함께 전분(田蚡)을 공격하더라"[216]라고 말하였다.

『기아(箕雅)』의 주석에서 말하였다.

고려 때에 서울의 김부식(金富軾)[217]과 평양의 정지상(鄭知常)[218]은

215) 知天樂者, 無天怨, 無人非, 無物累, 無鬼責.(『莊子, 天道第十三』) → 知天樂者, 無天怨, 無人非, 無物累, 無鬼責.(『松南雜識』)

216) 한(漢)나라 때 왕실의 외척이었던 무안후(武安侯) 전분(田蚡)과 위기후(魏其侯) 두영(竇嬰)은 권력을 다투다가 끝내 두영은 전분의 참소에 의해 잡혀 죽었고, 전분 또한 두영의 원귀(寃鬼)에 의해 곧 죽었다.
관부(灌夫)는 한대(漢代)의 무장(武將)으로 무제(武帝) 때 아버지 관맹(灌孟)을 따라 오(吳)나라를 쳐 용맹을 떨쳤으나 뒤에 실세(失勢)한 두영(竇嬰)과 날마다 교유했으며, 사람됨이 호협하고 강직하며 술주정을 잘했다. 뒤에 승상 전분(田蚡)의 좌석에서 주정을 부려 좌중을 욕보이자 전분이 노하여 그와 그의 전 가족을 처형했다.

217) 김부식(金富軾) : 고려 시대의 학자 · 정치가(1075~1151). 자는 입지(立之). 호는 뇌천(雷川). 묘청의 난을 평정하여 수충정난정국공신(輸忠定難靖國功臣)의 호를 받았으며 인종 23년(1145)에 『삼국사기』를 편찬했다.

218) 정지상(鄭知常) : 고려 인종 때의 문신 · 시인(?~1135). 초명은 지원(之元). 호는 남호

함께 문장으로 이름을 다투었는데 정지상이 조금 나았다. 그때 과거장에 정지상이 들어가지 않았다면 김부식이 의당 장원을 했을 것이다. 그래서 김부식이 허위로 정지상의 부고(訃告)를 전하고 과거장에 다음과 같은 시를 썼다.

초 다 타니 동이 트려 하고	燭盡天將曉
문장 완성하니 계수 향기롭다	章成桂已香
뜰에 가득한 사람들 하늘하늘	滿廷人嫋嫋
장원은 누구지	誰是壯元郎

정지상이 그 시에 다음과 같이 다시 두 글자씩 더하였다.

세 자루 초 다 타니 동이 트려 하고	三丁燭盡天將曉
팔각 문장 완성하니 계수 향기롭다	八角章成桂已香
달 진 뜰에 가득한 사람들 하늘하늘	落月滿廷人嫋嫋
누가 장원인지 모르겠네	不知誰是壯元郎

다음날 정지상이 과연 장원을 하였다.

김부식이 묘청(妙淸)의 난을 토벌하였는데 정지상이 난에 참여하여 주살되었다. 그 뒤 김부식이 평양에 안찰사로 갔을 때의 일이다. 그때가 마침 늦봄이었는데 정지상이 밤에 살아 있을 적과 같은 모습으로 와서 말하였다.

"너는 평생 네 시가 나보다 낫다고 스스로 말해왔다. 네가 지금 시를 지어 내가 한 글자도 고칠 수 없다면 네가 과연 이기는 것이다. 만약 그렇지 않다면 내가 너를 죽이겠다."

김부식이 어쩔 수 없어서 한 구를 지었다.

(南湖). 묘청의 난에 연루되어 김부식에게 피살되었다. 시에 뛰어난 고려 12시인 중의 한 사람으로 꼽혔으며, 역학과 노장 철학에도 조예가 깊었다. 저서에 『정사간집(鄭司諫集)』이 있다.

버들가지 천 가닥 푸르고 柳枝千絲綠
복사꽃 만 점이 붉다 桃花萬點紅

정지상이 말하였다.

"네가 어떻게 버들가지 수가 천 가닥인지 만 가닥인지, 복사꽃이 만 점인지 천 점인지 알 수 있는가? 의당 '버드나무는 가지마다 푸르고, 복숭아 꽃 점점마다 붉도다[柳色絲絲綠, 桃花點點紅]'라고 고쳐야 할 것이다. 벌써 한 글자를 고쳤으니 너는 죽어 마땅하다" 라고 하고는 드디어 목을 베고 가버렸다.

천 명을 죽여야 산다
殺千人乃生

다음과 같은 전설이 있다.

박엽(朴燁)이 젊었을 때 관상을 잘 보는 사람이 "천인(千人)을 죽여야 살 수 있다"라고 말을 하였다. 그래서 평양 감사로 있던 십 년 동안 가혹한 정치를 추구하여 죄를 범하면 바로 죽였으니 천 명을 채우려했던 것이다. 그가 죽인 사람이 구백 구십 구 명인데 살인을 삼베듯 한 죄로 교수형을 당하게 되었다. 박엽(朴燁)이 처형당할 때 교수형을 집행하는 자를 돌아 보고 물었다.

"너의 이름은 무엇인가?"

"내 이름은 천인(千人)이요."

후위(後魏) 척발규(拓跋珪)[219]의 청하만인(淸河萬人) 사건[220]과 유사하

219) 척발규(拓跋珪) : 후위(後魏)의 무제(武帝).
220) 후위의 무제(武帝)는 학문이 뛰어나고 천문에 밝았다. 그런데 신통한 무당이 그에게

다. 그러나 술수는 삼가지 않을 수 없음이 이러하다.

위첩제기
衛輒齊綦

『곡량전(穀梁傳)』에서 "위후(衛侯)의 형(兄) 첩(輒)이 어떻게 임금이 되겠는가? 선천적 불구자는 종묘에 들어갈 수 없다. 첩은 다리를 저니 제(齊)나라에서는 '기(綦)'라고 하고 초나라에서는 '궐(蹶)'이라 하고 위(衛)나라에서는 '첩(輒)'이라고 한다"[221]라고 하였다. 첩(輒)은 대개 병의 이름이다.

당나라 사람이 윤지완(尹趾完)[222]의 상(相)에 대해서 '무족가관(無足可觀)'이라고 썼다. 그 후 한 쪽 다리가 떨어지고 나서 재상이 되니 '외다리 정승(一脚相)'이라고 불렀다. 지금 대신이 모두 앉는 것의 시원(始原)이다.

김만기(金萬基)[223]는 애꾸였는데 일을 밝게 보았기에 "조정의 눈 만 개가 만기의 외눈만 못하다"는 말이 전해졌다.

대개 사람이 불구라도 참으로 훌륭하다면 임금이 되고 신하가 되는

급사할 운명이니 '청하(淸河)'를 주살하고 '만인(萬人)'을 죽이라고 진언했다. 그래서 무제는 청하(淸河)를 통째로 없애고 직접 사람을 죽였으니 만 명이라는 수를 채우기 위함이었다. 또 날마다 침소를 바꾸어 사람들이 알지 못하게 했다. 오직 만인(萬人)이라는 이름의 애첩만이 그의 침소를 알뿐이었다. 그런데 만인이 무제의 친아들인 청하왕(淸河王 : 拓跋紹)과 사통했다. 그들은 발각될까 두려워 무제를 시해하였다. 무제가 죽을 때 그들을 보고 말했다. "청하만인(淸河萬人)이라는 말은 바로 너희들었구나!"

221) **然則**何爲**不爲**君也. **曰**有天疾者. 不**得**入**乎**宗廟. 輒**者**, **何也**. **曰**兩足不能相**過**, 齊謂之**綦**, 楚謂之蹶, 衛謂之輒.(『春秋穀梁傳, 昭公, 二十年』) → 衛侯之兄輒, 何爲君也. **曰**有天疾者, 不**得**入乎宗廟, 輒, 兩足不能相隨, 齊謂之綦, 楚謂之蹶, 衛謂之輒. 穀梁傳.(『古今事文類聚, 後集, 卷二十兩, 足不相隨』) → 穀梁傳, 衛侯之兄輒, 何爲君也. 有天疾者, 不**可**入宗廟. 輒, 兩足不能相隨, 齊謂之綦, 楚謂之蹶, 衛謂之輒.(『松南雜識』)

222) 윤지완(尹趾完) : 조선 후기의 문신(1635~1718). 본관은 파평(坡平), 자는 숙린(叔麟), 호는 동산(東山), 시호는 충정(忠正).

223) 김만기(金萬基) : 조선 중기의 문신(1633~1687). 자는 영숙(永淑), 호는 서석(瑞石). 영돈령부사 · 대제학을 지냈으며, 광성부원군(光城府院君)에 봉해졌다.

데 무슨 장애가 되겠는가?

『회남자(淮南子)』에서 이른바 "고요(皐陶)는 벙어리였지만 대리(大理)[224]가 되어 천하에 가혹한 형벌이 없어졌고 사광(師曠)[225]은 장님이었지만 태재(太宰)[226]가 되어 진(晉)나라에 어지러운 정치가 없어졌다"[227]는 말이 이것이다.

---

224) 대리(大理) : 사법관(司法官).

225) 사광(師曠) : 춘추 시대 진(晉)나라의 악사. 소리를 잘 구별한 것으로 유명함.

226) 태재(太宰) : 왕실의 내외사를 총괄하는 관직.

227) **故**皐陶瘖而爲大理, 天下無虐刑, **有貴于言者也**. 師曠瞽而爲太宰, 晉無亂政.(『淮南子, 主術訓』)→皐陶瘖而爲大理, 天下無虐刑, 師曠瞽而爲太宰, 晉**國**無亂政.(『松南雜識』)

世傳朴燁少時有善相者言殺千人乃生故爲湨伯十年政尚嚴酷有罪者輒死欲充千人之數乃所殺至九百九十九人而以殺人如麻之罪被絞律燁臨死顧絞者曰汝名云誰曰我名千人與魏拓跋珪清河萬人事相類然術不可不愼者此也

、衛輒齊蔡

穀梁傳衛侯之兄輒何爲君也有天疾者不可入宗廟輒所是不能相隨齊謂之綦楚謂之蹶衛謂之輒、蓋病名也唐人題尹鈚完相曰無足可觀及一脚自落日拜相號一脚相今大臣樂方席始也 金萬基眇而見享明傳曰朝廷之萬基不如萬基之一目蓋人苟賢矣何居於爲君爲臣也淮南子所謂皐陶瘖而爲大理天下無虐刑師曠瞽而爲太宰晉國無亂政是也

軾平壤鄭知常俱以文章爭名而鄭較勝適試塲鄭若不入則
金當壯元金乃虛傳知常死詐題詩棘圍上曰燭盡天將曉章
成桂已香滿庭人嚬〻誰是壯元郎知常更加其詩二字曰三
丁燭盡天將曉八角章成桂已香落月滿庭人嚬〻不知誰是
壯元郎明日知常果壯元及屬軾討妙清之亂以知常與焉誅
之後屬軾按察平壤時適春暮知常夜來如平時謂曰汝詩平
生自謂勝我矣汝今作詩我不能改一字則汝果勝若否則我
即殺汝屬軾不獲已作一句曰柳枝千絲綠桃花萬點紅知常
曰汝能知柳枝千絲萬絲之數桃花萬點千點之數乎當改曰
柳枝絲〻綠桃花點〻紅既改一字汝當死遂斬頭而去
殺千人乃生

公州江岸有熊祠諺傳古有牝熊負一男夫閉之石窟饋以食物仍與交生三子後其閑稍緩男夫忽思家逃出渡江熊追及江邊已登彼岸熊望之啼不顧怒沉三子又不顧乃自投江死厥後此渡爲險津女子多渰若臨濟之妒婦津云㧾詩小姑前年嫁彭郎 註小孤山廟像乃婦人敕額爲聖母廟

黃州棘城 諺爲島神 諺傳三姓從一妓入島渡[illegible]爲[illegible] [illegible]中流[illegible]作舟人[illegible]各投衣[illegible]一童[illegible]

棘城本高麗防紅巾賊處盡爲賊殲累經兵燹便是聚距西域記所云白骨暴野天陰雨濕鬼物煩冤薰爲厲氣轉相侵漂民多夭札國家春秋降香致祭其患遂絶云

烏鳴人死

韻玉曰尹吉甫子伯奇爲後母所譖死化爲鳥常向吉甫鳴吉

賽神

山海經曰天吳水神虎身人面八手八足八尾青黃色廣記云馮夷服八石藥得為水仙人面魚身芝峯曰大津在鐵湖之間水路三十里中有大石舟觸則碎俗號賽神令公行人必以香火祈祝賽神之稱蓋以此而謂之令公未知其意或疑而 君

孫石項

世傳甲子逆變十月二十日大駕御舟將入江華沙工孫石諫曰從三江則遲而安越大海則速而危然風浪將作願避海而江時賊追在後不可小遲且疑石為賊遲之卽斬而入海俄風起浪立船掛海項乃殺牛祭石風乃止船行徑今謂之孫石項

熊津

類說曰裴度祭廟云陰方祀竈王而七星望月之祭甚衆近年
永川知印韋某無病暴死數年現於空中而語曰祀我以菁根青
魚爾家當無疾云於二月初一日降望日及念日登謂之登
其人祀之果獨豐無厄自此嶺一道祀之今幾半湖云按日本
史崇神天皇時能野州權現神始見權現者本新羅人日羅嵩
浮海入倭死為神云人之死為永童為權現亦異矣

白鼠神

高句麗時有僧化為白鼠死為鼠島之神

郭登

幽怪錄云廁神嫁頭青衣每月出遊云郭璞被髮祈禳是也柳
文李赤傳亦記其異也

是忌我也從此辭矣然君此世可與語故來矣方有倭亂所欲言者多今焉已矣須努力爲之盡誠乃謝罪堅撓不聽遂不復來云河崙晉州人

附君堂

後魏書太山府君宋史崔府君廟註俗以土地神通稱府君或曰人有爲守宰死任所則魂不歸故鄉爲其邑鬼故謂府君子尊羅洪廟退之潮州廟是也或有客死爲其地之神芝峯曰人俗衙門有禱祀之所號附君堂新除官祭以祈福魚孝瞻所歷悉焚毀之與狄梁公胡穎焚毀所過淫祠同矣然漢史范滂不祭皐陶則衙門附君堂亦古矣

永童

文獻考曰勾麗淫祠一曰扶餘神刻木爲婦人像一曰高登神云是其始祖扶餘神之子又諺傳道詵旣僧其母崔氏無香火者葬於大野田中後丐人借墓傍田爲農偶以午饁祭之乃爲長者故俗賤人食時必以少許投之呼高氏者乃崔氏之訛

河崙神

諺傳驪城之爲晉陽也忽一夜有儺呼宰相來燈燭照耀隨從甚盛驚起迎接乃曰我故政丞河崙也餒甚爲設酒向食之甚歎其言多經國之謨可聽驪城問曰人之精魄在人間幾何曰聖人千年尚矣我則三百年更問曰吾幾年曰不過二百年厭後每夜必來驪城頗苦之有客言惟燒酒與桃神道是惡乃設之崙曰吾能食此他果則忌仍飲之又嘗桃曰吾所忌故設之

禮記之民社漢書之禮祠是也今京鄕家〻位而祀之

主神

祭統泰厲註古帝王無後者好作禍今各邑厲壇是也巫言王神即泰厲以家祀位而祀有暴富貴之應及朴纘新以騐收家有家衣放逆誅云按海州鄭以寧陽尉悰家祀端廟屢世至五代孫孝俊貧無依又喪妻端廟多告輸護事家媒之有子五人皆登科富貴云亦世罕有之事也

閑鬼

逸史曰唐明皇夢有藍袍者曰臣終南進士鍾馗除虛耗之孽即俗謂閑鬼是也國朝詩刪有獨脚鬼李顯郁以詩傳世

高登

匈奴畏鬼

匈奴以亡人妻爲鬼妻亡人馬爲鬼馬不敢取蓋畏之耳

西海神名

莊子曰東海神阿明南海神祝融西海神巨乘北海神禺強

山神

武夷記曰武夷山神人武夷君八月十五日聚村人會于山頂綵縵屋宇器用甚盛樂色食味皆美惟酒差薄名曰縵亭又曰錢鏗爲山神之主韓愈詩偶然題作木居士便有無窮求福人

主 主

⿰犭雷

正字通曰物怪也張端集曰宮禁中有物曰⿰犭雷塊然一物無頭眼手足毛如漆夜有聲如雷禁中人皆云⿰犭雷来

漢書高句驪傳曰好祠鬼神社稷零星風俗通曰辰之神爲零星

竈君

五行書曰竈君禪字子郭衣黃衣披髮從竈中出知其名呼之可得除凶惡賈氏不知其名見之死猪肝泥竈卽伏龍肝又治竈以壬子日死不可用當以五月辰日猪頭祭竈令人治生萬倍用犬癸凶取鷄毛入竈中致非禍犬骨入竈出狂子正月巳丑白鷄祠之宜蠶五月巳丑祠之吉四月丁巳祠之百倍抱朴子曰竈之神每月晦上天言人罪狀大者奪紀、者三百日也酉陽曰竈馬狀如促織穴於竈側俗謂竈有馬足食之兆又修竈宜辰巳癸亥[illegible]常宜壬癸庚辛[illegible]支九空血忌破危閉建寅日又羹酒一升合和泥之餘泥不可泥井、餘土不可泥竈

山海經曰黃帝生禺䝞處東海是爲海神楊愼註䝞卽虢又北極天櫃有神名曰九鳳

䰠圍

山海經曰驕山神䰠圍處之其狀如人面羊角虎爪恒遊于雎漳之淵出入有光註䰠音鼉郭璞圖詠曰涉䰠三脚䰠圍虎爪

長乘

山海經曰神名也郭璞贊曰九德之氣是生長乘人狀豹尾其神則凝妙物自濟世無得稱

江神

江記曰帝女奇相也奔爲江神

零星

魈𩴾

抱朴子曰山精形如小兒獨足向後夜害犯人名曰魈呼其名則不能犯之篇海曰𩴾鬼名也又辟邪也符尾山尸奉勅𩴾者

附 陪阿

莊子曰東北方之下者陪阿鮭蠪躍之注陪阿者狀如小兒長尺四黑衣赤幘大冠帶劍持戟西北方之下者則泆陽處之又淮南子曰天阿者羣神之闕也

弇兹

山海經曰西海渚中有神人面鳥身珥兩青蛇踐兩赤蛇名曰弇兹又北海之渚有神人面鳥身名曰禺彊

禺彊

螭魅魍魎

五帝紀註螭魅人面獸身四足好惑人玉篇曰魍魎水神也如三歲小兒赤黑色俗謂獨脚鬼又山海經曰剛山多神䰢其狀人面獸身一足一手

彊梁

漢禮儀志曰彊梁神名也能食鬼又錯斷食巨註逐疫之神又山海經曰龜母之山其神狀如人而狗尾註狗皮有豹文

魖鬽

長楊賦曰梢夔魖而抶獝狂說文曰魖耗鬼也玉篇曰魖無頭鬼卽狂鬼也又鬽音媚周禮以夏至日致地示物鬽註百物之神曰鬽

蒼鸕妖鳥也齊東野云似野鳧赤色身圓如箕十頭環簇有九頭其一獨無而滴血每頸兩翼飛則並進又一種姑獲鳥即乳母鳥乳兒夜露衣物此鳥夜飛以血點之兒即病驚

叢辰

史記日者傳註術家名也猶今之五行生剋擇日也

空亡

字典曰星命家祿後一辰爲湴河步華錄曰湴河謂陷逞如今之空亡也俗以壬子壬寅壬辰癸未癸巳癸卯甲午甲戌甲申乙丑乙亥乙酉日爲空亡也又偷修天機大要曰大寒後十日立春前五日只一日爲上前一日後一日爲次不計年月日時五日內畢功爲可舊鬼將謝新神未進此乃一年之空亡也

壁無大突云

盜燈有子 金南佚記昔同福縣吏吳大陞於官道之南雕作石燈四十八每夜點燈拜天其子孫蟬聯相繼登[illegible]

本草曰上元盜富家燈盞置床下令人有子云

繞井生男

博物志曰婦人妊身三月未滿着婿衣冠平旦繞井三匝映水視影勿反顧必生男陳成者生十女其妻繞井三匝呪曰女爲陰男爲陽女多災男多祥繞井三日不汲及期果生男

夜行遊女

芝峯曰一名天帝女夜飛晝隱如鬼神衣毛爲飛鳥脫毛爲婦人喜取人子凡飴小兒不可露處小兒衣亦不可晒毛落衣爲鳥祟見酉陽雜俎今醫方小兒門無辜疳是也正字通曰

古今詩話曰有病瘧者子美云誦吾詩可治令誦子璋髑髏血模糊之句病果愈我朝眉叟許穆作三陟退潮碑其文曰瀛海漭瀁百川朝宗其大無窮東北沙漠無潮無汐號爲大澤積水稽天浡潏汪濊海動有曀明明暘谷太陽之門羲伯司賓析木之次牝牛之宮日本無東鮫人之珍涵海百産汗汗漫漫奇物譎詭宛宛之祥興德而章蚌之胎珠與月盛衰傍氣昇霏天吳九首怪夔一股飆回且雨出日朝暾轇軋炫煌紫赤滄滄三五月盈水鏡圓靈列宿韜光扶桑砂華黑齒麻羅撮髻莆家蜒蠻之蠔爪哇之猴佛齊之牛海外雜種絕黨殊俗同宥咸育古聖遠德百蠻重譯無遠不服皇哉濊哉大治廣博遺風邈哉盖此文刻之碑則潮既退矣盡之屋則邪亦辟矣又以朱砂書之懸於東

殭蠶拭馬

說郛曰以殭蠶拭馬唇內外則不咬人按正月上寅日以尉燭炙猫亦唇則不侵雞雛云

賣馬不聘

說郛曰賣宅之財買奴婢及生物不利於人賣驢馬之財聘婦令家耗不安俗言賣牛之財亦然賣狗納王稅必無徵云

逃人自還

張華物類相感志曰取逃人衣裳垂懸於井中則自還以瓶帶麻作線左緊縫衣脊一尺六寸即無逃走之心本草曰取逃人髮於緯車上却轉之則迷亂不知所適紙書逃人姓名貼樑上

、潮碑辟邪

羅點曰自縊死者其下必有麩炭日深一日速掘則禍止

義康義方

雜書曰古有人義康義方兄弟入山義康爲逐虎之神故今術士入深峽誦義康而行自不見虎義方爲逐蛇之神故貼義方二字於戶壁蛇不入云或書春一女字亦然

鬼不來魘

說郛曰夜卧以所眠草上抽一莖出長三寸鬼魅不敢來魘云

鬼燐叩鐙

說郛曰入田野見鬼火以鞍兩鐙相扣作聲卽滅蓋惡金聲

霹木擊鳥

周日用曰霹靂木擊鳥影應時落地如水弩射人影

月蝕不飮

芝峯曰醫方云人患齒病多由月食夜飮食之所致而日月食未平時不飮食斯理不可曉又日食時以朱砂書龍字於紙置之病瘡者一直則一龍字燒飮則差亦不可曉

屍熱不祥

梅墅兪曰人死浴斂畢其屍熱如火謂不祥當有重喪云俗言體柔疊喪之說出此又屍體無論大小入棺而猶越則屍立云

震死不葬

芝峯曰金九齡客遊關西遇震死殯剿又震葬後又震宋羅云雷死者不可葬今或不驗亦不可曉

自縊有祟

風俗通曰五月忌翻蓋瓦令人髮禿。酉陽曰俗諱五月上屋言是月人蛻上屋見影魂當去今俗忌五月蓋屋出此

、影不照水
酉陽曰影不欲照水照井及浴盆中即古人避影之意也

、盜燈有子
本草曰上元盜富家燈盞置床下令人有子云

鵲巢瀕癢
酉陽曰見鵲上梁必貴按崔圓相公妻見二鵲共啣一木安巢是也下瀕無故癢當食異味即子公食指動之類也新語曰燈火喜得錢財蜘蛛集百事喜乾鵲噪行人至即殷浩答夢棺得官夢糞得財之說也亦思傳動乎蓍龜見乎四體是也

金 克木太公使六丁之神故也

往亡反支

綱目云行軍忌往亡日劉裕曰我往彼亡又反支日例不受書

蹶漢明帝罷之

潮空

或曰潮減每月初八日二十三日爲潮空是日潮水減也

剛柔主事

記曰甲丙戊庚壬謂剛日主外事乙丁己辛癸謂柔日主內事

今術家因以生氣福德附會者始此乎盖擇日者陰陽風雨而

已唐制隻日視事李遜奏陳不必擇辰

人蚘

尺朱衣縞帶赤蚍遶項惟食惡鬼朝呑三千暮呑八百名曰赤
郭又述異記云南海小虞山有鬼母一産千鬼朝産之暮食之

憂荆

慶州俗號憂荆二字帖門楣即吉建事今逐鬼呼豆 里是也

祝庚申

放翁詩家 築屋趁庚申今閭門書庚申年庚申月庚申日庚
申時姜太公造作處是也酉陽曰正月庚申日三尸上天告人
間過失亦帝故醫丞不眠此夜尸不得上而免罪廣記云即三
彭盖欲人死爲鬼歆享祭祀也芝田錄曰不守庚申亦不疑此
心良與道相依玉皇已自知行止任汝三彭說是非意者尸不
在日起屋則吉太公其表東海者我國近東海故耶或云庚申

漆今人用白堊塗門亦其意也按禮云掌蜃共白盛之蜃註蜃灰飾墻使白則不獨互人也

蟹殼辟瘧

筆談曰関中無蟹秦人收得一乾蟹殼土人以爲炷有病瘧者借去懸于門遂差不但人不識蟹鬼亦不識今閭家懸蟹殼是也又歲晚自餐餘乾而打獨脚鬼則更不爲鬼云

鬱壘神荼

風俗通曰桃都二神名今畵門禦鬼

漸耳赤郭

字彙曰人死曰鬼 死曰聻 音積本一字酉陽曰元日門上畵虎頭書漸耳謂陰司鬼名可辟瘧神異記云南方有人長七

帝脚仍不見東方朔曰其名藻水木之精也陛下造宮室斬伐其居故視屋又指脚者宮室足也帝息從幸甑子見前翁及人皆八九寸或杖樂器帝問之對曰得全居私自賀耳其歌曰天地德兮垂至仁愍幽魄兮停斧斤保窟宅兮庇微身願天子兮壽萬春今木神之說古矣

火災壓勝

漢書曰越巫越鬼言越俗舍有火災大起屋以壓勝之卽古賦栢梁爲災建章是營是也今火災必作大舍之說出此

白堊塗門

芝峯曰亙人國以白玉爲城故鬼不敢入蓋鬼陰物喜黑惡白耳人有至此城得其故以白石繞屋爲墻時河間多癘其家無

言則有知 而必行鬼神敵也今人不言鬼不知之說是也
又安知今日國明日民而耶惟知惠迪吉從逆凶此可以爲法也
天聾地啞
韻玉曰曆家有天聾地啞日謂修造皆吉意謂天地聾運値此
日不留而復轉輪也曆家取爲空亡偷修也
營宅犯土
芝峯曰容齋云世俗營建宅舍或遭疾厄皆云犯土故道家有
謝土司章醮之文漢安帝太子病避幸王聖舍邴吉曰聖舍新
繕犯土禁不可久御是也
木神
古諺云漢武帝宴未央宮見一翁從樑下長九尺仰觀屋俯指

不生芽六合日遣鬼則不去火日安蜂則蜜苦土日種麻則不生又俗言合醬日平收則益錢開定則進財云

太歲不避

宋史仁宗時將修東華門太史言太歲在東不可犯帝曰東家之西乃西家之東西家之東乃東家之西太歲果何在興工勿忌云雜俎所謂鸛巢避太歲向太乙者到此鸛不爲鸛矣

哭不避辰

漢諺云歲在龍蛇賢人嗟而唐張公瑾卒太宗將哭之有司奏日在辰帝曰君臣猶父子情感於內安有所避遂哭之

行不擇日

邵康節出行不擇日或告之以不利則止曰人來言則不知既

檀弓註桀以乙卯死紂以甲子死謂之疾日翼奉傳曰王者忌
子卯吉午酉魏王珪曰紂以甲子亡周不以甲子興乎

舉事避晦

芝峯曰古者舉事皆避月晦謂陰之窮春秋鄢陵之戰甲子晦
譏之也在前祀享亦避是日云晉史穆帝納后欲用九月或謂
忌月王彪之曰禮無忌月王洽曰若有忌月當有忌歲

破日

芝峯曰稗海云每月初五十四二十三日爲月忌出行避之俗
謂三破日今中原以破爲覇每事避此日造成云

造麴種穀 播種忌日 山居經濟曰穀使外有田痕日丁亥日田父死日丁未日田母死日甲子 田祖死日乙巳蠶母死日癸巳后稷死日
續博物志曰木日造麴麥則酸水日造醬則生蟲蛆九焦日種穀則

拘忌類

入學服藥

黃帝金書曰正月辛未倉頡死勿入學二月辛未扁鵲死勿服藥八月上庚河伯死勿行船又酉日 杜康死故酉不飲酒

百忌日

曆書甲不開倉乙不栽植丙不修竈丁不剃頭戊不受田己不破券庚不經絡辛不合醬壬不決水癸不詞訟子不問卜丑不冠帶寅不祭祀卯不穿井辰不哭泣巳不遠行午不苫蓋未不服藥申不安牀酉不會客戌不乞狗亥不嫁娶皆李戴仁所謂百忌曆河魁在房不宜務事之類也又春乙亥夏辛亥秋己亥冬癸亥懸北錢穀受人錢穀則好云

子卯不樂

蟆寂虎息

齋史武陵王宴集池亭因蛙鳴殊聒人耳僧法朗禁之便息諺傳麗王甚苦宮池蟆聒姜邯賛付符帖之至今寂然云大東韻玉曰漢陽多虎邯賛爲通判招老僧救之府尹笑曰判官誤矣邯賛曰汝可化形僧咆哮一聲化爲大虎仰攀欄檻府尹悲魄仆地邯賛曰可止虎復爲僧去虎患遂息

君子不學

雜書曰禹時犬戎而有厭弧箕服者禹曰此齊亡中國至周有驗唐史桑道茂告德宗離宮之厄請李晟救命之帖而終污身於朱泚何哉禹也聖而不能救於萬世桑也術而不能免於一身是以斯道也君子不學之矣

坤嘉千載道德廣被十五字爲內句治國涵家正氣隆洽慶萬
世先輝祥識清十五字爲外句清之紀元間一字或間二字橫
合而至大清字今皇帝當廣祥而惡之別爲咸豊然咸之意廣
豊之意亦祥云又最忌閏八月及道光世有十月晦爲冬至則
天子特移十一月朔至辛亥不得已爲閏八月乃杜詩皇帝二
載秋閏八月初吉也果有長髮軍之興又道光末鐵板橋有石
自出朱書木立弗辛田王有七字人或磨滅須臾復自石理湧
朱畫成字無有知者問諸張天師則此乃皇家歷年數云又皇
極殿門宋初爲大元門而元入元改大明門而明入明改大清門
而清入清遂不改仍蒙古號則爲正蒙古云星湖曰蒙古帝有皇
太極清太極之號中原惡之改呼爲黃台吉壽台吉云

操鷄搏鴨

羅史王昌瑾得古鏡其文云上帝降子於辰馬先操鷄後搏鴨蓋麗祖統合三韓之兆也鷄是鷄林鴨是鴨江

禾女人

星湖曰世傳明太祖夢爲戴禾女人所推倒遺命備倭此壬亂征東之說所以行也壬辰之役別使王鳴鶴申警海防亦此意也俗傳清人世 易姓而順治姓魏云燕岩曰萬曆天子發兵救東所發帑銀八百萬兩云

天書

燕岩曰崇禎初載五鳳樓獲天書黃袱十襲外題曰天啓七崇禎十七福王一旣怪矣及清皇極殿柱聯有順天康命雍護乾

紅頭蟲

世傳元世祖築皇城一巨穴紅頭蟲無慮萬數康希儉曰後之代國家者此也淸人紅頭而帝天下云

秘記

我太宗丙申禁讖緯書書雲觀所藏悉焚之卽圖讖也星湖曰東方古多秘記唐之伐高麗賈言忠計事還帝問軍中事對曰必克其秘記曰不及九百年當有八十大將滅高氏自漢有國今九百年李勣年八十矣所謂秘記逆筭九百年而果驗按焦氏易林預占漢後幾世宋有金亮犯江南而讖雖桓譚所謂其事雖有時合譬猶小數隻偶之類也然術則妙矣今鑑錄高訒義相孤雲道詵無學格菴土亭謙菴等秘訣亦多矣

命侍已尊從容請之姜不獲已即共入密室握手歌之遂除敬與父之魄流涕言吾與汝母懽生育汝病藥汝教訓汝科宦汝々爲此道伯吾之心樂莫樂兮汝之孝大莫大焉恨汝母不享此榮養吾之悲當何如哉敬與見之儀貌父也言語父也氣色父也乃感愴愧謝其曲止儀貌言語氣色承順天府使也

避凶取吉

文中子曰京房郭璞古之亂常人詭遇獲禽則吉得正而斃則凶君子所以避凶取吉惠迪與從逆耳今部門六壬玉樞經金剛經適是敗人矣唐史高宗置一鼠於匳令術家射之皆曰鼠袁客師曰雖實鼠然入則一出則四發之鼠生三子諺傳洪啓寬亦射一鼠爲三鼠出斬而召其峴曰峨嵯峴是以不知死日

迸流木

世傳幻術者毁三層鵲巢木箇、臨東流水流之水有一木自迸上来者取以呼役神將呼風喚雨云然鵲能知太歲所在風之多少不知童子探鷇傭師彈丸其猶張成之知有赦而教子殺人不知有李膺乎

埋木射像

漢史巫蠱之起掘太子宮木人尤多王莽使天下鄉亭射伯升像今巫術埋木射像蓋出於此是謂詛呪

魄還

卽巍曲死人憑巫而言申生及羅池碑是也野史順天府使姜栢年少有善爲此曲之名而全羅監司李敬輿之父執也延

來內外諦之刀禹治弄馬通於門中近年原州富人爲人所誘買深峽大宅義田數日舉家搬移則只惡石亂叢

花水殿文

李壽鳳自序曰豈以草土之喘敢唱花水之吟帝命起復二日云與李長吉白玉樓同而異與李鄴侯麻姑酒異而同其然乎

坐乘人浮

物類相感志曰滄州流乘瀑泛金石不沉以瓦鐵爲船云諺傳有人坐小蒲團而浮數尺謂之神與錢祈福無算偶去蒲團人乃不浮蓋齎水銀故也又有僧置磁石於樑上又置於突底而袴襠擔瓦鐵坐於其間磁氣上下相引故僧浮數尺容惟之掘突底出一石僧自上隕顚於樑而死云

太平廣記曰唐貞元中楊州丐者自稱媚兒姓胡持琉璃瓶可受半升口施此滿足矣人與百錢見瓶間大如粟與千錢萬錢亦然好事者以驢與之入瓶如蠅俄有數十車綱至綱主戲曰能令諸車入瓶乎曰可微側瓶口令車悉入有頃媚兒即跳入瓶綱主大驚以挺撲瓶一無所有云今術者横封主人錢千萬而使主人佩鑰匙即去封則如故惟錢石有者亦是術也

清盧將軍

近世金基叙家有人白晝現身半形自稱高麗清盧將軍語多奇恠神異乃作文祭之以祈福焉即其家婢夫有隱身術者云

投囊認桃

諺傳田禹治善幻術嘗南門有人環集見仙桃於門上自往自

力士北斗神兵天闕大將爲退敵之譎者是也今術客書四方神名投之四方布紙擲錢呪之錢集席上之術皆出於此

冷謙追瓶

明太祖時協律郎冷謙有異術貧友乞生道謙畫錢庫於紙其門外又畫一鶴與之曰愼勿示人又勿多取帖之屏後無朝熟視之門自開身倏焉入其庫惟取當日所用友如其言而一日多持來爲門者覺乃戶部財庫遂致帝前訊之則曰令謙所教即捕謙 來時持一水瓶渴或飮之及帝庭跳入瓶帝曰赦汝罪即出於瓶中答曰有罪不敢出帝怒碎之瓶乃片、語曰臣謙死罪不敢出收其家、亦無有云今術者或爲物化語空中丐者聖瓶

亦猶許遜化爲黑牛逐慎郎之黃牛蜀太守李氷死爲蒼牛與汪神鬪也

四溟火術

列仙傳曰寗封子爲黃帝陶正有人過之爲掌火能出五色烟以教封子又能積火自燒隨烟上下吳人姚光有火術吳王積薪千束焚之荻盡光安坐火中振衣而起我國四溟大師使倭倭熾炭使入師將躍入忽雨下如注倭拜曰天祐之眞生佛金轎送講和焉四溟俗姓金海許氏云

六丁

後梁節王傳從官卞忌自言能使六丁註甲子旬丁卯爲神其神可致遠方物及知吉凶云宋史郭京能施六甲法或稱六丁

縮則天可捲星可摘矣其麥鐵杖夜盜南徐朝執御織之類耶然王喬舃鳧張果紙驢雖異矣當以張楷十里霧妙清神龍吐涎之事觀之是以君子不語怪力亂神

龍樹隱身

唐史德宗時桑道茂以遁甲待詔羅史金巖入唐學陰陽術自述遁甲還爲執事侍郎鎮浿江教六陣兵法芝峯曰佛祖龍樹學隱身術入王宮數月宮女多孕後悔入山云按佛圖澄之腹孔照室周生之掃雲取月劉綱之唾盤成鯉及左慈遁入羊羣羅公遠嗅橘紅線偷盒皆是類而火遁水遁亦自遁甲中來

化鷹逐雉

東史曰解慕漱與河伯約婚河伯化爲雉則王化爲鷹而逐之

家出乩音稽俗謂胎呪似鬼似巫嘗見其来也木上一葉無風
自搖能言主家曾經吉凶與財貨有無如合符契若其来時望
而塞烟窕則不敢出一語自去此理未可曉也佛書有女稱嘿
菩薩知人心所在大安和尚置心於四果阿羅地女不能知
作狐走則三藏法師爲天津胡孫所據者爲胎呪聖薩所知也
中庸所以恐懼乎所不覩戒慎乎所不聞也亦、裴令一反靈臺
丹青莫狀是已

壺公縮地

神仙傳費長房遇壺公縮地千里聚在目前云我國黃眞紀以
宣傳官立朝班爲逆指所出着章服徐、步出緹騎急趕不及
泰然入其家作點心藥春去以一國之威不得捕云余謂地可

是也又瓦卜擊瓦觀其文理分析定吉凶元微之詩病賽烏稱鬼巫占瓦代龜是也

蠱魘

隋史獨孤陁好左道祀猫鬼每殺人所死家財移於祀猫鬼家註其法以箸扣盤曰蠱魘八 則所欲之物自至卽漢巫蠱之流而今洋學亦有此術云

倭巫知松

諺傳倭奴淸正妹神巫也壬亂之作巫曰慎勿逢松故我國地名松字不入而遇李如松果敗能知敗於松不挽止焉用巫爲

胎晄

原覽曰巫覡周以前有之蓋卜筮之流巫咸巫賢亦巫

魚鳧浛

韻書曰祈禱大川以穀投水即古沉牲璧之意今之魚鳧浛註魚駿盖亦巫女投飯于井謂龍王祭之類也釋義王氏曰西胡事龍神故大會處爲龍城

燒紙

唐詩寒食家 送紙錢註古祭用幣以交神也後廢幣用楮錢今燒紙是也唐書云鄭潜曜母疾血書請神燒之神許二字獨不化翌母愈今告事燒紙也法苑曰楮錢出於王璵用以祠祭

鷄卜

番禺雜編曰嶺表凡小事必卜名謂鷄卜鼠卜米卜蓍卜牛骨卜鵝卵卜筊竹卜今巫者縛生鷄祝牛骨或散米於盤而卜之

鬱壘

字典曰鬱壘沈休文作鬱壘 音類也 咸豐末有黃大人奏四

字符以辟病云即雷䨋䨋也

金泥辟魅

漢書金泥璽封謹浮圻國蘭金泥也 以封函匣鬼魅不敢干也

今中原人鍍金室壁者似以此也

丹砂辟邪

坡詩丹砂紫麝不用塗眼光百步是妖狐 註小兒又塗丹砂紫

麝辟邪氣今小兒顖門塗朱砂出此又鬼不敢近雄黃故今婦

女娘子小兒廐瓶貼之謂石雄黃又佩香囊以辟邪也

猪神

丹鉛錄曰毛犀即豪也善知吉凶古人呼爲豬猪交廣人謂之

豬神即蠱魘也

巫帖

通典曰西國用羊卜 師謂之廝乩 集韻曰帖音孤越王巫帖

祠註小兒病鬼也即胎呪也

傴巫跛覡

荀子註古者以疾癈人主卜筮巫祝

[illegible][illegible][illegible][illegible]

大事記曰嘉靖中妖人馬祖翦楮爲兵以駭衆各户多懸[illegible][illegible]

[illegible][illegible]四字厭之其字出道藏

廣州記曰牡荊節間不相當指病自瘉月暈時刻之與病身等置床下雖危困亦瘉云今巫以嚴木預防出此即牡荊

符籙

漢史曰倉公多禁方而符籙即名檄鬼神之書自後漢張陵始其字類古篆籀不可解坡詩註雍邱中道人訪天慶觀主不遇留詩云肘傳丹篆千年術口誦黃庭兩卷經觀古壇神影重悄無人跡户長扃刀玉柱篆徃 爲人剖去煎湯治病而字迹復生云

祭免米

荀子傴巫跛覡註古者以疾癈人主卜筮巫祝亦 今盲者賣卜楚詞還楚糈而占之貨殖傳醫方技術爲重糈 註祭神米

唐四時寶鑑曰高陽氏子好衣敝食糜晦日巷死世於是日以
破衣糜粥棄於巷揚雄逐貧賦韓愈送窮文是也今巫者逐瘟
鬼以糜粥棄道也此

鄉俗逐鬼

漢書曰鬼之為言歸也欲化不得化為柿腊若帝鞄今俗謂浮
鬼是也南怡於街見小兒褓褁紅柿而過其袂上坐看彬面女
鬼人皆不見怡怪之識從其往入權寧之家俄其家號哭問之
則小娘子先食柿暴死怡請見之果其鬼攄娘胷見柿走出娘
亦起坐云今鄉俗逐浮鬼者有由然矣左傳云若敖氏之鬼不
其餒而則俗所謂餓鬼也是以子產立伯有子以撫之也
嚴木瘉病

徒故金庾信為花郎或謂國仙如永郎是也男巫為花郎非也

竹枝叢鈴

劉禹錫謫夜郎風俗陋甚喜祀巫鬼每祀歌竹枝詞，之始也鼓吹乃倚其聲作竹枝詞即楚詞九歌之類今巫者下神必執竹出於此也類苑曰邴原行得遺錢繫樹枝人妄謂神樹今執竹繫錢是也唐詩湘君廟馬上神雲碎佩叢鈴滿烟雨亦下神以搖鈴是也

東桃赤豆

記曰桃茢可為帚不祥故佛骨表有巫祝桃茢之語今東桃枝為帚逐鬼又撒赤小豆以共工氏子為疫鬼畏赤豆故也糜粥棄巷

難經曰脈三部寸關尺註男子尺脈常弱陽盛也女子尺脈常
盛陰盛也漢史淳于意傳以女左肝脈盛爲欲男不得之候故
宋醫扎式扁難醫一婦人是也今執脈通關之法也

針不近玉

唐史高宗病頭風醫秦鳴鶴針二穴而我國宙性求畊田得一
神針盡鐵在地中屢千年自磨如絲蛇是謂自磨鍼ː拔細掌
授之則如火箸上節年仲之則如金箸之直毋論其癰以口吹
針之神效遂爲御針醫矣及孝廟癖性求急入侍索針ː亡
以他針代之而得罪故針不近玉體自性求始云

花郎

羅史眞聖王取美男子粧餙之或道義相磨或歌樂相說謂郎

砭灸 山海經曰東山高氏之山多鍼石

漢藝文志曰血脉經絡註五臟六腑有十二經十五絡今鍼謂經絡是也說文曰砭石鍼今無剛石以鐵代之有毒謂金銀母毒用以砭之然砭之妙廢灸是灼爇療病而藥劑出亦近於廢

銅人經

漢莽時支解公孫慶爲銅人是謂鍼灸圖唐太宗除背法以人五臟附背故也我東自 世宗朝庚戌始除之

鍼經

後漢史郭玉廣漢人有老人漁釣於涪水自號涪翁著鍼經診脉法授程高高傳於玉和帝時爲醫丞王叔和著脉經

關尺脉

叔寸我然任怡軒相元所著梁敷河傳曰敷河者東萊人壬亂被虜爲秀吉左右見華使沈惟敬之倭囚之密館兵守甚嚴聞華使哭聲懸報秀吉命因館至宮爲薩室延見之華使在座啖一丸藥再見亦如之秀吉歎問之使曰渉海傷濕常進此藥氣瀏身輕秀吉曰無乃詐乎對曰不敢秀吉曰吾頃自京還頗覺少氣吾亦可服乎曰可遂探藥中進一丸秀吉割其半與之曰欲與汝共嘗使受而吞之秀吉注目移晷見伸臂舒氣之狀始肯入口索水下之翌朝又見使求一丸而分啖之盖藥中有毒惟使則歸便用解毒之物也自是秀吉支體不澤彌久㿅苦求嘗治之無驗針刺血不出旌曰安有生人而無液乎吾不起矣遂死云盖倭以銃丸攻我明以藥丸誅倭

酒醫大牛脚明朝脉之莫知其病所惧而退其廟堂則諸貝勒輪視一錄名記相顧瞠愕乃問之則曰天子每一夜三十妓侍寢自患後夜、減五人點下至昨又減八人乃知病深矣醫悟減侍妓爲大病即索前醫和劑則皆以參蘆執症而復附鹿茸等材五錢重爲藥無靈然外此無他乃謂如許伏大如許男女宣欲之敢望即加三四倍重合函大昌用之數照寢妓滿數貝勒稱賀天子亦自以爲瘳厚賞謝之云醫固推理而去就病亦隨藥而增減也今不知人氣亂而輕投藥劑不知病源委而妄試鍼砭其猶紀網不理而欲謀軍國者乎

藥誅倭酋

晋史陸抗求藥於羊祜、以成藥與之抗服之曰豈有酖人羊

爾雅註草刺針也關西謂之刺燕北朝鮮之間曰菆〻音冊集韻曰莿草芒也今棘竹之屬刺瘡也

洋人醫學

泰西人利類思安文思南懷仁著醫書二科內外專以草木金石煅煉爲藥其煉葯草露如薔薇露用寡而効速中國效之煉紫蘇爲露置酒飲之寒氣頓除其看病以玻璃瓶盛溺驗其色治其病且孩童痘出初用珍珠末幾分爲涼血消毒氣之藥云

醫救滿洲

滿洲天子奴兒赤病甚求天下名醫治之不効請我國醫〻入境皇〻以天子爲憂登朝亦皇〻及見天子〻〻亦以已病爲憂然面貌無病色體膚無病處若平常人坐須臾飲巨陶海盃

容一斛二斗客曰此名斛二瘕似今酒虫

瘨狂

神異傳曰西方有披髮東走一名顛一名狂一名風袁粲曰昔一國有狂泉飲之無不狂國君穿井而飲獨得無恙國人反謂國君爲狂大父針藥畢具國君不任其苦酌泉飲之即自狂矣

胎髮不剃

芝峯曰曆書有剃頭吉日下不剃頭之文諺云胎髮不剃腹痛韓非子曰嬰兒不剔頭則腹痛不揊痤則寢益注痤癰也揊剔以除其疾勿使養癰滋毒也

菄刺

肉人

本草曰人頂生瘡五色如櫻桃破則自頂分裂連皮剝脫至足名曰肉人夏子益奇疾方常飲牛乳即消

蛔

玉篇曰蚘蛔也腹中長蟲柳州罵尸蟲文循蛕養心短蟯穴胃是也蛕即蛔子

䐃

素問曰脫肉破䐃註腹中脂也正字通曰䐃音肶謂腹中積聚成形塊膜也

斛二瘕

御覽曰有人飲茶斛二斗一日過量吐如牛肺一物以茶澆之

痘神

俗號戶口別星依於病兒靈異甚多淨手頻禱即聽今醫以痘痂發表如時痘亦異矣

麻黶

李卓吾所著鵝湖生麻子賦云渾似琉球入中國何西更立人世間呼嗟乎生男生女有胎毒開乳須當稀豆丹又皇明相嚴訥蘇州人面麻俚語於蘇有壚豆之誚高拱笑曰公豆在面上是也今官文書面黶縳也東人嘲詩云臨水魚驚網登山鳥怕羅若非牛千葉正是馬蜂窠栢谷記聞録云億縳古同知是也按史無痘之文惟南宋謝皇后黧黶蓋前世人氣充女麻黶而胡人最畏痘多以不花為名云

致風雨與老蛟往還天誅蛟搜索黨與故藏夫人領於鳳皇山
神處得起亡膏塗之如言即愈云

疔痘

字典曰疔有十三種而紅絲疔宜急針刺取菊花葉擣傅之冬
月用根又痘瘡胎毒有終身不出者

神痘法

字典曰凡痘沭納鼻呼吸即出今種痘用父痘子痘孫痘是也

聖痘

原覽曰痘始於漢光武時馬援南征得厲疫醫書云始於周末
秦初俗傳萬里長城所祟我朝自古未有入宮禁自 肅廟聖
痘歌始也猪尾膏亦始爲治痘聖藥

男子色頎婦人産頎嬰兒食頎是也

角弓反張

醫者金在璜言北關有病人無痛而寢食如常但有朝時後腦漸漸背後屈曲及午至足後趾而卧形如角弓反張醫不能治按正字通曰痓風病也其證卒口噤背反張而瘈瘲也痓音厠

割癭愈大

博物志曰山居多癭飮泉水之不流者也今謂飮長流水無病之說出此廣雅曰杜蘅香草可以治癭史云逵自啓願醫割之太祖曰吾聞十人割癭九人死逵竟割之癭愈大幽恠錄曰伶人刁俊朝妻巴嫗項癭如數解囊作琴瑟笙磬音妻欲以刀決之癭忽坼裂一猱跳出有黃冠叩門曰予癭中猱也本猴精解

一夜凡一萬三千五百息脉行五十周於身漏水下百刻營衛行陽二十五度行陰二十五度 為一周也肺氣通於鼻 和則知臭香矣肝氣通於目、和則知白黑矣脾氣通於口 和則知穀味矣心氣通於舌、和則知五味矣腎氣通於耳 和則聞五音矣五藏不和則九竅不通六府不和則留為癰又古今註曰五臟化液心為汗肺為涕肝為淚脾為涎腎為唾

五臟穀

荊湖近事曰李守愚侵晨井花水呑黑豆五六粒謂之五臟穀至老視聽不衰金匱論曰 五藏陰也六府陽也今呑鼠目出此

人病三頓

王符潛夫論曰嬰兒常病傷於飽貴人常病傷於饑今宜者言

醫學曰目司見脉之竅舌司味心之竅口司食脾之竅鼻司聞肺之竅耳司聽腎之竅又六腑膽小腸胃大腸膀胱三焦五臟肝屬東春木主藏血左三葉右四葉心屬南夏火主藏神七竅三毛俗謂念通脾屬中土主藏魂受五穀散五臟肺屬西秋金主藏魄六葉兩耳爲五臟華盖俗謂淨火腎屬北冬水主藏志有兩枚左爲腎右爲命門俗謂豆太官丈書陰莖是外腎也

營衛陰陽

醫者言天有陰陽五行人於五臟象焉病亦有之草木金石亦應焉故某年某病則某藥爲劑也蒙史耶律楚材克金取大黃二駝歸活病屢萬萬是也素問曰好哭者肺病好歌者脾病好妄言者心病好呻吟者腎病好叫呼者肝病也正義曰人一日

燕岩曰我 宣廟命太醫許浚及儒醫鄭礦等撰之入梓中國號陽平集以許浚封陽平君也 張天下寶鑑入中國ㄷㄷ人改曰東醫寶鑑 又入梓正[illegible]

一身乾坤

文子曰天有四時五行九解三百六十六日人有四肢五臟九竅三百六十六節荀子曰如四肢之從心邵詩一身還有一乾坤素問曰天不足西北故西北方陰也人右耳目不如左明地不滿東南故東南方陽也人左手足不如右強也又天不足西北故左寒而右冷地不滿東南故右熱而左溫或謂五月爲天中口上脣爲人中着上六竅下六竅也又謂易泰卦之象又頭圓象天足方象地眼象日月面象五岳口象咸池

五官

爲詩曰掘盡人家好隴丘寃魂欲返更無由先生若有堯夫術何不先言去道州近有人詩白骨無心寂寞臥青山何事是非多

醫意巫誣

扁鵲傳曰越人之爲方也不待切脉望色聽聲寫形言病之所在謏聞錄曰許商宗云醫者意也脉之深處不可言傳醫者或爲之我國宰相則金清城錫胄異人則鄭北窓磏學者則尹孤山善道中與村叟士人則尹草窓東里也芝峯曰小說云巫覡挾邪一登人門妖恠隨至俗以巫鬼謂貪財鬼以見人財必欲得之加害於人也又謂知心鬼以善揣問者心言或符合故誣字從巫從言也扁鵲所言信巫不信醫是古與今一丘貉也

東醫寶鑑

父母千里各葬是以象村曰朱子之學術皆可學而惟地理不可學是也

、九遷父葬

三淵曰南師古九遷父葬大毁而歸諺傳格庵營父葬地今日觀之吉後日則凶故至九遷時有隱士賢於己者將偕往卜地其人年已七十扶杖強行問老人術高年晩壽地在那即指路傍岩下曰此也審視之萬不近似乃謝曰今已暮後更陪越○三年訪之家毁蓬蒿悵問樵者則云老人無子孫死爲里任所埋彼岩下乃大悟恨生時不更討問也

、改窆讖詩

芝峯曰稗史言蔡元定善地理每與鄉人卜葬改窆故及貶人

一行滅蠻經爲法玉龍懶翁土亭格庵等秘訣不可勝記近有
名爲儒者亦以相地爲官若宗室積以其婦爲巫封神堂令者

卜舊墳

后山談叢曰閩越黃撥沙視墓圖知休咎故號撥沙婆有世患
左目者問之曰木根傷祖墓左目發墓果然今卜舊墳之說始
此又事類曰蕙例契之嫠婦葬之尋索古墳之謂也

禍人逢吉地

隋史蕭吉文帝葬地曰三十世二千年退言三十者三世也
二千者二十年也堯山堂記曰朱孝廉醕信地理當招山人擇
地問富貴何如其人曰富也只如此貴也只如此生當山孫魁
便是夷夫子今地家書未章以禍人逢吉地終焉或曰朱子

書田殺鼠

魏史曰世俗言鼠囓衣者其主不吉京房曰鼠舞國門厥咎維亡鼠舞于庭厥咎誅死晋淳于智善厭勝劉柔夜鼠囓其左手中指智為朱書手中作田字露手明日鼠伏死令逐鼠書田出此雜俎曰王生子殺人繫獄求救於一行 一行授布囊令入其處廢園伺捕七豕置甕中密封書梵字詰之太史奏北斗不見名一行問之曰莫如大赦從之星見如故云鼠也所殺豕也不可因是以術不可不愼

風水

周秦之際有隱人體易作青烏經此風水之始也又有張良之赤靈經撼龍經郭璞之葬經范越鳳之洞林照膽書我國以唐

我復帝此石不墜忽石爲樹枝所掛亦占心以石也丹陽尹劉穆之與子弟宴廳事柱有一穿穆之曰汝等以粟擲柱入者得此郡秀之入果然乃以意占事也

、擲錢

古以蓍龜今以錢自嚴君平始也觀梅亦自邵康節始也折草占松葉占本出於蓍而爲筭筩占俗謂除非南其即拈秋也

、風角

漢劉寬傳註觀四隅之風占之謂風角似今六壬斷時也

、京爻當日

京房傳曰以易三百六十四爻每爻當一日占風雨休咎而四爻推分爲閏盖其法出易林而變者

厭膏粱則不患黎桑之餓而我朝廣平莫救於喉塞若此類者卒由於已定之天非諂佛禱神而所可避也

金銀榜

唐書曰崔昭暴卒復生云見冥間列榜書人生姓名將相金榜次銀榜州縣小官鐵榜云余見人間之榜蓋勤於富術則富勤於科工則科勤於道德則爲道德之士矣鄭奕所謂富貴有人籍貧賤無天錄是也

筆占

賁孝先傳管輅執筆占術或因字以吉凶或一字而數人占之其應不同云今或誦祝辭使人信筆神下書之謂筆占是占事以字也唐史中宗在房陵仰天而歎因拋一石空中心祝之曰

甚微賤賤家主得嫁良夫未久見背惟涉文史爲事其先賤之歲卽上踐祚之年其喪夫之日卽中壼昇遐之辰也上異之曰事皆與予畧同而予有後宮十數輩衛有甚事女俯伏笑曰賤臣素性繁華亦有如武后之男妾十數人上大笑曰可謂男中有子女中有侑

天定

古語曰有已定之天有未定之天已定之天者命分一定而不可移易者也未定之天者世變多般而不可逆測也若漢鄧通賜銅山而不有一簪晉郭璞禱廁神而竟逢寃殺饒州貧士多具紙墨而雷轟薦福之碑魏公繹客許以侍兒而先死結結之前妃主中壼則宜無出歟之虞而麗代王后隕命於虎爪太君

亦不過七十七萬七千六百天下之人其數無算則同年月日
時生人亦不知其幾許壽夭窮達豈能如一余竊惑焉昔神堯
與丹丘子同年月日時堯帝丹仙宋太祖與陳圖南亦同而宋
帝陳昇則帝與仙其尊可謂彷彿矣皇明小說高皇帝即眞欲
驗運命之說求天下得命與聖節同者至乃村氓至貧者問何
以爲生曰臣養蜂十三窠每年割蜜自贍耳上笑曰朕有十三
省布政汝有十三窠蜂衙亦一皇帝也又一說帝得一人同聖
節者生而貧賤行乞糊口而每夜夢爲天子宮室城郭之美宗
廟百官之盛殆與陛下彷彿矣上驚曰運命之說果不誣矣爾
之夜即我之晝列子所謂夜天子也五山說林云我成廟訪與
已同命者都中有賤女家甚殷富上召問平生苦樂女曰妾出

欲深々則貴而壽云今上元夜照影或薄或無則有咎云世言聞語相聲者云聲雄而壯及淸而亮皆貴相云

同貌

左傳齊逢丑父與頃公貌同故鞌之戰與公易位漢紀信與高帝貌同故彭城之役燒死宋王德相貌類藝祖故有讒我東申崇謙與麗祖貌同故公山之敗代王死則貌亦不可取也

同命

旬五志曰推命之家或五行或子平或星曜或紫微其吉凶符驗固多矣自甲子正月初一日子時至癸亥十二月三十日亥時其間雖有閏朔及大小月而一周之內造命之數該得二十五萬九千二百惟明鏡數每時各分初中末厥數三倍於此而

左傳穀也豐下漢史鞠條理入皆以貌相而本朝李文源少從
善相如唐舉者問之曰相法貧賤文源請更相數十納其誠到
底乃曰貌相不如心相也君心真可富貴相云又相書占氣要
曰目中有黃氣遷丞故張驚云九千里之丹鳳自下升高七十
日之黃龍從微至著又九國志吳段文圭遇一叟言眉綠拳
以神仙狀也不爾有大名於天下史云黃昌左足心有黑子其
妻證其貴佛書黃蘗廷心有大誌其母登仙高麗申崇謙左足
有七黑子如斗及班超之燕頷虎頭馬周之鳶肩火騰歐陽脩
之耳白於面唇不揜齒之類甚多

影相

類說曰寶曆中玉山人取人本命日張燈相影知休咎言人影

韓文李虛中深於五行以人之始生年月日時所值干支相生相克衰死旺相斟酌人壽夭貴賤利不利先處其年時百不一失云今四柱編年是也然裴度所謂雞猪酒麪逢着則喫生老死病時至則行固達論也

唐畫周易

世以人生四柱畫爲一生富貴壽夭利居之圖自唐來故謂唐畫周易似編年四柱以丹青潤色之余謂范縝所云人生如樹花隨風而落或拂簾幌落茵席之上或拂籬藩落厠溷之中故草不謝榮於春風木不怨落於秋天仍有詩云可憐偶從和氣發綵胡爲葉絲爲花

心相

朝服拜 仁祖潛邸時紫微陰贊推戴之功又唐人推深谷命而
題曰花山驕牛客頭戴一枝花蓋以癘死安東之兆也

磨蝎

東坡曰退之以磨蝎爲身宮僕以爲命宮平生得謗譽以此也
磨蝎即丑宮令人以命數謂磨蝎壞者出此又紫微於身命遷
官羊刃相逢爲李廣不侯格也

學訣

雜書曰玉龍子道詵跡渾天下以製此篇名曰陰陽術家之法
以學訣爲主福星則吉凶星則凶人間來往之事如合節符爲
後世陰陽諸書之祖也亦張志和烟波釣叟歌天地都東 學中

四柱經

指胸前小鏡子爲三指居第三院反掌三小鏡子即十五夜月圓也古謂隱語亦左傳登山呼庚癸謂乞糧於井閭麥麴謂救已也俗謂廋旨格技也撒癲以口效嚬之謂也揶揄以手嘲侮之謂也格支即膚受愬之謂也亦技癢之癢

星曜書

芝峯曰耶律楚材得星曜於高麗國師非義相道詵之流不能也或云本出西域佛經中有之羅睺計都亦梵語也

紫微

華山秘訣圖南之始也家村秘訣申欽之作也深谷秘訣金緻之論也今謂紫微度數家村以星宿觀吉凶百不一失有妨於嫁娶故天使天傷兩星主奴疾二宮不易後多不驗云深谷具

淮南子曰魯般爲木鳶而飛之［異記］小說梁武帝在臺城羊車兒獻
計以紙爲鳶繫詔書因風縱之求外援侯景使善射者射之墮
化爲鳥入雲中或云韓信欲地道入未央宮作紙鳶以繩飛之
欲知步數云漢隱帝飛鳶禁中始見于史也唐路德延詩添絲
放紙鳶揚聲賦桐彼鳶矣亦飛戾天問何能爾風之力焉羅史
金夜信以傷人抱火颷風鳶諺傳麗宗崔瑩伐耽羅紙鳶傳檄

謚謎

後魏尹龍武著謎云眠則同眠起則同起卽漢射覆也又三
橫兩〻縱以六字謎罷字門東草以三字謎蘭字俗傳有女約
所私書亦籍字乃知下二十一日來也我使入日本有廳〻以
是刀日本下人廳也亦文苑紅綃妓顧崔生立三指又反掌三

行跉

莊子曰一足跉踔而行左傳蹩而登車張儀傳跳跔偏擧一足躍也坡詩學步躡踔跉是也卽格蹬俗謂行跉踔其

小徑結草

左傳老人結草亢杜回以報魏顆也今樵童結徑草之戲是也

浮葉庭潦

三國史曰新羅太世仇柒二人有遠遊之志共遊南山寺欲試其志以落葉爲舟泛於庭潦觀其先後遂共乘舟南海不知所往楚亭詩永懷羅代奇男子秋雨同看落葉舟是也今小兒浮葉庭潦之戲出此

紙鳶

廣記曰唐韓志和雕木爲鸞鶴置機棙于腹中發之則[illegible]
續博物志曰引絲而上令小兒張口望之以洩內熱

假面

說郛曰北齊蘭陵王長恭貌若婦人不足威敵刻木爲之或謂大面又鬼臉今中朝及我國優人用爲戲具也倭亦每戰爲先鋒以怯敵衆云嶺南近有借力法以星橐銅液入他藥服之雖羸弱者百日後用力時口呪似梵語則趂樓閣舉千斤云

草雞脫

五行志曰長孫無忌以烏羊毛爲渾脫氈帽人效之楊烟潮朝士謂麒麟楦而麗朝姜邯贊形貌恠奇人或剞瓠兵革其像亦雞故謂草雞脫脫言可脫也

水溜

今小兒氷上滑走之戲謂氷溜又水中游行之戲謂水潛

草木人

六帖曰周穆王時師偃縛草為人使之舞又作木人以手招王美人今草偶人木偶人之始也

傀儡

風俗通曰傀儡子有郭禿顔氏家訓曰諸郭皆諱禿當是前代有病禿者滑稽戲調故也韻書盤鈴傀儡是也楊大年詩云鮑老當筵笑郭郎笑他郭郎太琅璫若教鮑老當筵舞轉更琅璫舞袖長本郭偃師獻周王之技漢陳平解平城之圍宋韓作胄侄賦土偶負小兒迎春詩曰脚踏虛空手弄春一人頭上要安身忽然錦斷兒童與骨肉俱為陌上塵高麗及我國謂傀儡戲為郭禿閣氏者出此

筋斗

教坊記云一小兒筋斗絶倫能緣長竿倒立傳燈錄云一僧筋斗而去星湖曰我肅廟世黠賊張吉山出没西道中吉山本倡優善筋斗者俗謂翻金又翻觔今優人倒行之戲也

善眩人

魏畧云犂靬國多奇幻自縛自解顔師古註今呑刀吐火殖瓜種樹屠人截馬之術也今中國有此技者求我國淸心丸云

分身吐火

張衡西京賦云奇幻儵忽易貌分形呑刀吐火雲霧杳冥畫地成川流渭通涇烏獲扛鼎都盧尋橦衝狹燕濯胸突銛鋒跳丸劒之揮霍走索上而相逢

以慶登第於先墓故謂拳竹又謂緣橦技者按唐史文宗晩而無子見老翁弄小兒於橦枝深歎則亦後世舞童登枝之戲也

、都頭技

西域傳作巴俞都盧角觝之戲註巴俞二州名都盧體輕善緣高也有跟掛腹旋之名戲妓因名都盧今訛為都頭技也淮南子曰足蹀陽阿之舞註陽阿古名娼也事物紀原曰梁有高絙妓謂两娼女對舞大絙上相逢比肩不傾

呈才人

芝峯曰本中國俳優術者流世傳麗末魯國長公主来時隨云

倒掛

古梅詞云倒掛綠毛么鳳今優人跟掛之戲

韻書曰北方寒食爲鞦韆以習輕趫漢武帝後庭之戲也楚俗
謂拖鉤佛經謂罥索唐之半仙是也本相推送索曰聖壽千秋
坡詩笑漸不聞聲漸杳多情却被無情惱亦競出垂楊裹之語

鰲棚

說文曰棚棧也開元遺事云長安富人林亭內植畵柱以錦結
爲涼棚台名蛛閒坐以避暑本自周時爲此戲至漢武帝百戲
爲盛即山棚今中朝造假山戲其上西廂記鰲〻上是也教坊
記北齊時丈夫著婦人衣行歌傍人齊和云踏謠娘今小巫阿
只氏是也我國謂山都 監爲軍門戲樂而發者似像鰲負山

孝竹

今登科植華柱於門外及墓下登優人以歌舞似出鰲棚也然

林之狀是謂山車唐玄宗紀云載樂器往来

落火

東京記曰趙宋冬至後開封府縛山棚對宣德樓山上金壁錦繡交輝結綵山盡神仙構列山門名綵結金書大牌曰都門道左右曰禁衛之門縱水上燈山放下如瀑布又縛草成龍置燈盞數萬望之若雙龍飛走今落火戯出此

石戰

芝峯曰安東正月十六金海四月八日及端午分左右隊決勝負似今京城兒童偏戰也 中廟征倭用爲先鋒得力壬亂倭用烏銃故不得力云蓋漢甘延壽投石拔距之事

秋千

中宗時四夷來爲潑寒胡之戲張說奏曰裸體跳足沮揮水泥
何觀坡詩亦使投泥戲潑寒則似今尋索而於水中戲之也

打毬

唐蔡孚序云蹴踘黃帝所作兵勢以練武材也又曰蹋鞠韻玉
註以革爲圓囊實以毛髮之屬蹴蹋之霍去病穿域蹋鞠唐詩
蹴鞠屢過飛鳥上是也俗謂踶技又蹋毬即唐僖宗步打所謂
擊毬擧壯元是也似今杖打也麗史崔瑀習戰于毬場芝峯曰
我國亦以此技試後廢亦似紀效新書以拳法爲武技也

陸船山車

綱目註縛竹木爲船形飾以絲繒列人於中舁之以行我國自
水路朝天後有戰浮去之戲是也又車上施棚閣加絲繒爲山

爲齊宣王養鬪鷄唐天寶際賈昌爲鷄坊小兒唐詩鬪鷄下杜塵初合今市井鬪鷄蓋古矣

鬪腕

齊鬱林王傳何妃淫亂與侍書馬澄鬪腕較力互以爲歡矣

角觝

韻書曰搋濯也又捔跤今角觝史註戰國時戲樂也兩 相當角力角技唐史角觝拔河曼延魚龍之戲是也今洪州清州等地百種日以脚戲立場市

拔河

俗謂牽索今鄉里正月望分兩牽之決勝負也即曼延易析曰蟃延似狸長百尋古賦曼延百戲是也西域傳以爲巴渝戲唐

猜枚

俗謂法鵝疾即鵝 鳥去此處鳴法鵝去這處鳴法鵝今小兒相匿相搜效法鵝聲之戲也即卲康節述藏圖詩曰遂令高卧人敢枕看兒戲是也

竹馬

漢史郭伋遷并州牧兒童騎竹馬 竹道迎拜後魏有一童子從段暉請馬暉戲作木馬與之童大悅曰吾太山府君奉敕遊學乘馬騰空而去今兒童吹葱騎竹出此而潛夫論所謂今人作泥車瓦狗諸戲弄之具以巧詐小兒皆無益也

鬪鷄

左傳季郈之鷄鬪季氏介其鷄郈氏爲之金距莊子曰紀渻子

俗傳楊貴妃欲見安祿山去來兩宮墻甚高設爲板戲跳身踊
板越見墻外也今歲時兒女鮮衣跳板出此云

弄丸

莊子曰市南熊宜僚弄丸兩家之戰解註鈴八箇在空中在手
中軍前弄之一軍停戰今小兒空戲是也北史百濟人喜弄珠

藏鉤

漢史武帝巡河間見一女子在空室而手皆拳數百人擘之莫
舒上自披即舒號拳夫人即鉤弋也因爲藏鉤之戲商隱詩楚
妃交薦枕漢后共藏鬮今拳戲也亦梁冀意錢戲也風土記臘
日叟嫗分曹爲藏彄較勝負溫公詩云不知藏在何人手却俯
樽前開弄拳

王弇州作之一觴一詠以習歌詞也又升卿圖以習官榜也

榜兒 徐廣曰狸一名不來

燕北雜記曰三月十三日以木爲兎分兩朋射之負者跪勝者酒令射會勝兎也韻書鴿似鴉而小木鴿也其正鵠之象耶射義狸首者樂會射也狸善搏行則止而擬度射必獲故使取象武王克殷射狸首騶虞而貫革之射息也萇弘設狸首射諸侯之不來也。逸詩曰小大莫處御于君所以燕以射則燕則譽

擲錢

天寶遺事曰明皇與貴妃以金錢擲地賭勝負卷放之謂之卓親今打錢之戲謂錢親是也

跳板

之紗摴蒲博者謂之公子家今物主也寫錄賭博之事謂之錄事賭勝而雪恥謂之撈本賭而盡出已有謂之孤注即宋史丁謂言陛下寇準之孤注是也唐李道古依遊公卿博奕爲不勝盜美名

手勢令

令手擘也會飲而行酒令以佐歡唐宋之俗而穠逸古王章之爭是也類說曰亞其虎膺謂手掌也曲其松根謂節也以蹲鴟謂大指也間虎膺之下以鉤戟謂頭指也差王柱之旁謂中指也潛虯謂無名指也潤王柱謂中指也三分奇兵謂小指也潤潛虯一寸死其三洛謂彈其腕也生其五峯通呼五指也是謂指手令蓋亦手勢令

觴詠圖

翁十六點象人之孝悌忠信禮義廉恥惻隱慈讓善惡是非也三牌合成理係宣和二年所製故謂宣和譜我國金楓皐以三十三天二十八宿作牌此骨譜以外之格云又有尾骨之戲

格五

類要曰吾丘壽王以格五待詔鮑宏簺經云簺有四采註簺即將邊土也四采土縱行四角而賭采也塞四乘五註四、角五角中一位也至五即格不得行註土行至五處即止不得行故謂簺格五俗謂井困五

撩零

唐貞元中宋淸進傳經一卷其不勝而強名爭勝謂之撩零假借錢物謂之囊家言如囊之貯錢也許一而取謂之乞頭又世

又謂紙牌昉元時我國譯官張炫造此技盖倣華制少變之以
人魚鳥雉獐星兎馬八十張爲老少決勝負月巖詩曰輕如爽
葉散如花四座分張各一家隨遇未嘗形喜慍覘隣時覺視傾
斜畜心布陣俄成局信手抽兵或缺牙縱快眼前傾厚積窮廬
歲暮讙嗟、元仁孫爲一手云頭錢即格錢也近来甲子骨可
貴同、等雜技皆出於閭閻而其名甚多至有官禁不能

骰牌

正字通曰牙牌也亦謂骨牌香山退老造此與侍史爲戲而文人
裴迪僧如滿妓樊素皆與焉今與妓戲出此骨譜曰宋徽宗宮
中之戲其牌三十二扇共計二百二十七點天牌二扇二十四
點象天之二十四氣地牌二扇四點象地之春夏秋冬人牌二

勝五白即五采齊避桓公諱謂五皓摴蒱經云關後一子爲輕
關頭一子爲坑塹非貴采不出一馬遇六則蹈三馬故蹈坑塹
北史云百濟人喜摴蒱投壺之戲

投壺

原覽曰古雅戲觀人心術之精粗載在禮記而壺是算室矣是投
馬故請慶多馬者一馬從二馬謂勝也宋溫公纂壺正格例

擲戲

訓蒙曰擲戲即摴蒱我國歲首截木四段擲之决勝負謂柶戲
而俗言柶者以柶木爲之集韻擲與攤同

鬪牋

原覽曰即鬪牌俗謂鬪牋中國品第古今人物合一百二十牋

白打

蹴踘譜曰每人兩踢名打二曳開大踢名白打韋莊詩內官初踢清明火上相間分向打錢是也註白打毬朱名諺云楊柳兒青放空鐘楊柳兒死踢毽子

游水

異物志贊曰合浦之人習水善游上視層潭如猿仰株

留客鐶

俗傳孔明夫人黃氏作而本秦遺齊君王后玉連環使解之

樗蒱

原覽曰老子作擲之為戲以五木為子有梟盧雉犢塞為勝負之采今骰子也楚詞云枯魂成梟而牟呼五白註梟勝也牟倍

謂擭六無休勢仕宦亦無休勢是也

愽陸

續史曰陳思王始制之唐末有葉子之戲遂加六採蓋言採擲今作骰非也仙經所云六鶴齊飛是也李洞詩云微黃喜兆莊周學六赤重新擲印成註骰子別名六赤也

鷰濯

西京賦衝狹鷰濯註以盤水置前坐其後踊身張手跳前以足偶節踰水復却坐如鷰之濯也

拍張

南史曰王敬則善拍張宋帝使跳刀無不中仍撫髀拍張註手搏捽胡之戲也

韻書曰烏曹氏始作博陸采名陳思王製局置骰子二稗史號爲雅戲通鑑註盤中彼此內外各六梁故名雙六有無梁倍雙之說也原覽曰原西竺流曹魏盛梁晉隋唐云星湖曰我翼祖與野人懽爲雙六戲野人求賭至重且難者翼祖許之局勢相當及將終骰子在翼祖手得純六則勝否則負瞞言不可輕擲待明日決野人曰諾翼祖歸夜別爲骰四面皆六遂往臨水岸置局大喝一擲遂純六因即蹴局於水

明瓊

博經曰投瓊列子曰梁富人虞氏樓上博者射明瓊中反兩㩉魚而笑註擲采以玉爲之報采獲中翻得兩魚大勝而笑也今骰子謂明瓊俗言思意乃思之所到無不如意也唐宋安恭所

上自相抵擊云與淮南所謂五月端午日杵碎蝇虎伴豆 自踢擊蝇之説同

象棋

楚辭曰昆騖象棋有六傅註昆王作騖着即今摴蒱馬也象碁謂以象牙節棋也原覽曰周武帝造或云信陵君造郎君與魏王博是也皇明仁宗詩曰二國爭強各用兵擺排隊伍定輸贏馬行曲路當先道將守深宮戒遠征乘險出車收敗卒陽河飛砲下重城等閑識得軍情事一着成功見太平戰國張谿縱維與慎守勤博請易宮〃者一局兩宮象楚漢爭鋒也中高滿爲高手云

雙陸

資暇錄曰弈棊有蹙融之說融當作戎此戲出於黃帝蹴踘意在軍戎也今對局蹙驅之說出此

彈棊

西京雜記曰漢成帝好蹴踘羣臣以爲勞帝曰可擇似而不勞者家君作彈棊以獻陸機賦云抱景者咸叩懷鬱者必彈或因枝以振葉或沿波以討源其局方二寸中心高如覆盂柳子厚序云以朱黑別貴賤彈之是也今廢

打馬

字彙補曰打馬彈棊類也宋李易安有打馬圖

鬪棊

封禪書欒大善鬪棊註取雞血雜磨針鐵擣和磁石棊頭置局

技術類

圍碁

班固曰北方之人謂碁爲奕博物志曰堯造丹朱善之象天三百六十度焉碁訣曰取蛇龍牙一枚臨局自然機變橫出云胡朝曰以棋爲易則聰明者或不能以爲難則愚下小人往 精繼百濟史曰勾麗僧道琳爲其國逃來蓋鹵王好碁琳托碁見王勸以高宮廣城財竭國危及勾麗兵至王謂子文周王曰子信奸至此俱死無益避之以存宗社亦法遠師云從前十九路達誤幾人多杜詩聞道長安似奕碁百年世事不勝悲正謂此也要覽曰響玉碁盤與律聲相應今局內鐵絲亦古矣

盛戎

曲破

樂書曰樂名也唐明皇樂章多以邊地名曲如伊州甘州之類曲終繁聲名爲入破江南李煜樂有念家山破今破宴曲之終有念佛打詠之調似出於此

射賞鼓吹

晉庾翼以謝尚射中的給副鼓吹今射會勝者賜簫鼓爲勝戦曲出此

古風

今慶下記或曰古風即唐時纏頭也王元寶所謂多費纏頭價是也香山詩云五陵年少爭纏頭一曲紅綃不知數

之宛彰春香之節云即鼓曲之意也梅花打詠即裴裨将事
載四佳謾錄等容遍打詠即三國誌重操事也

兎打詠

羅史金春秋乞師於高勾麗 王曰還我地兵可出春秋曰有
死而已王囚之春秋賂王嬖臣先道解 曰子不聞龜兎之
説乎東海龍王病心醫言用兎肝患海中無兎有一龜登陸見
兎言海中島居之好兎信之負龜背以行數里龜告以實兎曰
吾神明之後能出五臟洗之日者小覺心煩出肝洗之忘納之
肝尚在岩石上歸取可乎龜乃許之兎脫而走曰愚哉汝也豈
有無肝而生乎龜憫然而去著廣廣韓賦云 引龜兎而賺隣爻
也今兎打詠出於此

志林曰光黃人二三月羣聚謳歌不中音律宛轉如鷄鳴耳與宮人唱漏相似但極鄙野後漢衛士習此曲於闕下歌之今鷄唱也香山商玲瓏歌云誰道使君不解歌聽唱黃鷄與白日黃鷄催曉丑時鳴白日催年酉時沒腰間紅綬繫未穩鏡裏朱顏看已失註商玲瓏吳下歌者今黃鷄打詠是也

春香打詠

古樂府無此調而打扇長詠故俗謂打詠蓋演義之類而亦古樂語趙飛燕傳所謂習樂聲亡章曲任爲繁手哀聲自號凡靡之樂是也我國倡優俗謂唱夫亦曰廣帶以春香打詠爲第一調而湖南諺傳南原府使子李道令眄童妓春香後爲李道令守節新使卓宗立殺之好事者哀之衍其義爲打詠以雪春香

、靈山

佛書曰車師國有靈山悉五色砂石光焰灼人今謂打詠初例爲靈山中石北先洙爲進士率倡遊街而無所得悵送唱夫贈以紅扇一柄題詩云桃紅扇打汗衫飛羽調靈山天下稀臨別春眠歌一曲杏花三月渡江歸後唱夫入內苑打詠而御取扇覽之卽除初仕云又洛東江上仙舟泛吹笛歌聲落遠風行客停驂聞不樂蒼梧山色暮雲中卽林白湖悌嘲嶺南國忌日般遊而爲靈山到頭音寄發忌辰聽曲也金命元贈妓桂生詩云窓外三更細雨時兩人心事兩人知懽情未洽天將曉更把羅衫問後期今爲打詠罷宴曲之終矣

黃鷄打詠

歌哭同音

芝峯曰我國濟州之歌北道之哭嶺南之鄉音於中國相近云
蓋人之情喜好則笑或過之則哭憤怒則哭或過之則笑悲寃
則哭或過之則笑怨望則哭或過之則笑、也哭之本哭也笑
之根當其笑而笑當其哭而哭者由情之過與不過矣雖謂之
不同亦謂之同也所曹子建七哀詩痛而哀感而哀義而哀怨
而哀耳目聞見而哀口數而哀疊酸而哀亦將無同

嘯

說文曰蹙口吹聲也詩云其嘯也歌嘯賦云晉成公綏當暑承
風而嘯冷然成曲蓋歌之類也阮籍聞孫登嘯若鸞鳳音眉山
陳道士作齋醮舞則皆流出性情有自然之鄉音

送林子䀹備記其事

五音 宋之江希濂公讀心鑑錄字義音律曰五音一宮土音舌居中二商金音口開張三角木音舌縮却四徵火音舌拄齒五羽水音撮口聚 脣東土 何哉剛謂可康谷之類西方舌聲了的邑泥字李瑤厝之類中央牙聲東花牙牧竹車亭一等之類南方齒聲詩天之食上 歲之類北方唇聲弗飛賓璧白墨明蜜之類所此而究之則聲律之清濁可易分矣

管子曰凡聽徵如負猪豕覺而駭羽如鳴馬在野宮如牛鳴窌
中商如離群羊角如雉登木以音疾而清也坡詩聽琴云平生未
識宮與角但聞牛鳴盎中雉登木是也蓋角牙音屬木民徵舌音屬
火事宮喉音屬土君天文志所謂歲首人聲宮則歲美是也商
齒音屬金臣羽唇音屬水物通鑑辭云近世相傳以字學分五
音只在唇舌齒調之舌居中者為宮口開張者為商舌縮却者
為角舌拄齒者為徵唇撮聚者為羽陰陽家以五姓分屬五音
淮南子曰土地各以類生人清水音小濁水音大湍水人輕遲
水人重武云今畿湖多齒音關聲西西多舌聲嶺南多喉聲

志與同伴採山而至治隱書院池自作歌曰山有花子無家予
艇家可奈何仍投水死遂為農謳余詩云五砌金沙種百艶艇
盈笑態萬人家狂亂一夜怨飄蕩嶺外猶傳山有花又嶺人推
童婢〻美婚將有日欲擄為己妾迫行至洛東江婢作詩題江
壁云威如霜雪信如山不去為難去亦難回首洛東江水碧此
身安處此心安即投死其詩亦為山有花又以百濟落花岩為
山有花蓋以女投水死謂山有花舊矣李聾岩賢輔作相思別
曲為農謳故今山有花每曲末必以於邪相思為亂云
〻迎郎送郎曲
芝峯曰其曲記濟州村巷女鮮有伉儷每歲三月撥兵入來女
華粧披抱酒待于別刀浦勸酒迎至其家八月罷防則滂泣追

如眼而樂之意若使薛君之靈更聽則必沾襟於九原矣

醉時歌

翼虎將軍全德齡所製權石洲詩云將軍昔日把金戈壯志中摧奈命何地下英靈無限恨分明一曲醉時歌是也

秧歌

於于野談曰天將楊經理行軍過青坡郊時田中男女鉏耘齊聲而歌經理問通使曰彼歌亦有腔調乎曰有之而用俚語爲曲非文字也即令發誠翻譯以進其歌曰昔日若如此、形安得持愁心還爲絲曲以還成結欲解復欲解不知端何處經理稱善曰觀此農人非徒勤於本業其歌曲亦有理可賞也㧞今嶺南謂之山有花善山香娘傳曰娘爲憑家所不容本家將奪許筠妾巫玉所製說盡閨情境曲有膩款[illegible]態雖古今詞人奩體何以過此近有嶺南魚商婦嘲其夫詩曰不肯爲農不肯樵販魚幾上海山邊吾家幸有門前市一承相逢只六宵

流民歎

玄谷趙緯韓所製備述昏朝政令之煩列邑徵斂之酷可與鄭俠流民圖相表裏也

牧童歌

休窩任有後所製當光海時無意於進取作此歌以寄優遊自適超然於禍福榮辱之間出於楚[illegible]之遺意也

孟嘗君歌

無名氏所製蓋傷其世間繁華有似一場春夢備記身後名不

、續思美人曲

松江復申前詞未盡之思意益切而語益工與孔明出師表伯

仲看也

將進酒

亦松江所製 蓋倣太白長吉勸酒之意又取杜工部縲麻百夫

行君看束縛去之語詞旨通達句語凄惋若使孟嘗君聞之淚

下不但雍門琴也

江村別曲

五山車天輅所製 歷論江山之趣備述閒居之樂與鍇上僊淸福

無以踰矣

怨婦歌

于興陽述其寃憤之事信不平之鳴
俛仰亭歌
宋二相純所製說盡山水之勝鋪張遊賞之樂胸中有浩然趣
關西別曲
岐峯白光勳所製公爲平安道評事歷遍江山之美騁望夷夏
之交關西佳麗獨出於一詞
關東別曲
松江鄭澈所製歷擧關東山水之美說盡幽遐詭恠之觀收物
之妙造語之奇信樂譜之絶調也
思美人曲
松江所製祖述詩經美人二字以寓憂時戀君之意亦郢中白雪

覽書云敢有恒舞于宮酣歌于室謂巫風盖古有而唐宋至元最盛大明初有之唐人謂妓爲錄事其居謂錄事巷又謂酒糾我國妓樂本待夫防、、者選武家子分戍邊三年始入仕云今罷盖妓本以待軍士之無妻者

歷代歌

陳復昌所製述歷代帝王之治亂記聖賢君子之否泰足爲鑑古之資

勸善指路歌

曹南冥所製形容性理源委指示道學蹊逕是儒家指南也

寃情歌

忍齋洪暹所製公少時爲金安老所陷慘被栲掠死而僅甦寃

之操卽史所謂辛酒樂燕樂是也班伯諫以紂歌妲己飲酒宣當時所作歟今勸酒歌之始也

、東方諸曲

春眠曲李聾岩賢輔作雇工歌李完平元翼作雇工答歌許坤作関東別曲鄭松江澈作梧桐秋　肅廟 世宮女作海棠花曲僧祥坦作山有花香娘作此類甚多梅花腔木蘭花慢之調

、于嗚、

韻書曰喏註唱喏隨音今半耶麼歌有于嗚、聲喏、音若古歌音乎吾亥伊耶何之類也嗚　本秦聲也半耶麼釋以半餘字

女樂

樂書曰翼星爲樂庫爲天倡主俳倡芝峯曰女樂之興本于巫

我世宗作之以訓民又鳳凰吟尹淮作致和平鄭麟趾作
海濱浮磬蘭溪朴堧集曰明太祖成祖皆賜我國樂器鍾磬不中於律而祭樂未備我七年秋禾生海州八年磬石産南陽命堧制雅樂天子遣使來聽歎曰能得正聲似有異人作
世宗朝海州出浮磬南陽出秬黍命朴堧作東方雅樂

需雅

儀禮乃食食舉跣謂骨體正脊從俎舉鄉口因名體為舉乃謂需雅蓋取易需卦君子宴樂飲食也論語亞飯于古賦鍾鳴鼎食禮記日中而餕奏而食註餕朝之餘奏作樂周禮膳夫掌王食飲以樂侑註樂奏所以和其心志助氣體之養又活人心方曰脾好音樂耳纔聞脾即磨矣蓋消食不滯云

勸酒歌

古歌將進酒註漢成帝與張放飲昭儀引滿飛燕歌迴風白雪

太宗歌

我太宗作之圃隱以丹心歌答之亦宋趙昂所謂白首何歸悵餘生之無幾丹心未泯誓九死而不移箕雅曰有僧贈公詩云江南萬里野花發何處春風無好山公流涕曰嗚乎其晩也亦是柔櫓一聲滄海闊縱有山僧奈若何之時乎

軍之詞

車渠螺

我太祖軍前常吹之角俗謂高同羅哥書有梵貝大可容數斗蠡之大者南蠻國吹之以節樂云疑此也

訓民歌

詩云君子陽 左執翿註舞者持羽以指揮也又舞以自蔽翳
今舞者必執扇是也

掌上舞

三都賦註梁王侃自造採蓮棹歌甚有新致排妾列居彈筝舞
人張淨琬腰圍一尺六寸人推能掌上舞

柈舞

三都賦註孫荊王能反腰帖地啣得席上玉簪晉樂志曰漢世
有柈舞晉加以反覆之今優人戲謔謂佐飯覆之舞是也

龍飛御天歌

我世宗命鄭麟趾等纂次穆祖以来肇基之迹歌一百二十五
章是謂龍飛御天歌

京號曰處容時人謂山海精靈也月夜舞於市不知所在名其處爲月明巷因作處容歌舞假面以爲戲又有四人詣駕前舞且歌云智理多逃都破蓋謂以智理國多逃而都邑將破故歌以警之也時人不知反以爲祥

、高麗舞

陸士衡詩云丹唇含九秋妍迹陵七盤註九秋曲名七盤楚舞名也唐楊再思披紫袍爲高麗舞則舞亦各不同也

垂手

樂府雜錄曰舞有大垂手小垂手獨垂手坡詩不見樓中垂手人是也今文舞先右手武舞先左手

翿翳

水龍吟金殿樂履霜曲滿殿春醉豊亭禮成江等曲東方樂府

黃昌郎舞

羅史曰黃倡郎七歲入百濟市中舞劍觀者如堵濟王名觀之倡郎因刺王濟人殺之國人哀而為假作舞劍之狀至今傳之李詹曰黃倡謁羅王曰願擊濟王以報王之仇即往舞於通衢濟王名至宮中舞倡擊王於座殺之疑黃倡郎官昌之誤也官昌以單槍赴濟軍死面目如生又百濟史樂浪太守遣刺客黃昌郎舞劍刺汾西王云漢紀項莊劍舞疑始於干戚兩階而唐公孫大娘舞之為戲樂也今嶺南有黃倡舞

處容舞

羅史憲康王遊鶴城開雲浦有一人奇形詭服歌舞讚德從入

輿覽曰麗時文忠居五冠山下歎母衰老作木鷄歌益齋詩云
木頭雕作小唐鷄筯子拈來壁上棲此鳥膠 鞹時節慈顏始
似日平西即五冠山曲

鄭瓜亭曲

羅時有鄭叙謫居東萊戀君作瓜亭歌以其號也高麗柳思亭
淑臨命有詩云凄夜沉 滿窓風琵琶一曲鄭瓜亭

叢石亭歌

樂府云奇轍以奇皇后旁仕元東還至江陵登此亭作之

紫霞洞曲

高麗侍中蔡洪哲搆中和堂製此曲又翰林別曲亦麗朝翰林
諸儒作之動 即頌禱之詞及洛陽春步虛子豐西曲清平樂

其妻悅而歌之即囉嗊曲之類也

溟州歌

輿覽曰樂府云江陵古溟州有養魚池世傳有書生至溟州見良家女美而知書 生以詩挑之女曰婦人不妄從人待生擢第父母有命可諧矣生即歸京師習擧業女家將納婿女養魚于池魚聞謦咳之聲必來就食女乃飼魚謂曰吾養汝久矣以帛書投之有一大魚跳躍含書悠然而逝生在京一日父母具饌市魚而歸剖之得帛書驚異即持帛書及父札徑詣女家婿已及門矣生以書示女家父母異之曰此情所感非人力所能爲也遣其婿而納生焉亦華山畿懊惱曲之類也

五冠山曲

者衆民作兜率歌以歌之佛經三十三天之第一天謂兜率

憂息曲

羅史訥祗王時朴堤上賺倭脫未斯欣爲倭所覺燒殺木島中王聞之哀慟使未斯欣取其女置酒與未斯欣握手極懽作憂息曲以慰之初堤上之入倭也其妻泣堤上曰無思也吾與子訣矣至是妻上鵄述嶺望倭痛哭而死仍爲鵄述嶺神

紫青歌

樂府云婦人以身事人一失其身人所賤惡故作此歌以緣之紅綠青白死覆比次致取舍之決焉蓋出墨子之悲染絲也

元興歌

樂府云元興東北面和寧府屬邑也濱於海邑人買商船而還

如故時爲之語曰磬神聖戀先政盖慶留歷磬有若鍾地靈守
土性而發之爲聲音之正

碓樂

羅史慈悲王時有百結先生慕榮啓期之爲人鼓琴作杵聲以
慰其妻世謂碓樂今舂歌謂房而打詠而舂者杵聲以勸古矣

大晟樂

麗史宋徽宗賜睿宗大晟樂皇明使朱之蕃梁右年觀而歎曰
此節與中國異而甚有古音可貴中國之音促數雜以夷樂云
今與民樂是也

兜率歌

羅史儒理王巡國內一老嫗凍餒賜衣食遂議賑貧恤國民夫

有寃厥塩阿鵲塩散　塩

慶州玉笛

邑誌曰東海龍王所獻盖羅時寶物也神文王時甚患海溢東海中小山有一竹晝公爲二夜合爲一ゝ者色青雄節聲亦雄一者色黃雌節聲亦雌吹之溢患息號萬波息笛代有吹者一人出而過竹嶺則無聲且加號萬　波ゝ息笛及壬亂遂失雄笛亂定後拓地治衙忽爲谷斤所誤斫出之全身青　生氣而傷處死象以銀補之其雌笛流傳在李寅燾家吹亦無聲及壬寅爲東萊接衛官過慶州還完焉使吹者吹之聲出瀏亮遂爲一雙玉笛猶延津之釼合矣乎北齊時歷城光政寺有磬石形如半月膩光若滴聲及百里移置都内其御音杳絶歸本寺聲出

青歌媌張紅 潛聽樂工新聲而記其拍是也
戞擊楬止
韻書戞註樂具所以擊柷鼓敔也楬註木虎止樂器敔也枹註
鼓捶也田單援枹鼓之又漁陽摻撾註撾擊鼓杖今鼓策摻擊
鼓之法今長短也談苑補衡歌曰邊城晏開漁陽摻黃塵蕭蕭
白日暗坡詩疊鼓誰摻漁陽撾是也禮記治亂以相註相即拊
也節樂者以韋為表裡裝之以糠糠亦名相因以名焉今則撫
磨而非鼓則缶也
杖鼓曲
芝峯曰旋肩吾詩云顛狂楚客歌成雪媚娬吳娘舞是塩筆談
云唐之杖鼓兩頭皆用杖今杖鼓一頭以手拊之又杖鼓曲名

村里與歲水缶蓋古矣俗釋缶音爲長鼓

法鼓

羯鼓錄曰花奴擊羯鼓所碻帽上簪花不墜宋璟曰頭如青山峯手如急雨點今水陸僧戴五色紙花搖頭急抓法鼓是也

舂牘歌板

周禮笙師掌教舂牘應雅註牘樂竹舂者以兩手築取聲應雅樂坡詩低昂赴節隨歌板即響板今歌時扣板若杖鼓

拍板

趙飛燕外傳曰后歌歸風送遠之曲帝以文犀簪擊玉甌節之韻玉曰晉魏之代有宋纖善擊節以拍板代之此其始也古用九板韓文公目爲樂句雜志曰啄木鳥舌可穿板繩樂府云韋

橫吹

晉樂志曰胡角以應胡笳橫吹有雙角者張騫入西域傳其法惟得摩訶兜勒一曲李延年因造新聲二十解以爲武曲今胡笛也本出於羌故亦曰羌笛

擊壤

風土記曰擊壤者以木爲之形如履臘節童少分部擿塼也先側一壤遙以手中壤擿之中者爲聲按漢書元帝置鞞鼓於殿下自臨軒檻隤銅丸以擿鼓中嚴鼓之節山陽王康亦能之史丹曰若器人於絲竹鼓鞞之間則陳惠李微高於匡衡也

水缶

易曰鼓缶而歌記云伊耆氏蕢桴而土鼓秦史云擊甕叩缶今

太平簫

芝峯曰亦羅、之聲與雜音相近

笛

樂書曰漢武帝時丘仲作之長四寸有四孔京房加一孔是商聲俗謂觱者亦觱栗之類耶

胡笳

韻書曰胡人捲蘆葉吹之今牧童吹草葉謂草音是也沈遼集云大胡笳十八拍世號沈家聲小胡笳十九拍末拍爲契聲號祝家聲又蔡邕女琰爲十八拍琴曲

馬上笳

韻書箛註吹鞭也鞭上作孔馬上吹之今吹打是吹笳打鼓也

高作引妻麗玉演其曲云公無渡河公竟渡河墮河而死將奈
公何遂入中國樂府

錞釪方響

周禮云錞于形似鍾以和鼓職官記曰有自蜀得此莫識斜斯
微曰錞釪也禮云芒筒振之聲極清明皇雜錄曰胡部無方響
以直板聲不應諸調惟太宗內庫兵鐵應二十八調又廉郊彈
琵琶池內躍出方響一兵物類相感爾今所無樂器

觱篥畫角

芝峯曰曹子建作三弄其初弄曰爲君難爲臣難〻又難再弄
曰創業難守成難〻又難三弄曰起家難保家難〻又難今角
音烏 者皆難字曳聲云若琴操之鳳翁也

以慰情王昭君馬上彈之以寄恨或謂昭君作非也坡詩轉關
濩索動有神註琵琶曲有轉關六么濩索之名又新曲翻從玉
連瑣舊聲終愛鬱輪袍註王維作琶曲名也歐陽修傳云杜彬
琵琶皮作絃自彬死世莫傳玉連瑣聲入黃泉是也

笙竽

說文曰女媧氏作十三簧象鳳之身也正月之音物始生謂之
笙大者謂巢小者謂和俗謂葱種也竽說文云管三十六簧韓
子云齊宣王時南郭先生濫竽也嶺南錄交趾取無柄瓠爲笙

箜篌

漢樂譜曰武帝使侯調作一云空子侯故名之朝鮮津卒霍子
高見征夫被髮提壺渡河其妻追不及死妻鼓箜篌亦墮河子

本奚胡樂唐時始傳中國蓋觱栗之流或謂嵇康作誤也又阮琴本阮咸所製以銅爲之依製以本名阮咸唐元沖月琴是也猶賀若弼所製琴爲賀若也

伽倻鼓瑟

原覽曰包犧氏作瑟本五十絃李義山詩錦瑟無端五十絃是也風俗通曰太帝使素女彈而悲之破爲二十五絃謫仙詩二十五絃彈夜月是也集韻秦人薄義父子爭瑟而分之名爲箏又云蒙恬所造今譯音爲伽倻鼓瑟或謂孤雲入伽倻山製之

琵琶

唐樂志曰推手曰琵却手曰琶高麗以蛇皮爲槽楸木爲面象牙爲捍撥本胡人馬上所鼓故謂胡琴也烏孫公主行時奏之

蘷鼓

山海經曰有獸名夔以其皮爲鼓橛以雷獸之骨聲聞五百里黃帝戰涿鹿鼓曲有靈夔吼是也

骨浪猺狫

字典曰溪蠻叢笑曰骨浪猺狫有舞杖以長柄木杖跳舞亦有音節註杴音薟鍬屬又周禮帗舞註帗析五采繒今靈星舞子持之是也

哩凝

正字通曰哩音吏出陀羅尼語餘聲元人詞曲借爲助語又謝玄暉鼓吹曲凝笳翼高蓋註徐聲引調謂之凝

奚琴

舉也廣韻本作虡天上神獸鹿頭龍身懸鍾之木刻飾爲之因名曰虡

拍彈

唐書曰優人李及能新聲自度曲少年爭慕之謂拍彈

漁陽摻

談苑曰漢禰衡作漁陽摻撾鼓歌曰邊城晏開漁陽摻黃塵蕭白日暗註撾擊鼓杖也

黃帝鹽

字典曰歌詩謂之鹽者謂如吟行曲引之類也古樂府有昔鹽神雀鹽黃帝鹽皆讀作豔如九宮譜之所謂慢詞又唐書曰白鳩拂舞曲也以宮縣合和鞞拂註鞞拂皆舞名也

篇海曰以竹爲管以蘆爲首狀類胡笳而九竅所法者角音而已其聲悲篥一名悲篥一名笳管

銅丸摘鼓

漢書曰元帝置鞞鼓於殿下自臨軒檻濆銅丸以摘鼓中嚴鼓之節山陽王康亦能之史丹曰若器人於絲竹鼓鞞之間則陳一忠李微高於匡衡相國可也

擊甌

說文曰瓦器所以盛酒漿秦人鼓之以節樂爾雅甌曰瓦盆盛水如今擊甌

筍簴

周禮梓人臝者羽者鱗者以爲筍簴註懸鼓橫曰簨縱曰簴

唐書曰五絃如琵琶而小舊以木撥彈樂工裴神符初以手彈後人習爲搊琵琶又西凉伎高麗伎有搊箏註搊音芻手彈也

琥珀詞

元志云即大不思也天樂一部有琵琶箜篌二火不思其制似琵琶直頭有小槽圓腹如半瓶以皮爲面四絃皮綳同一孤柱今山陝中州彈琥珀詞其制似之

韄

字彙補曰韄音閑乃樂器名吳競樂府解題云漢武帝滅南粵祠太乙后土令樂人侯暉依琴造韄以工人姓侯故名坎侯後語譌以坎爲空

觱篥

琴操

韻書註閉塞憂愁而作 曰操言遇災害不失其操也今俗間櫝底鼠入撈本孔叢子所謂孔子感猫方取鼠之聲也南漢山城盜賊入撈刀陽村操也猶龜茲王聽風聲水聲作伊涼操也

洋琴

杜詩銀甲彈箏用 註以長竹軋之或骨爪銀甲謂軋箏又筑似琴以竹爲之大頭安絃十二或五絃竹聲之似今洋琴

伽倻琴

新羅時大伽倻國王嘉悉法唐樂箏製十二絃名曰伽倻琴成玄鶴舞庭俗傳孤雲作非

搊箏

音樂類

歌舞

說郛曰陰康氏之王天下也人多重腿之疾制歌舞以通利關節呂覽曰舞自陶唐氏歌自葛天氏

玄琴

韓子曰師曠援琴歌之一奏而玄鶴來集再奏而成列三奏而延頸鳴音中宮商羅史寶高入智異山學琴五十年玄鶴來舞遂名玄鶴琴芝峯曰今方言琴爲玄琴是也按琴本神農氏作五絃舜彈五絃之琴是也周加文武二絃唐詩泠泠七絃上是也今以武有殺伐聲除之實六絃也晉孫登一絃琴陶淵明無絃琴我先祖拙修公詩曰一鼓諒非難恐人慢正聲

松南雜識